Adolf Becker

Gallus oder römische Szenen aus der Zeit Augusts

Zur genaueren Kenntniss des römischen Privatlebens

Adolf Becker

Gallus oder römische Szenen aus der Zeit Augusts
Zur genaueren Kenntniss des römischen Privatlebens

ISBN/EAN: 9783743617520

Hergestellt in Europa, USA, Kanada, Australien, Japan

Cover: Foto ©ninafisch / pixelio.de

Manufactured and distributed by brebook publishing software (www.brebook.com)

Adolf Becker

Gallus oder römische Szenen aus der Zeit Augusts

GALLUS
ODER
RÖMISCHE SCENEN
AUS
DER ZEIT AUGUSTS.

ZUR GENAUEREN KENNTNISS
DES RÖMISCHEN PRIVATLEBENS

VON

WILH. ADOLPH BECKER,
Prof. a. d. U. Leipzig.

Dritte berichtigte und abermals sehr vermehrte Ausgabe

von

Prof. Dr. Wilh. Rein.

Dritter Theil.
Mit 18 eingedruckten Holzschnitten.

LEIPZIG,
FRIEDRICH FLEISCHER.
1863.

*Gallus et Hesperiis et Gallus notus Eois
Et sua cum Gallo nota Lycoris erit.*
                                    OVID.

INHALT DES DRITTEN THEILS.

EXCURSE ZUR IV. SCENE.
Seite

Die Reise . . . . 1 — 28
  1. Excurs. Die Lectica und die Wagen . . . . . 1 — 17
  2. - Die Wirthshäuser . . . . 18 — 28

EXCURS ZUR V. SCENE.
Die Villen und Gärten . . . . 29 — 57
  1. Excurs. Die Villen . . . . 29 — 41
  2. - Die Gärten . . . . 42 — 57

EXCURS ZUR VI. SCENE.
Die Buhlerinnen . . . . 58 — 67

EXCURSE ZUR VII. SCENE.
Bäder und Gymnastik . . . . 68—136
  1. Excurs. Die Bäder . . . . 68—114
  Anhang. Oele, Salben und Kosmetik . . . . . 114—120
  2. Excurs. Das Ballspiel und die übrige Gymnastik . 121—136

EXCURSE ZUR VIII. SCENE.
Die Kleidung . . . . 137—219
  1. Excurs. Die männliche Kleidung . . . . . . 137—178
  2. - Die weibliche Kleidung . . . . 179—201
  Anhang. Stoff, Farbe, Fertigung u. Reinigung d. Kleider 202—219

EXCURSE ZUR IX. SCENE.
Das Gastmahl . . . . 220—314
  1. Excurs. Die Mahlzeiten . . . . 220—262
  2. - Das Triclinium . . . . 263—271
  3. - Das Tafelgeschirr . . . . 272—291
  4. - Die Getränke . . . . 292—314

Inhalt des dritten Theils.

EXCURSE ZUR X. SCENE.

Seite
Die Kränze und Spiele . . . . 315—343
   1. Excurs. Die Kränze . . . . 315—324
   2.   -   Die geselligen Spiele . . . . 325—343

EXCURS ZUR XII. SCENE.

Die Todtenbestattungen . . . . 344—388
Erklärung der Tafeln und Holzschnitte . . . . 389—392
Register . . . . 393—405

EXCURSE ZUR VIERTEN SCENE.

DIE REISE.

ERSTER EXCURS.

DIE LECTICA UND DIE WAGEN.

Bei dem grossen Hange zur Bequemlichkeit, welcher die vornehme römische Welt in späterer Zeit auszeichnet, lässt sich leicht erwarten, dass auch für die Mittel, ohne eigene Anstrengung von einem Orte zum anderen zu kommen, hinreichend gesorgt war. Man würde sich eine ganz irrige Vorstellung machen, wenn man glauben wollte, die Römer hätten nicht eben so gut als die neuere Zeit ihre Reise-, Staats- und Miethwagen gehabt. Im Gegentheil finden wir in jener Zeit die Mittel des Fortkommens zwar nicht so regelmässig organisirt, wie unsere Posten oder Stellwagen, und daher auch nicht für alle Klassen in so allgemeinem Gebrauche, wohl aber mannigfaltiger und zum Theil selbst dem Zwecke entsprechender, was freilich auch wieder mit dem uns fremden Verhältnisse der Sklaven und klimatischen Umständen zusammenhängt.

Es ist von diesen Gegenständen viel und umständlich gehandelt worden, und dem gesammelten Materiale wird sich wenig Bedeutendes hinzufügen lassen; vielmehr wird es darauf ankommen, das Wesentliche herauszuheben und gehörig zu benutzen. Die wichtigsten Schriften sind: SCHEFFERI de re vehiculari veterum lib. II. in Poleni thes. t. V. wo auch PYRRHI

2   Erster Excurs zur vierten Scene.

LIGORII de vehiculis antiquis diatribe angehängt ist. BECK-
MANN, Beitr. zur Gesch. der Erfind. I, S. 390 ff. sehr kurz.
GINZROT, die Wägen und Fahrwerke der Griechen und Römer
und anderer alten Völker. München 1817. 2 Bde. 4. mit vielen
erläuternden Kupfern, ein Werk, das den Vorzug hat, von
einem Sachverständigen geschrieben zu sein, dem Philologen
aber freilich viel zu wünschen übrig lässt. — Ueber die
Lectica insbesondere LIPSIUS, Elect. I, 19. ALSTORPH, de
lecticis veterum diatribe mit der Diss. de lectis. Amst. 1704.
[LUDWIG, de lecticis vett. Lips. 1705. PAULY, Realencykl. IV,
S. 837 ff.]

Die Lectica — es ist hier nur von der Art die Rede,
welche zur Reise gebraucht wurde, oder auch um sich innerhalb der Stadt austragen zu lassen; über die *lectica funebris*
s. den Excurs über die Begräbnissfeierlichkeiten — diese Lectica mag der Hauptsache nach, wenigstens in ihrer früheren
Form, dem gewöhnlichen *lectus* gleich gewesen sein, nur dass
sie wohl keinen Pluteus hatte. Sie war wie dieser ein Gestell,
der Leichtigkeit wegen natürlich von Holz und mit Gurten
bezogen, auf denen die Matraze, *torus*, und vermuthlich zu
Kopfe ein Kissen, *pulvinar*, lag. Die Gurte verstehen sich
wohl von selbst, wenn auch in den dafür angeführten Beweis-
stellen, MART. II, 57. und GELL. X, 3. etwas ganz anderes gemeint sein mag, worauf ich später zurückkommen werde.

Dass die Lecticae in älterer Zeit unbedeckt gewesen seien,
ist die gewöhnliche Annahme, s. BÖTTIG. Sab. II, S. 179. 200.
ohne dass ich Belege für diese Meinung anzugeben wüsste;
denn die Abbildung einer angeblichen Lectica, die SCHEFFER
nach PIGHIUS von einem Grabmale entlehnt giebt (s. die Wiederholung bei BÖTTIG. Sab. Taf. XII, 2.), muss vielmehr für
einen *lectus funebris* gelten, wie sich deren auch auf anderen
Grabdenkmälern in Relief gefunden haben. Siehe GORO v.
AGYAGF. Wand. d. Pomp. Taf. VI. GINZROT, Taf. LXVII.
Was aber BÖTTIGER nach GRUTER als eine Lectica mit darauf
ruhender Figur gegeben hat (ebend. Fig. 3.), möchte am aller-
wenigsten dafür anzusehen sein [es ist vielmehr ein grabatus].

Die Lectica und die Wagen.

Und wenn hie und da *lecticae apertae* genannt werden, so lässt sich das allerdings anders verstehen.

Wenn es mehr als wahrscheinlich ist, dass der Gebrauch solcher Palankins aus dem Oriente stammt, so ist auch anzunehmen, dass sie in der dort üblichen Form nach Rom gekommen und also bedeckt gewesen sind. Und solche *lecticae opertae* werden aus Cicero's Zeit und schon früher erwähnt. Cic. Phil. II, 45. *Cum inde Romam proficiscens ad Aquinum accederet, obviam ei processit magna sane multitudo, at iste operta lectica latus est per oppidum ut mortuus.* Aus den letzten Worten möge man nur nicht auf den Gebrauch einer *lectica operta* beim Begräbnisse schliessen. Wenn ein Todter von einem Orte zum andern geschafft wurde, da geschah es allerdings wohl in einer ganz verschlossenen. Der Art war auch die von C. Gracchus bei Gell. X, 3. erwähnte; sonst hätte der Bauer nicht fragen können: *num mortuum ferrent*. Cicero selbst befand sich in einer bedeckten Lectica, als er von seinen Mördern eingeholt wurde. Plut. Cic. 48. Ἐσφάγη δὲ τὸν τράχηλον ἐκ τοῦ φορείου προτείνας. Aufid. Bass. b. M. Sen. Suas. I, 6. *Cicero paullum remoto velo postquam armatos vidit* etc.

Es war also eine Lectica mit Verdeck und Vorhängen, wie Mart. XI, 98. sie nennt: *Lectica tuta pelle veloque;* denn *pellis* ist eben das Verdeck von Leder. Ein Beispiel aus derselben Zeit, wo ein Proscribirter von seinem Sklaven gerettet wurde, indem sich dieser in die Lectica legte, während der Herr selbst den Lecticarius machte, erzählt Dio Cass. XLVII, 10. αὐτός τε φορεῖον κατάστεγον ἐξῆλθε καὶ ἐκεῖνον διφοφορεῖν ἐποίησε. Wenn daher *lecticae apertae* genannt werden, wie z. B. Cic. Phil. II, 24. *Vehebatur in essedo tribunus plebis; lictores laureati antecedebant, inter quos aperta lectica mima portabatur.* so ist gewiss nicht eine völlig unbedeckte Lectica zu verstehen, die am wenigsten wohl zu einer grösseren Reise zumal für eine Cytheris passte, sondern die Vorhänge waren zurückgezogen oder aufgebunden. Diese Vorhänge oder Rouleaux, *vela*, hiessen auch *plagae* oder *plagulae*. Non. IV, 361. XIV, 5. Suet. Tit. 10. *cum inde lectica auferretur, suspexisse*

4   Erster Excurs zur vierten Scene.

dicitur dimotis plagulis coelum. [Suet. Tib. 64. *obsutaque lectica loco movit* d. h. mit zugenäthem Leder, nämlich wenn Verurtheilte darin sassen.] — Die spätere Zeit liess es nicht bei diesen Rideaux bewenden, sondern verschloss die ganze Lectica nicht nur für den Gebrauch der Weiber, sondern auch der Männer mit Scheiben des *lapis specularis.* Iuven. III, 239 ff.

Si vocat officium, turba cedente vehetur.
Dives, et ingenti curret super ora Liburno,
Atque obiter leget aut scribet vel dormiet intus.
Namque facit somnum clausa lectica fenestra.
Ders. IV, 20 fg.

Est ratio ulterior, magnae si misit amicae,
Quae vehitur clauso latis specularibus antro.
und so heisst es auch von der später zu erwähnenden *basterna,* Anthol. Lat. III, 183. *radians patulum gestat utrinque latus.* Ebenso sorgte auch dann die Weichlichkeit für bequemere Polster, und stopfte sie mit Federn. Iuv. I, 159.

Qui dedit ergo tribus patruis aconita, vehatur
Pensilibus plumis, atque illinc despiciat nos?
Indessen findet sich schon ein Beispiel noch raffinirteren Luxus bei Cic. Verr. V, 11. Die ganze merkwürdige Stelle stehe hier: *Nam, ut mos fuit Bithyniae regibus, lectica octophoro ferebatur, in qua pulvinus erat perlucidus Melitensi rosa fartus. Ipse autem coronam habebat unam in capite, alteram in collo, reticulumque ad nares sibi admovebat tenuissimo lino minutis maculis, plenum rosae. Sic confecto itinere cum ad aliquod oppidum venisset, eadem lectica usque in cubiculum deferebatur.* [Der *pulvinus* wird auch erwähnt Sen. ad Marc. 16.] — Dass man es auch übrigens an Schmuck, an kostbarem Holze, an Verzierungen mit Silber, Gold und Elfenbein, an prächtigen Decken nicht wird haben fehlen lassen, lässt sich wohl denken.

Die Tragstangen der Lectica, *asseres,* scheinen wenigstens nicht immer an derselben fest gewesen zu sein. Ob an ihr eiserne Ringe sich befunden, wie Ginzrot, Thl. II, S. 278. nebst manchem anderen nicht Erwiesenen angiebt, sei dahingestellt. Ich glaube, darauf beziehen zu müssen, was Martial

Die Lectica und die Wagen. 5

II, 57, sagt: *Recens sella linteisque lorisque*, und dann würden wohl auch die *struppi* bei GELL. X, 3. dahin gehören, was mit der Erklärung des Worts bei ISID. Orig. XIX, 4. sehr wohl übereinstimmt. Wie dem auch sei, dass die *asseres* beweglich waren, sieht man aus der schon von Anderen mehrfach angeführten Stelle SUET. Cal. 58. *Ad primum tumultum lecticarii cum asseribus in auxilium adcurrerunt.* und dass darunter eben die Tragstangen zu verstehen sind, ergiebt sich aus den übrigen Stellen, in denen sie erwähnt werden. IUVEN. VII, 132.
Perque forum iuvenes longo premit assere Medos.
Vergl. III, 245. MART. IX, 22, 9.
Ut canusinatus nostro Syrus assere sudet
Et mea sit culto sella cliente frequens.
Von der Lectica verschieden und der späteren Zeit angehörig war die *sella gestatoria*. Nach DIO CASSIUS war Claudius der erste, der sich ihrer bediente: LX, 2. καὶ μέντοι καὶ δίφρῳ καταστέγῳ πρῶτος Ῥωμαίων ἐχρήσατο, καὶ ἐξ ἐκείνου καὶ νῦν οὐχ ὅτι οἱ αὐτοκράτορες ἀλλὰ καὶ ἡμεῖς οἱ ὑπατευκότες διφροφορούμεθα· πρότερον δὲ ἄρα ὅ, τε Αὔγουστος καὶ ὁ Τιβέριος, ἄλλοι τέ τινες ἐν σκιμποδίοις ὁποίοις αἱ γυναῖκες ἔτι καὶ νῦν νομίζουσιν ἐστιν ὅτε ἐφέροντο. Diese Angabe muss indessen höchst auffallend erscheinen, wenn man bedenkt, dass SUETON vom August c. 53. sagt: *In consulatu pedibus fere, extra consulatum saepe adoperta sella per publicum incessit.* und dass DIO CASSIUS selbst häufig in früherer Zeit den δίφρος κατάστεγος erwähnt. XLVII, 23. LVI, 43. Es lässt sich das wohl nur aus einer grossen Ungenauigkeit im Gebrauche der beiden Ausdrücke erklären [vielleicht verbot Claudius den Männern den Gebrauch der lectica in Rom?]; denn die Verwechslung beider findet sich auch anderwärts. So sagt MART. IV, 51.
Cum tibi non essent sex millia, Caeciliane,
Ingenti late vectus es hexaphoro;
Postquam bis deciens tribuit dea caeca sinumque
Ruperunt nummi, factus es, ecce, pedes.
Quid tibi pro meritis et tantis laudibus optem?
Di reddant sellam, Caeciliane, tibi.

Das *ingens hexaphoron* kann aber nur von einer *lectica* verstanden werden, die gleichwohl nachher *sella* genannt wird. — Dass aber beide verschieden waren, ergiebt sich schon aus dem Verbote des Kaisers Claudius, SUET. Claud. 25. *Viatores ne per Italiae oppida nisi aut pedibus aut sella aut lectica transirent, monuit edicto.* und so setzt sie MARTIAL sich entgegen, XI, 98, 10.

*Lectica nec te tuta pella veloque,
Nec vindicabit sella saepius clusa.*

und X, 10. *Lecticam sellamve sequar?* [SUET. Dom. 2. *sellam eius ac fratris, quoties prodirent, lectica sequebatur.* SEN. de brev. vit. 12.] Wie nämlich die *lectica* ein Tragbett [oder Palankin zum Liegen], so war die *sella* ein Tragsessel [oder Portechaise zum Sitzen], der auch meist bedeckt, wohl aber auch ein gewöhnlicher unbedeckter Armstuhl sein mochte, [jene schwerer zu transportiren, diese, weil leichter, bedurften nicht so vieler Träger.] So verstehe ich es wenigstens, wenn der von Scheffer angeführte CAELIUS AURELIANUS I, 5. der *sella fertoria* (auch *portatoria*) die *cathedra* entgegensetzt. [Einer solchen bediente sich stets zu Rom der ältere Plinius, PLIN. ep. III, 5. Ihrer gedenkt LAMPR. Heliog. 4. *senatusconsulta ridicula de legibus matronalibus — quae sella veheretur et utrum pellicea, an ossea, an eborata, an argentata.*]

Wie die Grösse der Lectiken verschieden war, so wurden sie auch bald von weniger, bald von mehr Sklaven getragen. Eine *ingens lectica* erforderte natürlich mehr Träger, und so werden öfters sechs oder acht *lecticarii*, *hexaphorum* und *octophoron* genannt. Von diesen Sänftenträgern ist bereits II, S. 132 fg. die Rede gewesen; denn Vornehme und Reiche hatten zu diesem Behufe ihre eigenen Sklaven, denen sie auch — ob zu Gallus Zeit, will ich nicht behaupten — eine auszeichnende rothe Livree gaben, *Canusinae rufae, Canusinati.* s. BÖTTIGER, Sab. II, S. 206. Zu Martials Zeit scheint diese Tracht gewöhnlich gewesen zu sein; doch fuhr auch Nero *Canusinatis mulionibus*. SUET. Ner. 30. [Besonders lehrreich ist CATULL. X, 14, wo die Geliebte des Varus von dem Dichter die Bithynischen

Sänftenträger (*ad lecticam homines*) borgen möchte. Er hatte vorher gesagt:

> *Non, inquam, fuit mihi tam maligne,*
> *Ut, provincia quod mala incidisset,*
> *Non possem octo homines parare rectos.*
> *At mi nullus erat, neque hic neque illic,*
> *Fractum qui veteris pedem grabati*
> *In collo sibi collocare posset.*]

— Wer indessen diesen Aufwand nicht machen konnte, für den gab es auch in Rom eine Menge Miethsänften, die an einem besonderen Orte, *castra lecticariorum*, in der XIV. Region *trans Tiberim*, auch wohl anderwärts bereit standen. Siehe P. VICTOR. de reg. Urb. in Graev. thes. III, p. 49. und O. PANV. Descr. Urb. Rom. ebend. p. 312. IUVEN. VI, 352 ff. [PRELLER, die Regionen der Stadt Rom, S. 218 fg. versteht unter *castra lect.* die Station der öffentlichen Sänftenträger, welche von dem Senate und den Magistraten verwendet worden wären, was allerdings Manches für sich hat. *Lecticarii* des Kaisers werden auf Inschriften oft genannt.]

Die Frage, in welcher Zeit der Gebrauch der Lectica in Rom aufgekommen sei, scheint man mit LIPSIUS richtig dahin zu beantworten, dass sie wahrscheinlich nach dem Siege über Antiochus mit dem übrigen asiatischen Luxus den Römern bekannt wurde. Wenigstens wird sie früher nirgend erwähnt, und Lipsius schliesst aus dem Stillschweigen des PLAUTUS, besonders Aul. III, 5. wo die vielfältigen Bedürfnisse der Frauen durchgegangen, und *muli, muliones, vehicula* genannt werden, von einer *lectica* aber die Rede nicht ist, mit Recht, dass sie in jener Zeit noch nicht üblich gewesen sei. Und noch ist es die Frage, ob diese Scene ganz dem Dichter angehört, oder ob nicht bei wiederholter Aufführung des Stücks (s. den Prol. d. Cas.) ebenso gut, als Epid. II, 2. manche neue Mode hinzugekommen ist, in welchem Falle sich auch auf die nächste folgende Zeit — denn dieser würden die Zusätze jedenfalls angehören — die Nichtbekanntschaft mit der Lectica ausdehnen liesse. So viel mir bekannt ist, wird diese

8   Erster Excurs zur vierten Scene.

nicht früher als in dem Fragmente des C. GRACCHUS bei Gell. X, 3. erwähnt, aber in Cicero's Zeit ist sie, wie oben gesagt worden, häufig. [Liv. II, 36 (T. Latinius, welcher krank ist) *in forum ad consules lectica defertur,* 263 d. St. Die Römer haben diese Sitte also für älter gehalten.] Indessen war ihr Gebrauch auf das Land und die Reisen beschränkt [CIC. ad div. VII, 1. *ut nostras villas obire et mecum simul lecticula concursare possis.*], und Frauen nur oder Kranke (DIO CASS. LVII, 17. [15. SUET. Tib. 30. Cal. 27. LIV. II, 36 s. oben.]) bedienten sich ihrer auch in der Stadt. Nach und nach indessen fing auch der städtische Gebrauch den Männern eigen zu werden an, und was früher nur Auszeichnung gewisser Personen gewesen war (SUET. [Caes. 43. *Lecticarum usum — nisi certis personis et aetatibus perque certos dies ademit.* Dom. 8.] Claud. 28.), das wurde unter den folgenden Kaisern allgemeiner Gebrauch.

Weniger noch als die Lectica war innerhalb der Stadt der Gebrauch der Wagen gestattet, und selbst die Frauen, welche durch die Aufopferung ihres goldenen Schmuckes diese Auszeichnung vom Senate erhalten hatten, waren in ihrem Vorrechte auf besondere festliche Gelegenheiten, *sacra, ludos, dies festos et profestos* beschränkt, LIV. V, 25., und hätten es durch den zweiten punischen Krieg fast wieder verloren; denn die in der damaligen Noth genehmigte Lex Oppia bestimmte: *Ne qua mulier plus semunciam auri haberet, neu vestimento versicolori uteretur, neu iuncto vehiculo in urbe oppidove, aut propius inde mille passus nisi sacrorum publicorum causa veheretur.* LIV. XXXIV, 1. Die *dies festi et profesti* fielen also weg. Siehe Cato's Rede c. 3. Dieses strenge Luxusgesetz, das den römischen Damen um so empfindlicher werden musste, da die Frauen der Bundesgenossen eine solche Beschränkung nicht erlitten, wurde indessen zwanzig Jahr später wieder aufgehoben, und seitdem mochte vielleicht nach und nach eine grössere Freiheit eintreten. [Das Fahren in der Stadt war verboten; ausgenommen waren nur die Triumphatoren, die höheren Magistrate und Priester bei feierlichen Gelegenheiten,

Die Lectica und die Wagen.

sowie die Vestalinnen. LIV. XLV, 1. TAC. Ann. I, 15. PLIN. Pan. 92. IUV. X, 36. Das Verbot schärfte Claudius und spätere Kaiser wieder ein, SUET. Claud. 25. *Viatores ne per Italiae oppida nisi aut pedibus aut sella aut lectica transirent, monuit edicto.* CAP. Ant. Phil. 23. *sederi in civitatibus vetuit in equis sive vehiculis.* VOP. Aurel. 5. *quia invidiosum tunc* (noch zu Aurelians Zeit) *erat vehiculis in civitate uti.* Daher erklärt es sich, dass in Pompeji so wenig Stallungen und Einfahrten waren, s. II, S. 185. Dass übrigens dieses Verbot nicht so streng gehandhabt wurde, ersehen wir aus Stellen, wie] SEN. ep. 56. *In iis quae me sine avocatione circumstrepunt essedas transcurrentes pono et fabrum inquilinum et serrarium vicinum, aut hunc, qui ad metam sudantem tabulas experitur et tibias, nec cantat, sed exclamat.* Denn dass er ganz allgemein spricht, und Rom, nicht Bajä im Sinne hat, beweiset die Erwähnung der *meta sudans,* in deren Nähe sein Haus war. So wird auch bei IUVEN. III, 237. *redarum transitus arcto vicorum in flexu* als eine der vielen Ursachen genannt, wesshalb man in Rom nicht schlafen könne. [Lastwagen und ökonomische Wagen konnten wenigstens vor Sonnenaufgang und gegen Abend nach der zehnten Stunde passiren. Ausserdem war es der lebhaften Strassenfrequenz halber verboten. SPART. Hadr. 22. TAB. HERACL. oder lex Iul. Munic. lin. 56 ff. vgl. PLIN. Pan. 51. (PLUT. qu. Rom. 68. gehört nicht hierher.) DIRKSEN, civilist. Abhandl. II, S. 275—289. ZUMPT, die bauliche Einrichtung des römischen Wohnhauses S. 6 ff. FRIEDLÄNDER, de usu vehiculorum in urbe Rom. Königsberg 1861. Vergl. Thl. I, S. 80.]

Desto häufiger bediente man sich der Wagen zum Reisen, und es werden uns eine nicht geringe Anzahl Namen genannt, aus denen sich freilich wenig auf die Beschaffenheit der verschiedenen Fuhrwerke schliessen lässt. Dazu kommt, dass auf Denkmälern weit weniger Wagen, die zum Privatgebrauche und namentlich zur Reise dienten, als die bei festlichen Aufzügen oder im Kriege oder bei Spielen gebräuchlichen vorkommen; daher denn auch die meisten hier einschlagenden

Abbildungen bei Ginzrot blosse Phantasien sind. Nur der Hauptsache und dem Gebrauche nach lassen sich die Verschiedenheiten nachweisen; eine genauere Bestimmung der Formen wird immer unzuläss'g bleiben.

Wir unterscheiden zunächst Wagen, welche zwei, und welche vier Räder hätten. — Zu der ersten Klasse gehört das *cisium* [Non. II, 139. erklärt *vehiculi biroti genus.*], wahrscheinlich ein leichtes, unbedecktes Cabriolet, dessen man sich vorzüglich zu schnellen Reisen bediente. Bekannt sind die Stellen Cicero's Phil. II, 31. *inde cisio celeriter ad Urbem advectus domum venit capite involuto.* p. Rosc. Am. 7. *decem horis nocturnis sex et quinquaginta millia passuum cisiis pervolavit.* Daher auch in dem Spottgedichte auf Ventidius Bassus, Catal. Verg. VIII, 3. *volantis impetus cisii.* Es wurde wohl von zwei Pferden oder Maulthieren gezogen, wenn auch Auson. VIII, 6. ein *triiuge* nennt.

Zwei Räder hatte ferner auch das *essedum*, eigentlich ein belgischer oder brittischer Streitwagen, s. Ruperti zu Iuv. IV, 126. [Pauly, Realencykl. III, S. 240. Caes. b. gall. IV, 33. Verg. Georg. III, 204. mit Serv. Anm.

Belgica vel molli melius feret esseda collo.
Prop. II, 1, 86.
Esseda caelatis siste Britanna iugis.]
aber schon zu Cicero's Zeit in Rom zu Reisen in häufigem Gebrauche, obgleich dieser nicht ohne Tadel davon zu sprechen scheint. ad Att. VI, 1. *Vedius venit mihi obviam cum duobus essedis et reda equis iuncta et lectica et familia magna.* Unmittelbar vorher hat er den Mann einen *magnus nebulo* genannt und berechnet nachher, was er zu zahlen haben würde, wenn Curio's Gesetzvorschlag durchginge. So auch Phil. II, 24. — Es war ein kleiner, vermuthlich von dem cisium nicht wesentlich verschiedener Wagen, den man eben auch vorzüglich zur Reise brauchte. Darum sagt Ovid, als er die Corinna auffordert, nach Sulmo zu kommen, Amor. II, 16, 49.

*Parvaque quam primum rapientibus esseda mannis
Ipsa per admissas concute lora iubas.*

Die Lectica und die Wagen. 11

und MARTIAL zu seinem Buche, das Flaccus nach Spanien mitnehmen sollte, X, 104, 6.
*Altam Bilbilin et tuum Salonem
Quinto forsitan essedo videbis.*
Dass auch das *carpentum* zwei Räder hatte, ersieht man aus den zu Ehren der Iulia und Agrippina geprägten Münzen; denn dass letztere sich auf das von SUETON. Cal. 15. erzählte Factum bezieht, kann nicht bezweifelt werden. Dieses Fuhrwerk wird schon in den ältesten Zeiten Roms genannt, LIV. I, 34. 48. V, 25. [OVID. Fast. I, 619 fg.
*Nam prius Ausonias matres carpenta vehebant:
Haec quoque ob Evandri dicta parente reor.*
Daher hiess der Stellmacher carpentarius], allein die Form, in welcher es auf jenen Münzen erscheint, hatte es gewiss in jener Zeit nicht, und nach der ersten aus Livius angeführten Stelle konnte es damals nicht bedeckt sein. Ueberhaupt scheint es mit den Namen nicht immer genau zu nehmen zu sein, und die Mode scheint in der Form der Wagen grosse Veränderungen gemacht zu haben. — Im Allgemeinen kann man von dem späteren *carpentum* annehmen, dass es ein bedeckter Staatswagen [daher auch bei öffentlichen Feierlichkeiten gebraucht und *carpentum pompaticum* genannt, ISID. XX, 12. s. SUET. Cal. 15. Claud. 11.] gewesen, der indessen auch zur Reise gebraucht wurde. PROP. IV, 8, 23. wo es aber immer ein Prachtwagen mit seidenen Vorhängen ist. Vergl. IUVEN. VIII, 147. IX, 132. [SCHEFFER II, 17. GINZROT I, S. 441.]

Verschieden von ihm war das *pilentum*, wie man aus LIV. V, 25. ersieht: *honoremque ob eam munificentiam ferunt matronis habitum, ut pilento ad sacra ludosque, carpentis festo profestoque uterentur.* und eben so werden sie sich bei TREBELL. POLL. XXXX tyr. c. 29. und LAMPRID. Heliog. 4. (wo man SALM. Anm. vgl.) entgegengesetzt. Ob aber der Unterschied, wie GINZROT will, darin bestanden habe, dass das *carpentum* verschlossen gewesen, das *pilentum* nur ein Verdeck auf vier Stützen gehabt habe, wird sich schwerlich sicher beweisen lassen. [Der Unterschied liegt vielmehr darin, dass *pilentum*

12   Erster Excurs zur vierten Scene.

vier Räder hatte, wie Isidor. XX, 12. ausdrücklich angiebt: *contextum quatuor rotarum vehiculum quibus matronae olim utebantur.* Dass sich vorzüglich die Frauen dieses Wagens bedienten, wird von mehreren Gewährsmännern bezeugt. Serv. zu Verg. Aen. VI, 666 fg.
castae ducebant sacra per urbem
Pilentis matres in mollibus.
Fest. h. v. p. 245. Paul. Diac. p. 204 M. und aus der späteren Zeit noch Prud. c. Symm. II, 1088.]

Der *covinus* war eigentlich ein belgischer Sichelwagen, dessen Bauart Ginzrot, Taf. XXV, 1. richtig angegeben zu haben scheint. [Lucan. I, 426.
Et docilis rector constrati Belga covini.]
In Rom aber hatte man unter dem Namen ähnliche Reisewagen, die vermuthlich einem Planenwagen glichen und auf drei Seiten völlig verschlossen nur nach vorn offen waren. Er hatte keinen Sitz für den *mulio*, sondern der im Wagen Sitzende lenkte die Maulthiere oder Pferde selbst, wie man das aus dem artigen Epigramme Martials sieht: XII, 24.
O iucunda, covine, solitudo,
Carruca magis essedoque gratum
Facundi mihi munus Aeliani!
Hic mecum licet, hic, Iuvate, quidquid
In buccam tibi venerit, loquaris. —
Nusquam est mulio; mannuli tacebunt etc.
In wie fern der Dichter die Abgeschlossenheit und Ungestörtheit als Vorzug rühmt, schliesst man mit Recht aus seinen Worten auf die oben angegebene Bauart.

[*Sarracum* ist zwar zweirädrig, aber vorzugsweise Lastwagen, Edict. Diocl. de pret. c. XV. σαράγαρα βιρωτα. Sisenna bei Non. III, 35. *Impedimenta collocant omnia, construunt carros et sarraca crebra disponunt.* Iuv. III, 254 f. V, 22 f. Dass es als Personenwagen nur ganz gemeinen Leuten diente, sagt Quinct. VIII, 3, 21. indem er zu Cic. in Pis. *cum tibi tota cognatio sarraco advehatur,* bemerkt *sordidum nomen* etc.]

Von den grösseren Wagen mit vier Rädern ist zuerst zu

nennen die *raeda* oder *reda* [FLECKEISEN, fünfzig Artikel. Frankf. 1861, S. 26.]. S. BÖTTIGER Sab. II, S. 41. [ISIDOR. XX, 12. *quatuor rotarum.* COD. Th. VIII, 5, 8. setzt die *reda* der *birota* entgegen.] Sie ist der eigentliche Reisewagen, der zu Fortschaffung mehrerer Personen und des Gepäcks diente. Wie das Cisium, das Essedum, der Covinus, so soll auch sie fremden, nämlich gallischen Ursprungs sein. [QUINCT. I, 5, 57.] Es kommt indessen darauf nicht viel an, denn die Römer werden dieses viel gebrauchte Fuhrwerk wohl nach ihrem eignen Sinne eingerichtet haben, und zuletzt bedeutet es vielleicht den Reisewagen überhaupt. In solcher Reda begegnete Milo dem Clodius, CIC. p. Mil. 10. 20. und überhaupt scheint es immer der gebräuchliche Wagen gewesen zu sein, wenn man mit Familie und Gepäck reiste. Dass es für Letzteres eingerichtet war, siehet man aus IUVEN. III, 10. *dum tota domus reda componitur una.* und MART. III, 47. wo Bassus aufs Land reist. *plena in reda, Omnes beati copias trahens ruris.* [HELV. CINNA bei Gell. XIX, 13.
At nunc me Genumana per salicta
Bigis reda rapit citata nanis.]
Sie war wohl meist bedeckt, wie es weitere Reisen nöthig machten. Ob es auch Reden auf zwei Rädern gegeben, wie GINZROT annimmt, mag ich nicht behaupten. Mir scheinen solche Wagen dann nicht mehr den Namen zu verdienen.

Zu derselben Klasse gehört die *carruca*, die nur vielleicht kürzer und eleganter war. Der Name scheint erst spät aufgekommen zu sein, und MARTIAL verwechselt ihn mit der Reda III, 47. wo es erst heisst: *plena Bassus ibat in reda,* und dann: *Nec otiosus ibat ante carrucam, sed tuta foeno cursor ova portabat.* Von ihrem Schmucke wird weiterhin die Rede sein. [Der Charakter der *carruca* als Staatskarrosse spricht sich auch in COD. XI, 19. aus. Doch hatte sie früher auch als Reisewagen gedient, z. B. von Nero wurde sie so benutzt, SUET. Ner. 30. LAMPR. Hel. 31. Dass sie sogar zum Schlafen eingerichtet war, sagt SCAEV. Dig. XXXIV, 2, 13. *an carruca dormitoria cum mulis, quum semper uxor usa sit, ei*

14   Erster Excurs zur vierten Scene.

debeatur? δορματώριον in DIOCLET. edict. de pret. cap. XV. MOMMSEN. PAULL. rec. sent. III, 6, 91. ULP. Dig. XXI, 8, 38. § 8. *mula carrucaria*. Letztere Stellen zeigen, dass die Bespannung mit Maulthieren die gewöhnlichste war. PRELLER, die Regionen der Stadt Rom. S. 116.]

Endlich gehört hierher noch das *petorritum*, nach FESTUS p. 206 M. [QUINCT. I, 5, 57.] und GELLIUS ebenfalls gallischen Ursprungs, wie auch der Name: *petorritum est non ex Graeco dimidiatum, sed totum transalpibus; nam est vox Gallica.* GELL. XV, 30. HEINDORF zu Hor. Sat. I, 6, 103. führt an, dass sich im keltischen Lexicon von Bullet finde: *petoar* oder *pedwar* (vier) und *rit* (Rad). — Nach SCHOL. CRUQ. zu Hor. Epist. II, 1, 192. waren es Wagen für die Dienerschaft: *pilenta vehicula matronarum, sicut petorrita famularum*, und das stimmt mit der ersteren Stelle, Sat. I, 6, 103. *plures calones atque caballi pascendi, ducenda petorrita*. sehr wohl überein; nur soll damit nicht gesagt werden, dass sie nur dazu gebraucht wurden.

Ein Mittelding zwischen Wagen und Lectica war die *basterna*, eine Sänfte, welche von zwei vorn und hinten in einer Gabel gehenden Maulthieren getragen wurde. [ISIDOR. XX, 12. SCHOL. zu Iuv. IV, 21. Anschaulich schildert ANTHOL. LAT. III, 183.

Aurea matronas claudit basterna pudicas etc.]
S. über sie SALM. zu Lamprid. Heliog. 21. [SCHEFFER, II, 6. GINZROT II, S. 280 ff.]

Die Verzierungen, welche den Wagen gegeben wurden [vorzüglich dem Kutschkasten, *capsus* oder *ploxenum*, welcher Ausdruck gallisch war, FEST. p. 280 M. ISIDOR. XX, 12. QUINCT. I, 5, 8. VITR. X, 14.], waren dem übrigen Luxus entsprechend. PLINIUS XXXIV, 17. eifert gegen diese Verschwendung: *Coepere deinde et esseda et vehicula et petorrita exornare, similique modo ad aurea quoque, non modo argentea staticula inanis luxuria pervenit, quaeque in scyphis cerni prodigium erat, haec in vehiculis alteri cultus vocatur.* [XXXIII, 49. *carrucas ex argento caelare.*] Daher hatten denn solche Wagen mitunter ungeheuere Preise, wie MART. III, 72. anführt:

Die Lectica und die Wagen. 15

Aurea quod fundi pretio carruca paratur.
Daher glaubte auch Claudius als Censor einen solchen Gegenstand des Luxus vernichten zu müssen. SUET. Claud. 16. *essedum argenteum sumtuose fabricatum ac venale ad Sigillaria redimi concidique coram imperavit.* [VOP. Aurel. 46. *Dedit potestatem, ut argentatus privati carrucas haberent, cum antea aerata et eborata vehicula fuissent.* Von der Ausstattung der Wagen spricht auch PAUL. Dig. XXXIII, 10, 5. § 1. *De tapetis vel linteis, quibus insternuntur vehicula, dubitari potest, an sint in supellectile? Sed dicendum est, potius instrumenti viatorii ea esse, sicut pelles, quibus involvuntur vestimenta, lora quoque quibus hae pelles constringi solent.*] — Auch bei den Etruskern war das Belegen der Wagen mit Platten von getriebenem Metalle üblich. Siehe dergl. Bronzeplatten bei INGHIRAMI, Monum. Etruschi, III, 18. 23.; auch silberne, MILLINGEN, Uned. Monum. II, 14. [MUELLERS Arch. v. Welcker S. 187. WIESELER, über siebenbürgische Bronzetafeln in Denkmäler und Forschungen. 1858, N. 112 f. S. 149 ff.] Vermuthlich war jenes *essedum argenteum* eben so belegt. [Ueber die Theile des Wagens, wie Deichsel, Nabe, Speiche u. s. w. ist lehrreich EDICT. Diocl. de pret. c. XV, ed. Mommsen S. 33 f. und Anm. S. 74 f. Daselbst c. VIII. am Ende S. 26. und 74. werden auch die ledernen Verdecke und Vorhänge erwähnt. Ueberreste antiker Wagen s. VISCONTI, Mus. Pio Cl. V. und BROMET, in the archeol. journal, Lond. 1851, VIII, S. 162 ff.]

Die Art der Bespannung war von der unsrigen gänzlich verschieden, indem die Zugthiere nicht an Strängen, sondern an einem vorn an der Deichsel befestigten Joche, das ihnen auf dem Nacken lag, zogen. [OVID. Fast. IV, 216. *iuga curva.*] Dieses Joch war von sehr verschiedener Form, oft nur ein einfacher Holzbügel, meistens aber mit zwei runden Ausschnitten, in welche die Wölbung des Nackens passte. Siehe die Abbildungen bei GINZROT I. T. III B — IV B. [MUS. BORB. IV. Ta. A.] War der Wagen nur mit einem Pferde oder Maulthiere bespannt, so ging dieses in einer Gabel, hatte aber nichts destoweniger ein Joch aufliegen. Nur wenn der Zugthiere drei oder

16 Erster Excurs zur vierten Scene.

vier waren, zogen die äusseren an Strängen und hiessen daher *funales.* [die homerischen παρήοροι. S. auch DION. HAL. VII, 73.] SUET. Tib. 6. *Actiaco triumpho currum Augusti comitatus est, sinisteriore funali equo, cum Marcellus Octaviae filius dexteriore veheretur.* [ISIDOR. XVII, 35. AUSON. epith. 35, 9 fg.
*Pegasus hic dexter currat tibi: laevus Arion
Funalis. quartum det tibi Castor equum.*]
Zu Zugthieren wurden theils Pferde, theils Maulthiere [MUS. BORB. IV. Ta. A.] gebraucht. Von ersteren war besonders die kleine gallische Race, *manni, mannuli*, auch *burrichi* (SALM. zu Vopisc. Carin. 20. SCHOL. CRUQ. ad Hor. Epod. IV, 14.) ihrer Flüchtigkeit wegen beliebt. S. MITSCHERL. zu Hor. a. a. O. Der im Deutschen entsprechende Ausdruck dürfte wohl *Zelter* sein; denn dass diese *manni* ein Gegenstand des Luxus waren und den Reichen ankündigten, geht aus den unwilligen Worten *Sectus flagellis hic triumviralibus Praeconis ad fastidium Arat Falerni mille fundi iugera Et Appiam mannis terit.* deutlich hervor.

Man fuhr nicht immer mit eigenen Pferden, sondern es gab in Rom sowohl als in den kleineren Städten Italiens hinreichende Miethwagen, und es fehlt nicht an Andeutungen, aus welchen sich schliessen lässt, dass an den grossen Strassen gewissermaassen Stationen waren, auf denen man Pferde und Wagen wechselte, ungefähr wie unsere Extraposten, nur dass es Privatunternehmen der Vetturini war. SCHEFFER hat schon darauf aufmerksam gemacht, dass in der Stelle CICERO's p. Rosc. Am. 7. *decem horis nocturnis LVI millia passuum cisiis pervolavit.* der Plural *cisiis* ein Wechseln der Wagen andeutet. So kann auch nur verstanden werden, was SUETON von Cäsar c. 57. sagt: *Longissimas vias incredibili celeritate confecit, expeditus meritoria reda, centena passuum millia in singulos dies.* denn wie wollten dieselben Pferde diess ausgehalten haben? — — So verstehe ich auch MART. X, 104, 4 ff. (s. oben).
*Hispanae pete Tarraconis arces.
Illinc te rota tollet, et citatus —
Quinto forsitan essedo videbis.*

Es mögen allerdings fünf Tagereisen gemeint sein, aber auf gewechselten Wagen, indem man vermuthlich auf verschiedenen Punkten einen neuen Vetturino annahm. [Von einem gewöhnlichen Miethwagen spricht Iuv. III, 316 f., wo der mahnende Fuhrmann klatscht:

Sed iumenta vocant et sol inclinat: eundum est.
Nam mihi commota iam dudum mulio virga
Innuit: ergo vale etc.]
— Solche Reden waren es auch, auf denen Horaz einen Theil seiner Reise in Gesellschaft des Mäcenas machte. — [Der Wagenlenker (*auriga* Isidor. XVII, 33.), der in der linken Hand die Zügel (*lora, frena, habenae*) hielt, trieb die Thiere mit der Geissel (*flagellum*) oder Peitsche (*scutica*) an, die er in der rechten Hand schwang, Sil. Ital. IV, 441. Verg. Aen. V, 579.
— *signum clamore paratis*
Epytides longe dedit insonuitque flagello.
Dagegen bei dem Treiber (*agitator*) war ein Stab oder Stachelstecken (*stimulus, virga*) häufiger Colum. II, 2. Tibull. I, 1, 30.
Aut stimulo tardos increpuisse boves.
Zuweilen auch bei Wagen, Plaut. Men. V, 2, 112. Sil. Ital. VII, 702. S. auch Diocl. de Edict. de pret. c. X.]

ZWEITER EXCURS ZUR VIERTEN SCENE.

DIE WIRTHSHÄUSER.

Wenn in unseren Tagen ein Reisender von Gallus Stande in einer grösseren Stadt eintrifft, so bietet sich ihm mehr als ein Hotel dar, wo dienstfertige Kellner seinen Wagen empfangen, wo elegant meublirte Zimmer ihn aufnehmen und für die Bewirthung in jeder Hinsicht gesorgt ist. Und selbst in den kleineren Städten an der Hauptstrasse findet sich immer ein goldener Löwe, eine Stadt Frankfurth oder Dresden, wo man einige Stunden anständigerweise verweilen kann. Das war freilich im Alterthume überhaupt, und auch in Italien ganz anders. Wo das Bedürfniss fehlt, da findet die Industrie keine Veranlassung einen Gewerbszweig besonders auszubilden, und est ist nicht zu verkennen, dass eben die Reiselust unserer Zeit auch die Gasthäuser bedeutend gehoben hat. Dem Alterthume war ein solches Durcheinanderreisen unzähliger kommender und gehender Fremden etwas völlig unbekanntes, und wer reiste, der hatte, zumal wenn er römischer Bürger war, auch allenthalben Verbindungen genug, um des Einkehrens in Wirthshäusern überhoben zu sein.

Daher waren denn auch alle Anstalten der Art sehr gemeiner Natur, und eigentlich nur Herbergen für die niedere Volksklasse, der natürlich nicht überall das Haus eines Gastfreundes offen stand. Indessen würde man doch zu weit gehen, wenn man glauben wollte, es hätten nicht auch anständige Leute unter gewissen Umständen von solchen Etablissements Gebrauch gemacht. Auch ZELL in seinem Aufsatze: „Die

Zweiter Excurs zur vierten Scene. Die Wirthshäuser.

Wirthshäuser der Alten." Ferienschriften, 1. Sammlung, stellt die Verworfenheit und Ehrlosigkeit der römischen Wirthshäuser in gar zu grellem Lichte dar. Er hat überhaupt nur eine Seite des Wirthshauslebens aufgefasst und nur von den cauponis und popinis in Rom selbst gesprochen, während doch, um den Gebrauch kennen zu lernen, den die Römer selbst von Wirthshäusern machten, weniger von denen in Rom, als denen, die man auf Reisen berührte, die Rede sein sollte. Denn das begreift sich allerdings leicht, dass der angesehene Mann in Rom nicht, wie es bei uns geschieht, den Abend an öffentlichen Orten zubrachte; dass es keine geschlossenen Gesellschaften, keine Resourcen, Harmonien, Clubbs und dergl. gab, und dass es ihm nicht einfallen konnte, sich in Garküchen und den Buden der Weinschenken herumzutreiben, Oertern, die in Rom ebenso wenig geachtet waren als zu Athen, wo Sokrates sich zu rühmen pflegte: *quod nunquam in tabernam conspexerat.* PETR. 140. Und doch ist es auch hier nicht zu verkennen, dass bei zunehmendem Verfalle des öffentlichen Lebens, bei mehr und mehr eintretender Gleichgültigkeit gegen die Angelegenheiten des Staats und in Zeiten, wo man eher sich veranlasst sehen konnte das Forum zu meiden, auch die gebildetere Klasse ihre Oerter hatte, wo man müssige Stunden zubrachte, freilich ganz anderer Art als die *popinae.* Doch davon nachher. Wir beachten zunächst die Gasthäuser, welche sich den Reisenden an den Landstrassen zur Einkehr darboten.

Es ist sehr natürlich, dass auch der, welcher die ausgedehntesten Verbindungen hatte, dennoch nicht jedesmal, wenn das Bedürfniss eintrat und an allen Strassen gastfreie Häuser Bekannter finden konnte, sondern eben auch zu den öffentlichen Wirthshäusern seine Zuflucht nehmen musste. Ich will nicht das bekannte Beispiel aus Griechenland besonders hervorheben, das CICERO Div. I, 27. erzählt: *Cum duo quidem Arcades familiares iter una facerent et Megaram venissent, alterum ad cauponem devertisse, ad hospitem alterum.* auch nicht die übrigens sehr interessante Erzählung eines andern in einem Wirthshause vorgefallenen Mords bei CIC. Inv. II, 4. denn wir kennen den Stand der Männer nicht, und es bedarf keiner Analogie aus Griechenland für das römische Leben. Verfolgen wir nun die Reise, welche Horaz in Begleitung des Mäcenas nach Brundusium machte, und die er Sat. I, 5. so launig beschreibt, so werden wir mehr als einmal ihn in Wirthshäusern einkehrend finden. So verstehe ich gleich den Anfang:

> *Egressum magna me excepit Aricia Roma*
> *Hospitio modico.*

denn der bei dem *Caupo* Einkehrende heisst ja eben auch *hospes* und es ist hier ebensowenig an ein Staatshospitium als an einen Gastfreund zu denken, den Horaz würde bezeichnet haben, und für den die Worte *hospitio modico* eben keine Artigkeit gewesen sein würden. Bei PLAUTUS Poen. III, 3, 60. sagt der *leno*, der den angeblichen Fremden für Geld bewirthen will: *Obsecro hercle hortamini, ut devortatur ad me in hospitium optumum.* und so wiederholt Vs. 75. 80. — Ebenso war es gewiss eine *caupona* in *Forum Appii*, wo Horaz des schlechten Wassers wegen nicht essen wollte, während seine Gesellschaft weniger ekel war. — Wenn es vom andern Morgen nach der nächtlichen Wasserfahrt heisst: *Millia tum pransi tria repimus.* so ist wahrscheinlich auch ein Frühstück in einer *taberna* gemeint, sie möge nun in der Nähe des Tempels der *Feronia* oder näher bei *Ad medias* gewesen sein. Nach der Vereinigung mit Mäcenas tritt allerdings ein anderes Verhältniss ein, da dieser mit seinem Gefolge allenthalben von Staats wegen empfangen wurde; indessen kommt doch noch ein Nachtlager vor, das man nicht wohl anders als in einer Caupona verstehen kann, v. 77.

> *Incipit ex illo montes Appulia notos*
> *Ostentare mihi, quos torret Atabulus, et quos*
> *Nunquam erepsemus, nisi nos vicina Trivici*
> *Villa recepisset, lacrimoso non sine fumo.*

Denn dass es nicht die Villa eines Freundes war, sondern ein öffentliches Haus, beweiset schon die saubere Geschichte von dem vergebens erwarteten Mädchen. [DUENTZER zu d. St. S. 132. 140. versteht unter *villa* eine kleine von dem Staate

errichtete Maierei, wo die Staatsbeamten von dem *parochus* (vgl. Non. I, 239.) bewirthet wurden, wie es Vs. 45. hiess:
Proxima Campano ponti quae villula, tectum
Praebuit, et parochi, quae debent, ligna salemque.]
Vermuthlich war der Weg zu beschwerlich, um noch an diesem Tage weiter zu gelangen und so blieb man auf der Villa, die eben eine Caupona hatte, wovon weiterhin die Rede sein wird.

Doch warum solche Vermuthungen anführen, wenn deutlichere Zeugnisse vorhanden sind? Dahin rechne ich, was Horaz dem Bullatius einhält, dass, wenn man auch an einem Orte manches Unangenehme erführe, man nicht gleich den ganzen Ort verwerfen, und einen andern Wohnort wählen müsse, gleichwie der Reisende, der in einer Caupona der Via Appia einkehren musste, um sich vor dem Wetter zu schützen, darum nicht sein Leben in dem Wirthshause werde zubringen wollen, um nicht wieder die Strasse zu betreten. Epist. I, 11, 11.
Sed neque qui Capua Romam petit, imbre lutoque
Conspersus, volet in caupona vivere.
Dahin Prop. IV, 8, 19. wo Cynthia, mit einem begünstigten Liebhaber in eleganter Equipage nach Lanuvium reisend in einer *taberna* einkehrt, wie Broukhuys sehr richtig erklärt:
Appia, dic quaeso, quantum te teste triumphum
Egerit effusis per tua saxa rotis.
Turpis in arcana sonuit quum rixa taberna;
Si sine me, famae non sine labe meae.
Dahin Cic. p. Cluent. 59. *Atque etiam, ut nobis renuntiatur, hominem multorum hospitum, A. Binnium quendam, coponem de Via Latina subornatis, qui sibi a Cluentio servisque eius in taberna sua manus allatas esse dicat.* [Appul. Met. I, p. 110 Elm. *Sumo sarcinulam et pretio mansionis stabulario persoluto capessimus viam.*] — Denn Antonius Beispiel, wie Cic. Phil. II, 31. *Cum hora diei decima fere ad Saxa Rubra venisset, delituit in quadam cauponula.* will ich eben nicht geltend machen und ebensowenig Petron, dessen Erzählung grossen Theils in Wirthshäusern spielt. S. cap. 15. 19. 80. Nur eine Stelle sei

angeführt, c. 124. *tandem Crotona intravimus, ubi quidem parvo deversorio refecti postero die amplioris fortunae domum quaerentes incidimus in turbam* etc. Vgl. HOR. Epist. I, 17, 8. *Si te pulvis strepitusque rotarum, si laedet caupona.*

Die Sache versteht sich eigentlich von selbst, und ich würde nicht ausführlicher darüber gesprochen haben, wenn nicht zu oft falsch darüber geurtheilt würde.

Solche Wirthshäuser fanden sich nun nicht nur in den Städten, sondern zur Bequemlichkeit der Reisenden auch einzeln an die Strasse hingebaut, wie z. B. an der Via Appia unweit der Pontinischen Sümpfe die *Tres tabernae*, deren Erwähnung geschieht Πραξ. τ. Ἀποστ. XXVIII, 15. Κἀκεῖθεν οἱ ἀδελφοὶ ἀκούσαντες τὰ περὶ ἡμῶν ἐξῆλθον εἰς ἀπάντησιν ἡμῖν ἄχρις Ἀππίου φόρου καὶ Τριῶν ταβερνῶν. Es war natürlich, dass um solche Tabernen auch andere Häuser gebaut wurden, und so entstand wohl ein Flecken, der den Namen erhielt. [SCHWARZ, Exercit. acad. quibus antiq. et iur. Rom. cap. expl. Norib. 1783. p. 339—365. de foro Appii et tribus tabernis.]

Vorzüglich aber mochten die an der Strasse gelegenen Villen zum Nutzen ihrer Besitzer solche Tabernen haben, wo namentlich wohl der erbaute Wein ausgeschenkt wurde. Darum sagt VITRUV. VI, 8. (Schn. 5.) *Qui autem fructibus rusticis serviunt, in eorum vestibulis stabula, tabernae — sunt facienda.* VARR. R. R. I. 2, 23. *si ager secundum viam et opportunus viatoribus locus, aedificandae tabernae diversoriae.* Ebenso deutlich geht diess hervor aus SUET. Claud. 38. (Senatorem relegavit) *quod in aedilitate inquilinos praediorum suorum contra vetitum cocta vendentes multasset, villicumque intervenientem flagellasset.* Es war nämlich unter Tiber, SUET. 34. der Verkauf in den Popinen auf blosse Getränke beschränkt worden. Dieses Verbot bestand nicht lange, wurde aber unter Claudius erneut. DIO CASS. LX, 6. τὰ καπηλεῖα ἐς ἃ συνιόντες ἔπινον, κατέλυσε, καὶ προσέταξε μήτε κρέας που ἑφθὸν, μήθ' ὕδωρ θερμὸν πιπράσκεσθαι. Dann wieder unter Nero, SUET. Ner. 16. *Interdictum, ne quid in popinis cocti praeter legumina aut olera veniret, cum antea nullum non obsonii genus proponeretur.* DIO

Cass. LXII, 14. sagt: *πλὴν λαχάνων καὶ ἴττους.* und nochmals von Vespasian, Dio Cass. LXVI, 10. Darauf ist auch Mart. III, 58, 24.

Non segnis albo pallet otio copo.

zu beziehen, es möge die Villa Faustini eine Caupona gehabt haben, wie Rader meint; oder, indem sie als *rus verum* andern entgegengesetzt wird, nur sich auf das Vorhandensein von Cauponen auf anderen Villen schliessen lassen, und dahin rechne ich auch die *vicina Trivici villa* bei Horaz.

Der Name solcher Gasthäuser ist eben *caupona, taberna, taberna diversoria.* Plaut. Menaechm. II, 3, 81. wo der vom Schiffe gekommene Menächmus, weil er selbst von der aus Verwechselung mit seinem Bruder sich darbietenden Gelegenheit Gebrauch macht und zum Frühstück der Hetäre Erotium geht, zu dem Messenio sagt:

Abduce istos in tabernam actutum devorsoriam.

auch bloss *diversorium* oder richtiger wohl *deversorium.* Siehe Drakenb. zu Liv. XLIV, 43. — Val. Max. I, 7. ext. 10. in der oben zuerst aus Cicero angeführten Erzählung nennt sie *taberna meritoria.* und bei Mart. VI, 94. wird dasselbe durch *stabulum* ausgedrückt. So oft in den Dig. u. bei Appul. [Eine interessante schon Thl. 1, S. 90. erwähnte Wirthshausscene von Aesernia giebt Mommsen, inscr. Neap. 5078 (dann Orelli Henzen 7306.), wo der Abschied nehmende Reisende ruft: *copo computemus,* worauf die Kellnerin erscheint und beginnt: *habes vini* O I (sextarium unum) *pane*(m) *A I* (assem unum) *pulmentar*(ium) *A II* (asses duos). Nachdem der Reisende geantwortet: *convenit* (das trifft zu), fährt die Andere fort: *puell*(am) *A VIII* (asses octo). *Et hoc convenit* erwiedert der Reisende. Dann folgt der Schluss der Rechnung: *foenum mulo A II* (2 Asses Heu.)]

Dass auch in Rom dergleichen eigentliche Gasthäuser mögen gewesen sein, wer wollte es bezweifeln. Allein sie wurden wohl nur von Leuten niederen Standes, die etwa nach Rom kamen, benutzt; denn vornehmere Fremde hatten oder fanden leicht ein Hospitium in einem Privathause. [So logiren die Gesandten der Rhodier zu Rom *sordido diversorio, vix mercede recepti*, wie sie klagend aussprechen Liv. XLV, 22.] — Für die Bevölkerung der Stadt selbst aber gab es eine Menge Oerter, wo Speisen und Getränke verkauft wurden. Die allgemeinen Namen für diese Etablissements waren eben auch *taberna* und *caupona*. Der erstere bezeichnet überhaupt jeden Laden, nicht nur wo irgend Waaren zu verkaufen waren, sondern auch die *tonsores, medici, argentarii* hatten ihre *tabernas*, s. II, S. 235 fg. Dagegen wird *caupona* wohl nur von solchen Orten gesagt, wo Wein hauptsächlich und auch andere Lebensmittel verkauft wurden; denn dass *caupo* überhaupt jeden Kleinhändler bedeute, würde noch zu beweisen sein. Wo immer der Caupo genannt wird, ist er Verkäufer von Lebensmitteln, namentlich Wein. Daher der Scherz Martials über den Regen in der Weinlese I, 56.

Continuis vexata madet vindemia nimbis:
Non potes, ut cupias, vendere, copo, merum.

und daher wünscht sich der anspruchslose Diener fürs Leben neben dem *lanius* einen *caupo*, womit für Speise und Trank gesorgt ist. II, 48.

Eine besondere Klasse waren die *popinae*, ungefähr Garküchen, in welchen namentlich gekochte Speisen aber auch Getränke verkauft wurden. Während der *caupo*, in so weit er nicht Fremde bewirthete, meist wohl, wie man zu sagen pflegt, über die Strasse verkaufte, verspeisete der *popa*, so hiess der Besitzer einer *popina*, seine Gerichte in der Taberna, und schenkte den Wein aus. Cic. Mil. 24. *Quin etiam audiendus sit popa Licinius nescio quis de Circo maximo: servos Milonis apud se ebrios factos sibi confessos esse* etc. Dann: *sed mirabar tamen credi popae.* [Bekannt ist bei Hor. ep. I, 14, 21. *uncta popina*.] Dort fanden sich ursprünglich nur Leute von der niedrigsten Klasse und Sklaven ein [*nautae, fugitivi, fures* werden von Iuv. VIII, 172 ff. genannt], und nahmen auf den Stühlen der Taberne — auch das war unanständig — Platz. Darauf bezieht sich das artige Epigramm Mart. V, 70.

Die Wirthshäuser.

Infusum sibi nuper a patrono
Plenum, Maxime, centiens Syriscus
In sellariolis vagus popinis
Circa balnea quatuor peregit.

Denn wenn man auch geneigt wäre, den *sellariolis popinis* verglichen mit der *lecticariola*, XII, 58. eine andere Deutung zu geben, so lassen doch die folgenden Verse:

O quanta est gula, centiens comesse!
Quanto maior adhuc, nec accubare!

über den Sinn keinen Zweifel. Es trieben sich nämlich vorzüglich späterhin in solchen Speisehäusern auch müssige und unordentlich lebende Menschen aus besserem Stande herum [wie Gabinius bei Cic. in Pis. 6. und Thrasyllus bei Appul. Met. VIII, init. S. auch Iuv. VIII, 158 ff. Suet. gramm. 15. Vit. 13.], und dass man dort auch gut leben konnte, beweiset schon, dass es dem Syriscus möglich war, in kurzer Zeit centies HS, [500,000 Thaler] durchzubringen. Freilich mag es dafür Vergnügungen aller Art gegeben haben.

Ganeum oder *ganea* ist von der *popina* so unterschieden, dass man allenfalls jede *popina* ein *ganeum* nennen kann, aber nicht umgekehrt. Denn *ganeum* ist überhaupt nur ein Ort geheimer Liederlichkeit, daher es Livius zweimal XXVI, 2. und Epit. l. C. mit *lustrum* verbindet. [Cic. Sext. 9. *ganeis adulteriisque confectus.* Suet. Cal. 11. *ganeas atque adulteria.*]

Was Plautus Curc. II, 13, 10. Rud. II, 6, 45. Trin. IV, 3, 6. *thermopolium* nennt, ist eben auch nichts anderes als die *popina*, wie man aus den angeführten kaiserlichen Verboten sieht.

Salmasius zu Spart. Hadr. 22. giebt an, die Tabernen seien zu Rom nie vor der neunten Stunde geöffnet worden. Ich habe dieser sehr bestimmt ausgesprochenen Behauptung keinen ebenso entschiedenen Ausspruch eines alten Schriftstellers entgegenzusetzen; allein die Sache scheint an sich kaum glaublich, da gewiss sehr viele das Prandium dort einnahmen, und manche Stellen lassen sich mit dieser Ausnahme durchaus nicht vereinigen. Bei den Bädern und Lupanarien (s. d. Exc.

zur sechsten Scene und den ersten Exc. zur siebenten Scene) ist es sehr natürlich, wenn eine Stunde bestimmt war, vor der sie nicht geöffnet werden sollten; allein für die Speisehäuser ist weder ein Beweis angeführt, noch scheint eine solche Beschränkung zulässig zu sein. Stellen, welche dagegen sprechen, sind z. B. PLAUT. Most. IV, 2, 50.
Vide sis ne forte ad merendam quopiam devorteris,
Atque ibi plus, quam satis fuerit, biberis.
Ders. Menaechm. V, 1, 3.
Immersit aliquo sese credo in ganeum.
Es ist aber etwa Mittag und Menächmus kommt eben selbst vom Prandium. Pseud. II, 2, 63. sagt Harpax:
Ego devortor extra portam huc in tabernam tertiam. —
und nachher v. 69. *ubi prandero, dabo operam somno.* Der entscheidendste Beweis endlich findet sich ebenfalls bei PLAUT. Poen. Prol. 40 ff.
Et hoc quoque etiam, quod paene oblitus fui,
Dum ludi fiunt, in popinam pedisequi
Irruptionem facite. nunc dum occasio est,
Nunc dum scribilitae aestuant, occurrite.
und wollte man auch dieser Stelle, als einem Scherze nicht völlige Gültigkeit zugestehen, so nehme man ein Faktum hinzu. CIC. Pis. 6. *Meministine, coenum, cum ad te quinta fere hora cum C. Pisone venissem, nescio quo e gurgustio te prodire, involuto capite, soleatum? et cum isto ore foetido teterrimam nobis popinam inhalasses, excusatione te uti valetudinis, quod diceres, vinolentis te quibusdam medicaminibus solere curari?*

Der ganze Stand der Gastwirthe war in Rom tief verachtet, und es ist leicht einzusehen, warum. Wenn HORAZ Sat. I, 1, 29. sie *perfidos* und 5, 4. *malignos* [MART. III, 57. u. A. *callidos*] nennt, so geschieht es, „weil diese Art Leute in Griechenland und Rom wegen Betrugs, Verfälschung der Waaren und Vervortheilung aller Art berüchtigt waren, so dass im Griechischen καπηλεύειν auch verfälschen bedeutet." HEIND. z. I, 1, 29. — Aber das war es nicht allein, sondern die *popina* bot, wenn nicht in der Regel, doch häufig den

Verein aller Liederlichkeit dar, und es mochte zwischen ihr und einem Bordell oft kein grosser Unterschied sein. Bei PLAUTUS vertreten auch wirklich die *lenones* die Stelle des Caupo, und was der PSEUDO-VERGIL von der Copa Syrisca singt, das ist zwar ganz einladend, aber auch nicht sehr züchtig. [Wahrscheinlich trieb auch das verbotene Hazardspiel in den Popinen sein Wesen, MART. V, 84.

Arcana modo raptus e popina
Aedilem rogat udus aleator.

Unter solchen Umständen war die Aufsicht der Aedilen sehr nothwendig. SUET. Tib. 34. Claud. 38. BECKER, Handb. der röm. Alterth. II, 2, S. 318.] — Uebrigens mochte es darunter auch sehr schmuzige Wirthschaften geben, was sich schon der Gesellschaft nach erwarten lässt. Vgl. [WUNDERLICH de vett. popinis, in Act. soc. lat. Ien. III, p. 267 ff. SCHEID, de cauponum origine. Gotting. 1738. p. 24 ff.] STOCKMANN, de popinis Rom. L. 1805.

Darum gingen denn anständige Leute wenigstens bis in die spätere Zeit in solche Häuser oder Läden nicht. Allein ganz ohne Gesellschaftsörter waren auch sie nicht; denn nicht selten kamen in den *medicinis, tonstrinis* u. s. w. mehrere zur Unterhaltung zusammen. S. SALMAS. zu Plaut. Epid. II, 2, 14. und HEINDORFS vortreffliche Anmerkung zu HOR. Sat. I, 7, 3. So wurde es in späterer Zeit gewöhnlich, sich in den *tabernis librariis* einzufinden, s. II, S. 391. — Uebrigens waren die öffentlichen Bäder hauptsächlich ein Zusammenkunftsort. [Interessant ist das Pompejanische Wandgemälde in dem sogenannten Lupanar, wo mehrere Personen in einer Taberne trinkend beisammensitzen. — Welche Geräthschaften zu einem solchen Etablissement gehörten, ersehen wir aus PAULL. Dig. XXXIII, 7, 13. nämlich *dolia, vasa, ancones, calices, trullae, urnae, congiaria* u. s. w. — Ueber die Tabernen und Wirthshauszeichen siehe LE CLERC, des journaux chez les Romains, Paris 1838. p. 300 fg. 306. Eine Wirthshausinschrift in Lugdunum theilt ORELLI 4329 mit: *Mercurius hic lucrum promittit. Apollo salutem Septumanus hospitium cum prandio. Qui venerit*

28 Zweiter Excurs zur vierten Scene. Die Wirthshäuser.

melius utetur post hospes ubi maneas prospice. Vor Weinschenken wurde auch wohl eine Amphora aufgestellt und zwar der grösseren Sicherheit halber, von einer Kette umschlungen. MART. VII, 61.

Nulla catenatis pila est praecincta lagonis.

Das Museum in Wiesbaden bewahrt eine so umschlungene und angeblich so gefundene Amphora. Am häufigsten waren wohl plastische oder angemalte Bilder, die die Bestimmung der Taberne erkennen liessen, s. überhaupt OVERBECK, Pompeji S. 257 f. Das hier abgebildete Schild befindet sich in Stein gehauen an einer Taberne in Pompeji.]

EXCURSE ZUR FÜNFTEN SCENE.

DIE VILLEN UND GÄRTEN.

ERSTER EXCURS.

[DIE VILLEN.

Villa heisst das Landhaus, auch etymologisch unserem Worte Weiler verwandt und zwar ohne die dazu gehörenden Grundstücke VARRO r. r. III., 2. *quod extra urbem est aedificium, nihilo magis ideo est villa, quam eorum aedificia, qui habitant extra portam.* CIC. p. Rosc. C. 12. *qui ager neque villam habuit, neque ex ulla parte fuit cultus — nunc est cultissimus cum optima villa.* PLIN. h. n. XVIII. 6, 7. *modus hic probatur, ut neque fundus villam neque villa fundum quaerat.* FLOR. Dig. L. 16, 211. *urbana aedificia aedes, rustica villae dicuntur.* Dagegen *praedium* und *fundus* bezeichnete ursprünglich nur den Grund und Boden im Allgemeinen, JAVOL. Dig. L, 16, 115. *praedium — generale nomen est, nam et ager et possessio huius appellationis species sunt.* CIC. Top. 4 *quoniam usus auctoritas fundi biennium est, sit etiam aedium.* Allmälig bekamen beide Worte die Bedeutung als Feld- und Landgrundstück nebst den darauf stehenden Gebäuden, ISIDOR. XIII, 15. AGRIM. *ed.* Lachmann p. 369. (*Ager* aber ist immer *locus — sine villa.* ULP. Dig. L, 16, 27 pr. VARRO. r. r. III, 2. Ebenso setzt CATO r. r. *fundus* und *villa* einander entgegen, desgleichen PLIN. h. n. XVIII, 7.) Der Unterschied der *praedia rustica* und *urbana* beruht auf der Bestimmung derselben, indem jene nur ökonomischen Zwecken dienen, diese dagegen blos die Wohnung enthalten. Daher rechnet ULP. Dig. L, 16, 198. zu letzteren auch die Häuser auf dem Lande, *voluptati tantum deservientia* (d. h. für Vergnügen und städtische Bequemlichkeit), *quia urbanum praedium non locus facit, sed materia*.

Ursprünglich waren die römischen Villen lediglich der Landwirthschaft wegen vorhanden, welche wie bekannt sogar die vornehmsten Römer mit grossem Eifer trieben und desshalb einen grossen Theil ihrer Zeit auf dem Lande zubrachten. Noch CATO r. r. 14. giebt, indem er von dem Bau einer Villa handelt, keine Andeutung, dass der Herr eine besondere Wohnung haben müsse, geschweige denn, dass sie mit Luxus einzurichten sei. Er selbst hatte nur *villas inexcultas et rudes, ne tectorio quidem praelitas*. GELL. XIII, 24 (23). vgl. CIC. de leg. II, 1. *hoc ipso in loco, quum avus viveret et antiquo more parva esset villa, ut illa Curiana in Sabinis.* — Die Villa des Scipio Africanus, wo er im Exil lebte, die älteste erwähnte, war zwar im Innern auch höchst einfach eingerichtet, aber nach aussen fest und durch Mauern und Thürme geschützt (SEN. ep. 86), was er sowohl aus alter militärischer Vorliebe als um etwaige Raubanfälle abzuhalten gethan haben mochte. Solche Burgbauten wie sie auch Marius und Pompejus anlegten (SEN. ep. 51.) können mit den eigentlichen römischen Villen gar nicht verglichen werden.

Mit dem allgemeiner werdenden Luxus bekamen auch die alten einfachen Villen eine andere Gestalt, wie VARRO r. r. III, 2. sagt *quid tua habet simile villae illius, quam tuus avus et proavus habebat*. und man legte nun häufig Landhäuser blos zum Vergnügen an, ohne alle ökonomische Bedeutung. VARRO r. r. a. a. O. *tua ista neque agrum habet ullum, nec bovem nec aquam*. s. unten B.]

Seitdem unterschied man zwischen *villa rustica* [*simplex rustica* VARRO III, 2.] und *pseudourbana*. [VARRO I, 13.] VITR. VI. 8. (5.) und es gab ebensowohl Landhäuser, welche nur für einen dieser Zwecke berechnet worden waren, als solche, die beiden gemeinschaftlich dienten. Von letzteren sagt COLUM. I, 6. *Modus autem membrorumque numerus aptetur consepto et dividatur in tres partes, urbanam, rusticam et fructuariam.* [ebenso AUSON. POPM. de instr. 1.] Unter letzterer versteht er die Vorrathsgebäude für Oel, Wein, Körner, Heu u. s. w. Anders schreiben es VARRO und VITRUV vor, wovon sogleich die Rede sein wird.

A. Die Anlage und Einrichtung einer *Villa rustica* wird von VARRO, VITRUV und COLUMELLA ausführlich beschrieben, doch weichen namentlich des letztgenannten Vorschriften besonders hinsichtlich der Vorrathskammern ab. Im Allgemeinen ist die Anlage folgende: die Villa soll zwei Höfe (*cohortes, chortes, cortes*) haben (VARRO I, 13.). Am Eingang zu dem ersten oder äusseren (vorderen) Hofe ist die Wohnung des Villicus, damit er wisse, wer aus und ein gehe [s. Thl. 1, S. 104.]. Dort befindet sich ferner die grosse gemeinschaftliche Küche, wo sich die Familie (Sklaven) versammelt, und im Winter beim Feuer des Heerdes verschiedene Arbeiten vorgenommen werden. VITR. VI, 9. (6 Schn.) *In corte culina quam calidissimo loco designetur.* VARR. a. a. O. *In primis culina videnda ut sit admota* (Villici cellae), *quod ibi hieme antelucanis temporibus aliquot res conficiuntur, cibus paratur ac capitur.* COL. *magna et alta culina ponetur.* Dabei befinden sich die Badestuben VITR. § 2. [*ita enim lavationi rusticae ministratio non erit longe.* auch die *apotheca*, s. den vierten Exc. z. neunten Scene.] und ebenso die Wein- und Oelpresse (*torcular*) nach VITRUV. Dagegen sagt COL. § 18. *Torcularia praecipue cellaeque oleariae calidae esse debent. — Sed ut calore naturali opus est, qui contingit positione caeli et declinatione, ita non opus est ignibus aut flammis: quoniam fumo et fuligine sapor olei corrumpitur.* Er will daher nicht einmal Lampen bei der Arbeit des Pressens angewendet haben. Ferner sollen auch dort die *cellae oleariae* und *vinariae* sein [VITR. § 2 f.]; die ersteren nach Mittag, die letzteren nach Mitternacht gelegen, beide aber auf ebenem Boden [ähnlich PALLAD. I, 18. 20.].

VARR. *Fructibus* (humidis) *ut est vinum et oleum, loco plano potius cellas faciundum.* COL. § 9. *ex iis* (cellis) *quae sunt in plano custodiam recipiant humidarum rerum tanquam vini olei venalium.* Was es daher heissen soll, wenn HIRT in die Erläuterung des Plans einer Villa Geschichte der Baukunst Taf. XXVIII. Bd. III. S. XXXIV. sagt: „Unter den Wohnräumen der Küche sind die Keller für das Auspressen der Oliven" etc. und „Unter der Wohnung des Villicus sind die Weinkeller", ob dabei ganz unstatthaft Küche und Wohnung im zweiten Stocke angenommen werden, oder gar an Weinkeller ganz oder halb unter der Erde — den Alten etwas Unerhörtes — gedacht ist, das lässt sich schwer sagen. Nur das *ergastulum* verlegt COLUMELLA unter die Erde. § 3. *Vinctis quam saluberrimum subterraneum ergastulum plurimis idque angustis illustratum fenestris atque a terra sic editis, ne manu contingi possint.* Solche Behältnisse scheint HIRT gemeint zu haben, da er hinzusetzt „mit Fenstern gegen die Nordseite"; das könnten also nur Kellerlöcher sein. Aber solche cellae wären nicht in plano und eine solche Aufbewahrung ist dem Alterthum überhaupt fremd. — Die trocknen Früchte hingegen und das Futter wurden auf Böden aufbewahrt. [COL. I, 6. *siccae autem res congerantur tabulatis, ut frumenta, foenum, frondes, paleae ceteraque pabula.*] VARR. VITR. § 4. *Granaria sublimata* [*et ad septentrionem aut aquilonem spectantia*] *disponantur.* [Diese Kornböden und Scheuern *horrea* mussten fern von feuchten Plätzen, wie Ställen und Düngerstätten liegen. Für die Zubereitung des Fussbodens und der Wände gab es besondere Vorschriften, VARRO I, 13. COL. I, 6. PALLUD. I, 19. Aehnlich waren die Obstkammern möglichst trocken und gegen Norden, am liebsten gewölbt und ganz massiv VARRO I, 59.] COLUM. nun, der eine besondere *Villa fructuaria* annimmt, verlegt dorthin auch die Oel- und Weinvorräthe; VITRUV dagegen will blos die feuergefährlichen Dinge ausserhalb der Villa aufbewahrt wissen, § 5. *Horrea, foenilia, farraria, pistrina extra villam facienda videntur, ut ab ignis periculo sint villae tutiores.* Bei VARRO sind alle Vorräthe in der Villa selbst.

Die Villen.

[Natürlich hingen diese Anordnungen ganz von der Grösse des Praedium ab, denn bei einer kleinen Besitzung wäre es lächerlich gewesen eine besondere Abtheilung als villa fructuaria anzulegen.] Die Cellen der Sklaven, die wohl nicht nur im vorderen Hof waren, sollten am liebsten nach Mittag liegen. COL. § 3. *Optime salutis servis cellae meridiem aequinoctialem spectantes fient.* Darauf geht auch, was VARRO sagt: *Familia ubi versetur providendum, si fessi opere aut frigore aut calore, et ubi commodissime possint se quiete reciperare.* — Die Ställe, *bubilia, equilia, ovilia*, werden wohl am besten um den inneren Hof gedacht, VITRUV will sie [gegen Morgen und zwar die Ochsenställe] nahe an der Küche haben [§ 1. die Pferdeställe aber fern davon. § 4. PALLAD. 1, 21. legt die Ställe gegen Süden. COLUM. I, 6. verlangt besondere Ställe für den Sommer und für den Winter, *bubilia — hiberna atque aestiva*. Die Hirten hatten ihre Wohnungen ganz in der Nähe ihres Viehs.] — Beide Höfe sollten in der Mitte Wasserbehälter haben [dagegen nach PALLAD. I, 31. *circa villam.*]; der innere mit einem Springquell zur Tränke für das Vieh. VARR. § 3. *Boves enim ex arvo aestate reducti hic bibunt, hic perfunduntur; nec minus e pabulo cum redierunt anseres, sues, porci.*, der äussere zum Einweichen gewisser Früchte. Ebend. *ubi maceretur lupinum item alia, quae demissa in aquam ad usum aptiora fiunt.* COL. I, 6. Das ist das Wesentlichste, was VARRO, VITRUV und COLUMELLA über die Villa rustica berichten. Man vergleiche damit STIEGLITZ, Archäologie der Bauk. III. S. 249 ff. HIRT, Gesch. der Bauk. III. S. 289 ff. Lehrreicher als beide sind SCHNEIDERS freilich nur einzelnes berührende Anmerkungen zu VARRO, COLUMELLA und PALLADIUS.

[Ueber den ökonomischen Betrieb auf den Villen erhalten wir durch VARRO r. r. l. genügende Auskunft, da er hier seiner Gattin Fundania Instruktion giebt, wie sie nach seinem Tode ihre Villa bewirthschaften solle. Eine kurze Uebersicht des römischen Landbaues mit Literatur s. PAULY, Realencyklop. VI, S. 580 ff. und I, 2. Ausgabe unter Agricultura. BUCHNER, über die villa rustica in Hamms agronom. Zeit. Leipzig 1858.

Erster Excurs zur fünften Scene.

Das zweite Buch Varro's beschäftigt sich lediglich mit der Viehzucht (*pastio pecuaria* oder *agrestis* genannt, weil die Nutzthiere meistens auf die Weide gehen), wo er ausführlich die Behandlung, Zucht, Fütterung u. s. w. bespricht. Es waren dieselben Thiere, welche auch von uns gezogen werden, Rindvieh, Schafe, Schweine, Ziegen, Esel, Maulthiere und Pferde, (letztere nur zum Reiten und zum Kriegsdienst). Auch behandelt er schliesslich die Hunde und Hirten. COLUM. VI. VII. S. überhaupt MAGERSTEDT, Viehzucht der Römer, zwei Hefte. Sondershausen 1859. 1860. LENZ, Zoologie der alten Griechen und Römer, Gotha 1856, S. 185—251. Das dritte Buch Varro's umfasst die sogen. *pastio villatica* d. h. das Vieh, welches nicht auf die Weide getrieben, sondern auf der Villa gefüttert wird, oder die Luxusviehzucht, die für höchst einträglich galt. VARRO III, 2. *duo genera — pastionum, unum agreste, in quo pecuariae sunt, alterum villaticum, in quo sunt gallinae ac columbae et apes et caetera quae in villa solent pasci — ideo ex his pastionibus ex una villa maiores fructus capere, quam alii faciunt ex toto fundo.* COLUM. VIII, 1. Wir trennen nach VARRO III, 3 (*Eius disciplinae genera sunt tria, ornithones, leporaria, piscinae*) die Zucht der Vögel, des Wildes und der Fische.

I. Ueber die Hühner, Tauben, Pfauen, Fasanen ist Thl. I, S. 104 ff. gesprochen worden. Ueber Krammetsvögel, Gänse, Enten s. d. ersten Exc. z. neunten Scene. Besondere Freude hatten die Römer an einem schönen reich bevölkerten *aviarium* oder *ornithon*, wo Krammetsvögel, Amseln, Ortolanen, Wachteln und sogar Singvögel gezogen wurden, VARRO III, 4. *duo sunt ornithonis genera, unum delectationis causa — alterum fructus causa.* Nach PLIN. X, 50, 72. war M. Laenius Strabo in Brundusium der Erfinder der grossen Aviarien *inclusis omnium generum avibus.* Ein sehr ausgedehntes mit hänfenen Netzen überspanntes (*rete aviarium*) besass VARRO, III, 5. in welchem auch zwei piscinae und ein Bassin für Enten, Kraniche u. s. w. sowie ein Speisetisch für den Herrn und seine Gäste angebracht waren. Einen Plan desselben giebt SEGNER

Die Villen. 35

in Gesners Ausgabe, HIRT in Abhandlung. der Berliner Akad. 1797. RODE, Sendschreiben und HIRT, Antwort in Berliner Samml. von Aufsätzen die Bauk. betreff. I. 1800. STIEGLITZ, Archäol. der Bauk. II, S. 275 ff. HIRT, Gesch. der Bauk. III, S. 318. und zuletzt RIECKE, M. Terrentius Varro. Stuttgart 1861, zu S. 50 ff. Die besonders für Gänse und Enten bestimmten *nantium volucrum quae stagnis piscinisque laetantur aviaria* (COLUM. VIII, 1.) nannte man *chenoboscium* und *nessotrophium*, VARRO III, 10 f. COLUM. VIII, 14 f. DUREAU DE LA MALLE, économie polit. des Rom. II, S. 179—199.

II. *Leporaria* Hasengärten, dann Wildparks im weiteren Sinne, welche eigentlich *vivaria ferarum bestiarum* heissen, DIG. XLI, 2, 3. § 14. COLUM. VIII, 1. IX, 1. PLIN. h. n. VIII, 51, 78. VARRO III, 3. *leporaria te accipere volo, non ea, quae tritavi nostri docebant, ubi soliti lepores sint, sed omnia saepta afficta villae quae sunt et habent inclusa animalia quae pascantur.* 12. *neque solum lepores eo includantur silva, ut olim in iugero agelli — sed etiam cervi aut capreae in iugeribus multis.* MACROB. Sat. II, 9. Dazu kamen noch Kaninchen, *cuniculi* und Wildschweine, COLUM. r. r. IX, 1. PLIN. VIII, 51, 78. Hohe Mauern mussten zum Schutz gegen Raubthiere herumgezogen werden, wie Varro vorschreibt. Auf dem Laurentum des Hortensius war der Park über 50 Morgen gross und ummauert. *Ibi erat locus excelsus, ubi triclinio posito cenabamus.* — *Qu. Orphea — buccinam inflavit, ubi tanta circumfluxit nos cervorum, aprorum et ceterarum quadrupedum multitudo* cett. Zuweilen hatte man Umzäunungen von Eichenplanken, wesshalb der Thiergarten auch *roborarium* hiess, GELL. II, 20. COL. IX, 1. Dieser bemerkt auch, dass die *ferae pecudes ut capreoli damaeque, nec minus orygum cervorumque genera et aprorum modo lautitiis et voluptatibus dominorum* (das heisst zum Vergnügen und zur Jagd) *serviunt, modo quaestui ac reditibus* (nämlich zum Verkauf der Thiere). — Ueber Hasen und Eber s. den ersten Excurs zur neunten Scene. — An die Thiergärten knüpft VARRO die Zucht der Siebenschläfer. Das *glirarium* war ein von glatten Wänden umschlossener Hof mit

Eichbäumen und das Mästen der glires (obwohl censorische Gesetze den Genuss beschränkten, PLIN. XXXVI, 1.) erfolgte in grossen Töpfen, VARRO r. r. III, 15. PLIN. h. n. VIII, 56, 82 (mit Kastanien). MART. XIII, 59.
  Tota mihi dormitur hiems, et pinguior illo
   Tempore sum quo me nil nisi somnus alit.
Die Schneckengehege (*cochlearia*) befanden sich meistens auf kleinen schattigen Inseln, die sogar mit künstlichem Thau befeuchtet wurden (*manu facere oportet roscidum*). VARRO r. r. III, 14. behandelt ausführlich die Zucht und Pflege. PLIN. h. n. IX, 56, 82. *Cochlearum vivaria instituit Fulvius Hirpinus in Tarquiniensi, paulo ante civile bellum — distinctis quidem generibus earum, separatim ut essent albae, quae in Reatino agro nascuntur, separatim Illyricae, quibus magnitudo praecipua, Africanae quibus foecunditas, Solitanae quibus nobilitas.* Dann wird hier von VARRO III, 16. die Bienenzucht angeknüpft, welche wegen des bei den Speisen nicht zu entbehrenden Honigs (s. den ersten Excurs zur neunten Scene) von grosser Bedeutung war. Auch brauchte man denselben zur Bereitung mancher Getränke (Meth) und Arzneien, PLIN. h. n. XXII, 24, 50. Ebenso nützlich war das Wachs, PLIN. h. n. XXI, 14, 19. XXII, 24, 55. Ueber die Bienen und deren Zucht, die in Bienenständen (*mellarium* oder *alvearium*, so genannt von den Stöcken *alvus*, in denen sich die aus den Zellen *cella* bestehenden Waben — *favus* — befanden) mit grosser Sorgfalt betrieben wurde und sehr einträglich war (Varro berichtet, dass zwei Brüder auf einem kleinen Gütchen reich geworden wären, da sie jährlich 10,000 Sesterzen aus dem Honig gelöst hätten u. s. w.), geben ausser VARRO ARISTOT. V, 18 f. IX, 27. VERG. Georg. IV. COLUM. r. r. IX, 2 ff. PALLAD. r. r. I, 37 f. VII, 7. PLIN. h. n. XI, 5 ff. sehr interessante Notizen. MAGERSTEDT, die Bienenzucht der Völker des Alterthums. Sondershausen 1851. LENZ, Zoologie der alten Griechen und Römer, S. 562—599.

  III. *Piscina* oder *vivarium piscium* ist der Name der grossen als Fischbehälter dienenden Bassins, GELL. II, 20.

Cic. Parad. V, 38. Sen. ep. 55. 90. Dig. XLI, 2, 3. § 14. Sehr ausführlich sprechen davon Varro r. r. III, 3. 17. Colum. VIII, 16 f. Plin. h. n. IX, 54, 79 ff. Mart. X, 30.
*Piscina rhombum pascit et lupos vernas,
Natat ad magistrum delicata muraena* cett.
s. I, S. 109. Lange hatte man Teiche von süssem Wasser, bis C. Sergius Orata (d. i. Goldbrasse) und Licinius Murena auch Meerwasserbassins anlegten, Val. Max. IX, 1, 1. Plin. IX, 54, 80. C. Hirrius schuf Muränenteiche und lieh dem Dictator Cäsar 6000 dieser Fische, Plin. IX, 55, 81. Ueber die Grausamkeit des Muränenzüchters Vedius Pollio s. II, S. 150. und Sen. de clem. I, 18. Wie närrisch Hortensius und Antonia in Muräne verliebt waren, erzählt Plin. IX, 55, 81. Varro III, 17. *piscinarum genera sunt duo, dulcium et salsarum: alterum apud plebem — illae autem maritimae piscinae nobilium — magis ad oculos pertinent, quam ad vesicam* etc. Den unsinnigsten Luxus dieser Art trieben Philippus, Hortensius und Lucullus, siehe oben und bei den villae urbanae. Diese piscinae hatten doppelte Abzüge (*specus*) mit ehernen Gittern, um immer frisches Wasser zu haben (Lucullus liess desshalb sogar einen Berg durchgraben), künstliche Abtheilungen für jede Fischart, herrliche massive Quais und sonst verzierte Ufer. Von einer entsprechenden Rente konnte keine Rede sein, aber bei dem Verkauf kam das Capital wohl wieder heraus. Wenigstens wurde eine Villa des Hirrius wegen der Piscinae für vier Millionen Sesterzen verkauft (200,000 Thaler), Varro und Plin. a. a. O. Wegen dieser Liebhaberei baute man Villen nahe am Meer, ja in das Meer hinein, wo der Besitzer (*piscinarius* Cic. ad Att. I, 20. II, 9.) selbst fischte oder seine *piscatores* fischen liess, Dig. XXXIII, 7, 27 pr. Mart. IV, 30. Plin. ep. IX, 7. *ex illa* (villa) *possis despicere piscantes, ex hac ipse piscari hamumque e cubiculo ac paene etiam lectulo — iacere.* Diesen Luxus meint Sall. Cat. 13. *a privatis compluribus subversos montes, maria constrata esse.* und 20. *in exstruendo mari et exaequandis montibus.* Sen. contr. IX, p. 140 Bip. *litoribus quoque moles invehuntur, congestisque in altum terris exaggerant*

sinus; alii fossis inducunt mare cett. DUREAU DE LA MALLE, écon. polit. II, S. 209 ff. Ueber die verschiedenen Arten der Fische sowie über die Austern und Schnecken s. den ersten Excurs zur neunten Scene. Die ersten künstlichen Austernbassins gründete der schon genannte C. Sergius Orata, PLIN. h. n. IX, 54, 79. *ostrearum vivaria primus omnium — invenit in Baiano aetate L. Crassi oratoris ante Marsicum bellum, nec gulae causa sed avaritiae, magna vectigalia tali ex ingenio suo percipiens.*

B. *Villa urbana, pseudourbana* (auch *praetorium* Herrnhaus gen. SUET. Oct. 72. Cal. 37. Tit. 8. PALL. I, 8. 11. VITR. VI, 8. STAT. Silv. I, 3.) wird rücksichtlich der inneren Einrichtung und Ausstattung einem Hause in der Stadt gleich gewesen sein, oft aber noch viel reicher und prachtvoller. Sonst aber waren beide sehr verschieden, denn während bei dem städtischen Hause auf den äusseren Effekt nichts ankam und eine Verbindung mit Aussen nicht Statt fand, weil sich das ganze Leben nach Innen um die gemeinsamen Mittelpunkte des Atrium und Cavädium concentrirte, waltete bei den Landhäusern gerade die umgekehrte Rücksicht ob. Diese sollten nach allen Seiten in der Nähe und Ferne einen der schönen Umgebung entsprechenden anmuthigen Anblick darbieten und sollten selbst das häusliche Leben mit der Natur in enge Verbindung bringen. Man lebte ja desshalb auf dem Lande, um immer die Natur zu sehen, zu geniessen und möglichst viel Zeit in derselben zuzubringen. Desshalb bildete die Villa nicht wie das Stadthaus nach aussen einen von kahlen Umfassungsmauern eingeschlossenen und von Nachbarn oft ganz beengten Gebäudecomplex (s. Thl. II, S. 177.), sondern von allen Seiten freie und mannigfaltige, sogar phantastische Formen, denn sie war fensterreich, fast durchsichtig (*luminosa* VITR. VI, 6, 6.) und von langen Säulenhallen eingefasst. Die geraden Linien unterbrachen hervorragende Pavillons, halbrunde Absiden und Erker, PLIN. ep. II, 17. *cubiculum in apsida curvatum* etc. s. I, S. 108 u. s. Thl. II, S. 239., so dass der Totaleindruck ein imposanter und feenhafter war. S. die an-

Die Villen. 39

tiken Wandgemälde, z. B. bei GUHL und KONER, II, S. 98. und die geniale Restauration der Plinianischen Villen von SCHINKEL, in dem Architekten-Album, Heft 7, Berlin 1862. Seine Arbeit ist bei manchen Mängeln im Einzelnen sehr verdienstlich und giebt uns sicherlich ein eben so treues als lebhaftes Bild einer Villa. Nur hätte die mangelhafte HIRT'sche Uebersetzung nicht wiederholt werden sollen. V, 6, 27. ist die Uebersetzung nach einer unglücklichen Conjektur von HIRT beibehalten worden, während in dem danebenstehenden Text richtig *superpositum* steht. Die in Thl. I, S. 92 ff. gegebene Schilderung ist aus Plin. II, 17. und V, 6. entlehnt. Siehe S. 107 f. Obwohl die Details keine Schwierigkeiten darbieten, so ist es doch sehr schwer sich nach Plinius' Worten einen Grundriss des Ganzen zu entwerfen. — Zu den gewöhnlichen Theilen des Hauses (atrium, peristylium u. s. w., nur dass man oft statt des Atrium einen grossen Peristyl zum ersten Raum im Hause machte, VITR. VI, 5, 3. *in urbe atria proxima ianuis solent esse, ruri vero pseudourbanis statim peristylia, deinde tunc atria habentia circum porticus pavimenta spectantia ad palaestras et ambulationes.* Bei Plin's Villen machten aber Atrien den Anfang.) kamen noch Badezimmer, Thürme (*turres* s. I, S. 109. 143.) Gymnasium für gymnastische Uebungen, Bibliothek (CIC. de fin. III, 2.), Stadium oder Laufbahn, Sphaeristerium, Ballsaal (s. zweiten Exc. z. siebenten Scene) und Gärten mit den schönsten Anlagen geschmückt und mit Thiergärten (s. oben) versehen. COLUM. I, 6. trennt nach der Raffinerie der Neueren bei der villa urbana zwei Theile, die *hiberna* und *aestiva — ut spectent hiemalis temporis cubicula brumalem orientem, cenationes aequinoctialem occidentem. Rursus aestiva cubicula spectent* etc. Also hatte man für die beiden Hauptjahreszeiten besondere Zimmer. Alle Vornehmen wetteiferten, prächtige Villen zu besitzen und legten sie theils auf mässige Anhöhen, theils in lachenden Thälern, sowohl an Flüssen als am Ufer des Meeres an (namentlich bei Tusculum, Tibur, Bajä u. s. w. s. Thl. I, S. 143.), VARRO I, 13. *Nunc contra villam urbanam quam maximam ac politissimam habeant, dant* operam, ac cum *Metelli ac Luculli villis, pessimo publico aedificatis certant.* und die Ausstattung war prachtvoll. Cic. Verr. V, 48. *at istorum villae sociorum fidelissimorum plurimis et pulcherrimis spoliis ornatae refertae sunt. — cum Athenas, Pergamum, Cyzicum, Miletum, Chium, Samum, totam denique Asiam, Achaiam, Graeciam, Siciliam iam in paucis villis inclusas esse videatis?* So war das Tusculanum des M. Scaurus Plin. h. n. XXXVI, 15, 24. Für die Grösse der Gebäude spricht Sall. Cat. 12. *cum domos atque villas cognoveris in urbium modum exaedificatas* und von dem unsinnigen Aufwand der Anlage am Meere s. oben bei piscina. Am ärgsten trieb es in dieser Beziehung Lucullus, dessen Tusculanum weltberühmt war, Cic. de leg. III, 13. de Fin. III, 2. p. Sest. 43. Plut. Luc. 39. Varro r. r. III, 4. Plin. h. n. XVIII, 7. Vell. Pat. II, 33. *Quem* (Lucullum) *ob iniectas moles mari et receptum suffossis montibus in terras mare — Pompeius Xerxem togatum vocare assueverat.*

Unter den Kaisern nahm der Luxus der Villen noch mehr zu, wo Tiberius, Caligula, Nero mit ihrem Beispiel vorangingen, Tac. Ann. IV, 67. 53. *villarumne infinita spatia.* Suet. Col. 37. Ner. 31. Auch die folgenden Kaiser blieben nicht zurück, Spart. Adv. 26. Cap. A. Pius 1. Verus 8. Gordian 32. Ein schönes Bild von den prachtvollen Bädern der Villen entwirft Sen. ep. 86, welche Stelle in dem ersten Exc. zur siebenten Scene abgedruckt ist. Kürzer ist die Schilderung der Villa des Servilius Vatia, epist. 55. Prächtig und mit Kunstsammlungen ausgestattet war die Tiburtina des Manlius Vopiscus nach der Beschreibung des Stat. Silv. I, 3.

Quid primum mediumve canam, quo fine quiescam?
Auratasne trabes an Mauros undique postes
An picturata lucentia marmora vera
Mirer an emissas per cuncta cubilia nymphas? —
Vidi artes veterumque manus variisque metalla
Viva modis. Labor est auri memorare figuras
Aut ebur aut dignas digitis contingere gemmas etc.

Dann folgt der künstliche Mosaikboden (s. II, S. 249.), die reiche Bewässerung u. s. w.

Die Villen. 41

In Italien findet man zahlreiche Trümmer alter Villen, z. B. bei Tor Maranci vor Rom, BIONDI, monumenti Amaranziani, Roma 1843 (mit schönen Malereien und Mosaiken, vgl. ORELLI 4570. *praed. Amarant.*), die sogen. Villa des Diomedes in Pompeji, des ungleichen Bodens halber mehrstöckig und terassirt, s. OVERBECK, Pompeji S. 248 ff. HAMILTON, notes on a Rom. villa (bei Pausilippo) in Transact. of the royal soc. of lit. Lond. 1839, III, p. 108 ff. u. s. w. Auch in die Provinzen gingen diese Bauten über in den verschiedensten Formen, von der stolzen Sommerresidenz bis zu dem bescheidenen Oekonomiehof herab, und noch in der neuesten Zeit hat man an Rhein und Mosel zahlreiche Ueberreste gefunden s. OVERBECK, die röm. Villa bei Weingarten (nicht weit von Zülpich, Tolbiacum). Bonn 1851. Die Römervilla zu Westhofen. Ingolstadt 1857. SCHMIDT, Baudenkmale der röm. Vorzeit in Trier. IV. Lieferung. Jagdvilla zu Fliessen, Trier 1843, mit Bemerkungen in den Jahrbüchern des Vereins von Alterthumsf. im Rheinland. III, S. 60—82. IV, S. 196 ff. V. VI, S. 396 ff. vgl. XVI, S. 83 ff. Reiche Mosaiken und hohe Thürme zeichnen diese letzte Villa, welche nicht blos als luxuriöser Sommeraufenthalt, sondern auch zur Landwirthschaft und zur Befriedigung der Jagdliebhaberei diente (PLIN. ep. V, 6, 7 f. *varia venatio*), vor anderen Ueberresten aus. Uebrigens ist es sehr schwer, sich aus den Grundrissen ein Bild des Ganzen zu entwerfen und jeden der zahlreichen Räume seiner ursprünglichen Bestimmung zuzuweisen. In England hat ausser mehreren Andern der unermüdliche NEVILLE eine Reihe von Villen ausgegraben, meist mit Bädern, Hypokausten, seltsamen schmalen Gängen versehen, über die THE ARCHAEOL. JOURNAL berichtet und schöne Illustrationen beifügt, II (1846), p. 42 ff. 351 ff. 424. bei Bisley in Gloucestershire und bei Oxford, Weymouth u. s. w. VI (1849), p. 14 ff. bei Ickleton. VII (1850), p. 26 ff. bei Hadstock in Essex. X (1853), p. 14 ff. Great Copt Hill bei Bartlow in Essex. Ueber grosse derartige Ausgrabungen in Wiltshire und Beckshire s. THE LITER. GAZETTE 1860, Nr. 141. 153.]

ZWEITER EXCURS ZUR FÜNFTEN SCENE.

DIE GÄRTEN.

Die Schilderung, welche ich Thl. I, S. 99 ff. von den zur Villa gehörigen Gärten entworfen habe, dürfte leicht Manchem als wenig mit Sitte und Geschmack des Alterthums übereinstimmend erscheinen, und man könnte wohl glauben, es habe vielmehr ein Garten im altfranzösischen Geschmacke aus dem siebenzehnten oder achtzehnten Jahrhunderte zum Vorbilde gedient. Allein das Sprüchwort, dass nichts Neues unter der Sonne geschieht, bewährt sich auch hier. Eben diese Anlagen, wo die gesammte Vegetation in steife geometrische Formen gezwängt wurde, wo das Messer und die Scheere des Gärtners nicht ruheten, bis sie auch die letzte Spur frei waltender Natur vertilgt hatten, und die Abgeschmacktheit der Form nur durch die zwischen den steifen Hecken und Kegeln wandelnden Reifröcke und Allongenperrücken übertroffen wurde, eben diese Anlagen waren schon in Rom und schwerlich erst in späterer Zeit beliebt und gewöhnlich. [Auch die Pompejanischen Wandgemälde, welche Gärten darstellen, zeigen ganz symmetrische Formen und Verhältnisse, z. B. Mus. Borb. XII. Tab. A. B.] Und im Grunde war der antiken Welt eine solche Künstelei noch eher zu verzeihen. Die Mittel, welche die Natur darbot, waren mit dem Reichthume unserer Zeit verglichen, gering. Noch hatten nicht fremde Welttheile die reichen Schätze üppig prächtiger Vegetation aufgeschlossen, und tausend in bunten Farben Gebüsch und Blumenbeet malende Bäume, Sträucher und Blumen gesandt. Beschränkt auf eine kärgliche und noch

Zweiter Excurs zur fünften Scene. Die Gärten.

wenig veredelte Flora suchte man durch Künstlichkeit den Gegensatz zur freien Natur auffallend zu machen, und die natürliche Form der Bäume und Sträucher, des Lorbeer, der Cypresse, des Taxus, des Buxus, der Myrte, des Rosmarin [welcher in Italien die ansehnliche Höhe von 6—7 Ellen erreicht] gab gewissermassen steife und bizarre Anlagen an die Hand. Nehmen wir aus unsern Parken den Schmuck der Syringen, Bignonien, Spiräen, Cytisus, Ribes und Pirusarten, verbannen wir von unsern Blumenbeeten die Pracht der Hyazinthen und Tulpen, die Mannigfaltigkeit künstlich erzeugter Rosen und Dahlien, und den Reichthum der perennirenden und Sommer-Gewächse, und wir werden wiederum darauf denken, wie wir durch das Auffallende künstlicher Anlage den Garten von Wald, Gebüsch und Feld unterscheiden. [Mit grösserem Recht leitet WUESTEMANN, über d. Kunstgärtnerei bei den alten Römern, (Gotha) 1846. S. 16. diesen barocken Geschmack aus der Nachahmung der morgenländischen Gartenanlagen her. Den Griechen waren diese unnatürlichen Formen stets fremd geblieben.]

Das möchte freilich bezweifelt werden, ob es ganze Gärten in jenem steifen Geschmacke damals gegeben habe. Vielmehr lässt sich aus den vorhandenen Beschreibungen schliessen, dass die Anlagen gemischt waren, und mit künstlichen Heckenparthien und Alleen zwangloseres Gebüsch und freie grüne Plätze abwechselten, wie denn in den meisten Fällen auch wohl Wein, Obst und selbst Gemüsepflanzungen nicht ausgeschlossen waren.

Bei der Allgemeinheit grosser Gartenanlagen ist es sonderbar, dass die Römer keinen bestimmten Namen für den Gärtner überhaupt haben, denn *hortulanus* ist ein späterer Ausdruck. Sonst wird er mit den allgemeineren *villicus* [welcher als solcher auch für die an den Villen gelegenen Gärten sorgte; so in SEN. ep. 12. hat der *villicus* die Pflege der Platanen zu überwachen], *cultor hortorum* bezeichnet, oder in Rücksicht auf einzelne Theile der Gartencultur *vinitor*, *olitor*, [*arborator*]. Der eigentliche Kunstgärtner aber hiess *topiarius*, und an diesen Namen knüpft sich am besten, was über die Zeit und das Wesen solcher Kunstgärten zu sagen ist.

Topiarii werden schon von CICERO, und zwar als etwas Gewöhnliches genannt, ohne dass man indessen berechtigt wäre, ihre Kunst in die Schnörkeleien späterer Zeit zu setzen. [*Topiarii* auf Inschriften ORELLI HENZEN 2966. 4293. 6300. 6445. Jen. Lit. Zeit. 1847. N. 282. S. SALMAS. zu Spart. Hadr. 10.] CIC. nennt sie unter den geachteteren Sklaven, Parad. V, 2. *ut in magna stultorum familia sunt alii lautiores, ut sibi videntur, sed tamen servi, atrienses, topiarii.* und äussert sich zufrieden mit seinem eigenen *topiarius*, ad Quint. fr. III, 1, 2. *topiarium laudavi: ita omnia convestit hedera, qua basim villae, qua intercolumnia ambulationis, ut denique illi palliati topiariam facere videantur et hederam vendere.* Dieses Bekleiden der Mauern, der Bäume, der Terassen mit *Epheu, Immergrün* und *Acanthus* gehörte ganz eigentlich zum Geschäfte des *topiarius*. Daher sagt PLIN. XXI, 11, 39. *Vinca pervinca semper viret, in modum lineae foliis geniculatim circumdata, topiaria herba.* und XXII, 22, 34. *Acanthos est topiaria et urbana herba.* So waren in der toskanischen Villa des jüngeren PLINIUS die Bäume um den Hippodrom mit Epheu bezogen, ep. V, 6, 32. *platanis circuitur. illae hedera vestiuntur, utque summae suis, ita imae alienis frondibus virent. Hedera truncum et ramos pererrat, vicinasque platanos transitu suo copulat.* Ausserdem fanden sie reichliche Beschäftigung in der Anlage und Pflege zahlreicher Lauben und bedeckter Gänge, besonders aus Weinreben. Doch diese einfachen Zierden der Gärten befriedigten noch nicht; man gab Bäumen und Sträuchern durch Binden und Beschneiden künstliche Formen, man bildete aus ihnen Heckenwände, Thierfiguren, Schiffe, Buchstaben und dergleichen mehr. Wie weit man in diesen Abgeschmacktheiten ging, das bezeugt der ältere PLINIUS, wo er von der Cypresse spricht: XVI, 33, 60. *Metae demum adspectu non repudiata, distinguendis tantum pinorum ordinibus, nunc vero tonsilis facta in densitate parietum coërcitaque gracilitate perpetuo tenera. Trahitur etiam in picturas operis topiarii, venatus clas-*

sesve et imagines rerum tenui folio brevique et virenti semper vestiens. Ebenso gebrauchte man dazu den Buxus, der im Garten der erwähnten toskanischen Villa eine Hauptrolle spielte [desgleichen Lorbeer und Myrthe, PLIN. h. n. XV, 39. 37.]. Die Beschreibung, welche PLINIUS ep. V, 6. davon giebt, ist die Hauptquelle unserer Kenntniss der alten Gartenkunst. Er sagt unter anderm § 16. *Ante porticum xystus concisus in plurimas species, distinctusque buxo; demissus inde pronusque pulvinus, cui bestiarum effigies invicem adversas buxus inscripsit. Acanthus in plano mollis et paene dixerim liquidus. Ambit hunc ambulatio pressis varieque tonsis viridibus inclusa: ab his gestatio in modum circi, quae buxum multiformem humilesque et retentas manu arbusculas circumit. Omnia maceria muniuntur. Hanc gradata buxus operit et subtrahit.* [FIRMIC. Math. VIII, 10. *Buxeas arbores tondentes in belluas fingunt aut virides porticus in circulum flexis vitibus faciunt.*] Unter diese *bestiarum effigies* gehört auch entschieden der verrätherische Bär, der eine Schlange im Rachen barg. MART. III, 19.

Proxima centenis ostenditur ursa columnis,
 Exornant fictae qua platanona ferae.
Huius dum patulos alludens temptat hiatus
 Pulcher Hylas, teneram mersit in ora manum.
Vipera sed caeco scelerata latebat in aere,
 Vivebatque anima deteriore fera.

Solche Bären mit ihrer übrigen Gesellschaft sind ja noch heute in Gärten zu finden. — Noch mehr entspricht den modernen Gärten mit ihren Kegeln, Pyramiden und Namenszügen die Beschreibung eines andern Theils bei PLINIUS § 35. *Alibi pratulum, alibi ipsa buxus intervenit in formas mille descripta, literas interdum, quae modo nomen domini dicunt, modo artificis. Alternis metulae surgunt, alternis inserta sunt poma, et in opere urbanissimo subita velut illati ruris imitatio. Medium spatium brevioribus utrimque platanis adornatur. Post has acanthus hinc inde lubricus et flexuosus; deinde plures figurae pluraque nomina.* [Ebenso unnatürlich war die Sitte, Platanen und Cypressen in Zwergform zu bringen. PLIN. h. n. XII, 6. *Namque et chamaeplatani vocantur coactae brevitatis, quoniam arborum etiam abortus invenimus. Hoc quoque ergo in genere pumilionum infelicitas dicta erit. Fit autem et serendi genere et recidendi. Primus C. Matius ex equestri ordine, Augusti amicus, invenit nemora tonsilia.* XVI, 60. WUESTEMANN, über d. Kunstgärtn. S. 18.]

Die freien mit Blumen besetzten Plätze und Rabatten mochten dem Geschmacke der ganzen Anlage entsprechend ebenfalls in mannigfaltige Formen durch einfassenden Buchsbaum abgetheilt sein, wie in unsern sogenannten französischen Gärten. So lässt sich wenigstens aus dem schliessen, was derselbe PLINIUS über den Xystus vor dem Porticus seiner Villa sagt, § 16. *Ante porticum xystus concisus in plurimas species, distinctusque buxo.* denn diese *plurimae species* können nicht wohl für etwas anders, als kleine Beete (areolae) verschiedener Form gelten. [Während ξυστοι in den griechischen Gymnasien bedeckte Hallen hiessen, bedeutete dieses Wort bei den Römern *hypaethrae ambulationes*, VITR. V, 11. PLIN. ep. V, 6, 16. SEN. de ira III, 18. In diesen oft reich ausgeschmückten Anlagen (PLIN. ep. IX, 7. II, 17. *xystus violis odoratus.* CIC. ad Att. I, 8.) wandelten die Römer auf und ab, CIC. Acad. II, 3. *quum — in xysto locuti essemus — consedimus,* PLIN. ep. IX, 36.] — Oft mochten auch solche Rabatten terassenartig erhöhet sein (*pulvini surgentes.* PLIN. XXII, 22, 34. GIERIG z. Plin. ep. a. a. O.), in welchem Falle der wulstartig aufsteigende Rand (*torus,* PLIN. a. a. O.) mit Immergrün oder Bärenklau bekleidet wurde.

Wesentliche Theile solcher Gärten waren die *gestatio* und der *hippodromus.* Die Erstere ein breiterer regelmässiger Gang, vielleicht mit einer Allee zu vergleichen, wiewohl sie nicht immer geradlinig war. [ORELLI 4336. *in hoc pomario gestationis per circuitum quinquiens efficit passus mille.* PLIN. ep. II, 17. § 13 ff. *adiacet gestationi interiore circuitu vinea* (also umgiebt die gestatio den Weingarten) IX, 7. *illic recta gestatio longo limite super litus extenditur, hic spatiosissimo xysto leviter inflectitur* (wo zwei Formen der gestatio sich entgegengesetzt werden).] Sie diente dazu, sich [in der Sella — vgl. SEN. ep. 55. — oder] Lectica tragen zu lassen, wenn man eine stärkere Bewegung nicht wollte. Zwar CELSUS sagt II, 15. *Genera gestationis plura sunt: lenissima est navi, vel in portu vel in flumine; vel in lectica aut scamno; acrior vehiculo.* und man könnte daher glauben, die *gestatio* sei auch zum Fahren bestimmt gewesen. Allein wo ein besonderer Hippodrom war, scheint eine solche Benutzung ganz überflüssig, und CELSUS nimmt überhaupt das Wort in der weitesten Bedeutung. [ULP. Dig. VII, 1, 13. § 4. *si forte voluptati fuit praedium, viridaria vel gestationes vel deambulationes arboribus infructuosis opacas atque amoenas habens.* Der gestatio analog war also deambulatio, nur vermuthlich schmäler.]

Den Hippodrom hat GIERIG z. Plin. § 32. richtig erklärt, und den Namen gegen die zweite Lesart *hypodromus* mit Recht in Schutz genommen. An einen bedeckten Gang lässt sich bei PLINIUS gar nicht denken. Es ist offenbar eine circusähnliche Rennbahn mit mehreren durch Buchsbaum abgetheilten Wegen. [*platanis circuitur — buxus interiacet. — Rectus hic hippodromi limes in extrema parte hemicyclio frangitur* cett.] Dass man solche Hippodromen in den Gärten hatte, beweiset nicht nur die von GIERIG angeführte Stelle MARTIALS XII, 50.

Pulvereumque fugax hippodromon ungula plaudit
Et pereuntis aquae fluctus ubique sonat.

sondern auch epigr. 57, 20 ff. wo der Dichter dem Sparsus, der sich wundert, warum er so oft sein schlecht bestelltes Nomentanum besuche, antwortet: Ihm werde es freilich leicht, das Land zu entbehren, da er in Rom selbst so gut als eine Villa habe:

Cui plana summos despicit domus montes,
Et rus in urbe est vinitorque Romanus.
Nec in Falerno colle maior auctumnus,
Intraque limen latus essedo cursus.

Diese Parthien mochten wohl weniger gekünstelt sein, und dort hat man wohl auch die öfter erwähnten Platanen- und Lorbeerwäldchen (*platanones, daphnones*) und Myrtenbüsche (*myrteta*) zu suchen. Mart. III, 58. X, 79. XII, 50. Diese sämmtlichen Anlagen nun zu besorgen und in Stand zu halten, war die Sache der *topiarii*. Ob von ihnen die mehrmals auf Inschriften vorkommenden *viridarii* zu unterscheiden sind, ist zweifelhaft. Man könnte Letztere vielleicht von denen verstehen, welche die Viridarien in den Häusern, im Cavädium, Peristyl, auch wohl die Dachgärten besorgten; allein hinreichender Grund, einen solchen Unterschied zu machen, ist nicht vorhanden. Im Gegentheile sagt Ulp. Dig. XXXIII, 7, 8. § 1. *dolia, etiamsi defossa non sint, et cupae quibusdam in regionibus accedunt instrumento: si villa cultior est, etiam atrienses, scoparii: si etiam viridaria, topiarii.* Hier heissen doch wohl die Gartenanlagen *viridaria*, und der sie besorgende *topiarius* könnte deshalb mit Recht auch *viridarius* genannt werden. [Ulpian spricht keineswegs gegen einen Unterschied zwischen *topiarius* und *viridarius*. Es ist nämlich in dieser Stelle nur von einer Villa die Rede, wo ein topiarius die Oberaufsicht über alle Gärten, also auch über die kleinen viridaria führte, während der wahrscheinlich niedriger stehende viridarius für die kleinen Hausgärten in der Stadt ganz eigentlich bestimmt war. S. Wuestemann, üb. d. Kunstgärtn. S. 8.]

Wohl aber mag man sich neben ihm einen besonderen *aquarius* [ὑδραγωγός] denken, worunter hier weder einer aus dem *collegium fontanorum*, noch ein Wasserträger, noch ein *minister aquae* bei der Tafel zu verstehen ist, sondern eine Art Röhrenmeister, der die sämmtlichen Wasserleitungen und oft sehr künstlichen Springbrunnen (natürlich auch in dem städtischen Hause, s. II, S. 221 fg.) anlegte und in Stand erhielt. Ein solcher scheint gemeint zu sein Paull. III, 6, 58. *domo cum omni iure suo, sicut instructa est, legata, urbana familia item artifices et vestiarii et diaetarii et aquarii eidem domui servientes legato cedunt.* [Die Bewässerung der Gärten lag den Römern ebenso am Herzen, als der Schmuck schöner Bassins und Springbrunnen, Plin. ep. V, 6, 11, 23 f. 37. 39 f. Wo also natürliche Quellen fehlten, wurde das Wasser in Röhren weit hergeführt (*tubus, fistula, sifus, canalis*) und von den genannten Wassermeistern sowohl zum praktischen Nutzen als zum Ergötzen verwendet. PALLAD. r. r. IX, 8 ff. Vgl. Thl. II, S. 221. Auf der oben erwähnten Abbildung im MUS. BORB. plätschern zwei schöne Springbrunnen zwischen drei symmetrisch gepflanzten Bäumen.]

Viel liesse sich über die Blumistik der Römer sagen; denn so arm auch die Flora jener Zeit im Vergleiche zu der unsrigen gewesen sein mag, so ist es doch ganz unrichtig, wenn BECKMANN, Beitr. z. Gesch. d. Erfind. III, S. 296. meint, die Römer hätten sich nur mit den wildwachsenden Pflanzen begnügt, keine besonderen Blumengärten angelegt, noch ausländische Pflanzen cultivirt. Allein an einer blossen Aufzählung der von VERGIL, PLINIUS [namentlich XXI, 38 ff.], COLUMELLA u. a. erwähnten vieldeutigen Namen ist nichts gelegen, und eine gründlichere Untersuchung würde ein besonderes Werk nöthig machen. Denn nach allem, was VOSS, SCHNEIDER, BILLERBECK (Flora classica), SPRENGEL (Historia rei herbariae) u. a. darüber gesagt haben, erwartet immer noch die klassische Flora eine durchgreifende kritische Bearbeitung.

Im Allgemeinen kann man annehmen, dass Violarien und Rosarien die Hauptzierden der Gärten waren. Dazu kamen von Zwiebelgewächsen Krokus, Narzissen, Lilien mehr als einer Art, Gladiolus, Iriden, auch Hyazinthen in unserem Sinne (H. orientalis, wahrscheinlich gemeint von COL. X, 100. SPRENG. S. 149. SCHNEIDER versteht auch hier Iriden), Mohn, Amaranthen u. s. w. — Die Rosenkultur blühte deshalb vorzüglich, weil diese Blume jederzeit vor andern zum Schmucke der Kränze verwendet wurde, und schon das [jedoch wohl erst in neuerer Zeit entstandene] Sprüchwort *sub rosa* zeichnet sie als solche aus. Sie dient auch zur Bezeichnung der eigentlichen comissatio. MART. X, 19, 19. *cum furit Lyaeus, Cum regnat rosa, cum madent capilli.* und III, 68, 5. *deposito post vina rosasque pudore.* [VIII, 77. *in aeterna rosa* tropisch.] Myrte und Rosen, eine gewöhnliche Verbindung, s. MITSCHERLICH zu Horat. Od. I, 38. — Die grosse und schwere [in Campanien wild wachsende] Centifolia eignete sich weniger zu

Kränzen. PLIN. XXI, 4. *Caepio Tiberii Caesaris principatu negavit centifoliam in coronas addi, praeterquam extremos velut ad cardines.* Die Milesische Rose bei PLINIUS in d. a. St. *ardentissimo colore, non excedens duodena folia.* nach BILLERBECK, Flora classica p. 133. die Damascenerrose, worunter vermuthlich nicht die von unsern Gärtnern so genannte [erst 1100 nach Frankreich gekommene], sondern die Abart der rosa lutea mit hochrother Blume verstanden wird. Diese hat aber nicht duodena folia. Eher kann eine holoserica gemeint sein. Wer will indessen bei der jetzigen unendlichen Varietät sagen, ob wir die wahre Milesia auch nur noch kennen. [Dass die Alten nur vier Arten von Rosen mit zahlreichen Varietäten kannten (die Hagebutte, die rosa silvestris, die Pimpernellrose, Zuckerrose mit der Centifolie), zeigt WÜSTEMANN, Unterhalt. aus d. alten Welt für Garten- und Blumenfreunde. Gotha 1857, S. 40 ff. THEOPHR. de caus. plant. I, 15. 21 f. VI, 6. PLIN. a. a. O. VARRO r. r. I, 35. PALLAD. I, 37. COL. IX, 4. Am meisten schätzte man ausser den Capanischen die Rosen von Präneste, Pästum und Malta, Ausleger zu VERG. Georg. IV, 119. WÜSTEMANN, S. 41 f. Erschöpfend behandelt WÜSTEMANN auch die sorgsame Cultur und die vielfache Anwendung der Rose im Alterthum, vorzüglich zum Schmuck der Tempel und Altäre (WÜSTEMANN S. 51.), zu Kränzen (s. den ersten Excurs zur zehnten Scene) und zur Ergötzlichkeit bei dem Mahl (s. d. zweiten Excurs zur neunten Scene), zum Putz der Gräber (s. d. Excurs zur zwölften Scene), zum Gebrauch der Küche (Rosenpudding bei APIC. de re cul. IV, 2. und Rosencompot, PLIN. h. n. XXIII, 6, 54. WÜSTEMANN S. 59 f.), zur Bereitung des Rosenweins (s. d. vierten Excurs zur neunten Scene) und mehrerer Arzneien (PLIN. h. n. XXI, 18, 73. CELS. oftmals.), vorzüglich aber zur Fabrikation von Oel, Essenzen, Salben, Rosenwasser u. s. w. (s. d. ersten Excurs z. siebenten Scene). — Es ist jedoch ein Missverständniss, wenn WÜSTEMANN in der citirten übrigens lehrreichen und interessanten Schrift S. 44. sagt, dass manche Römer bedeutende Vermächtnisse für die Anpflanzung von Rosenstöcken gemacht

Die Gärten. 51

hätten. Die Ausdrücke der Sepulcralmonumente *rosam ponere, deferre, praebere* beziehen sich nur auf das Darbringen von Rosen und Kränzen auf dem Grabe des Testators, (s. d. Exc. zur zwölften Scene). Wegen des massenhaften Verbrauchs der Rose hatte man zahlreiche *rosaria* und *roseta* PALLAD. r. r. III, 21. XII, 11. LENZ, Botanik der alten Griechen u. Römer S. 691—700. Desshalb gab es auch grosse und kleine Rosenhändler, Erklärung zu PROP. IV, 2, 40.]

Gewächshäuser, theils um ausländische zartere Gewächse gegen die Kälte des Winters zu schützen, theils um Blumen und Früchte zeitiger als die Natur sie lieferte, und selbst im Winter zu erzeugen, werden, so viel mir bekannt ist, nicht vor dem ersten Jahrhundert erwähnt. MARTIAL aber gedenkt ihrer häufig, als VIII, 14.

Pallida ne Cilicum timeant pomaria brumam,
Mordeat et tenerum fortior aura nemus,
Hibernis obiecta notis specularia puros
Admittunt soles et sine faece diem.

ebend. ep. 68, 3.

Invida purpureos urat ne bruma racemos
Et gelidum Bacchi munera frigus edat,
Condita perspicua vivit vindemia gemma
Et tegitur felix, nec tamen uva latet. —
Quid non ingenio voluit natura licere?
Auctumnum sterilis ferre iubetur hiems.

Das war also ein eigentliches Treibhaus, wo winterliche Weintrauben gezogen wurden. Ebenso lehrt auch COLUMELLA XI, 3, 52. frühe Melonen ziehen, und so erzählt PLIN. XIX, 5, 23. von Tibers transportabeln Gurken- oder Melonenbeeten: *Nullo quippe non die contigit ei pensiles eorum hortos promoventibus in solem rotis olitoribus, rursusque hibernis diebus intra specularium munimenta revocantibus.* [SALMAS. zu Script. hist. Aug. I, p. 419. WÜSTEMANN, über d. Kunstgärtn. S. 27. Eine Abhandlung von RAOUL-ROCHETTE, über die Treibhäuser der Römer, in der revue archéol. wird von WÜSTEMANN, Unterhaltungen S. 48. erwähnt.] Dass auch Blumen in Glashäusern getrieben wurden, ersieht man aus MART. IV, 22, 5.

Condita sic puro numerantur lilia vitro,
  Sic prohibet tenuis gemma latere rosas.

Wenn daher BÖTTIGER, Sab. I, S. 253. sagt: „Unter den Früchten, die MARTIAL in seinen Apophoreten mit seinen Distichen verherrlicht hat, waren gewiss viele nur aus Wachs, und die Rosenkränze mitten im December, die MART. XIII, 127. *festivas coronas brumae* nennt, wären für wirkliche Rosen, in den Treibhäusern gezogen, doch wohl auch zu kostbar gewesen. Es waren künstliche, wahrscheinlich in gefärbtem Wachs nachgemachte Kränze", so ist diess eine ganz unstatthafte Vermuthung, und überdiess eine unrichtige Angabe; denn es heisst in der angeführten Stelle nicht *festivas rosas*, was nicht einmal dem Metrum nach möglich ist, sondern das Epigramm lautet:

Dat festinatas, Caesar, tibi bruma coronas;
  Ut quondam veris, nunc tua facta rosa est.

In *festinatas* aber liegt der schlagendste Beweis, dass es getriebene Rosen waren. Man vergleiche VI, 80.

Ut nova dona tibi, Caesar, Nilotica tellus
  Miserat hibernas ambitiosa rosas,
Navita derisit Pharios Memphiticus hortos,
  Urbis ut intravit limina prima tuae.
Tantus veris honos et odorae gratia Florae,
  Tantaque Paestani gloria ruris erat.

[Aus diesem Epigramm ergiebt sich auch, dass, da bei dem unendlichen Blumenverbrauch in Rom die bei Rom gezogenen nicht ausreichten, aus Aegypten Blumen eingeführt wurden und dass man namentlich im Winter von dort Rosen erhielt. Natürlich gab es auch besondere Mittel, die Blumen während des Transports sowohl, als auch sonst frisch zu erhalten. Siehe WÜSTEMANN, über d. Kunstgärtn. S. 25 fg.] Vgl. IV, 28. — Demungeachtet ist es nicht nöthig anzunehmen, dass, wenn *rosae hibernae* genannt werden [z. B. MACROB. Sat. VII, 5. MAMERT. Pan. Julian. 11. LATIN. PACAR. paneg. Theod. 14.], jederzeit künstlich in Gewächshäusern getriebene zu verstehen seien. Die Rosen von Pästum blüheten zum zweiten Male im Herbst, *biferi rosaria Paesti.* VERG. Georg. IV, 119. MART. XII, 31. und wenn bei uns in gelinden Wintern die *rosa pallida* noch um Weihnachten und in den Januar hinein im Freien blüht, warum sollte es nicht in dem milderen Klima möglich gewesen sein. Allein an Rosen und Kränze aus Wachs ist in keinem Falle zu denken. [Dass es übrigens künstlich nachgemachte Blumen gab, unterliegt keinem Zweifel, s. den ersten Excurs zur zehnten Scene.

Was die Obstbäume betrifft, so fanden sich diese theils mitten in grossen Gartenanlagen, wo sie zur Abwechslung einzeln zwischen andere Bäume gepflanzt wurden (so kann man auch PLIN. ep. V, 6, 35. mit WÜSTEMANN, über d. Kunstgärtnerei S. 20 fg. verstehen, obgleich BECKER, Thl. I, S.100 f. und 109. diese Stelle anders aufgefasst hat), theils auf den Feldern und in besondern Thl. I, S. 95. kurz geschilderten Baumgärten (*pomaria*), wo sie im quincunx standen. COL. de arb. 19. *Arbores raris intervallis serito —. nam si spisse posueris, neve infra quidquam serere poteris.* Mit grosser Liebe wurde der Obstbau betrieben, weshalb VARRO R. R. 1, 2. sagt: *non arboribus consita Italia est, ut tota pomarium videatur?* und die zahlreichen Vorschriften des CATO, VARRO, COLUMELLA, PALLADIUS u. a. zeigen, von welchem Erfolge die Bemühungen der Römer um die Obstcultur begleitet wurden. PLIN. h. n. XV, 15, 17. *Pars haec vitae iampridem pervenit ad columen, expertis cuncta hominibus. — Nec quidquam amplius excogitari potest.* Bis zu welchem Luxus aber diese Kunst ausartete, sehen wir aus PLIN. h. n. XIX, 19. *Ferendum sane fuerit exquisita nasci poma, alia sapore, alia magnitudine, alia monstro pauperibus interdicta.* und XI, 1. *Nec minus miraculum in pomo est, multarum circa suburbana fructu annuo addicto binis millibus nummum, maiore singularum reditu, quam erat apud antiquos praediorum.* Bei Tibur war ein Baum, der alle Obstsorten trug, PLIN. h. n. XVII, 16, 26. und das Veredeln der Bäume überhaupt hatte die höchste Vollendung erreicht, siehe

WÜSTEMANN, Unterhaltungen aus d. alten Welt für Garten- und Blumenfreunde S. 11 ff.

Als die hauptsächlichsten Obstarten der Römer (*poma* im wahren und eigentlichen Sinne PAULY, Realencykl. V, S. 1839.) sind folgende zu nennen:]

Unter den zahlreichen Aepfelsorten waren die Honigäpfel, *melimela, a sapore melleo.* PLIN. XV, 10, 14, 15. eine der frühesten, die aber auch nicht lange dauerte, während die *Amerina* sich am längsten hielten. PLIN. c. 16. Ueber die *melimela*, welche auch MARTIAL mehrmals erwähnt, s. SCHNEIDER zu Varro I, 59: [Ausserdem waren die *m. orbiculata, m. cotonea, Sestiana, Matiana, Amerina* u..v. a. bekannt. COL. XII, 45. V, 10. MACROB. II, 15. PALLAD. III, 25. EDICT. Diocl. c. VI. nennt *mala optima Mattiana sive Saligniana* und dann zwei geringere Sorten.]

Unter den mannigfaltigen Birnen — PLINIUS zählt an dreissig Sorten auf — waren die geschätztesten: die Crustuminer, *cunctis gratissima.* PLIN. XV, 15, 16 fg. Voss z. Verg. Georg. II, 88. die Falerner, *proxima iis* (Crustumiis) *Falerna.* PLIN. ebendas. Er setzt dazu: *a potu, quoniam tanta vis succi abundat.* Natürlich erklärt sich wohl der Name vom Orte, wo sie vor andern heimisch war. Drittens die Syrische. PLIN. VERG. a. a. O. MART. V, 78, 18. Vgl. COLUM. V, 10, 17. Die *Volema*, Faustbirne, war besonders ihrer Grösse wegen berühmt. VERG. *gravis.* COL. l. l. CAT. 7, 3 ff. vielleicht dieselbe, welche nach PLIN. c. 11. auch *libralis* genannt wurde [wenn diese nicht etwa unsere Pfundbirne ist. MACROB. Sat. II, 15. S. auch PALLAD. III, 25.

Zahlreich waren die Pflaumensorten], *ingens turba prunorum,* PLIN. XV, 13, 12. [sowohl mit runden als länglichen Früchten, Zwetschen.] Darunter besonders *Armeniaca, cereola* oder *cerina, Damascena.* [COL. X, 404 ff. PALLAD. XII, 7.] Die letzteren [besonders beliebten] wurden auch getrocknet aus ihrem Vaterlande eingeführt. MARTIAL XIII, 29. [Das Trocknen oder Welken des Obstes war aber auch in Italien sehr gewöhnlich, PALL. III, 25. XII, 7. COL. XII, 14. PLIN.

Die Gärten. 55

h. n. XV, 25, 30. CAPIT. Clod. Albin. 11. — Dazu kamen Kirschen (*cerasum*, von Lukullus aus Pontus mitgebracht, PLIN. h. n. XV, 25, 30. und von der Stadt Cerasus genannt, SERV. zu Verg. Georg. II, 18. AMM. MARC. XXII, 8. S. auch PALLAD. XI, 12.), Quitten (*malum cotoneum*, griech. κυδώνιον, PLIN. h. n. XV, 11, 10., zu Quittenwein verwendet und als Speise, DIOSC. de m. m. I, 160. V, 28 f. COLUM. V, 10. PALLAD. III, 25. XI, 18.), Pfirsichen (*persicum* nach der Heimath genannt, PLIN. XV, 13, 12 f. PALLAD. XII, 7.), Granatäpfel (*malum Punicum*, COLUM. V, 10. de arb. 23. PALLAD. IV, 10. PLIN. XV, 11.), Feigen (*ficus*) in vielen Sorten (MACROB. II, 16. PLIN. XV, 19 ff. COL. V, 10. XII, 15. DIOCL. ed. VI, 84 ff.), Nüsse (MACROB. II, 14. COL. V, 10. PLIN. XV, 24. CAT. 8.), Kastanien (*castanea nux*, am besten bei Tarent und Neapel, PALLAD. XII, 7. COL. IV, 33. PLIN. XV, 23, 25. XVII, 34. u. a.), Mandeln (*amygdala, nux graeca*, auch *thasia*, bitter oder süss, PLIN. XXIII, 8, 75. PALLAD. II, 15. MACROB. Sat. II, 14.), Mispeln (*mespilum*, PLIN. XV, 22, 84, nicht vor Cato in Italien gebaut, PALLAD. IV, 10.), Maulbeeren (*morum*, PLIN. XV, 24, 27. PALLAD. III, 25.), Korneliuskirschen (*cornum*, PLIN. h. n. XV, 26, 31. XVI, 18, 30. COLUM. XII, 10.). Datteln (*palma*) wurden zwar an einigen Stellen Italiens gezogen, aber die besten kamen aus Syrien (*caryotae* MART. XIII, 27.) und aus der Thebais in Aegypten (*Thebaicae*) STRAB. XVII, 1, 51. DIOSCOR. de m. m. I, 148 ff. THEOPHR. h. pl. VI, 6. PALLAD. r. r. XI, 12. PLIN. h. n. XIII, 3, 6 ff. XV, 28, 34. DIOCL. ed. VI, 81 f. SALM. exerc. ad Sol. II, p. 927. LENZ, Botan. der alten Griechen und Römer. Gotha 1859, S. 332—354. — Von besonderer Wichtigkeit waren der Oliven- und der Weinbau. Die Früchte (*baccae*) des Oelbaums, *olea (quae prima omnium arborum est*. COL. V, 8.), gaben Oel, welches zum Speisen, Brennen und Salben diente. Vorzüglich wurde das venafrische und tarentinische Oel gerühmt, VARRO R. R. I, 2. Ueber die verschiedenen Arten des Oelbaums und dessen Behandlung siehe PLIN. h. n. XV, 1 ff. XVII, 29 fg. MACROB. Sat. II, 16. COL. V, 8 fg. CATO 6 fg. 44 f. VARRO, r. r. I, 55.

56 Zweiter Excurs zur fünften Scene.

PAULY, Realencykl. V, S. 892. LENZ, Botan. S. 500—509. Ueber die albae und nigrae und deren conditura siehe COLUM. XII, 47 ff. PLIN. ep. I, 15. *olivae Baeticae*. DIOCL. ed. VI, 89 ff. und über andere Sorten BILLERBECK, Flora class. S. 6. — Der Weinstock wurde sowohl an Pfählen gezogen in eigentlichen Weingärten, *vinea*, als mit Bäumen verbunden wie Ulmen, Eschen, Pappeln, Feigen, Oelbäumen (solche Anlagen hiessen *arbustum* und das Anbinden hiess *maritare*, *nubere*, *copulare*), endlich auch an den Häusern und in den innern Säulenhallen der Häuser, s. PLIN. II, S. 165. Die Weinlauben hiessen *pergulae*. Auch in diesem Zweige der Kultur, welchen die Römer für die Blüthe und Krone der Gartenkunst hielten, besassen sie eine grosse Geschicklichkeit und Erfahrung, worauf sie nicht wenig stolz waren. PLIN. XIV, 2. *Quarum* (vitium) *principatus in tantum peculiaris Italiae est, ut vel hoc uno omnia gentium vicisse, quam odorifera, possit videri bona* etc. Gross war die Zahl der von ihnen kultivirten Rebensorten (*innumera atque infinita* PLIN.), welche theils Tafeltrauben (*escariae*), theils Weine lieferten, z. B. die weit verbreitete *Aminea*, *Nomentana*, *eugenea* (Gutedel), *Allobrogica*, *Apiana*, *gemella*, die durch Reichthum des Ertrags, Feinheit des Geschmackes u. s. w. vor allen andern den Vorzug hatten. Die zweite Classe enthält mehr Sorten, wie *Basilea* (aus Aquitanien), *Bituriga*, *Visula*, *Helvola* oder *Elbola*, *Albuelis*, *Precias*, die griechischen *Argitis*, *Rhodia*, *Dracontion* u. a., die *Raetica*, die *purpureae*, *duracinae*, *bimammae* u. s. w. S. überhaupt COL. III—V. PALLAD. II, 10 ff. III, 9 ff. 28 ff. CATO 6. VARRO r. r. I, 26. 31. 34. 36. 54. 65. MACROB. II, 16. PLIN. XIV. XVII, 35. MOMMSEN, inscr. Neap. 79, 28 f. *vineam — quae est Aminea*. Ueber das Keltern und über die verschiedenen Weine s. den vierten Excurs z. neunten Scene. Ausser MAZOIS, Pall. d. Scaur. v. WÜSTEMANN, S. 175—190. u. a. in BÖTTIGER, kl. Schriften III, S. 157 fg. genannten Beiträgen zur Gartenkunst der Alten s. SCHNEIDER, über den Wein- und Obstbau der alten Römer. Rastatter Progr. 1846. WALKER, Obstlehre der Griechen und Römer. Reutlingen 1845. die ge-

Die Gärten.

schmackvolle oben erwähnte Abh. von WÜSTEMANN. (Gotha 1846). PAULY, Realencyk. VI, S. 2634 f. 2623 ff. 2617 f. LENZ, Botanik der alten Griechen und Römer. S. 578—596. 118—149. WEBER, de agro et vino Falerno. Marburg 1855, p. 37—44 (über die Amineische Traube). MAGERSTEDT, Obstbaumzucht der Römer. Sondershausen 1861. und Feld- Garten- und Wiesenbau der Römer. 1861.

Von den Gemüsegärten (*horti olitorii* DIG. VII, 1, 13. §4. PALL. II, 14. III, 24. IV, 9.) ist Thl. I, S. 95. eine kurze Schilderung gegeben und die einzelnen Gemüse sollen in dem ersten Excurs zur neunten Scene näher behandelt werden. LENZ, Botanik S. 78—118. Von den Obst- und Gemüsegärten gilt, was CIC. de sen. 16. sagt: *Neque solum cultura agrorum est salutaris, sed et delectationi. Iam hortum ipsi agricolae succidiam alteram* (d. h. ihre zweite Speckseite) *appellant.*]

Zum Schlusse sei noch erwähnt, dass man in Rom auch Fenstergärten hatte. Anders wenigstens scheint nicht verstanden werden zu können, was MART. XI, 18. sagt:

Donasti, Lupe, rus sub urbe nobis;
Sed rus est mihi maius in fenestra.

[Hauptsächlich PLIN. h. n. XIX, 19. *Iam in fenestris suis plebs urbana in imagine hortorum quotidiana oculis rura praebebant, antequam praefigi prospectus omnes coëgit multitudinis innumeratae saeva latrocinatio.* WÜSTEMANN, über die Kunstgärtnerei S. 30. erwähnt eine mir nicht bekannt gewordene Schrift von LINDEMANN über die Topfgewächse (de cultu herbarum in vasis, quae fuit apud veteres. Zittau 1844.). Von den *solariis* ist bereits II, S. 200 fg. gesprochen worden.]

EXCURS ZUR SECHSTEN SCENE.

DIE BUHLERINNEN.

Ganz anders, als die Meinung der neueren Zeit, urtheilte das Alterthum über das Liebesverhältniss junger unverheiratheter Männer zu den weiblichen Schönheiten, die mit ihren Reizen ein Gewerbe trieben. Allerdings waren aber auch namentlich die athenischen Hetären, wie wir sie aus PLAUTUS kennen — denn die Thais und Bacchis des TERENZ sind ganz verschiedene und nicht glücklich gezeichnete Figuren — nicht bloss gemeine Dirnen, sondern meist lebensfrohe, naiv leichtfertige Mädchen, die oft innige Liebe zu dem Manne fühlen, und sich ihm auch ohne den Zweck des Erwerbes hingeben würden, wenn nicht die *res curta*, eine *mater* oder ein *leno* sie zwängen, auch noch Vortheil von ihrer Liebe zu ziehen. Darum hatte aber auch ein solches Verhältniss für den jungen, unverheiratheten Mann nichts Entehrendes, ja nicht einmal etwas Anstössiges. Kein Vater trägt Bedenken, ihm seine Tochter zur Frau zu geben; denn mit der Ehe hört das frühere Leben auf, und käme nicht der damit verbundene Aufwand in Betracht, so würden auch die Väter an der Lebensart ihrer Söhne nichts zu tadeln finden. Man sehe, wie sich Simo bei TERENT. Andr. I, 1, 124. Philoxenus bei PLAUT.

Bacch. III, 3. Callipho, Pseud. I, 5. darüber erklären. — In solcher Oeffentlichkeit und Scheulosigkeit fand das Hetärenwesen in Rom zwar nicht Eingang wie in Griechenland, aber in Bezug auf Unverheirathete wurde es doch mild genug beurtheilt. Eine der wichtigsten Stellen, um die Ansicht des Alterthums davon kennen zu lernen, ist Cic. p. Cael. 20. *Verum si quis est, qui etiam meretriciis amoribus interdictum iuventuti putet, est ille quidem valde severus: negare non possum, sed abhorret non modo ab huius saeculi licentia, verum etiam a maiorum consuetudine atque concessis. quando enim hoc factum non est? quando reprehensum? quando non permissum?* Man vergl. ferner die Aeusserung Cato's in SCHOL. zu Hor. Sat. I, 2, 31. *Cum vidisset hominem honestum ex fornice exeuntem, laudavit —. at postea quum frequentius eum ex eodem lupanari exeuntem animadvertisset, adolescens, inquit, ego te laudavi, quod interdum huc venires, non quod hic habitares.* Eine andere ein Faktum anführende Stelle findet sich bei LIV. XXXIX, 9. wo von der Entdeckung der Ausschweifungen bei der Bacchanalienfeier durch die Liebe des P. Aebutius zu der Hispala die Rede ist: *Scortum nobile libertina Hispala Fecenia, non digna quaestu, cui ancillula adsuerat, etiam postquam manumissa erat, eodem se genere tuebatur. Huic consuetudo iuxta vicinitatem cum Aebutio fuit, minime adolescentis aut rei aut famae damnosa: ultro enim amatus adpetitusque erat.* In dieser Art haben wir uns auch die von den Dichtern gepriesenen Mädchen zu denken. [Wie die Lesbia des Catull, die Delia des Tibull, die Cynthia des Properz, die Cynara, Lalage, Glycera, Lyce, Lydia, Myrtale (*libertina*, HOR. Od. I, 33, 14.), Phryne, Neaera, Chloe (*dulces docta modos et citharae sciens*, HOR. Od III, 9, 10.) u. a. Mädchen des Horaz, nämlich alle von libertinischem Stande aber von feinerer Bildung (den vornehmen griechischen Hetären ähnlich), als die gemeinen feilen Dirnen, welche den Namen einer *amica* nicht verdienten und deren unten näher Erwähnung geschieht. Vgl. WEBER, Quint. Horat. Flakkus, Jena 1844. S. 72—111.] Schon in Cicero's Zeit waren die Sitten in dieser Hinsicht tief gesunken, wie die Abscheulichkeiten, welche er von einer Clodia, Fulvia oder Sassia u. a. erzählt, beweisen, so dass man die Zerrüttung des Familienlebens nicht nöthig hat aus Ovid oder spätern Schriftstellern nachzuweisen. Der Umgang mit meretricibus wurde viel unverhohlner gepflogen, wie sich aus dem ergiebt, was CICERO von der Chelidon und Tertia, den Buhlerinnen des Verres, oder von des Antonius Verhältniss zur Cytheris erzählt. Ja Cicero selbst liegt einmal bei einem Bekannten mit einer meretrix zu Tische, ad Fam. IX, 26. *Infra Eutrapelum Cytheris accubuit. In ego igitur, inquis, convivio Cicero ille! — Non mehercule suspicatus sum illam affore, sed tamen ne Aristippus quidem ille Socraticus erubuit, cum esset obiectum, habere eum Laida. Habeo, inquit, non habeor. — Me vero nihil istorum ne iuvenem quidem movit unquam, ne nunc senem. convivio delector.* Vgl. noch TER. Adelph. I, 2, 22.

Non est flagitium, mihi crede, adolescentulum
Scortari, neque potare: non est, neque fores
Effringere.

Dieses ist allerdings mehr griechische Ansicht, indessen kamen dergleichen Dinge auch in Rom vor. So wird bei CIC. p. Planc. 12. diesem vorgeworfen: *Raptam esse mimulam, quod dicitur Atinae factum a iuvene, vetere quodam in scenicos iure.* Dagegen ist wohl nur griechisch, was Syra bei PLAUT. Merc. IV, 6, 2 ff. klagt:

Nam vir si scortum duxit clam uxorem suam,
Id si rescivit uxor, impunest viro:
Uxor virum si clam domo egressast foras,
Viro fit causa, exigitur matrumonio.
Utinam lex esset eadem, quae uxorist, viro.
Nam uxor contentast, quae bonast, uno viro:
Qui vir minus una uxore contentus siet.

Der grösste Theil dieser Personen waren libertae und libertinae oder peregrinae, doch gaben sich auch aus dem eigentlichen römischen Bürgerstande ehrvergessene Frauen zu solchem Gewerbe her. Eine merkwürdige Stelle bei TAC. Ann. II, 85. sagt uns, dass die Aedilen auf Verlangen dazu

Die Buhlerinnen. 61

die Erlaubniss gaben oder doch die Meldung einer Freigeborenen (*professio quaestus faciendi*) annahmen, worauf der Umgang mit einer solchen Person und deren Aufführung selbst weder als stuprum noch als adulterium angesehen wurde. *Eodem anno gravibus senatus decretis libido feminarum coërcita cautumque, ne quaestum corpore faceret, cui avus aut pater aut maritus eques Rom. fuisset. nam Vestilia, praetoria familia genita, licentiam stupri apud aediles vulgaverat, more inter veteres recepto, qui satis poenarum adversum impudicas in ipsa professione flagitii credebant.* Es geschah diess namentlich von Verheiratheten (in dieser Zeit), um ungestraft ein zügelloses Leben führen zu können und um sich den Gesetzen de adulteriis zu entziehen, wie Suet. Tib. 35. bei Erwähnung desselben Faktum sagt: *Feminae famosae, ut ad evitandas legum poenas iure ac dignitate matronali exsolverentur, lenocinium profiteri coeperant.* [Alle die nämlich, welche sich zu einem so niedrigen Gewerbe bekannten, konnten des Ehebruchs nicht angeklagt werden, Paull. II, 26, 11. Siehe noch Dig. XLVIII, 5, 13. § 2. Cod. IX, 9, 22. 29. Rein, Röm. Criminalrecht, S. 841 fg.]

Das *quaestum corpore facere* oder *alere corpus corpore* (Plaut. Mil. III, 1, 190.

Eam des quae sit quaestuosa, quae alat corpus corpore.
und Cist. II, 3, 20.

— *non hic, ubi ex Tusco modo*
Tute tibi indigne dotem quaeras corpore.)
ist wesentliches Merkmal der meretrix, die daher ihren Namen hat [Isidor. X, p. 1081. und Vet. gramm. ed. Gothofred. p. 1336.]. Ausserdem bezeichnen sie auch die Namen *scortum* [Fell, Varro L. L. VII, 84. Fest. u. Paul. h. v. p. 330 fg. M.], *lupa, prostibulum*. Letzteres gilt namentlich von der gemeinsten Klasse, *quae in lupanaribus prostabant*. Non. Marc. V, 8. *Inter meretricem et prostibulum hoc interest, quod meretrix honestioris loci est et quaestus. nam meretrices a merendo dictae sunt, quod copiam sui tantummodo noctu facerent. Prostibula, quod ante stabulum stent* (!) *quaestus diurni et nocturni causa. Plaut.*

Cist. manifestissime discrevit: intro ibo, nam meretricem adstare in via solam, prostibula sane est. Diese Worte stehen nicht in der Cistellaria, sondern in einem Fragment der Clitellaria, und heissen dort anders: *intro ad bonam meretricem, adstat ea in via sola. prostibula sane est.* Der Name kommt übrigens von *prostare* und dieses ist ganz eigentlich zu nehmen, wie eine Vergleichung mit der griechischen Sitte (Charikles I, S. 115.) lehren wird. S. noch PLAUT. Stich. V, 6, 4.

Prostibulist autem, stantem stanti savium
Dare amicam amico.

HOR. Sat. I, 2, 30.

Contra alius nullam nisi olenti in fornice stantem.

OVID. Amor. I, 10, 21.

Stat meretrix certo cuivis mercabilis aere.

[IUV. X, 239. XI, 70. PAUL. p. 226. *Prosedas meretrices Plautus appellat, quae ante stabula sedeant, eaedem et prostibulae.* p. 7. *Alicariae meretrices dicebantur in Campania solitae ante pistrina alicariorum versari quaestus gratia, sicut hae, quae ante stabula sedebant, dicebantur prostibula.*] Alle diese Stellen und auch *proseda* beweisen die unmittelbare Abstammung von *prostare*. [Diese Namen nennt auch die Buhlerin Adelphasium mit Verachtung, PLAUT. Poen. I, 2, 53 ff.

an te ibi vis inter istas versarier
Prosedas, pistorum amicas, reliquias alicarias,
Miseras, scoeno delibutas, servolicolas sordidas?
Quae tibi olant stabulum statumque, sellam et sessibulum
merum.
Quas adeo haud quisquam unquam liber tetigit, neque
duxit domum,
Servolorum sordidulorum scorta diabolaria.

Andere Benennungen sind theils dem gemeinen Leben entnommen, theils nur von den Komikern gebildet, welche VARR. L. L. VII, 64. 65. NON. MARC. II, 765. und GELL. III, 3. aus PLAUTUS gesammelt haben, wie *diabolares* (*a binis obolis,* auch PAUL. h. v. p. 74.), *schoeniculae* (*ab schoeno nugatorio* unguento), *miraculae, scratiae* (*ab excreando,* oder *scraptae,* FEST. h. v.

Die Buhlerinnen. 63

p. 333 M.), *scrittabillae, scrupipedae* und *scrupedae;* dazu *ambubaiae, submoenianae* (MART. III, 82. XII, 32.)] Diese Damen forderten oft sehr hohe Summen für ihre Gunst. MART. X, 75.
Millia viginti quondam me Galla poposcit,
Et, fateor, magno non erat illa nimis.
Vgl. III, 53. Dagegen wünscht sich der Dichter IX, 33. eine Dirne, *quam redimit totam denarius alter.* Ders. II, 53, 7.
Si plebeia Venus gemino tibi vincitur asse.
und I, 104, 10. *constat asse Venus.* Das sind die oben genannten *diabolares* und *scorta diabolaria.* [Theuere Preise in Pompeji ergeben einige Wandinschriften, so z. B. vor dem Seethor: *si qui futuere volat, Atticen quaerat assibus sedecim,* oder im vicolo del teatro: *A XV Epapra Acutus Auctus ad locum duxerunt mulierem Tychen pretium in singulos A V.* Also hier geben drei Männer je 5 Asses, zusammen 15. Rhein. Mus. f. Philol. N. F. 1862. XVII, S. 138 f. ORELLI HENZEN 7300. (nach MOMMSEN.) Je nach dem Preis (*pretium* bei SEN. contr. I, 2.), den die meretrices forderten (*quantum quaeque uno concubitu mereret*), mussten sie seit Caligula eine Abgabe an den kaiserlichen Fiskus entrichten, welche bis in die späteste Zeit fortdauerte. LAMPR. Sev. Alex. 24. CASAUB. zu Suet. Cal. 40. 41.]

Die meisten, nicht blos die von der niedrigsten Klasse, wohnten wohl in der *Subura.* MART. VI, 66. *Famae non nimium bonae puella, Quales in media sedent Subura.* PERS. Sat. V, 32.; daher sie auch wohl *submoenianae* genannt werden, s. oben. Vgl. RUP. zu Iuv. III, 65. — Dort hatten die eigentlichen *prostibula* (NON. V, 8.) in den *lupanaribus* jede ihre besondere *cella* [SUET. Cal. 41.], *fornix,* auch *pergula,* PLAUT. Pseud. I, 2, 78. 92., über der ihr Name stand (*titulus*). MART. XI, 45. *inscriptae limina cellae.* [SEN. contr. I, 2.] Dorthin gingen auch wohl ehrvergessene römische Frauen, und hefteten einen erdichteten Namen an die Thüre, wie IUVENAL Sat. VI, 123. von der Repräsentantin aller Unzüchtigkeit, der Messalina, sagt: *titulum mentita Lyciscae.* Dieser titulus ist eben der an die Thüre geschriebene Name, wovon die mere-

trices auch selbst *tituli* genannt werden (PETRON. c. 7.), denn auch sie nahmen für das Gewerbe gewöhnlich einen falschen Namen an. PLAUT. Poen. V, 3, 20.
Namque hodie earum mutarentur nomina,
Facerentque indignum genere quaestum corpore.
Waren sie bereits versagt, auch wohl auf längere Zeit gedungen, so schrieben sie an die Thüre *occupata*, wenn anders sich aus PLAUT. Asin. IV, 1, 15.
In foribus scribat, occupatam [iam] esse se.
auf eine Allgemeinheit des Gebrauchs schliessen lässt. [In Bezug auf die innere Einrichtung der lupanaria macht PRELLER, die Regionen d. Stadt Rom S. 235. auf die Beschreibung des lupanar zu Constantinopel, aus welchem später ein Nonnenkloster wurde, in d. Anon. Antiqq. Const. b. BANDURI, Imp. Or. I, p. 35. aufmerksam.] Die Lupanarien durften wahrscheinlich nicht vor der neunten Stunde geöffnet werden. Darum nennt PERS. I, 133. eine *meretrix nonaria*, wozu der SCHOLIAST sagt: *Nonaria dicta meretrix, quia apud veteres a nona hora prostabant, ne mane, omissa exercitatione, illo irent adolescentes.* Vgl. CASAUB. zu Spart. Hadr. 22. Es ist darüber nichts weiter bekannt, indessen ist allerdings die Analogie der Bäder vorhanden, für deren Eröffnung auch zu wiederholten Malen Bestimmungen gegeben wurden. — Ueber die lupanaria und deren Besuch s. noch I, S. 117 ff. 128. und über die Bekränzung neuer Lupanarien I, S. 130.

In der Kleidung unterschieden sich die meretrices und Libertinen von den Matronen dadurch, dass sie weder die stola, noch die palla, sondern eine kürzere Tunica ohne instita [OVID. Art. amat. II, 600. *in nostris instita nulla iocis.*] und darüber eine Toga trugen (die meretrices eigentlich sogar eine dunkelfarbige Toga). Stola und palla sind nämlich die charakteristischen Kleider der honesta mulier, wie die Toga für die römischen Bürger. [So heisst die *stola* bei VAL. MAX. VI, 1. pr. *matronalis* und PAUL. sagt p. 125 M. *matronas appellabant eas fere, quibus stolas habendi ius erat.* NON. MARC. XIV, 6. 7. 27. ISIDOR. XIX, 25.] Daher wird bei HORAZ Sat. I, 2, 63. der

Die Buhlerinnen. 65

matrona die *togata* entgegengesetzt; daher derselbe Gegensatz bei TIB. IV, 10, 3.

Si tibi cura toga est potior, pressumque quasillo
  Scortum, quam Servi filia Sulpicia.

[OVID. Trist. II, 251 fg.

  Ecquid ab hoc omnes rigide submovimus arte,
    Quas stola contingi vittaque sumta vetat?
  At matrona potest etc.

Aehnlich ex Ponto III, 3, 51 fg. und TIB. I, 6, 68 fg.] und in diesem Sinne sagt MARTIAL zur Entschuldigung seiner frivolen Epigramme: I, 35, 8.

  Quis Floralia vestit et stolatum
  Permittit meretricibus pudorem.

[Auch ULP. Dig. XLVII, 10, 15. §. 15. spricht von *meretricia veste* und daneben *matronali habitu.* S. HEINDORF zu Hor. Sat. I, 2, 63. Auf die kurze Tunica der Buhlerinnen deutet HOR. Sat. I, 2, 83 ff. IUV. VI, 446. und ISIDOR. XIX, 25. sagt, dass die meretrices ein besonderes amiculum (wahrscheinlich so viel als toga meretricia) gehabt hätten.] Ausserhalb Rom und wo sie weniger gekannt waren, verbargen die meretrices wohl auch ihren Stand und Gewerbe, indem sie eine längere Tunica anlegten. So sagt AFRANIUS bei Non. XIV, 27.

  Meretrix cum veste longa? peregrino in loco
  Solet tutandi causa sese sumere. —

Ja sogar die des Ehebruchs überführte Matrone verlor das Recht die Stola zu tragen, und musste sie mit der Toga vertauschen. So erzählt der SCHOLIAST des Cruquius zu d. a. Stelle Hor. *Matronae quae a maritis repudiabantur propter adulterium, togam accipiebant, sublata stola alba, propter ignominiam. meretrices autem prostare solebant cum togis pullis, ut discernerentur a matronis adulterii convictis et damnatis, quae togis albis utebantur.* Darauf bezieht sich auch [IUV. II, 68. und die] von Heindorf angeführten Stellen MARTIALS II, 39. und VI, 64, 4. [S. noch ISIDOR. XIX, 25. Eine andere Zurücksetzung der Buhlerinnen bestand darin, dass sie sich nicht

des den Matronen eigenen Kopfputzes mit Binden (*vittae*) bedienen durften, wie SERV. zu Verg. Aen. VII, 403. berichtet. Darauf beziehen sich Stellen, wie PLAUT. Mil. III, 1, 196 fg.
Itaque eam huc ornatam adducas ut matronarum modo
Capite compto crinis vittasque habeat etc.
OVID. Art. am. I, 31. und Trist. II, 246.
Este procul vittae tenues insigne pudoris.
und die oben cit. Stelle Trist. II, 251 fg. ex Ponto III, 3, 51 fg. und TIB. I, 6, 68 fg. In der späteren Zeit wurde dieser Unterschied der Tracht nicht mehr genau beobachtet, worüber TERTULL. klagt, apol. 16. de pall. 4. und de cult. fem. 12. *Aut quid minus habent infelicissimae illae publicarum libidinum victimae, quas si quae leges a maritalibus et matronalibus decoramentis coërcebant, iam certe saeculi improbitas quotidie insurgens honestissimis quibusque feminis usque ad errorem dignoscendi coaequat.* S. darüber BRISSON. sel. ex iure civ. antiq. I, 4. mit TREKELLS Anm. und SANTINELL. de disciplina et mor. fem. Rom. Venet. 1734. und über die meretrices überhaupt: LAURENT. de adult. et meretric. RAMOS DEL MANZANO, ad leg. Iul. Pap. in Meerman. thes. V, S. 342—372. PALDAMUS, römische Erotik, S. 45 ff. PAULY, Realencyklop. III, Seite 1288. IV, S. 1866 fg. 1655.]

Mit wenigen Worten sei nur noch der Verirrung gedacht, welche in dem griechischen Leben eine so bedeutende Rolle spielte, des *ἐρᾶν παίδων* (Charikles II, S. 200—230.). Auch in Rom war dieses Laster (*nefanda libido* oder *monstrosa Venus* genannt) schon seit früher Zeit keine Seltenheit, s. LIV. VIII, 28. XXXIX, 13, 42. DIONYS. HAL. VII, 2. XVI, 8 fg. VAL. MAX. VI, 1. 7. 9 ff. MUNK, de fabulis Atellanis, S. 169 ff. Von der späteren Zeit, wo es furchtbar überhand genommen hatte, wie namentlich MARTIAL, CATULL und PETRON beweisen können, sei hier ganz abgesehen; auch die Leichtfertigkeit der gräcisirenden Dichter möge nicht zum Belege dienen; aber dass in CICERO's Reden die Sache häufig erwähnt wird, dass er selbst desshalb mit Verachtung von Clodius, Catilina, Antonius spricht (p. Sest. 7 ff. Phil. II, 18. p. red. in Sen. 4 ff. p.

dom. 24. 48.), dass dem Plancius u. A. dieser Vorwurf von dem Ankläger gemacht wird, ist hinreichender Beweis, dass das Laster schon damals verbreitet genug war, und am meisten die schändliche Bestechung der Richter, von der CIC. ad Att. I, 16. spricht: *etiam noctes certarum mulierum atque adulescentulorum nobilium introductiones nonnullis iudicibus pro mercedis cumulo fuerunt.* [S. CHRIST, de lege Scatinia, Halis 1727. und REIN, röm. Criminalrecht, S. 863 ff.]

EXCURSE ZUR SIEBENTEN SCENE.

BÄDER UND GYMNASTIK.

ERSTER EXCURS.

DIE BÄDER.

Eine der wichtigsten Angelegenheiten im täglichen Leben, und eines der wesentlichsten Bedürfnisse war für den Römer der Zeit, welche hier hauptsächlich berücksichtigt wird, das Bad. Der ursprüngliche Zweck, reinliche Pflege des Körpers, war wenigstens nicht mehr der einzige; denn ausgestattet mit verschwenderischer Pracht, und alle Annehmlichkeiten und Bequemlichkeiten darbietend, die der Weichling sich wünschen konnte, waren die Bäder Vergnügungsorte geworden, in denen man Unterhaltung und Genuss suchte. In früherer Zeit badete man überhaupt weit weniger, wie SENECA nach älteren Berichten anführt: epist. 86. *Nam, ut aiunt, qui priscos mores Urbis tradiderunt* (vielleicht VARRO), *brachia et crura quotidie abluebant, quae scilicet sordes opere collegerant. caeterum toti nundinis lavabantur.* CATO de lib. educ. bei Non. III. v. *ephippium. Mihi puero modica una fuit tunica et toga, sine fasciis calceamenta, equus sine ephippio, balneum non quotidianum, alveus rarus.* und COLUMELLA will nicht, dass die Sklaven täglich oder häufig baden sollen: 1, 6, 20. *nam eas quoque* (balneas) *refert esse, in quibus familia, sed tantum ferüs lavetur. neque enim corporis robori convenit frequens usus earum.*

Erster Excurs z. siebenten Scene. Die Bäder. 69

Daher waren denn auch die alten Bäder, sowohl die öffentlichen, als die Privatbäder, als *in usum, non oblectamentum reperta*, wie SENECA sagt, von sehr einfacher Einrichtung. In der Villa des Scipio Africanus, wo SENECA so viel Veranlassung fand, eine Parallele zwischen der alten und neuen Zeit zu ziehen, war ein *balneolum angustum, tenebricosum ex consuetudine antiqua.* Denn, sagt er: *non videbatur maioribus nostris caldum, nisi obscurum;* und weiterhin: *In hoc balneo Scipionis minimae sunt rimae magis quam fenestrae, ut sine iniuria munimenti lumen admitterent.* Ebenso bezeichnet er die öffentlichen Bäder als *obscura et gregali tectorio inducta.* — Ueberdiess scheinen die Bäder der älteren Zeit durchaus nur auf ein kaltes und ein warmes Bad beschränkt gewesen zu sein, über deren Temperatur die Aedilen die Aufsicht hatten. So erzählt SENECA in dem angegebenen Briefe: *Sed, dii boni, quam iuvabat illa balnea intrare obscura et gregali tectorio inducta, quae scires Catonem tibi aedilem aut Fabium Maximum aut ex Corneliis aliquem manu sua temperasse! Nam hoc quoque nobilissimi aediles fungebantur officio, intrandi ea loca quae populum receptabant, exigendique munditia et utilem ac salubrem temperaturam, non hanc, quae nuper inventa est, similis incendio, adeo quidem, ut convictum in aliquo scelere servum vivum lavari oporteat! Nihil mihi videtur iam interesse, ardeat balneum an caleat.* — In der Folge nämlich kamen Schwitzbäder und heisse Wasserbäder hinzu. [Die Aufsicht der Aedilen beschränkte sich nicht auf die Temperatur und Reinlichkeit der Bäder, Sanitätspolizei, sondern sie umfasste auch die Sittenpolizei, in Beziehung auf das verbotene Zusammenbaden der Männer und Frauen, s. unten. — Vor Alters hiess *lavatrina* das Bad, bis aus dem griechischen βαλανεῖον das lateinische *balineum* und *balneum* entstand, Philolog. XIV, S. 217 ff. VARRO l. l. IX, 68. *domi suae quisque, ubi lavatur, balneum dixerunt; et quod non erant duo, balnea dicere nos consuerunt, cum hoc antiqui — lavatrinam appellare consuessent.* Vorher aber sagt er, dass die öffentlichen Bäder *balneae* genannnt wurden, nicht *balnea.* CHARIS. I, 12, p. 76. *Balneum veteres dixerunt s. balineum, nihil enim differt publicum a privatis, in publicis autem femin. gen. et quidem numero — plurali — balneas s. balineas, nec immerito, nam parsimoniae causa uno igne duplex balineum calfaciebant, pariete interiecto, ut pudor viris mulieribusque constaret.*]

An Hülfsmitteln, welche dazu dienen, uns eine deutliche Vorstellung von der Einrichtung römischer Bäder zu bilden, sind wir besonders reich, da nicht nur mehrere alte Schriftsteller uns theils Vorschriften über deren Anlage, theils Beschreibungen vorhandener gegeben haben, sondern auch sehr bedeutende und mit den schriftlichen Nachrichten wohl übereinstimmende Ueberreste vorhanden sind. Von den Schriftstellern sind zuerst zu erwähnen VITRUV, der im fünften Buche, Cap. 10. und PALLADIUS, der im ersten Buche, Cap. 40. von der Anlage der Bäder handelt. Ausserdem haben uns LUCIAN in der besonderen Schrift Ἱππίας ἢ βαλάνειον, PLINIUS in beiden Briefen über seine Villen, II, 17. und V, 6. STATIUS, in dem Gedichte Balneum Etrusci, Silv. I, 5. MART. VI, 42. wo dasselbe gepriesen wird, und SIDONIUS APOLL. epist. II, 2. interessante Beschreibungen hinterlassen und auch aus anderen Epigrammen MARTIALS, sowie aus SENECA epist. 51. 56. und 86. erhalten wir zahlreiche Notizen über die Beschaffenheit der Bäder und das Leben in denselben.

Aber ungleich lehrreicher als alle diese schriftlichen Nachrichten sind die noch vorhandenen Reste antiker Bäder selbst. Dahin gehören [ausser den 1760—1765 ausgegrabenen Ueberbleibseln von Veleia bei Piacenza] die Trümmer der Bäder in Rom selbst, namentlich der des Titus, Caracalla und Diocletian. Allein diese grossartigen Anlagen in ihrem Zusammenhange darzulegen, und die Bestimmung der einzelnen Theile mit einiger Sicherheit anzugeben, scheint überaus schwierig zu sein, und einen ebenso tüchtigen Architekten als gelehrten Antiquar und Philologen in einer Person zu verlangen, daher denn auch die davon bekannten Risse sehr von einander abweichen. Hier, wo es nicht Aufgabe ist, ein architektonisches Kunstwerk zu erklären, sondern das allgemein Uebliche und

Die Bäder.   71

mit Gewissheit Bestimmbare in Gebrauch und Sitte nachzuweisen, bleiben alle Hypothesen über jene Bäder mit Recht ausgeschlossen, und kleinere Anlagen, namentlich wenn sie von besserer Erhaltung sind, werden weit dienlicher sein, uns ein Bild von den wesentlichen Theilen eines römischen Bades zu geben. — Eine solche Anlage bemerken wir in den im Jahre 1784 in Badenweiler entdeckten Ruinen, die freilich nur ebensoweit erhalten sind, um die einzelnen Abtheilungen unterscheiden zu können. [Eine kurze Schilderung derselben s. SCHUCH, Privatalterthümer der Römer, S. 639 fg., ausführlicher PREUSCHEN, Denkmäler von alten phys. und polit. Revolut. in Deutschland, Frankf. 1787. S. 97 ff. GOLBERY, antiquités de l'Alsace. Supplem. II. livraison. und zuletzt LEIBNITZ, die röm. Bäder bei Badenweiler. Leipzig 1860. (Vergl. auch HIRT und WEINBRENNER s. unten.) Diese Bäder übertreffen an Ausdehnung, Symmetrie und Ebenmaass bei weitem die pompejanischen, sind aber leider weit mehr ruinirt und lassen rücksichtlich der inneren Ausstattung oder der sonstigen Details nichts mehr erkennen. Das über 300 Fuss lange Gebäude zerfällt in zwei von einander durch eine Mauer getrennte aber ganz gleiche Hälften (für beide Geschlechter) und hat in der Mitte zwei grosse Tepidarien von 40' Länge und 30' Breite mit je einer Piscina. Daneben liegen (rechts und links) zwei noch ausgedehntere Frigidarien von je 55' Länge und 33' Breite, nach Süden in eine halbkreisförmige Apsis auslaufend mit je einer Piscina. Vor den beiden Tepidarien lagen nach Norden in einem grossen Vorsprung des Hauses drei Caldarien mit Öfen und Kohlenräumen. Am östlichen und westlichen Ende ist je ein grosser Vorhof, aus dem man in den Vorraum tritt (eigentlich ostium, aber viel breiter), der in zwei Apodyterien führt, das eine nach Süden für den Sommer, das andere nach Norden für den Winter auf Suspensuris ruhend und vermuthlich auch als Elaeothesium benutzt. In dem letzten ein Caldarium oder ein Sudatorium zu finden, ist kein Grund vorhanden. Ein grosses Wasserreservoir auf der Nordseite liess es nie an dem nöthigen Wasser fehlen.]

Erster Excurs zur siebenten Scene.

Von weit grösserer Wichtigkeit sind die [1824] entdeckten Pompejanischen Thermen, die in einem Zustarde ausgegraben wurden, der es leicht macht über die Bestimmung der meisten Theile mit Sicherheit zu entscheiden.

Von der neueren, die Bäder betreffenden Literatur sind ausser mehreren Stellen in WINCKELMANNS Werken (besonders auch FERNOWS Erklärung der Kupfertafeln zu Bd. II. t. IV, A—C.) vorzüglich bemerkenswerth: [BACCIUS, de thermis vet. Venet. 1571. 1712. und in Graev. thes. XII. FERRARIUS, de balneis, in Polen. supplem. III.] CAMERON, the bath of the Romains explained. Lond. 1772. Le terme dei Romani disegnate da A. PALLADIO, con alcune osservazioni da O. B. SCAMOZZI. a Vicenza. 1785. fol. Descr. d. bains de Titus Par. 1786. ein Werk, das sich jedoch weit mehr mit den dort gefundenen Gemälden, als mit den Bädern selbst beschäftigt. [WICHELHAUSEN, über die Bäder d. Alterthums insbesondere d. Römer. Mannheim 1807.] STIEGLITZ, Archäol. der Bauk. II, S. 267 ff. HIRT, Gesch. der Bauk. III, S. 233 ff. WEINBRENNER, Entwürfe und Ergänzungen antiker Gebäude. Carlsruhe 1822. 1. Heft, worin das Bad des Hippias nach Lucian und die Ruinen von Badenweiler enthalten sind. BLOUET, restauration des thermes d'Antonin Carac. à Rome. Paris 1828. CANINA, Architettura antica descritta e demonstrata coi monum. Rom. 1834. [GAILHABAUD, Denkmäler der Baukunst von Lohde. Hamburg 1852. I, am Ende. GÜNTHER, de balneis veterum. Berol. 1844. (in medicinischer Hinsicht.) TUCKER, in the archaeolog. journal. London 1848. V, S. 25 ff. (über neu entdeckte aber sehr destruirte röm. Bäder in London.) GUHL und KONER, das Leben der Griechen und Römer. Berlin 1862. II, S. 122 ff.] Ausserdem die Herausgeber Vitruvs, besonders SCHNEIDER II, p. 375—391. Weniger tief ist STRATICO eingedrungen, und MARINI hat zu dem ganzen Kapitel fast nichts gethan, als die alten irrigen Meinungen zu wiederholen, und seine Vorstellung durch schöne aber eben so irrige Kupfertafeln zu versinnlichen. [BÖTTIGER, Aldobrand. Hochzeit S. 152 ff. MAZOIS, Pall. d. Scaur. von Wüstemann. S. 199--228].

Ueber die Pompejanischen Bäder haben wir zwei ausführliche Berichte von GUGL. BECHI im MUS. BORB. II. t. 49—52. und von GELL, Pompeiana. The topography, edifices and ornaments of Pomp. The result of excavations since 1819. London 1835. I, p. 83—141. II, p. 80—94. [S. auch OVERBECK, Pomp. S. 158—173. In neuerer Zeit sind andere weit grössere Bäder in Pompeji entdeckt worden, in der Holconiusstrasse gelegen, rechts und links von der Theater- und Stabiästrasse begrenzt. Siehe darüber MINERVINI, Bullet. Napol. 1855 ff. II, 45. III, 55. IV, 77. 91. 95. V, 103. 113. VI, 125. 130. NICCOLINI, le case e monum. di Pomp. fascic. 2. GUHL und KONER, das Leben der Griechen und Römer II, S. 125 ff. und am besten MICHAELIS, in Gerhards Denkmälern und Forschungen. 1859, N. 124 f. Nach einer Inschrift war die Anstalt eine städtische, wenigstens heisst es *Duumviri — laconicum et destrictarium faciund. et porticus et palaestr. reficiunda locarunt ex D. D.*, während die früher hier abgebildeten und beschriebenen kleineren Bäder von M. Crassus Frugi gebaut und der Stadt vermuthlich geschenkt worden waren. Die neueren Bäder waren mit einer grossen Palästra verbunden, so dass sie auf der rechten und auf der hinteren Seite lagen. Es zeigen sich zwei vollständige Badeanstalten neben einander, aber nicht geschieden, so dass man nicht an ein Männer- und Frauenbad denken darf, sondern das eine war neuer und prächtiger, das andere älter und einfacher, welches bei der Zerstörung sich gerade in dem Zustand der Restauration befand. Die beiden Caldarien liegen parallel neben einander, eingefasst von zwei Tepidarien, vor welchen zwei Apodyterien mit Frigidarien Platz finden. Als abweichend von unsern Bädern ist hervorzuheben: 1) in dem alten mit Nischen geschmückten Apodyterium ist auch das Frigidarium enthalten, so dass derselbe Saal beides enthält, wie in unserm Frauenbad Nr. 2 und 3, 2) das Tepidarium in der neuen Anstalt hat eine Wanne für lauwarme Bäder. Das Nähere s. unten und bei MICHAELIS. Wir würden vorgezogen haben, die neuen Bäder hier wiederzugeben, wenn die Ausgrabungen vollendet vorlägen.

von Wilmowsky, das römische Bad zu Wasserliesch, in Jahresbericht der Gesellschaft für nützl. Forschungen. Trier 1858, S. 73 ff. (Dieses zwei Stunden von Trier 1857 gefundene Bad gehörte zu einer Villa und besteht aus einem kleinen Apodyterium, einem Caldarium, dessen marmorner alveus oder piscina calida, 11 Fuss lang und $5^1/_2$ Fuss breit, auf Suspensuris ruht, so dass das Becken gleichsam schwebt, und aus dem höchst solid angelegten Heizungsraum, der die beiden andern Räume erwärmte.) Ungleich wichtiger ist aus'm Werth, das Bad der röm. Villa bei Allenz. Bonn 1861. Hier finden sich folgende Räume in einer Reihe: 1) das Apodyterium, dem ein grosses Reservoir vorliegt, 2) das schöne Frigidarium mit einer piscina von 6 Fuss 8 Zoll Länge und $4^1/_2$ F. Breite nebst reicher Nische, 3) ein kleines Vorzimmer für das warme Bad, zum Auskleiden, Salben, Begiessen u. s. w. (tepidarium? destrictarium? unctorium?), 4) zwei kleine Schwitzkammern, die allein auf Suspensuris liegen und 5) das wohl erhaltene praefurnium. — Die Abweichungen der Villenbäder erklären sich sehr einfach durch den verschiedenen Geschmack und das verschiedene Bedürfniss der Besitzer, denen persönlich einzelne Theile überflüssig waren, welche in öffentlichen Bädern nicht fehlen durften.]

Die [1824 entdeckten] Bäder, welche nicht nur in ihren wesentlichen Theilen vollständig erhalten, sondern mit ihren Ornamenten, ihren Inschriften, ja selbst Geräthen gefunden wurden, sind vor allen anderen geeignet, uns mit der Einrichtung römischer Bäder überhaupt bekannt zu machen, insofern wir nur von den nicht nothwendig dazu gehörigen Theilen der grösseren Anstalten der Art in Rom absehen, und nur den eigentlichen Kern im Auge haben. Ueberdiess dürfen wir annehmen, dass mehr Bäder nach demselben Plane angelegt waren, da die von Stabiae, und in dem Caldarium wenigstens das in der Villa des Diomedes gefundene (s. Voyage pittor. de Naples. Liv. 10. et 11. pl. 79.) fast durchgängig mit den Pompejanischen übereinstimmen, und ähnlich mochte gewöhnlich wohl die Einrichtung der Bäder in Privathäusern und Villen sein, die natürlich nicht die Ausdehnung der grossen öffentlichen Thermen haben konnten. Daher scheint denn eine Beschreibung der Bäder von Pompeji vor allem hier am Orte zu sein, und ich schalte deshalb das Hauptsächlichste aus dem Berichte GELLS in der Uebersetzung hier ein [in Klammern mit dem Zeichen B.] Ich ziehe seine Beschreibung der italienischen vor, weil sie nicht nur das Allgemeinere abhandelt, sondern auch bei den oft sehr interessanten Eigenheiten verweilt, und so ein weit anschaulicheres Bild von der Anlage und inneren Einrichtung giebt. Sonst ist nicht zu verkennen, dass BECHI, bei weit ausreichenderer antiquarischer Gelehrsamkeit oft richtiger erklärt, worauf in den eingeschalteten Anmerkungen aufmerksam gemacht ist. Viele Stellen, welche sehr entbehrliche Abschweifungen enthalten, sind ausgelassen worden, so wie die Beziehungen auf die Kupfertafeln, welche hier nicht gegeben werden konnten. Der Seite 77. stehende der Bäder wird neben der Beschreibung völlig hinreichen, um sich zu orientiren. Zur Vergleichung ist auch der Riss der Bäder von Stabiae (nach GELL. I, p. 131.) beigefügt, und weiter unten das in den Bädern des Titus gefundene zwar sehr bekannte, aber besonders lehrreiche Gemälde, den Durchschnitt eines römischen Bades vorstellend.

Der Haupteingang, heisst es bei GELL I, S. 88. scheint der in der Fortunastrasse gewesen zu sein, die ihren jetzigen Namen von dem Tempel dieser Göttin hat. [BECHI dagegen hält für den Haupteingang den entgegengesetzten 21 c. B.] Alle oder viele der Behältnisse zu beiden Seiten des Eingangs, deren Thüren nach der Strasse herausgehen, scheinen gewölbt gewesen zu sein, weil sie so die über die grösseren Zimmer im Innern gespannten Bogen stützen halfen.

Dieser Eingang oder Durchgang, auf dem Plane mit 21 a bezeichnet führt in einen Hof (20) von ungefähr 60 Fuss Länge, der auf zwei Seiten durch einen dorischen Säulengang und auf der dritten durch einen Kryptoporticus begrenzt ist. Ueber dem Kryptoporticus war ein zweites Stockwerk, wo man Andeutungen eines Schornsteines bemerken kann.

Am entgegenstehenden Winkel des Hofs war ein anderer Ausgang, mit 21 c bezeichnet, der in ein Gässchen führte, welches von dem Forum nach dem Hause des Pansa geht. Neben diesem Ausgange war allem Anscheine nach die Latrina [22]. — Der mit 19 bezeichnete Platz, eine Art Vorhalle mit Sitzen, ist gewölbt und wurde bei Nacht durch eine Lampe erleuchtet, die so angebracht war, dass ihre Strahlen auf der einen Seite in das Zimmer 15 fielen und auf der andern 19 erleuchteten. Dieselbe Einrichtung besteht in der Nische 14, wo eine Lampe ebenso dem Porticus Licht gab. Diese beiden Lampen waren von runden hohlen Gläsern umschlossen, deren Scherben im Innern der Zimmer bei ihrer Ausgrabung gefunden worden sind.

Da die Bäder von Pompeji nicht bedeutend genug waren um mit jeder Art von Zimmern versehen zu sein, wie die der Hauptstadt, so müssen wir uns nach dem Vestibulum und der Exedra umsehen, oder nach einem Platze nahe am Eingange zu den Bädern, der statt ihrer könnte gedient haben. *In vestibulo deberet esse porticus ad deambulationes his, qui essent ingressuri.* — Dieser Porticus ist ohne Zweifel der eine im Hofe, und die Exedra, von ἕδραι oder Sitze, wo die, welche nicht vorzogen in dem Porticus umherzugehen, ausruhen konnten, wird durch die Bänke vorgestellt, welche längs der Wand hinlaufen. [Sie sind von GELL nicht angegeben, aber nach dem Plane im MUS. BORB. nachgetragen und mit O bezeichnet, BECHI nimmt sie als für Sklaven bestimmt, welche ihre Herren in das Bad begleiteten, und bezeichnet den Raum 19 [mit Recht auch OVERBECK] als Oecus oder Exedra. B.] VITRUV giebt an, dass, während Einige badeten, gewöhnlich Andere warteten, um nach ihnen in das Bad zu gehen.

In diesem Hofe wurde ein Schwerdt mit lederner Scheide (?) gefunden, und die Büchse für die Quadranten oder Münzen, welche von jedem Besuchenden bezahlt wurden. Der Quadrant war der vierte Theil eines As und der vierzigste eines Denars, [Im Originale steht irrig *the fourteenth.* Uebrigens ist es natürlich, dass, nachdem der Denar zu 16 As gerechnet wurde, auch

1
2
3
4
5
6
8
9
10
11
12
13
15
16
17
19
20
21
22
o
o

A
B
C
D
G

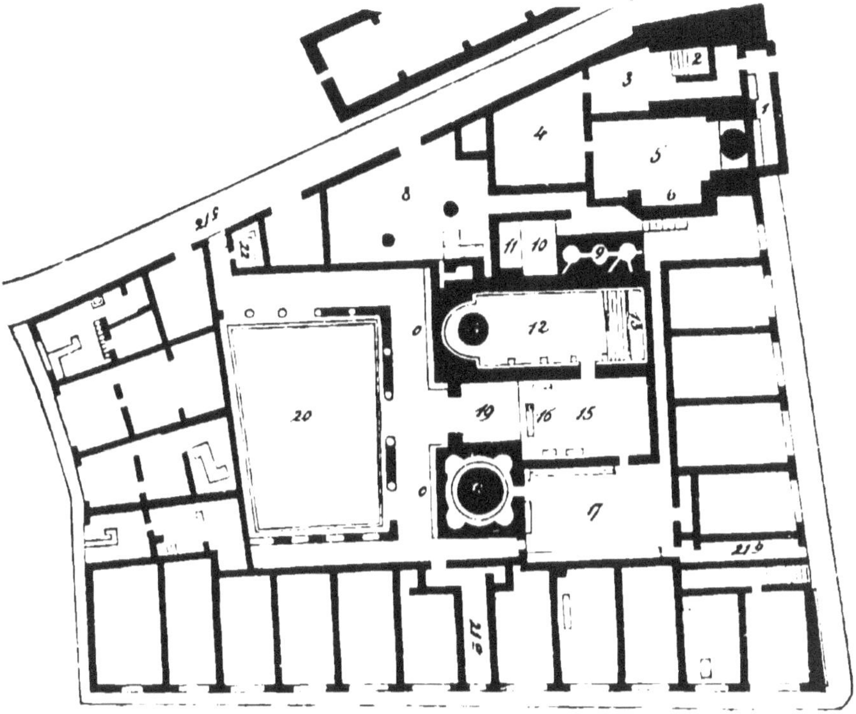

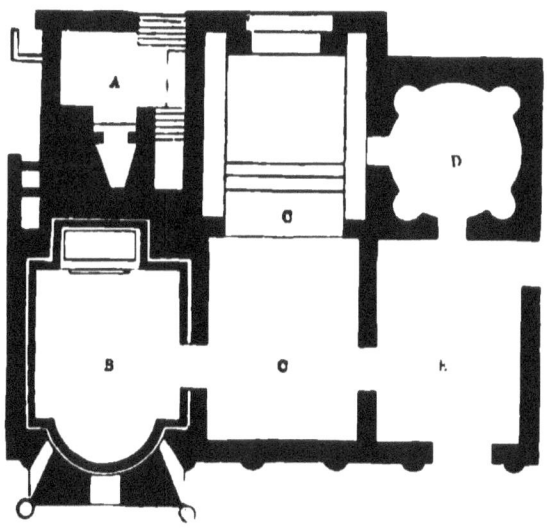

der Quadrant eine Reduktion erfuhr und deren 64 auf einen Denar gingen. B.] eine so mässige Summe, dass die Heizung der Bäder nicht ohne eine zahlreiche Menge Badender hat bestritten werden können. — IUVENAL sagt, dass junge Leute unter 14 Jahren nichts bezahlten, Sat. II. [Die Worte sind v. 152. *Nec pueri credunt, nisi qui nondum aere lavantur;* allein der Sinn scheint vielmehr zu sein: Kinder, welche die öffentlichen Bäder noch nicht besuchen. B.] — Die Geringfügigkeit der Summe war indessen eine grosse Aufmunterung für Leute, die sich nach PLINIUS zuweilen sieben Mal in einem Tage badeten. [Wenn der Verfasser diess als etwas Gewöhnliches betrachtet wissen will, so ist er in grossem Irrthume. Die Stelle des PLINIUS vermag ich nicht nachzuweisen; vom Commodus aber sagt AEL. LAMPR. 11. *Lavabat per diem septies atque octies.* Das war indessen eben eine monströse Lebensweise. B. Ueber Q. Remius Palaemon bemerkt SUET. ill. gramm. 23. *Luxuriae ita indulsit, ut saepius in die lavaret.*]

Es ist mehr als wahrscheinlich (?), dass das Schwerdt dem Aufseher des Bades oder dem Balneator gehörte, dessen Standort mit der Büchse für das Geld die *ala* des Porticus (19) gewesen sein muss. Dieser Raum war nicht gemalt und die Decke scheint vom Lampenrauche geschwärzt gewesen zu sein. Wer hier bezahlt hatte, mag mit irgend einer Art Marke eingelassen worden sein. Theatermarken sind in Pompeji gefunden und gestochen worden.

In dem dorischen Porticus warteten die Leute auf den Einlass zu den Bädern, welche nicht von hinreichender Grösse waren, um schicklicher Weise mehr als zwanzig oder dreissig auf einmal einzulassen. Hier mögen daher Schauspiele, Lustbarkeiten, Vorstellungen und Verkäufe als an einem geeigneten Orte zur öffentlichen Kenntniss gebracht worden sein. Demgemäss war an der südlichen Wand in grossen Buchstaben angemalt: *Dedicatione etc.* [Es folgt hier die bereits Thl. I, S. 82. und ORELLI HENZEN 6166. angeführte Inschrift und dann eine sehr unbedeutende Erklärung der *sparsiones*. Relaz. d. sc. Mus. Borb. II. B.]

Die Bäder. 79

Aus dem Hofe gelangten die, welche zu baden gesonnen waren, durch einen schmalen Gang in das Zimmer 17, das man sich als dem ersten Zimmer im türkischen Bade entsprechend denken muss, wo ein Fremder entkleidet wird. [Der Verfasser beschreibt S. 86 fg. die in den türkischen Bädern bestehende Einrichtung und geht dann erst zu den Pompejanischen über, die er jenen analog findet. B.] In diesem Gange wurden eine grosse Menge Lampen gefunden, vielleicht mehr als 500; aber mehr als 1000 sind in dem ganzen Umfange der Bäder gefunden worden. Die Arbeiter erhielten jedoch, wie man sagt, den Befehl, sie sämmtlich zu vernichten, nachdem die besten ausgewählt worden waren.

Diese Lampen waren durchaus von gewöhnlicher *Terra cotta* und manche von ihnen hatten Figuren der Grazien, andere des Harpokrates aufgedrückt, von mittelmässiger Arbeit. ATHENAEUS sagt B. XV., dass die Lampen in den Bädern von Erz waren, [Es sind wahrscheinlich die Worte gemeint p. 699. A. ὁ δὲ Εὔβοιος πολλὰ μὲν εἴρηκεν ἐν τοῖς ποιήμασι χαρίεντα· περὶ μὲν τῆς τῶν βαλανείων μάχης· Βάλλον δ᾽ ἀλλήλους χαλκήρεσιν ἐγχείραισιν. Was aber dazu berechtigt, an eherne Lampen zu denken, ist nicht abzusehen. B.] und unterscheidet sie mit Namen, welche die Zahl der Dochte bezeichnen, wie *monomyxi*, *dimyxi*, *trimyxi* und *polymyxi* [s. II, S. 343.]; aber die Schriftsteller, welche über den Gegenstand geschrieben haben, scheinen beständig von Gebäuden und Einrichtungen in einem Grade von Pracht zu sprechen, der zu ausserordentlich ist, um uns bei der Erklärung der Pompejanischen Bäder zum Führer zu dienen. Auf die Dekoration dieses Durchgangs ist einiger Fleiss verwendet; denn der Plafond ist mit Sternen bedekt.

In dem Zimmer 17 trafen die, welche das Bad in der Absicht zu baden besuchten, zusammen, sie mochten durch den Porticus oder eine der Thüren von der nördlichen Strasse herkommen, und hier war ohne Zweifel das Frigidarium, in welchem Viele ihre Kleider ablegten, aber vorzüglich die, welche nur von der Natatio oder dem kalten Bade Gebrauch zu machen gedachten. Diesen wenigstens diente das Zimmer als Apodyterium, so genannt von dem griechischen Ἀποδυτήριον, was den Platz bezeichnet, wo die Kleider gelassen wurden, [Spoliatorium, wie auch BECHI sagt, hiess das Apodyterium wohl niemals, und selbst *spoliarium* ist für die Bäder sehr zweifelhaft. Ganz irrig ist Apolyterium. B.] und übereinstimmend damit bemerkt man am Eingange Löcher in der Wand, in welcher Zapfen oder Pflöcke eingelassen waren, entweder um Regale zu tragen, oder Kleider daran zu hängen. [In dem Folgenden nennt G. und nach ihm BECHI diese Pflöcke *caprarii*, eine Angabe, der nur eine arge Verwechselung mit den capsariis zu Grunde liegt, Leuten, welche in den Bädern die Kleider in Verwahrung nahmen. S. II, S. 134. Regale sieht man auf dem Gemälde aus den Bädern des Titus im Tepidarium, wo eben ein Mann Kleider hinauflegt. B und R.]

Das Zimmer selbst, das geräumig ist, ist gewölbt und der Bogen erhebt sich von einem vorspringenden Karnies, der mit farbenreicher Malerei von Greifen und Leyern geschmückt ist. Das Täfelwerk scheint in weissen viereckigen Feldern mit rother Einfassung bestanden zu haben und der Fussboden ist von gewöhnlicher weisser Mosaik. Die Wände waren gelb gemalt. Steinerne Bänke nahmen den grössten Theil der Wände ein, mit einer unten daran hinlaufenden Schwelle, die sich nur wenig über den Boden erhebt. Ein kleines Gemach am nördlichen Ende mag entweder eine Latrina gewesen sein, oder eine Tonstrina zum Rasiren, oder es kann vielleicht zum Aufbewahren der Salben, Striegeln, Handtücher und anderer zur Bequemlichkeit der Besuchenden erforderlichen Gegenstände gedient haben.

Es ist wahrscheinlich, dass ehemals ein Fenster nach Norden war, ähnlich dem noch am südlichen Ende vorhandenen; aber in keinem Falle kann dieses oder ein anderes Zimmer in den Pompejanischen Bädern der Beschreibung der grossen Fenster im Frigidarium des Schriftstellers entsprechen, welcher sagt: *Frigidarium locus ventis perflatus fenestris amplis.* Das noch vorhandene Fenster lässt das Licht an der

Südseite hereinfallen und ist nahe unter dem Gewölbe der Decke angebracht, oder schneidet vielmehr in dieselbe ein. Es geht auf das Dach des Zimmers 18 hinaus, und war von gutem Tafelglas, auf einer Seite ausgeschliffen, als ob man der Neugierde etwaiger Leute auf dem Dache habe begegnen wollen.

Alle Scherben dieses Glases waren bei der Ausgrabung noch vorhanden, ein Umstand, der denen nicht wenig merkwürdig schien, welche sich einbildeten, der Gebrauch des Glases sei bei den Alten entweder unbekannt oder sehr selten gewesen, und nicht wussten, dass ein Fenster von derselben Art in den Bädern des Landhauses des Diomedes gefunden worden war.

In dem halbzirkelförmigen Felde, in welchem das Fenster sich befindet, war ein grosses Relief in Stucco, dessen Gegenstand die Vernichtung der Titanen (Giganten) durch Jupiter zu sein schien, oder vielleicht durch Saturn (!), dessen kolossales Haupt in der Mitte erscheint. Bacchus war einer von denen, die dem Jupiter den bedeutendsten Beistand in diesem Kampfe leisteten, und Bacchus Schaale oder eine von derselben Form ist zur Rechten sichtbar, als ob sie auf den Titan geschleudert würde. Die Gegenstände sind gegenwärtig kaum mehr zu erkennen, indem sie sehr durch Wiederherstellung des Dachs gelitten haben. [Und das mag den Verfasser in der Deutung irre geführt haben. BECHI sagt: „Sotto questa finestra è lavorato di stucco un gran mascherone barbato e chiomato, dai cui capelli fluiscono acque in mezzo ai vortici delle quale due tritoni con vasi in spalla si battono, e vi si veggono molti delfini, che annodano colle loro code certi putti che si dibattono per svincolarsi da quelle catene." Das scheinen allerdings für ein Bad schicklichere Ornamente zu sein, als eine Gigantomachie. B.] [Ueber die Wandmalerei seines Frigidarium sagt SIDON. ep. II, 2. *Non hic per nudam pictorum corporum pulcritudinem turpis prostat historia — absunt ridiculi vestitu et vultibus histriones — absunt lubrici tortuosique pugillatu et nexibus palaestritae.* woraus die gewöhnlichen Dekorationen zu erkennen sind.]

Aus dem Frigidarium führt ein schmaler Durchgang in die nördliche Strasse, und darin ist ein kleines zurücktretendes Behältniss zu bemerken, wo vielleicht eine zweite Person sass, um das Geld von den Badenden zu empfangen. Der dritte Ausgang (21 *b*) steht in Verbindung mit dem Hypokaustum oder den Oefen, und diese wiederum mit der Strasse.

Eine Thüre, gleich der, welche aus dem Hofe hereingeht, führt in die Abtheilung 18, in welcher die *natatio* oder das *natatorium,* die *piscina* oder das kalte Bad war. Manche mögen geneigt sein, den Ausdruck *baptisterion* auf dieses Becken, in das die Badenden sich tauchten, zu beziehen. Das Wort piscina wird von dem jüngern PLINIUS auf das Bad angewendet. Es scheint, dass λουτρον die griechische Benennung war. Dass diess zu Plinius Zeit *baptisterion* genannt wurde, erhellt aus folgender Stelle, wo es mit dem Frigidarium verbunden wird: *Inde apodyterium balinei laxum et hilare excipit cella frigidaria, in qua baptisterium amplum atque opacum.* [S. darüber weiter unten.]

Es ist vollkommen erhalten, und es fehlt nichts als das Wasser, welches ehemals aus einer kupfernen Röhre dem Eingange gegenüber, ungefähr vier Fuss vom Boden sich ergoss und in den Behälter fiel, indem es durch Röhren, die man noch verfolgen kann, aus dem grossen Behälter bei dem Praefurnium zufloss. [Vgl. SIDON. APOLL. ep. II, 2. abgedruckt Thl. I, S. 149.] Dieses Zimmer ist ein Kreis von einem Viereck eingeschlossen, in dessen Winkel vier Nischen sind, die von den Alten *scholae* genannt wurden.

Der Durchmesser ist 18 Fuss 6 Zoll. Rund um das Ganze läuft ein 2' 4½'' breiter Gang. Die Piscina oder das Becken selbst ist 12' 10'' im Durchmesser und hat einen 11'' breiten Sitz, der (innerhalb des Beckens) in der Tiefe von 10'' unter dem Rande und 2' 4'' vom Grunde herumläuft, so dass die Tiefe des Wassers (im ganzen Becken) ungefähr 3' sein konnte [in Badenweiler 5', aber in 3 Absätzen]. — Die Nischen oder *scholae* sind 5' 2'' breit, bei 2' ½'' Tiefe. Ihre

Bogen, die zur Höhe von 1′ 8″ ansteigen, erheben sich auf einem Gesims 5′ 6″ über dem Boden. — Das Ganze der *piscina* oder *natatio* mit ihrem Sitze oder Tritte, der Fussboden der *scholae* oder das *ambulatorium* ist von weissem Marmor und vollkommen erhalten. Das Dach ist eine Kuppel oder vielmehr ein Kegel, wovon ein kleiner Theil der Spitze zerstört ist. Es scheint blau gemalt gewesen zu sein, und hat eine Oeffnung oder ein Fenster nahe an der Spitze gegen Südwest, vielleicht ohne Glas, weil eine erhöhete Temperatur hier, als in einem kalten Bade nicht erforderlich war. Die Wände sind gelb gemalt gewesen, hie und da mit grünen Zweigen. Die Wände der Nischen waren blau und die Wölbungen oder Decken und die Bogen haben eine niedliche Einfassung von erhabener Arbeit in Stucco.

Ungefähr 8′ vom Boden läuft ringsum ein Karnies, etwa 18″ hoch mit Figuren in Stucco auf rothem Grunde, welche aller Wahrscheinlichkeit nach den Wettlauf zu Fusse, zu Pferde und zu Wagen vorstellen. Die Spina oder vielleicht das Ziel ist ebenfalls sichtbar und trotz aller Zerstörung haben die Wagenrennen und die Pferde mit ihren Reitern einen Anstrich von Leben und Wahrheit, der zu beweisen scheint, dass sie wenigstens nach Skulpturen aus der glänzendsten Zeit der Kunst gearbeitet waren.

Das Natatorium in den Bädern Diocletians war 200′ lang und halb so breit, indem die Aqua Martia reichliche Ströme Wassers zuführte, das in künstlich angelegten Grotten hervorsprudelte. Die piscina von Pompeji kann nicht Anspruch darauf machen, mit der Pracht der Hauptstadt zu wetteifern; aber nichts kann eleganter oder für den Zweck der Badenden geschickter berechnet sein, als das Zimmer wovon die Rede ist.

Eine Thüre, deren Pfosten etwas schräg stehen, und beweisen, dass die Flügelthüren, welche sich in umbilicis oder Angeln drehten, berechnet waren, durch ihre eigene Schwere zuzufallen, führte den Besucher in das Zimmer 15, das entweder *tepidarium*, ἀλειπτήριον, *apodyterium*, *elaeothesium* oder *unctuarium* genannt wurde; denn in Bädern von kleinern Verhältnissen muss ein Zimmer zu vielen der Zwecke gedient haben, für welche in der Kaiserstadt besondere Gemächer angewiesen waren.

Es ist desshalb wahrscheinlich, dass, obgleich das Frigidarium als ein Apodyterium für die kalt Badenden diente, die, welche das warme Bad nahmen, sich in dem zweiten Zimmer 15 entkleideten, das nicht nur durch ein Kohlenbecken oder *foculare*, von den Italienern *bracciere* genannt, erwärmt wurde, sondern mittels eines schwebenden Fussbodens, der durch die entfernten Feuer oder den Ofen des Caldarium oder Laconicum geheizt wurde. [Auf dem Gemälde aus den Bädern des Titus scheint nur ein Theil des Tepidarium *suspensuras* zu haben, aber die neuen Bäder zeigen die *suspensuras* unter dem ganzen Tepidarium, was BECKER ganz in Abrede gestellt hatte, s. MICHAELIS S. 39. Auch hohle Wände wärmten das Tepidarium.] Die Temperatur war vermuthlich nicht höher gesteigert, als erforderlich war, um eine angenehme Wärme zu geben, um den Mangel schwererer Kleidungsstücke zu ersetzen.

Im Tepidarium sind drei Sitze (Bänke) von Bronze. (Sie standen an den Seitenwänden, während das Kohlenbecken quervor im Fond sich befand. Die Bänke sind etwa 6′ lang und 1′ breit.) Auf den Sitzen steht der Name dessen, der sie geschenkt hat: *M. Nigidius Vaccula*, dessen Wappen, wenn dieser Name hier zulässig wäre, eine Anspielung auf seinen Namen war; denn die Füsse dieser Bänke sind Kuhbeine und dergleichen Köpfe bilden deren obere Zierrath, so wie die ganze Figur einer Kuh die Verzierung des Kohlenbeckens ist. Die Inschrift desselben lautet: *M. Nigidius Vaccula P. S.* (pecunia sua). [MUS. BORB. II, 54. ROUX und BARRÉ, Herc. VI, 86.]

Der Heerd, 16, ist ungefähr 7′ lang und 2′ 6″ breit. Er ist von Bronze, mit 13 zinnenartigen Spitzen (an der vordern langen Seite) verziert und mit einem Lotus an den Ecken. Darin befindet sich ein eiserner Einsatz, der darauf berechnet ist der Hitze der heissen Asche zu widerstehen, und der Boden

Die Bäder.

wird durch Stäbe von Erz gebildet, auf welche Ziegel gelegt sind, welche den Bimstein tragen, der bestimmt war, die Kohlen aufzunehmen.

Das Zimmer war auf eine seiner Wichtigkeit entsprechende Weise dekorirt. Der Fussboden war von weisser Mosaik mit zwei schmalen schwarzen Einfassungen, das Deckengewölbe elegant gemalt, die Wände hochroth und das Gesims von Statuen getragen; Alles vereinigte sich, um es zu einem schönen Erholungsorte für die Bewohner Pompeji's zu machen. Das Gesims beginnt 4' 2½" über dem Boden und ist, den 5½" hohen Abacus eingeschlossen, 1' 2" hoch. Darüber erheben sich die Figuren (Telamonen) mit dem Gebälk zur Höhe von 3' 5" und darüber der Schmuck der korinthischen Ordnung. — Diese Figuren sind ungefähr 2' hoch, stehen auf einer kleinen viereckigen Plinthe von 3" Höhe und halten ihre Arme in einer Lage, die geeignet ist, den Kopf beim Tragen der darauf ruhenden Last zu unterstützen. Sie sind von Terra cotta und stehen mit dem Rücken gegen viereckige Pfeiler, die 1' von der Wand vorspringen in Zwischenräumen von 1' 3".

Wie auch diese Figuren genannt worden sein mögen, sie dienten offenbar in den Bädern von Pompeji dazu, die Abtheilungen einer Anzahl Nischen oder Behältnisse zu verzieren, in welche die Kleider derer, welche in das Sudatorium oder das innere zum Schwitzen bestimmte Zimmer gingen, bis zu ihrer Rückkehr gelegt wurden.

Die Hitze in diesem Zimmer war eine trockne Wärme, die durch [das Hypokaustum und] das Kohlenbecken hervorgebracht wurde, und folglich ein passender Ort zum Parfümiren, Salben und allen andern Verrichtungen nach dem Schwitzbade.

Plinius erwähnt, dass in dem Apodyterium oder Tepidarium das Eläothesium war oder der Ort zum Salben, im Lateinischen *unctorium* genannt, wo Leute, von ihrem Geschäfte *unctores* genannt, angestellt waren. Man kann annehmen, dass in den grossen Bädern der Hauptstadt dieses ἀλειπτήριον oder *unctorium* ein besonderes Zimmer war. — Ein Vers des Lucilius, von Green in seinem Werke: de rusticatione Romanorum angeführt, beschreibt die Verrichtungen, welche in diesem Gemache Statt fanden:

Scabor, suppilor, desquamor, pumicor, ornor,
Expilor, pingor.

In das dritte Zimmer, 12, zum Gebrauche derer, welche die heissen Bäder besuchen wollten, tritt man durch eine Thüre aus dem Tepidarium, welche durch ihr eigenes Gewicht sich schloss und wahrscheinlich in der Regel geschlossen war, um das Einströmen der kalten oder weniger heissen Luft zu verhindern. Vitruv sagt, dass das Laconicum und Sudatorium mit dem Tepidarium verbunden sein solle, und dass, wenn verschiedene Zimmer wären, der Eingang in beide durch zwei Thüren aus dem Apodyterium Statt finden solle.

Wenn dieses Zimmer auch nicht mit aller im Tepidarium entfalteten Kunst geschmückt ist, vermuthlich weil das beständige Aufsteigen von Dämpfen die Farben an der Decke oder dem Gewölbe würde zerstört haben, so war es doch nicht weniger geschmackvoll mit Gesimsen in Stucco verziert, welche einen artigen, schönen Effekt machen. [Vgl. Zahn, Ornamente und Gem. t. 94. B.] Nicht allein ist der Fussboden in der von Vitruv empfohlenen Weise schwebend angelegt, sondern die Wände sind so gebaut, dass eine Säule heisser Luft auf allen Seiten das Zimmer einschliesst.

Diess wird nicht durch Röhren bewirkt, sondern durch eine allgemeine Röhre, die durch ein Futter von Backsteinen oder Ziegeln gebildet wird, welche mit der äusseren Wand stark durch eiserne Klammern verbunden sind, jedoch ungefähr 4″ davon abstehen, um einen Raum zu lassen, durch den die heisse Luft von dem Ofen aufsteigen und überall gleichmässig die Temperatur des ganzen Zimmers steigern könne. — Da einige Theile dieses Futters eingefallen sind, so ist diese ganze merkwürdige Einrichtung jetzt sichtbar, und da einige Stellen des Fussbodens durch den Einsturz eines Theils des Gewölbes durchgeschlagen worden sind, so war die Methode, ihn schwebend anzulegen, hinlänglich sichtbar. [Vgl. Thl. II, S. 266 f. und BERNAN, the history of the art of warming and vendilating rooms and buildings. London 1845, II, angezeigt in the archaeol. journal II. London 1845. p. 419 ff.]

Man bemerke, dass fast nichts in symmetrischem Verhältnisse zum Mittelpunkte angebracht ist; denn das runde Fenster der Nische mit seinem Delphinenschmucke in Stucco ist etwas links, und die beiden Seitenfenster im Gewölbe sind ebensowenig an Grösse und Lage sich gleich.

Der auffallendste Gegenstand in dem Zimmer ist das *labrum*, 14, in der Mitte der Nische, welche den einen Endpunkt des Caldarium bildet, wie das heisse Wasserbad (*alveus*) den andern. Es besteht in einem Gefässe oder Becken von weissem Marmor, nicht weniger als 8' im Durchmesser, und innerlich nicht mehr als 8" tief. In der Mitte ist eine Erhöhung oder ein *umbo*, der sich über den Boden erhebt, und in dessen Mittelpunkte das Wasser aus einer metallnen Röhre hervorsprudelte, das, nach einem in orientalischen Bädern gebräuchlichen Verfahren zu urtheilen, vermuthlich kalt war, oder von einer Temperatur, wie sie für dienlich erachtet wurde, um es über den Kopf des Badenden zu giessen, ehe er die heisse Atmosphäre verliess [ganz ähnlich wie in den neu gefundenen Bädern].

[Die Inschrift am Rande des Labrum lautet bei BECHI (vgl. ORELL. inscr. n. 3277.): CN. MELISSAEO. CN. F. APRO. M. STAIO. M. F. RVFO. II. VIR. ITER. ID. LABRVM. EX. D. D. EX. P. P. F. C. CONSTAT. H. S. IO. C. C. L. Indessen ist auch BECHI's Erklärung: *Cn. Melissaeo, Cn. filio, Apro, M. Staio, M. filio, Rufo duumviris iterum iure dicundo labrum ex decurionum decreto ex pecunia publica faciendum curarunt. Constat HS. IOCCL.* zwar dem Sinne nach richtig, nicht aber grammatisch. B.]

Die Lage dieses Labrum stimmt mit den von Vitruv für die Anlage eines solchen Beckens gegebenen Vorschriften überein: *Scholas autem labrorum ita fieri oportet spatiosas, ut, cum priores occupaverint loca, circumspectantes reliqui recte stare possint.* VITR. V, 10. *Labrum sub lumine faciendum videtur, ne stantes circum suis umbris obscurent lucem.* denn über dem Labrum ist eine weite Oeffnung, durch welche das Licht hereinfiel, und das ist eben *lumen.* B.]

ANDREAS BACCIUS, der über den Gegenstand geschrieben und Vieles gesammelt hat, was die Alten uns in Betreff der Bäder hinterlassen haben, sagt, dass es zuweilen Labra von Glas gab, und er schliesst sehr mit Grund, dass alle die grossen Becken in Rom, welche dem gegenwärtig am Quirinal befindlichen gleichen, ursprünglich Labra in öffentlichen oder Privat-Bädern der Hauptstadt waren. FICORONI erwähnt Labra in Rom von Basalt, Granit, Porphyr und Alabaster, und bemerkt, dass einige von ihnen in der Mitte einen Löwenkopf haben. Ebenso wird von CICERO in einem Briefe an seine Frau Terentia das Labrum eines Privatbades erwähnt. *Labrum si non est in balneo, fac ut sit.* [Auch BECHI führt mehrere antike Labra an und ebenso STRATICO. B.] [MUS. BORB. IV, 28. enthält ein schönes marmornes labrum. Die Porphyrschale in Metz s. I, S. 37. Dass es labra gab, in denen mehrere Personen baden konnten, zeigt ausser unserm Labrum CANINA, archit. ant. Tom V und VI. Monum. tav. 141. und das folgende Bild.]

Die Oeffnung für die Lampe, welche, wie früher gesagt worden ist, auf der einen Seite dem dorischen Porticus Licht gab, auf der andern dem Caldarium, ist über dem Labrum sichtbar und hatte ehemals ein convexes Glas, um das Eindringen der kalten Luft von Aussen zu verhindern. [Auch in dem Apodyterium befand sich unter dem grossen Fenster in der Wand eine solche Oeffnung, die eine gleiche Bestimmung haben mochte. BECHI spricht davon, als ob die Glasscheibe noch vorhanden sei. B.]

Von dem Fussboden des Caldarium, der aus weissem Getäfel bestand, mit zwei schmalen schwarzen Einfassungen, stiegen die Badenden zwei Stufen hinauf, um sich bequem auf der dritten oder dem 1' 4" breiten Gemäuer niederzusetzen, das den Rand des Behälters oder der Wanne für das heisse

Wasser bildete. Von da theilte eine Stufe die ganze Tiefe des Behälters, die nicht über 2′ 1/2″ betrug, und gestattete, sich stufenweise in die heisse Fluth zu tauchen. [In Badenweiler sind die Bassins stets 5 Fuss tief.] Die ganze Länge des Behälters ist 15′ und die Breite 4′. Ungefähr 10 Personen mögen zu gleicher Zeit ohne Unbequemlichkeit auf dem marmornen Boden im heissen Wasser haben sitzen können. Es ist bei der Seichtheit des Behälters augenscheinlich, dass die Leute auf dem Boden in der Reihe haben sitzen müssen, um hinreichend im Wasser zu sein, und demgemäss ist die Seite zunächst an der nördlichen Wand schräg wie eine Stuhllehne aus Marmor gebaut, in einem Winkel der sehr geeignet ist, den Körper in solcher Stellung zu stützen.

Das heisse Wasser floss in dieses Bad, 13, in einem der Winkel unmittelbar aus dem Kessel 9, der auf der andern Seite der Wand kochte. Dort scheint im Fussboden nahe am Behälter ein beweglicher Stein gewesen zu sein, vielleicht um in gewissen Fällen das Eindringen erhitzter Luft zu gestatten. (?)

Das Zimmer muss von dem Wasser, welches auf den Fussboden troff, und dem durch die Dämpfe, welche von einer so grossen Menge heisser Flüssigkeit aufstiegen, verursachten Herabträufeln beständig feucht gewesen sein, und einen Abzug, *fusorium* genannt, gehabt haben, wesshalb der Boden schräg war. [Nicht deshalb; sondern die *suspensurae* wurden überhaupt so angelegt. VITR. V, 10, 2. *Suspensurae caldariorum ita sunt faciendae, uti primum sesquipedalibus tegulis solum sternatur inclinatum ad hypocausim, uti pila cum mittatur non possit intro resistere.* Das Feuer sollte dadurch mehr Zug erhalten. B.] Vielleicht diente die Oeffnung am heissen Bade zum Theile für diesen Zweck. Der Boden wurde bei der ersten Entdeckung sehr beschädigt und durch den Einsturz eines Theils des Gewölbes zertrümmert gefunden.

Die Sitze in diesem Zimmer waren vermuthlich von Holz, da das Ganze beständig in einem Zustande von feuchter Wärme hat sein müssen, welche bronzene Gefässe, wie die des Vaccula im Tepidarium, zerfressen haben würde. — In dem Theile der gewölbten Decke, welcher noch vorhanden ist, waren nicht weniger als vier Oeffnungen, um Licht ein- und Hitze und Dämpfe hinauszulassen. Sie müssen mit Glas versehen oder durch leinene Fenster verschlossen gewesen sein; denn es war gewiss früher bis zum allgemeinen Gebrauche des Glases, dass man der ehernen Schilder oder Klappen bedurfte, deren VITRUV als an Ketten hängend erwähnt, um die Fenster des Laconicum oder Sudatorium zu öffnen und zu schliessen. Es scheint nach diesem Schriftsteller, dass diese Schilder, um die runden Oeffnungen in der Decke des Laconicum zu öffnen, herabgelassen und hinaufgezogen wurden um sie zu schliessen. Ueber dem Labrum ist ein solches rundes Fenster zu sehen. Ein heiteres Licht konnte keines dieser Zimmer haben, und so lange die ehernen Schilder im Gebrauche waren, musste offenbar die Dunkelheit mit der Steigerung der Temperatur zunehmen. [Bei der falschen Vorstellung vom Laconicum, welche der Verfasser mit den Meisten theilt, konnte er nicht anders urtheilen. Siehe darüber weiter unten. Unstreitig waren diese Fenster durch Glas verschlossen, und nur in alter Zeit, wo man diesen Gebrauch des Glases nicht oder weniger kannte, und daher nur *rimae* angebracht wurden, waren die Bäder wirklich dunkel. B.]

Man kann annehmen, dass in einer so beschränkten Anstalt, wie zu Pompeji, dieser innere Raum oder das Caldarium mehr als eine der zahlreichen Benennungen in der römischen Hauptstadt in sich mag vereinigt haben.

Aus dem Frigidarium, 17, ging ein sehr schmaler Gang nach dem Ofen 9, über welchem die Kessel, drei an der Zahl, einer über den andern gestellt waren, und wie man bei Besichtigung der Ruinen abnehmen kann, auf drei Säulen, jede zu drei Kesseln (?), so dass das Wasser in dem obersten oder neunten Gefässe, zunächst an den Behältern 10 und 11, fast ganz kalt sein mochte.

Der unmittelbar über der Flamme stehende Kessel enthielt das siedende Wasser, und wenn es ihm in Folge des

Gebrauchs entzogen wurde, so war die Einrichtung getroffen, dass ebensoviel aus dem Tepidarium es ersetzte, in welches zu gleicher Zeit das Frigidarium sich leerte. Es ist, dem Orte nach zu urtheilen, nicht unwahrscheinlich, dass dort zu Pompeji drei Reihen solcher Kessel standen, für die es nur ein Feuer gab, und war diess, so enthielt der obere Kessel der Reihe, welche zunächst an dem Behälter 10 war, ziemlich kaltes Wasser und von hier wurde vermuthlich das abgeleitet, was in der Mitte des Labrum quoll und ein höheres Niveau haben musste. Von einem dieser Kessel, oder von den daran grenzenden Behältern wurde ebenso das runde Bad oder Natatorium versorgt durch Röhren, die man noch in der Mauer verfolgen kann. —

Diess ist das Wesentlichste der von GELL gelieferten Beschreibung. Unmittelbar an diesem Bade, aber durch keinen Zugang damit verbunden, war ein zweites, das ungefähr dieselbe Einrichtung, doch in kleineren Verhältnissen hatte, und allgemein für das Frauenbad gehalten wird (was auch mit VARRO L. L. IX. 68. übereinstimmt), so dass 3 das Apodyterium, 2 das Frigidarium, 4 das Tepidarium, 5 das Caldarium, 6 das heisse Wasserbad, 7 das Labrum angeben. Die um das eigentliche Bad umher liegenden Räume, welche nur nach den Strassen hin Ausgänge haben, und auf dem Risse nicht mit Zahlen bezeichnet sind, waren vermutlich Tabernen, die mit dem Badegebäude selbst in keinerlei Verbindung standen.

Wie klein nun auch diese Anlage gegen die grossen Thermen Roms erscheinen mag, so ist doch ihre Auffindung bei weitem wichtiger als alle übrigen Trümmer, da wir hier wenigstens die nothwendigen Theile in ziemlicher Vollständigkeit und übereinstimmend mit den Nachrichten der Schriftsteller finden. Nächst den Pompejanischen Denkmälern möchte ich als das wichtigste das hier Seite 93. wieder gegebene Gemälde aus den Bädern des Titus betrachten, vorzüglich weil die beigeschriebenen Namen über die Bedeutung der einzelnen Zellen und andern Theile keinen Zweifel lassen. [Leider ist der antike Ursprung dieses Bildes nicht ganz unbestritten.

WINCKELMANN giebt die nähere Auskunft nicht, die er an einer gewissen Stelle versprach, Werke von Eischlin, II, S. 38. 44. Ausgabe von Fernow. Dresden 1808, Bd. II, am Ende. CANINA, III, pars 2. p. 508 hält das Bild für die Zeichnung eines Commentators zu Vitruv. V, 10. S. LEIBNITZ, die römischen Bäder. Seite 20.]

Vergleichen wir nun die Ueberreste alter Bäder unter einander, und halten wir sie zugleich mit dem zusammen, was VITRUV, PLINIUS, PALLADIUS u. a. darüber sagen, so finden wir überall als wesentliche Theile eines römischen Bades:

1) ein Apodyterium [charakterisirt durch Bänke (17)] mit dem vielleicht das Eläothesium und Unctorium in Verbindung stand;

2) ein Frigidarium oder cella frigidaria, worunter man nicht mit GELL ein blosses ungeheiztes Zimmer, sondern das kalte Bad selbst zu verstehen hat. [In den neu entdeckten Bädern zu Pompeji (nämlich in der älteren einfachen Abtheilung) befand sich das kalte Bad oder piscina, *frigora piscinarum* genannt. AUS. MOS. 342. an dem einen Ende des Apodyterium.] PLINIUS sagt in der Beschreibung des Laurens, II, 17, 11. *Inde balinei cella frigidaria spatiosa et effusa, cuius in contrariis parietibus duo baptisteria velut eiecta sinuantur, abunde capacia, si innare in proximo cogites.* und von seiner Tuscischen Villa: V, 6, 25. *Inde apodyterium balinei laxum et hilare excipit cella frigidaria, in qua baptisterium amplum et opacum.* Während also in Pompeji die cella frigidaria das Bassin in der Mitte hatte, befanden sich wenigstens in der ersten Villa die Baptisterien an beiden nischenartig hinausgebauten Endpunkten des Frigidarium, *Baptisterium* aber mag mit *piscina* als gleichbedeutend genommen werden, nach SIDON. ep. II, 2. *Huic basilicae appendix piscina forinsecus, seu si graecari mavis, baptisterium ab oriente connectitur.*

Das Frigidarium hat in den Bädern von Pompeji [auch in der neuen Abtheilung der zuletzt ausgegrabenen] und denen von Stabiä ganz dieselbe Gestalt, und wahrscheinlich sind die

Die Bäder.

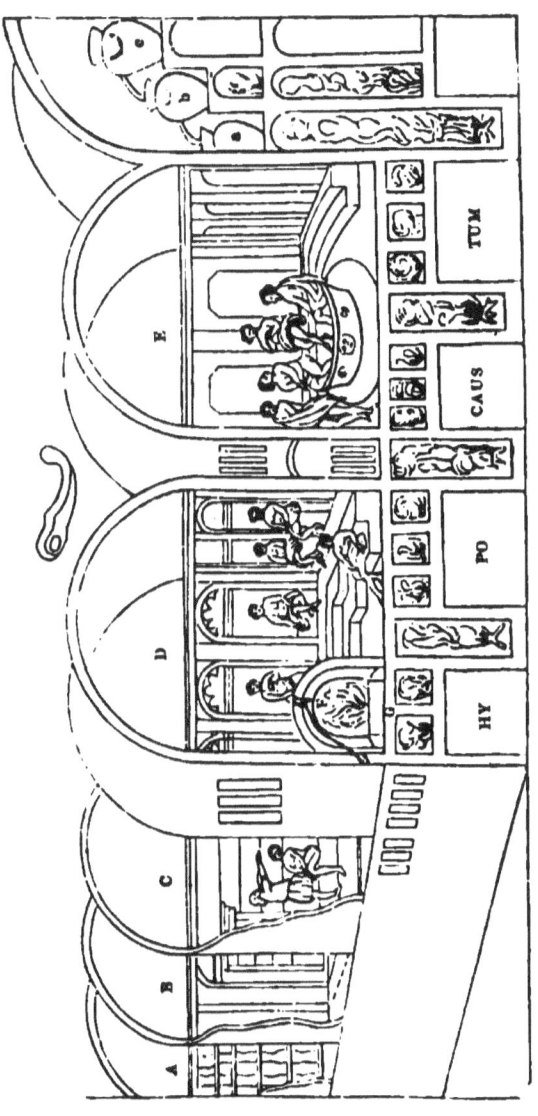

A. *Elaeothesium.* B. *Frigidarium.* C. *Tepidarium.* D. *Concamerata sudatio.* E. *Balneum.* F. *Clipeus.* G. *Laconicum.* a. *Caldarium.* b. *Tepidarium.* c. *Frigidarium.*

auf dem Risse ganz ähnlich erscheinenden Räume in den Bädern des Titus, die PALLADIO für Tempel, HIRT für Laconica ausgeben, auch Frigidarien. In den Bädern Constantins (PALLADIO, Le terme d. Rom. t. XIV.) sind sechs solche Säle, die für Bäder aller Temperaturen erklärt werden.

3) Das dritte Zimmer, das Tepidarium [auf Suspensuris ruhend und zugleich durch Wandröhren gewärmt] scheint unter allen als das genannt werden zu müssen, worüber wir am wenigsten unterrichtet sind, und es kann selbst zweifelhaft scheinen, ob die gewöhnliche Annahme, dass dort das lauwarme Wasserbad gewesen, richtig sei. In Pompeji wenigstens ist in dem mit Recht dafür gehaltenen Zimmer (n. 15.) keine Vorrichtung zum Baden. PLINIUS sagt V, 6, 26. *Frigidariae cellae connectitur media, cui sol benignissime praesto est; caldariae magis: prominet enim. In hac tres descensiones* etc. Die media kann nur die tepidaria sein; während aber das Baptisterium des Frigidarium, und die tres descensiones des Caldarium erwähnt werden, ist kein Labrum und keine Piscina des Tepidarium genannt. Vielmehr war eine solche mit lauem Wasser in der Mitte des Frigidarium selbst. *Si natare latius aut tepidius velis, in area piscina est; in proximo puteus, ex quo possis rursus adstringi, si poeniteat teporis.* In den Ruinen von Badenweiler scheint ebenfalls nur ein doppeltes Wasserbad annehmbar, und wenn im Bade des Hippias einer der Säle, etwa der ἠρέμα χλιαινόμενος für ein Tepidarium gelten sollte, so waren doch nur im kalten und warmen Bade piscinae oder descensiones. — Auf dem mehr erwähnten Gemälde ist zwar, zunächst an der Sudatio ein Tepidarium, ob darin aber ein Labrum war, ist nicht sichtbar.

Am meisten aber geeignet, bedenklich gegen jene Annahme zu machen, sind zwei Stellen bei CELSUS, I, 3. *Communia deinde omnibus sunt post fatigationem cibum sumturis, ubi paullum ambulaverunt, si balneum non est, calido loco vel in sole vel ad ignem ungi atque sudare: si est, ante omnia in tepidario residere; deinde ubi paullum conquieverunt, intrare et descendere in solium.* Deutlicher noch ist die zweite Stelle c. 4., welche die ganze Diätetik des Bades enthält: *Si in balneum venit, sub veste primum paullum in tepidario insudare, ibi ungi, tum transire in calidarium: ubi sudarit in solium non descendere* etc. Hier ist das Tepidarium nur ein erwärmtes Zimmer, wo man sich niederlässt, wie in der Sudatio, die nur eine höhere Temperatur hat. Will man baden, so muss man in ein anderes Zimmer, das Caldarium gehen, *intrare et descendere in solium*. Man darf also wohl annehmen, dass wenigstens nicht überall ein lauwarmes Bad sich fand, und dass das Tepidarium dann nur auf gelindere Transpiration berechnet war; und mit Recht sagt deshalb BECHI: „Il tepidario, ossia stanza tepida, era cosi chiamato, perchè ivi una dolce temperatura disponeva il corpo di que' che si bagnavano alla più calda impressione delle stufe e delle lavande calde, e viceversa temperava il freddo dell' atmosfera a coloro che vi entravano sortendo dalle stufe istesse." [Dass es auch Tepidarien mit Badewanne gab, zeigt das eine Tepidarium in den neugefundenen Bädern zu Pompeji. Zur Erwärmung des Wassers befindet sich dabei ein besonderer eiserner Ofen. — MICHAELIS identificirt das tepidarium mit dem *destrictarium* (S. 73.) weil das Salben und Abreiben nach CELS. a. a. O. im tepidarium geschah. Dasselbe sei PLIN. ep. II, 17, 11. *unctorium hypocauston*, zwischen dem kalten und warmen Bad. HENZEN dagegen versteht unter dem destrictarium das apodyterium.]

4) Der vierte Haupttheil, das Caldarium (n. 12), war wenigstens späterhin der wichtigste von allen. Man hat darin nach VITRUV und den Pompejanischen Bädern vier Hauptstücke zu unterscheiden: 1) das Zimmer selbst als *sudatio*: 2) das Laconicum; 3) das Labrum, und 4) das Bassin für das heisse Wasser, oder den höchsten Grad des warmen Bades.

Das ganze Zimmer hatte *suspensuras*, siehe II, Seite 266 f. WINCKELM. W. II. Taf. IV. B. V. HIRT, Taf. XXIV. Fig. III. und im Durchschnitte auf dem Gemälde aus den Bädern des Titus. — Die Wände waren hohl, und gewöhnlich leiteten Röhren die Wärme aus den Hypokausten dazwischen, wie man in den von FERNOW a. a. O. beschriebenen Bädern sieht. In Pompeji war, wie oben S. 86 fg. erwähnt worden, der ganze Raum zwischen der eigentlichen Mauer und der innern Wand hohl und ohne Röhren, was auf dem Risse durch die ringsum laufende weisse Linie angegeben ist. Ganz dieselbe Einrichtung findet in dem Caldarium und Tepidarium des Frauenbades Statt. [AUSON. MOS. 337 ff.

Quid quae fluminea substructa crepidine fumant
Balnea, ferventi cum Mulciber haustus operto
Volvit anhelatas tectoria per cava flammas,
Inclusum glomerans aestu exspirante vaporem!

Recht instruktiv sind die bei Oxford ausgegrabenen Trümmer, wo man über der Oeffnung, die zur Feuerung des Hypokaustum führt, eine grosse Pfanne zum Erhitzen des Wassers angebracht sieht. Diese Pfanne speist mit Bleiröhren zwei ansehnliche Badekasten des caldarium, siehe Notice of a Roman villa — at Wheatley in THE ARCHEOL. JOURNAL 1846, London. II, S. 350 ff.]

An dem einen Ende des Caldarium befand sich das Laconicum, der Theil welcher für die Erklärung die meisten Schwierigkeiten darbietet. SCHNEIDER hat Seite 385 ff. mit grossem Fleisse die Stellen zusammengetragen, die sich darauf beziehen, und die ich daher nochmals aufzuführen mich enthalte; allein seine Erklärung ist nicht völlig klar, und musste wenigstens unsicher bleiben, da auf kein altes Denkmal Rücksicht genommen ist, nicht einmal auf das Gemälde aus den Bädern des Titus, das hier von besonderer Wichtigkeit ist, und schon GALIANI auf den rechten Weg geleitet hatte. Was VITRUV sagt: c. 11. *proxime autem introrsus e regione frigidarii collocetur concamerata sudatio, longitudine duplex quam latitudine, quae habeat in versuris ex una parte Laconicum ad eundem modum, uti supra scriptum est, compositum: ex adverso Laconici caldam lavationem.* stimmt mit der Einrichtung des Caldarium in Pompeji vollkommen überein, wenn ich auch glaube annehmen zu müssen, dass ein eigentliches Laconicum dort gar nicht war, sondern nur eine gewöhnliche *sudatio*. Auf dem erwähnten Gemälde nämlich sieht man in der *cella*, welche als *concamerata sudatio* bezeichnet ist, ein kleines kuppelartiges Gebäude, in welches durch eine weite Röhre die Flamme über den Fussboden ausströmt. Darunter findet sich der Name Laconicum, sowie unter der Wölbung, an der zwei Ketten sichtbar sind, der Name clipeus. Vergleicht man damit was VITRUV über den clipeus sagt: c. 10. am Ende, *mediumque lumen in hemisphaerio relinquatur ex eoque clypeum aeneum catenis pendeat, per cuius reductiones et demissiones perficietur sudationis temperatura*, so würde man allerdings zunächst an eine Klappe denken, welche an der Oeffnung in der Mitte des Gewölbes gehangen habe, um beim Oeffnen die überflüssig erhitzte Luft ausströmen zu lassen; allein mit dem Gemälde stimmt diese Vorstellung gar nicht überein, vielmehr scheint man danach annehmen zu müssen, dass das Laconicum keineswegs die halbzirkelförmige Ausbiegung war, wo die Schwitzlustigen sassen, sondern das über den Boden in dieser Nische sich erhebende kuppelartige Hypokaustum, und dass der Clipeus dieses verschloss. Zog man dann diesen mittelst der Ketten in die Höhe, oder senkte ihn nach innen, so strömte die Hitze und die Flamme selbst heftiger aus, und erhöhete zunächst die Temperatur der Nische, und vielleicht ist so zu verstehen, was SUET. Aug. 84. nennt *ad flammam sudare*, obgleich CELSUS I, 3. auch ausserhalb des Bades das *ungi et sudare ad ignem* erwähnt. Das Laconicum aber als etwas Verschiedenes von der Nische, wo die Schwitzenden sassen, anzunehmen, bestimmt mich auch noch besonders die Erwägung, dass es unbegreiflich scheint, wie diese Nische eine andere Temperatur haben konnte als der ganze Schwitzsaal, da sie nur ein Theil desselben war, der durch keine Wand davon getrennt wurde. Befand sich aber daselbst das Laconicum in der oben angenommenen Weise, so musste diesem zunächst auch die Hitze am grössten sein. Mit dieser Vorstellung vom Laconicum stimmt auch das, was VITRUV VII, 10. über den Ofen zu Bereitung des *atramentum* sagt, der ebenfalls *uti Laconicum* eingerichtet sein sollte, am besten überein; und so hat GALIANI die Sache ebenfalls gedacht, vermuthlich auch SCHNEIDER, während HIRT, GELL und BECHI gänzlich im Irrthume sind, und auch STRATICO wie MARINI die Worte VITRUVS missverstehen. Der Irrthum scheint durch das Wort *hemisphaerium* veranlasst zu sein, wobei man an die Nische gedacht hat, in welcher zu Pompeji das Labrum ist; allein wenn auch diese *semicircularis* ist, so kann doch von keinem *hemisphaerium* die Rede sein, sondern die Wölbung ist vielmehr ein *quadrans*. VITRUV aber meint die Kuppel über dem Laconicum, wie es auf dem Gemälde ist, und diese ist ein Hemisphärium. Dadurch ist Alles klar, und man sieht, dass der *clipeus* nicht an der Oeffnung in dem Gewölbe der Nische hing, um durch Oeffnen die Temperatur zu mässigen, sondern im Gegentheil dazu diente, die im Laconicum eingeschlossene Hitze ausströmen zu lassen, und die Temperatur der *sudatio* zu erhöhen. [CANINA II. p. 501. erklärt Laconicum als rundes Gemach ohne Suspensurae und hohle Wände, in denen man trocken ad Hammam schwitzte und wo die Hitze durch eine Zuflussröhre kalten Wassers temperirt worden sei. Auch habe man in dem Centrum der Kuppel (hemisphaerium) eine bewegliche Klappe (*clipeus*) gehabt, um die Hitze zu reguliren. Diese von LEIBNITZ S. 17. mitgetheilte Ansicht bezweifelt derselbe mit Recht. Abgesehen von andern Gründen verträgt sie sich auch nicht mit dem Bilde S. 93.]

In Pompeji findet sich eine solche Einrichtung nicht [weder in den alten noch in den neuen Bädern, obwohl es CANINA, a. a. O. fälschlich annimmt, der die Rotunden (frigidaria) für Laconica hält]; dagegen in der Nische das bereits oben beschriebene Labrum. Wozu diess gedient habe, darüber sind die Meinungen ebenfalls getheilt. Die Erklärung BECHI's, dass es für die bestimmt gewesen sei, welche nur ein partielles Bad hätten nehmen wollen, ist nicht sehr wahrscheinlich; denn das eigentliche warme Bad, das in demselben Saale sich befand, hatte ja auch durch Stufen die Einrichtung, dass man beliebig tief sitzen konnte. Vielmehr scheint die Vermuthung GELLS richtig, dass es das kalte Wasser enthalten habe, in welches man sich nach dem Schwitzbade tauchte, oder mit dem man sich begiessen liess, wovon nachher die Rede sein wird. [Auch MICHAELIS theilt diese ohne Zweifel sichere Ansicht.]

Am entgegengesetzten Ende dieses Zimmers endlich befand sich das heisse Wasserbad, das bereits beschrieben ist. Der Name, den ich ihm, wenigstens in den Pompejanischen Bädern zuweisen möchte, ist *alveus* [oder *calida piscina*, PLIN. ep. II, 17, 11. DIO CASS. LV, 7. nennt es κολυμβήθραν θερμοῦ ὕδατος], und die Verhältnisse stimmen mit VITRUVS Vorschriften überein. Dann scheint auch erklärlich, warum VITR. sagt: *quanta longitudo fuerit, tertia demta latitudo sit praeter scholam labri et alvei,* und ebenso übereinstimmend mit denselben reicht es bis an die Wand. [Falsch sind die Ansichten Anderer, welche *labrum* und *alveus* für identisch halten, wie PHILANDER, RODE, oder welche glauben, dass *alveus* der Name der Wärmeröhren in den Wänden (so ROBORT.) oder Bezeichnung des um das Labrum befindlichen Raumes (so GALIANI, ähnlich auch PERRAULT) gewesen sei. Siehe WÜSTEMANN zu Mazois Pal. d. Scaur. S. 215 ff. WÜSTEMANN selbst versteht unter *labrum* einen freistehenden Kessel, während *alveus* ein am Boden hinlaufender Trog oder Kanal für viele Badende gewesen sei (ein fester Badekasten vermuthlich ausgetäfelt, wie zu Badenweiler in den Nischen des Tepidarium). Allerdings muss man sich der Wortbedeutung nach *labrum* höher, *alveus* aber niedriger denken. Von der Grösse aber lässt sich nichts behaupten. S. noch AUCT. AD HER. IV, 10. *ut forte hic in balneos venit, coepit, postquam perfusus est, defricari. Deinde ubi visum est ire, ut in alveum descenderet* etc. Die Meinung des MARQUEZ ist ganz unstatthaft, siehe WÜSTEMANN a. a. O., SCHNEIDER zu Vitruv und CANINA III, part. 2. cap. 9.]

Die *scholae* aber waren der freie Raum zwischen den Wasserbehältern und der Wand [einschliesslich der Nischen, im engeren Sinne auch die Nische allein s. S. 82, theils für Einzelbäder bestimmt theils für Sophas], wo die, welche noch zu baden gedachten, oder bloss der Unterhaltung wegen das

Bad besuchten, standen oder auch sassen. [vgl. LEIBNITZ, die römischen Bäder S. 14 f.]

Die Erwärmung des Wassers geschah nach VITRUV, indem drei Kessel aufgestellt wurden: *Aenea supra hypocaustum tria sunt componenda, unum caldarium, alterum tepidarium, tertium frigidarium, et ita collocanda, uti ex tepidario in caldarium, quantum aquae caldae exierit, influat. De frigidario in tepidarium ad eundem modum.* [Diese Kessel s. n. 9. und in den neuen Bädern Pompejis.] Dies konnte auf mehr als eine Weise bewirkt werden. Die einfachste war, dass die Kessel über einander gestellt wurden, und eine Röhre sie verband, und so finden wir es wirklich in dem Bade, das in Landhause des Diomedes in Pompeji gefunden wurde. S. Voyage pitt. de Naples. Livr. 10 et 11. pl. 79. FERNOW zu Winckelmann II. Taf. IV C. n. 2. wiewohl dort der Kessel nur zwei sind. Anders sehen wir es auf dem vielerwähnten Gemälde auf S. 93., wenn anders diess nicht ein Zusatz zu dem antiken Gemälde ist, was indessen POLEN zu Vitruv, S. 141. leugnet.

Noch sind zwei Ausdrücke zu erklären. Zuerst wird häufig das *solium* erwähnt, worunter man eine Vorrichtung im Caldarium für Einzelne zu denken hat, um sitzend ein seichtes Bad zu nehmen. [Vorzüglich geschah dieses in kleinen Cellen, wie die neuen Bäder in Pompeji zeigen oder in Nischen, wie im tepidarium zu Badenweiler.] FESTUS p. 298 M. *Alvei quoque lavandi gratia instituti, quo singuli descendunt,* (*solla*) *solia dicuntur.* S. MART. II, 42. Daher sagt auch CELS. 1, 3, 4. II, 17. und anderwärts: *in solio desidendum est.* [Von dem *labrum* unterscheidet sich *solium* dadurch, dass jenes die Form einer Schale hat und grösser ist, während *solium* (auch s. v. a. Sarg) unseren Wannen gleicht. Darum steht das erste immer frei, PETRON. 73. *circa labrum — currebant.* Bei *solium* heisst es gewöhnlich *descendere*, z. B. bei PETRON. a. a. O. Die Pracht der solia bezeugt PLIN. h. n. XXXIII, 12, 54. *feminae laventur et nisi argentea solia fastidiant.* Verschieden davon ist die *sella balnearis,* Badesessel bei PAULL. III, 6, 83. Ein solcher hat sich in den Bädern Caracalla's erhalten und befindet sich jetzt im Vatikan.] Man sehe vorzüglich die Erklärer bei BURMANN zu Petr. 73.

Sodann hat ein Epigramm MARTIALS IX, 75. Anstoss gegeben:

Non silice duro structilive caemento,
Nec latere cocto, quo Semiramis longam
Babylona cinxit, Tucca balneum fecit:
Sed strage nemorum pineaque compage,
Ut navigare Tucca balneo possit.
Idem beatas lautus extruit thermas
De marmore omni, quod Carystos invenit,
Quod Phrygia Synnas, Afra quod Nomas mittit
Et quod virenti fonte lavit Eurotas.
Sed ligna desunt: subice balneum thermis.

[Auch ORELL. inscr. 4326. werden *balnea* und *thermae* entgegengesetzt.] Die Frage liegt sehr nahe, wie sich das *balneum* von den *thermis* unterscheide, und man pflegt darauf zu antworten, *balneum* bedeute das kalte Bad oder die cella frigidaria, *thermae* die geheizten Räume. Diess scheint jedoch ganz unzulässig; denn *balneum* wird gerade ganz eigentlich von dem warmen Bade im Gegensatze zu dem kalten gesagt. CELS. I, 1. *Prodest etiam interdum balneo, interdum aquis frigidis uti, modo ungi, modo id ipsum negligere.* III, 24. *Per omne tempus utendum est exercitatione, fricatione et, si hiems est, balneo; si aestas, frigidis natationibus.* Auf dem oben erwähnten Gemälde ist neben der Sudatio eine besondere Cella mit der Inschrift Balneum; unstreitig ein warmes Bad, denn [es hat ein hypocaustum und] die *cella frigidaria* ist noch besonders hinter dem Tepidarium angegeben. Man darf also wohl annehmen, dass darunter gewöhnliche warme Bäder (die aber mit der *cella tepidaria* nichts gemein haben) zu verstehen sind [und die Wanne hiess alveus oder solium]. Ein solches Bad, wohin nur das warme Wasser geleitet wurde, konnte füglich von Holz sein; nicht aber Thermen, die ein Tepidarium und Caldarium voraussetzen, und Hypokausten haben mussten. [Nach ORELL. 4326. *Thermae M. Crassus Frugi aqua marina et baln. aqua dulci Januarius L.* sollte man thermae für Seewasser- und balnea für Süsswasserbäder halten, was nicht der Fall ist. Auch 3327 heisst es *thermae maritimae.* — *Balneum* war der eigentliche Ausdruck für Bad und blieb es auch stets im allgemeinen Sinn. Als aber später die grossartigen Anlagen entstanden, welche den griechischen Gymnasien ähnlich waren und regelmässig auch Bäder enthielten, so nannte man diese grossen Anstalten, deren Ueberreste wir noch jetzt bewundern, *thermae*, während der Name *balneum* und *balnea* im engeren Sinne die eigentlichen Badeanstalten bezeichnete, mochten es nun grössere Badehäuser (*publicae balneae*, VARRO), wie das zu Pompeji, oder kleinere Badestuben [ORELL. 4328.] und häusliche Bäder sein, s. S. 69 f. Oeffentliche balnea gab es zu Rom in allen Regionen eine grosse Menge [ebenso ausser Rom, s. unten], während der Thermen nur wenige waren. Dass letztere aus den Gymnasien der Griechen hervorgegangen waren, bemerkt PRELLER, die Regionen der Stadt Rom, S. 106 fg. mit Recht und verweist auf Stellen wie DIO CASS. LIII, 27. LXVIII, 15. wo die Thermen Gymnasien genannt werden. Sie dienten auch zu gymnastischen Uebungen, was vorzüglich im Winter der Fall sein mochte. [Die Bäder sind bei den Thermen die Hauptsache, die Lokalitäten für die körperlichen Uebungen Nebensache, bei den griechischen Gymnasien ist das Verhältniss gerade umgekehrt.] ORELL. 2591. (ANTHOL. LAT. 890 Meyer.) *Ursus Togatus, vitrea qui primus pila Lusi decenter cum meis lusoribus Laudante populo maximis clamoribus Thermis Traiani, thermis Agrippae et Titi* etc. Siehe PRELLER a. a. O. Andere Thermen s. ORELLI HENZEN 1103. 1173. 3275 f. 6943. 6993. 7190.]

Die übrige Einrichtung oder Dekoration der Bäder finden wir schon in Pompeji elegant; allein der Schmuck erscheint höchst dürftig gegen die Pracht, welche man in Rom [und auf den Villen der Reichen] an Anstalten dieser Art verschwendete. Am besten lernen wir diese ahnen aus dem 86. Briefe SENECA'S. Nachdem er die Einfachheit im Bade des grossen

Scipio geschildert hat, sagt er: *At nunc quis est, qui sic lavari sustineat. pauper sibi videtur ac sordidus, nisi parietes magnis et pretiosis orbibus refulserunt; nisi Alexandrina marmora Numidicis crustis distincta sunt; nisi illis undique operosa et in picturae modum variata camera; nisi Thasius lapis, quondam rarum in aliquo spectaculum templo, piscinas nostras circumdedit, in quas multa sudatione corpora exinanita demittimus; nisi aquam argentea epistomia fuderunt. Et adhuc plebeias fistulas loquor. quid cum ad balnea libertinorum pervenero? Quantum statuarum! quantum columnarum nihil sustinentium, sed in ornamentum positarum; impensae causa! quantum aquarum per gradus cum fragore labentium! Eo deliciarum pervenimus, ut nisi gemmas calcare nolimus.* Damit die Temperatur des Wassers stets dieselbe bliebe, floss warmes Wasser beständig zu: *recens semper velut ex calido fonte currebat.* — Nicht weniger prächtig beschreibt STAT. Silv. I, 5. das *balneum Etrusci*, von dem er Vs. 47. sagt:

Nil ibi plebeium: nusquam Temesea notabis
Aera, sed argento felix propellitur unda,
Argentoque cadit, labrisque nitentibus intrat.

Was SENECA von der *camera* sagt, das drückt STATIUS deutlicher aus: *vario fastigia vitro in species animosque nitent.* Es war Glasmosaik, deren auch PLINIUS XXXVI, 25, 64. gedenkt. S. II, S. 248. Vgl. die Beschreibung desselben Bads bei MART. VI, 42. und LUCIANS Bad des Hippias.

Dazu war in den grossen öffentlichen Thermen für Unterhaltung aller Art gesorgt. Sogar Bibliotheken werden angeführt, und es ist kein grosses Bad von Agrippa bis auf Constantin, wo nicht auf den Rissen ihnen ihr Platz angewiesen würde. Ich gestehe indessen, dass ich noch der Nachweisung aus alten Schriftstellern entgegensehe; denn ausser dem, was VOPISC. in vita Probi, c. 2. sagt: *Usus autem sum — praecipue libris ex bibliotheca Ulpia, aetate mea in thermis Diocletianis.* ist mir keine Erwähnung bekannt. Wenn aber HIRT S. 255. die Worte SENECA's de tranq. an. 9. *iam enim inter balnearia et thermas bibliotheca quoque ut necessarium domus ornamentum expolitur*, so erklärt: „man habe es als eine nothwendige Zierde angesehen, zwischen den Badesälen und Thermen (?) Bibliotheken zu haben," so zeugt diess abermals von grosser Flüchtigkeit; denn es soll offenbar nichts anderes heissen, als: die Bibliotheken dienten nicht mehr bloss dem wissenschaftlichen Bedürfnisse, sondern es sei Mode und gehöre zum Tone, sie im Hause zu haben, und sie würden ebenso als rothwendiger Theil angesehen, als das Bad.

Von den öffentlichen Bädern Roms zu Gallus Zeit ist wenig bekannt; erst einige Jahre nachher erbaute Agrippa nebst dem Pantheon seine Thermen, denen mehrere grossartige Anlagen folgten. Bis dahin mochten es meist Privatunternehmen sein, und man badete gegen Bezahlung; daher denn Männer, die das Volk gewinnen wollten, neben andern Lustbarkeiten zuweilen auch die Bäder frei gaben. So erzählt Dio Cass. vom Faustus, XXXVII, 51. τά τε λοῦτρα καὶ ἔλαιον προῖκα αὐτοῖς παρέσχεν. vom Agrippa, der als Aedil das ganze Jahr hindurch für Männer und Frauen das Bad unentgeltlich gewährte. XLIX, 43. und vom Augustus, der aus Germanien zurückkehrend τῷ δήμῳ προῖκα τά τε λοῦτρα καὶ τοὺς κουρέας τὴν ἡμέραν ἐκείνην παρέσχεν. — Bald darauf vermachte Aprippa dem Volke seine Thermen: ὥστε προῖκα αὐτοὺς λοῦσθαι. Dio Cass. LIV, 29. [Die Sorge Agrippa's für die Bäder zu Rom ist mit Hülfe des Plinius genauer anzugeben. Dieser sagt XXXVI, 15, 24. *Adiicit ipse in aedilitatis suae commemoratione — gratuita praebita balinea centum septuaginta, quae nunc Romae ad infinitum auxere numerum.* Es hatte also Agrippa in seiner Aedilität 170 Badestuben angelegt und ausserdem (nach Dio Cass.) bei seinem Tode noch seine eigenen Thermen dem Volke vermacht. Die Zahl der eben genannten *balnea publica* (so heissen sie auch Orell. 643. Cic. p. Cael. 26. Suet. Oct. 94.) vermehrten die Kaiser sehr, z. B. Severus Alex. nach Lampr. 38. *balnea omnibus regionibus addidit, quae forte non haberent, nam hodieque multa dicuntur Alexandri.*] Allein natürlich blieben, auch nachdem die Neronianae und Titinae hinzugekommen waren, um dem Bedürfnisse zu genügen, auch die Privatanstalten. MARTIAL erwähnt deren hauptsächlich vier, *balnea quatuor.* V, 70, 4. Es sind vermuthlich die II, 14, 11. genannten:

Nec Fortunati spernit nec balnea Fausti,
Nec Grylli tenebras, Aeoliamque Lupi.
Nam ternis iterum thermis iterumque lavatur.

Dazu kömmt dann noch das des Etruscus, und die *impudici balnea Tigellini.* III, 20, 16. Verschieden davon sind X, 51, 12. die *triplices thermae*, unter denen vermuthlich die drei eben genannten Anstalten verstanden werden; denn wenn auch die thermae Agrippae unter Titus ein Raub der Flammen wurden (DIO CASS. LXVI, 24.), so ist es an sich kaum glaublich, dass Hadrian der erste gewesen sei, der ihre Restauration unternommen habe (SPART. Hadr. 19.), und ausdrücklich nennt sie MARTIAL III, 20, 15.

Titine thermis an lavatur Agrippae?

wie auch III, 36, 6. [Ueber die grossen Thermen Roms siehe BECKER, Handb. der röm. Alterth. I, S. 683—692. PRELLER, a. a. O. S. 105 ff.] Ob in diesen öffentlichen Thermen das προῖκα λούεσθαι fortdauernd Statt gefunden habe, getraue ich mich weder zu behaupten noch zu verneinen; nur muss es auffallend erscheinen, dass überall der Quadrans, aber meines Wissens nirgends das *gratis lavare* erwähnt wird. [Bei ORELL. 3326. heisst es jedoch: *lavationem ex sua pecunia gratuitam in perpetuum dedit.* und 3325. legirt Jemand eine Summe Geldes: *ut ex reditu eius summae in perpetuum viri et impuberes utriusque sexus gratis laventur.* Vgl. 3772.] HOR. Sat. I, 3, 137. [*Dum tu quadrante lavatum rex ibis.*] MART. III, 30, 4. VIII, 42. IUVEN. VI, 447. II, 152. SENEC. ep. 86. *balneum res quadrantaria.* Soll man das jedesmal auf *balnea meritoria* beziehen, oder war es nur der niedrigste Preis für die gemeinere Klasse, oder wurde diese Kleinigkeit auch in den öffentlichen Bädern gezahlt, um den unvermeidlichen Aufwand zu decken? — Dass die Frauen nichts gezahlt hätten, will man fälschlich aus IUV. VI, 447. schliessen. Die oben angeführte Stelle des DIO CASS. widerlegt es hinlänglich. Vermuthlich aber besuchten römische Matronen solche öffentliche Bäder, wo man einen Quadrans zahlte, nicht, und JUVEN. will eben männliche Sitte bezeichnen. — Wie allgemein übrigens solche balnea meritoria nicht nur in Rom selbst, sondern auch anderwärts in Italien waren, ersieht man aus PLIN. epist. II, 17, 26. *Frugi quidem homini sufficit etiam ricus, quem una villa (a Laurentina) discernit. In hoc balinea meritoria tria: magna commoditas, si forte balineum domi vel subitus adventus, vel brevior mora calfacere dissuadeat.* [Oft kommen sie auf Inschriften vor, nicht selten solche, die durch die Liberalität von Privaten begründet oder erweitert worden waren, ORELLI HENZEN 199. 613. 2222. 2289. 3982. 5166. 6625 f. 7028. 7086. GELL. X, 3.]

Was nun den Gebrauch der Bäder anlangt, so mochte in älterer Zeit der des kalten Wassers vorherrschend sein. Daher sagt auch Philematium bei PLAUT. Most. I, 3, 1.

Iam pridem ecastor frigida non lavi magis lubenter,
Nec quod me melius, mea Scapha, rear esse deficatam.

und einfach Lebende, wie der ältere Plinius, behielten diese bei. PLIN. epist. III, 5, 11. *Post solem plerumque frigida lavabatur.* vgl. VI, 16, 5. [Auch SENECA that dieses, der sich daher *psychrolutes* und *vetus frigidae cultor* nennt. ep. 53. 83. Sogar im Winter badete er in der See und in einem kalten solium.] Indessen hatte man auch damals Caldarien, wie SENECA von Scipio selbst anführt. Nur dachte man freilich noch nicht an eine Temperatur, von der SENECA sagt: *similis incendio, adeo quidem, ut convictum in aliquo scelere servum vivum lavari oporteat. Nihil mihi videtur iam interesse; ardeat balneum an caleat.* Das scheint allerdings oratorische Uebertreibung, indessen nennt auch CELS. I, 3. ein *fervens balneum*, und Trimalchio sagt bei PETR. 72. *coniiciamus nos in balneum. — sic calet, tanquam furnus.* Was nämlich die früheren Generationen durch anstrengende körperliche Thätigkeit, durch Feldarbeit erreichte, Schweiss und darauf folgende Esslust, das bezweckte das spätere grossentheils in Unthätigkeit lebende Geschlecht durch Sudatorien und heisse Bäder. So urtheilte über seine Zeit COLUMELLA, der nach Erwähnung eines Cincinnatus, Fabricius und Curius Dentatus klagt: *Omnes enim patresfamiliae falce et aratro relictis intra murum correpsimus, et in circis potius ac theatris, quam in segetibus et vinetis manus movemus.* — *Mox deinde, ut apte veniamus ad ganeas, quotidianam cruditatem Laconicis excoquimus, et exsucto sudore sitim quaerimus, noctesque libidinibus et ebrietatibus, dies ludo vel somno consumimus, ac nosmetipsos ducimus fortunatos, quod nec orientem solem vidimus nec occidentem.* Vgl. IUVEN. I, 143. SENEC. epist. 51. [Uebrigens kam hierbei viel auf die herrschende Mode und auf die ärztlichen Anschauungen an. Die Brüder Antonius Musa brachten die kalten Bäder auf, als der eine Augustus damit kurirt hatte, PLIN. h. n. XXV, 7, 28. *antea non erat mos nisi calida tantum lavari* vgl. SUET. Oct. 81. Als aber Marcellus an dieser Kaltwassermethode starb, kam sie wieder ab, DIO CASS. LIII, 30. Später erneuerte sie Charmis von Massilia, PLIN. h. n. XXIX, 1, 5. *damnatis* — *medicis et balineis frigidaque etiam hibernis algoribus lavari persuasit; mersit aegros in lacus, videbamus senes consulares* — *rigentis.* Sehr genau nahm es CELS. I, 3 ff. mit den Vorschriften über die Bäder. Die Stimmen des Galen. und Hippocr. siehe bei GÜNTHER, de baln. vet. p. 40 ff.] — Wer nun das Bad in seiner ganzen Ausdehnung und durch alle Grade gebrauchen wollte, der suchte zuerst dem Körper durch irgend eine Art der leichteren Gymnastik, Ballspiel, Halteren etc. die für nöthig gehaltene Vorbereitung zu geben, wozu die Bäder jederzeit die geeigneten Räume darboten. War die Stunde da, wo die Thermen geöffnet wurden, so wurde mit einer Glocke ein Zeichen gegeben, wie man aus MART. XIV, 163. sieht, wo es unter dem Lemma *Tintinnabulum* heisst:

> *Redde pilam: sonat aes thermarum. Ludere pergis?*
> *Virgine vis sola lotus abire domum.*

Dann begab man sich wahrscheinlich zunächst in das Tepidarium, um nicht plötzlich sich der Hitze des Caldarium auszusetzen. Dort salbte man sich auch mit Oel, wie CELSUS in der oben angeführten Stelle ausdrücklich sagt, und vermuthlich war es der gewöhnlich dazu bestimmte Ort, wenn auch besondere Unctorien erwähnt werden. Es ist auffallend, dass in dem Tuscum des Plinius, wo eine cella media oder tepidaria war, kein Unctorium genannt wird, wie diess im Laurens der Fall ist, wo wiederum kein Tepidarium gewesen zu sein scheint. Das Salben mit Oel geschah nicht nur nach dem Bade, sondern auch vorher, und selbst nachdem man bereits in das Bad gestiegen war, verliess man es wieder, um nochmals sich einzureiben, und dann wieder ins Bad zu begeben. CELSUS I, 3.

Das Oel brachte man mit in das Bad, oder vielmehr der Sklave trug es nebst der Striegel und den *linteis* zum Abtrocknen dahin. Daher sagt VARRO R. R. I, 55, 4. (Olea) *dominum in balnea sequitur.* SEN. ep. 53. *ut corpus unctione recreavi.* (nach dem Bade im Meer.) Siehe Anhang zu diesem Excurs.

Die *strigiles* oder Schabeisen sind aus den Gymnasien bekannt. In den Bädern bediente man sich ihrer, um Oel, Schweiss und Unreinigkeit von der Haut zu schaben [*defricare*, s. S. 99.], was im Bade selbst auch von den Balneatoren geschah, wie diess das von MERCURIALIS mitgetheilte Relief (auch bei STRATICO, Taf. 53.) zeigt. Im MUSEO BORBONICO Tom. VII. t. 16. findet sich ein ganzer Badeapparat, welcher

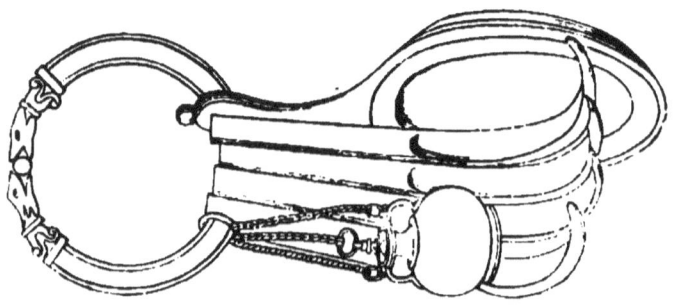

hier wieder abgebildet ist, bestehend aus vier Striegeln, einem Ungentarium, auf dessen Form der Name *ampulla olearia*, s. II, S. 331. wohl zu passen scheint, und einer Patera mit Griff, oder was für einen Namen man diesem einer Pfanne

ähnlichen Geschirre geben mag [eine weit schönere s. T. VII. t. 63.]. Alle diese Geräthschaften hängen an einem Ringe, der geöffnet werden kann, um sie herauszunehmen, und man erinnert sich leicht dabei der Stelle des APULEIUS, Florid. II, 9. p. 34. wo es vom Hippias heisst: *qui magno in coetu praedicavit fabricatam sibimet ampullam quoque oleariam, quam gestabat, lenticulari forma, tereti ambitu, pressula rotunditate; iuxtaque honestam strigileculam, recta fastigatione clausulae, flexa tubulatione ligulae, ut et ipsa in manu capulo motaretur, et sudor ex eo rivulo laberetur.* So verbindet er beide auch gleich darauf: *strigilem et ampullam, caeteraque balnei utensilia nundinis mercari.* [Dieselbe Verbindung hat PLAUT. Stich. I, 3, 77. CIC. de fin. IV, 12. vgl. SUET. Oct. 80. IUV. III, 262 fg.] Die Beschreibung der Striegel stimmt ganz mit der Form der Pompejanischen, und der auf dem Gemälde aus den thermis Titi überein; denn sie haben sämmtlich eine Hohlung, in welcher sich, wenn sie über den Körper strichen, Schweiss, Oel oder Wasser sammelte und wie in einer Rinne herablief. BÖTTIGER meint (Aldobrand. Hochz. S. 159.) dass die Striegel der Athleten von diesen Badestriegeln verschieden gewesen, was sich indessen aus den Denkmälern nicht leicht wird beweisen lassen. [MART. XIV, 51. *Strigiles.*
Pergamon has misit. Curvo destringere ferro;
Non tam saepe teret lintea fullo tibi.
NON. III, 195.]

Das dritte Geräth erklärt GIOVAMB. FINATI für ein *ras potorium*, weil es üblich war nach dem Bade *os calida* oder *frigida fovere*, CELS. I, 3. und öfter. Wenn man vergleicht, was der Parasit bei PLAUT. Pers. I, 3, 43 ff. sagt:
Cynicum esse egentem oportet parasitum probe:
Ampullam, strigilem, scaphium, soccos, pallium,
Marsuppium habeat.
so möchte vielleicht der Name *scaphium* darauf anwendbar scheinen, wenn auch für den Gebrauch sich daraus nichts ergiebt. [KRAUSE, Angeiol. S. 222 ff.]

Zu den Badeutensilien gehören endlich noch die *lintea*,

die linnenen Tücher zum Abtrocknen [in der Kaiserzeit *sabana* genannt. ISIDOR XIX, 26. DIOCL. edict. XVIII, 56 f.]; denn nur linnene gebrauchte man dazu, wie ich schon in den Nachträgen zum Augusteum, S. 45 ff. gezeigt habe, und wenn Trimalchio bei PETR. 28. mit wollenen Tüchern sich trocknet, so ist diess eben eine Sonderbarkeit. So heisst es auch bei APPUL. I, 17. p. 72. *ac simul ex promtuario oleum unctui et lintea tersui et caetera huic eidem usui profer ociter, et hospitem meum produc ad proximas balneas.* PLAUT. Curc. IV, 4, 22. *linteumque extersui.* Sie und nicht Kleider meint auch MARTIAL XIV, 51. *Strigilis.* s. oben.

Nachdem diese Procedur vorüber war, trat man in das Caldarium ein, und nahm auf den an der Wand stufenartig hinlaufenden Sitzen Platz, vermuthlich nach und nach höher und dem Laconicum bald näher bald ferner, je nachdem man den Wärmegrad haben wollte. War dann der Zweck des Schwitzens erreicht, so stieg man entweder noch in das heisse Wasserbad, oder liess sich sofort mit Wasser, vermuthlich in der Regel kaltem, übergiessen, oder man begab sich gleich in das Frigidarium, um dort im kalten Bade die erschlaffte Haut wieder zu kräftigen. PETR. 28. *Itaque intravimus balneum, et sudore calefacti momento temporis ad frigidam eximus.* wobei ERHARD anführt: SIDON. carm. 19.

Intrate algentes post balnea torrida fluctus,
Ut solidet calidam frigore lympha cutem.

[PLIN. h. n. XXVIII, 5, 14. *perfundere caput calida ante balineorum vaporationem et postea frigida saluberrimum intelligitur.*] In diesem Sinne sagt auch MARTIAL VI, 42, 16.

Ritus si placeant tibi Laconum,
Contentus potes arido vapore
Cruda Virgine Martiave mergi.

Natürlich badete man nicht durchgängig so, sondern viele begnügten sich mit dem kalten, andere mit dem warmen Bade. — Die Frauen besuchten ebensowohl die öffentlichen Bäder als die Männer, auch die vornehmsten [natürlich in besonderen Räumen; VARRO L. L. IX, 68. GRACCH. bei Gell. X, 3. ORELL.

inscr. 3324. *bal. virilia* und *bal. muliebre.* siehe oben S. 105 f. Die Trennung in Badenweiler s. S. 71.]. Das folgt schon aus der Erzählung von der Mutter Octavians, Atia, welche nach dem fabelhaften Vorfalle im Tempel des Apollo das unvertilgbare Zeichen einer Schlange am Körper behalten hatte: *adeo, ut mox publicis balneis perpetuo abstinuerit.* Dieses führte später zu der groben Unsittlichkeit, dass Männer und Frauen gemeinschaftlich badeten, wovon IUVENAL und MARTIAL häufig sprechen. Nur darf man nicht glauben, diese Unsitte sei allgemein gewesen. Vielmehr waren es gewiss nur *impudicae mulieres*, deren Zahl freilich in Rom gross sein mochte, welche sich unter die Männer mischten. Daher sagt QUINCTILIAN, Inst. V, 9. *signum est adulterae, lavari cum viris.* und doch konnte er das Verbot dieser heillosen Licenz nicht erlebt haben. Denn erst Hadrian machte dem Unwesen, wiewohl nur auf kurze Zeit, ein Ende. DIO CASS. LXIX, 8. καὶ γὰρ λούεσθαι χωρὶς ἀλλήλων αὐτοῖς (ἀνδράσι καὶ γυναιξὶ) προςέταξεν. SPARTIAN. Hadr. 18. *Lavacra pro sexibus separavit.* Die später dagegen erneuerten Verbote beweisen, dass das Uebel sich nicht ausrotten liess. [CAPIT. M. Ant. Phil. 23. LAMPR. Sev. Alex. 24. Heliogabal hatte es sogar gestattet, s. LAMPR. a. a. O. und Heliog. 31. PLIN. h. n. XXXIII, 12, 54. *videret — et stratas argento mulierum balineas — cum viris lavantium.*] S. SALMASIUS Anm. zu Spart. a. a. O. [WÜSTEMANN zu Mazois S. 224 ff. DIRKSEN, d. scriptores hist. Aug. S. 143 fg.]

Die Stunde des Bades war bekanntlich die der Mahlzeit vorhergehende. Wie aber diese verschieden war, theils weil die Veränderlichkeit der Tagesstunden sie zu nahe an den Mittag gebracht haben würde, theils weil der sehr beschäftigte Mann nicht so früh sich der Ruhe überlassen konnte als der müssige, so war es auch mit der Stunde des Bades. PLINIUS sagt vom Spurinna epist. III, 1, 8. *Ubi hora balinei nuntiata est — est autem hieme nona, aestate octava — in sole, si caret vento, ambulat nudus.* Dagegen heisst es bei MART. III, 36.

Lassus ut in thermas decima vel serius hora
  Te sequar Agrippae, cum lavor ipse Titi.

und X, 70, 13. *Balnea post decimam lasso petuntur.* Es kann daher nur davon die Rede sein, welche Stunde die gewöhnlichste gewesen sei. Darüber hat SALMASIUS zu Spartian. Hadr. 22. Lamprid. Sev. Alex. 25. Vopisc. Florian. 6. ausführlich gehandelt; allein das gegebene Resultat, namentlich was er zu der Stelle des Lampridius sagt: „thermae apud veteres non ante nonam aperiebantur," kann unmöglich als richtig gelten. Allerdings war die gewöhnliche Badestunde die achte, was sich mit vielen Stellen belegen lässt, die ich nicht wiederholen will. Allein dass man auch früher badete, und dass diess nicht bloss von Privatbädern gilt, sondern auch die Thermen offen standen, ergiebt sich klar aus einer Stelle MARTIALS, die vollständig also heisst: X, 48.

Nunciat octavam Phariae sua turba iuvencae
Et pilata redit iamque subitque cohors.
Temperat haec thermas nimios prior hora vapores
Halat et immodico sexta Nerone calet.

Die Corruptel, welche den zweiten Vers betroffen hat, hier bei Seite gesetzt, ist aus dem Folgenden gewiss, dass man und zwar in den öffentlichen Thermen bereits zur siebenten, ja zur sechsten Stunde baden konnte. Anders kann auch nicht verstanden werden IUVEN. XI, 205. *Iam nunc in balnea salva Fronte licet vadas, quamquam solida hora supersit Ad sextam.* und ebenso unzweideutig sind die Worte VITRUVS V, 10. *maxime tempus lavandi a meridiano ad vesperum est constitutum.* — Wenn daher SPARTIAN vom Hadrian, c. 22. sagt: *Ante horam octavam in publico neminem nisi aegrum lavari passus est.* so war diess eben eine neue Einrichtung und beweiset gerade, dass es vorher anders gehalten worden war. Späterhin wurde die Zeit des Badens auch auf die Nacht ausgedehnt. LAMPRID. Sev. Alex. 24. *Addidit et oleum luminibus thermarum, quum antea non ante auroram paterent, et ante solis occasum clauderentur.* Eine merkwürdige Stelle, wenn die Lesart *non ante auroram* feststünde. Aber auch das muss auffallend genug erscheinen, dass vor Alexander die Thermen nach Sonnenuntergang in Rom geschlossen worden sein sollen, während die in Pompeji gefundene Menge Lampen, und die Spuren des Rauchs in den dafür angebrachten Vertiefungen es nicht zweifelhaft lassen, dass dort bei Licht gebadet wurde. Tacitus beschränkte die Zeit wieder auf die Dauer des Tags. VOPISC. Tac. 10. *Thermas omnes ante lucernam claudi iussit, ne quid per noctem seditionis oriretur.* allein das mag keinen Bestand gehabt haben, und später noch finden wir den Bädern zu Bestreitung der Erleuchtung gewisse Einkünfte angewiesen. COD. IUSTIN. VIII, 12, 19. *Quia plurimae domus cum officinis suis in porticibus Zeuxippi esse memorantur, reditus memoratorum locorum pro quantitate quae placuit ad praebenda luminaria et aedificia ac tecta reparanda regiae huius urbis lavacro sine aliqua iubemus excusatione conferri.* Auf dem von MERCURIALIS zuerst mitgetheilten, bereits oben erwähnten Relief wird offenbar das Baden zur Nachtzeit vorgestellt, da über dem Labrum an der Wand eine *lucerna trimyxos* brennt. [LIBAN. Orat. XXII. t. II, p. 3 Reisk. In Rom mag die Festsetzung gewisser Badestunden durch die Sorge für die öffentliche Sicherheit motivirt worden sein, in den Provinzen war das Leben freier, WÜSTEMANN, Rec. des Gallus S. 153.]

Die Bäder wurden nach und nach Oerter der unsinnigsten Schwelgerei, und wenn auch das, was SUETON vom Caligula sagt c. 37. *Commentus novum balnearum usum, portentosissima genera ciborum atque cenarum, ut calidis frigidisque unguentis lavaretur* etc. und LAMPRIDIUS vom Heliogabal c. 19. *Hic non nisi unguento nobili aut croco piscinis infectis natavit.* zu den besonderen Thorheiten dieser unsinnigen Menschen gehören mag, so ist doch gewiss, dass auch ausserdem der übertriebenste Luxus Statt fand. [So sagt eine Inschrift bei ORELL. 4816. *Balnea vina Venus corrumpunt corpora nostra.*] Besonders mochte dies von Seiten der Damen geschehen, wie denn die Frauen Nero's sich in Eselsmilch badeten. [PLIN. h. n. XXVIII, 12, 50. *Poppaea hoc — instituit balinearum quoque solia sic temperans, ob hoc asinarum gregibus eam comitantibus.*] Siehe BÖTTIGER Sab. I, S. 48 ff. [Ein raffinirter Einfall waren die *balineae pensiles* (schwebende Einzelbäder), die Sergius Orata

erfand, Plin. h. n. IX, 54, 79. XXVI, 3.] — Ueber die Gewohnheit in den Bädern auch zu essen und zu trinken s. Thl. I, S. 148 f. [und Plaut. Trin. II, 4, 5.
Comessum, expotum, exunctum, elutum in balineis.
Quinct. I, 6, 44. *in balneis perpotare* (aber nicht ohne reprehensio). — Nicht zu übersehen sind endlich die Luftbäder, *apricationes*, die man liegend oder gehend nahm Plin. ep. III, 1. *in sole, si caret vento, ambulat nudus.* III, 5. Varro bei Non. II, 65. *Licet videre multos quotidie hieme in sole apricari.* Cic. ad Att. VII, 11. Tusc. V, 32. Wüstemann, Recens. des Gallus S. 153. Ausser den regelmässigen Bädern gab es aber auch Mineralbäder in Italien, unter denen die von Bajä die berühmtesten waren s. Thl. I, S. 143 f. Die uns bekannten warmen Quellen am Rhein und in Gallien wurden auch von den Römern vielfach besucht (aquae Mattiacae, Aureliae, Sestiae), wie sowohl zahlreiche Inschriften als die ausgegrabenen Bäder darthun. Die eigenthümliche Sitte, dass die Badegäste in die Heilquelle Weihgeschenke, namentlich aber Geldstücke warfen, Genesung erflehend oder ihren Dank darbringend, hat der Münzkunde ein reiches Material zugeführt. So fand man viele Kaisermünzen in Schmalheim bei Nauheim (jetzt im Cassler Museum, Hanauer Magazin I, 17, S. 145. Bode, Nauheim S. 117.) und noch mehr in Vicarello, s. den interessanten Bericht von Henzen, im Rhein. Mus. für Philol. Frankf. 1854. VIII, S. 20 ff. wo auch andere Beispiele angegeben sind.

ANHANG.

OELE, SALBEN UND KOSMETIK ÜBERHAUPT.

Die Alten hatten eine erstaunliche Menge von Oelen, Salben, Seifen, Essenzen und Parfüms. Vor Alters bediente man sich derselben, um die Glieder geschmeidig zu erhalten, im Winter als Mittel gegen die Kälte, im Sommer um das

Schwitzen zu mässigen, DIOSCOR. m. m. I, 30. GELL. XVII, 8, 12. *oleum — calorificum est neque minorem vim in corporibus calefaciendis habet* (nämlich als der Wein). LIV. XXI, 54. Mit der wachsenden Schwelgerei nahm die Anwendung der Essenzen überhand (*voluptatis causa* POMP. Dig. XXXIV, 2, 21. § 1. *ad luxuriae materiam*, DIG. XV, 3, 3. § 6.) und man salbte sich sowohl nach dem Bade (siehe oben S. 108.) als auch vor dem Mahle (HOR. od. II, 11, 16 f. 3, 13. 7, 22 f. epod. 13, 8 f. und zu andern Zeiten, sogar mehrmals an einem Tage SEN. ep. 86. *Parum est sumere unguentum, ni bis die terque renovetur, ne evanescat in corpore. Quid quod odore tanquam suo gloriantur.* 53. namentlich die Frauen. DIG. XXXIV, 2, 21. § 1. LUCIAN. Amor. 40. Man begnügte sich nicht blos die Haare zu beträufeln (*capillare* sc. *unguentum*, Haarpomade, MART. III, 82, 28. VI, 74. HOR. od. I, 29, 7. III, 20, 14. 29, 4. CIC. in Pis. 11. in Catil. II, 3. 5. 10. s. den ersten Exc. zur achten Scene), sondern salbte sogar die Kleider aromatisch, (JUV. III, 263 f. *plena componit lintea gutto*. MART. VIII, 3, 10. CLEM. ALEX. Paedag. II, 8, p. 207 Pott.) um den ganzen Tag zu duften, und Geräthschaften (Caligula die Badewannen, PLIN. XIII, 3, 4. desgleichen Cosmus, SCHOL. ad Juv. VIII, 85. welcher ebenso erfindungsreicher Salbenkünstler als üppiger Verschwender dieser Stoffe war, MART. III, 55.). Ueber die Essenzen bei Leichenbegängnissen s. den letzten Excurs. Darum sagt PLIN. XIII, 1. 1. von dieser Zeit: *postea voluptas eius* (unguenti) *a nostris quoque inter lautissima atque etiam honestissima vitae bona admissa est honosque et ad defunctos pertinere coepit.* 3, 4. *Haec est materia luxus e cunctis maxume supervacui.* Die derartige Verschwendung schildert LUCIAN. Amor. 40. wo er von den Frauen sagt: τὸν γεγαμηκότων πλοῦτον εἰς ταύτην ἀναλίσκουσιν, ὅλην Ἀραβίαν σχεδὸν ἐκ τῶν τριχῶν ἀποπνέουσαι. MARTIAL. III, 55.

> *Quod quacunque venis, Cosmum migrare putamus.*
> *Et fluere excusso cinnama fusa vitro.*

DIG. XXIV, 1, 7. § 1.

Das Olivenöl brauchte man vor Alters sehr gewöhnlich

116 Erster Excurs z. siebenten Scene. Anhang.

zum Einreiben (HOR. Sat. I, 6, 123. *ungor oliva*) später aber mischte man zu dieser Grundlage (succus) noch einen feinen Riechstoff (corpus nämlich odores) und fabrizirte eine Masse von flüssigen Oelen und festeren Salben, von denen PLINIUS XIII, 1, 2 ff. handelt. Siehe auch ISIDOR IV, 12. DIOSC. m. m. I, 29 ff. 37—76 (vorzüglich vom medizinischen Standpunkt). ATHEN. II, 74. IX, 77. XII, 78. XV, 34. Dig. XXXIV, 2, 21. § 1. XV, 3, 3. § 6. Der Name dieses Parfüms wurde entlehnt von der Heimath, von der vorherrschenden Substanz — denn die meisten waren sehr zusammengesetzt — oder von andern Veranlassungen. Es werden unter andern genannt *mendesium* (von der ägyptischen Stadt), *oenanthinum* (aus Weinblüthenöl), *cyprinum* (von den Blüthen des Cyprusbaumes, in den Bädern angewandt, um den weiteren Schweiss zu verhindern und noch jetzt so genannt, PLIN. h. n. XII, 24, 51. XIII. 1, 2. CELS. II, 33. IV, 20. GELL., in der Beschreibung der pompej. Bäder.); *amaracinum* (aus Majoran), *balaninum* (aus der arabischen Bechernuss), *metopium* (aus bittern Mandeln), *narcissinum*, *anetinum* (von Anis), *susinum* (aus Lilien), *megalium* (sehr zusammengesetzt, wie *regale unguentum* so genannt von den Parthischen Königen), *iasminum*, *crocinum* (von Safran, ohne welches Heliogabal nie badete), *ceratum* (Wachsöl), *malobathron* (von Zimmet oder Betel, HOR. Od. II, 7, 8), *myrobalanum* MART. XIV, 57., *Cosmianum* so genannt von dem Erfinder, MART. XI, 15. XII, 55. 65. III, 82, 26. *cosmianis — fusus ampullis*. Desgleichen *Nicerotianum* von Niceros genannt MART. VI, 55. X, 38. XII, 65. u. s. w.] Vorzüglich geschätzt war Oel und Salbe aus der Blüthe des indischen und arabischen Nardengrases (Baldrian) [PLIN. XII, 12, 26. *principalis in unguentis*. HOR. od. II, 11, 16. IV, 12, 17. vgl. III. 1, 44. PALLAD. IV, 9. ATHEN. II. p. 46. V, 195. X, 439. XV, 689 f. Namentlich salbte man sich damit vor festlichen Gelagen Haar und Nacken, HOR. od. II, 11, 16 f.

Assyriaque nardo potamus uncti.

epod. 13, 8 f. vgl. od. III, 14, 17. PETRON. 78. *nardi ampulla*. SALMAS. exercit. ad Sol. p. 750 ff. PAULY, Realencyklop. V.

S. 115.]. Auch *rosaceum* war sehr beliebt s. OUDENDORP. zu App. Met. X, p. 717. [Rosenöl *oleum rosaceum* oder *rhodinum*, Rosensalbe *ceratum rosaceum* und Rosenpomade *unguentum rhodinum* nennt PLIN. oft, h. n. XIII, 1, 2. *divolgata maxume unguenta — rosa.* XV, 7. 7. XXI, 4, 10. XXIV, 10, 47. 13, 74. PALLAD. VI, 15. DIOSC. m. m. I, 53. Dagegen zu den gewöhnlicheren gehörte *murrinum* oder *myrrhinum* von dem Myrrhenbaum, ATH. XV, p. 688 C. PLIN. XIII, 1, 2. SIDON. Ep. VIII, 3. Die Wachssalbe (*ceroma*) scheint nur bei gymnastischen Uebungen gebraucht worden zu sein, MART. VII, 32. V, 65. PLIN. h. n. XXVIII, 4, 13.

Hier knüpfen wir noch mehrere andere kosmetische und Toilettenmittel an, deren es in den Zeiten der Sittenverderbniss eine Menge gab. Der Arzt der Kaiserin Plotina Criton schrieb eine Kosmetik in vier Büchern, worin sich 25 Recepte von Haarsalben und andere Essenzen fanden, FABRIC. bibl. Graeca. XII, p. 690. BÖTTIGER, Sab. I, S. 146 f. JUV. VI, 477. *cosmetae.* OVID. med. fac. 73. art. am. III, 197 ff. TISCHBEIN, engrav. II, t. 58. Eine lebhafte Schilderung, wie die Frauen alle möglichen Salben, Pulver, Tinkturen u. s. w. anwendeten, giebt LUCIAN. Amor. 39 ff. Wir unterscheiden

I. Seifen], rücksichtlich deren man nicht unerwähnt lassen darf, dass eigentliche Seife *sapo* wenigstens von keinem früheren Schriftsteller, als PLIN. XVIII, 12, 51. erwähnt wird, der sie eine gallische Erfindung nennt, die aber auch den Deutschen sehr wohl bekannt war. Ueberdiess sagt Plinius: *Galliarum inventum rutilandis capillis,* und die *pilae Mattiacae* oder Seifenkugeln (MART. XIV, 27.) sowie die *spuma Batava* (MART. VIII, 23, 20.) oder *caustica* (XIV, 26.) werden überall als Mittel zum Färben des Haares, nicht zur Reinigung genannt. Es waren also mehr Pomaden als Seifen. S. BECKMANN, Beitr. z. Gesch. d. Erfind. IV, S. 1 ff. Es ist wohl möglich, dass OVID. art. am. III, 163.
Femina canitiem Germanis inficit herbis.
und Amor. I, 14.

118 Erster Excurs z. siebenten Scene. Anhang.

Ipsa dabas capiti mista veneno tuo.
auch nichts anderes, als eine solche Pomade meint, wodurch der Gebrauch in das Zeitalter Augusts hinaufgerückt würde. S. BÖTTIGER, Sab. I, S. 121. 142. [*Smegmata* mögen ganz allgemein alle Wasch- und Seifenkugeln oder auch andere Essenzen genannt worden sein, PLIN. h. n. XXIV, 7, 28 (von Mastix), XXVII, 12, 88 (aus Osyris), XX, 2, 6. XXXI, 7, 42.] Leute niederen Standes brauchten zuweilen statt der Seife Lupinenmehl, *lomentum*, wie es noch heute im Norden Englands mit gewöhnlichem Mehle geschieht, CIC. ad div. VIII, 11. vergl. MARTIAL. III, 62. Auch benutzte man in den Bädern das vielfach anwendbare *Nitrum* und *Aphronitrum* (Natron oder Soda), PLIN. h. n. XXXI, 10, 46. MARTIAL. XIV, 58.

[II. Schönheitsmittel für die Haut. Der Erfindungsgeist der Coketten entdeckten eine förmliche Larve aus Teig (*tectoria* bei JUV. VI, 467.), welche Abends aufgetragen und am nächsten Morgen mit Eselsmilch abgewaschen wurde (*cataplasma*). JUV. II, 107.

Et pressum in faciem digitis extendere panem.
VI, 461—469. PLIN. h. n. XI, 41, 96. XXVIII, 12, 50. *cutem in facie erugari et tenerescere candore — lacte asinino.* SUET. Oth. 12. VARRO nannte solche Mittel *tentipellium* (Hautspanner). FEST. p. 364 M. *rugae in ore extenduntur*. *Poppaeana* nennt eine Hautsalbe JUV. VI, 462. Gegen unreine Haut und Sommersprossen brauchte man *Oesypum*, PLIN. h. n. XXX, 4, 10. XXIX, 6, 37. Hierher gehören die wohlriechenden Pulver, *diapasmata*, PLIN. h. n. XIII, 2, 3. *siccis odoribus constant*. XXI, 19, 73. *diap. inde fiunt* (von Rosen) *ad sudores coercendos, ita ut a balineis inarescant corpori, dein frigida abluantur.* MART. I, 87. Die Schönheitspflästerchen *splenia* erwähnt derselbe Dichter II, 29, 8. VIII, 33, 22.

III. Schminke *fucus, pigmentum*, s. Charikles I, S. 297 ff. LENZ, Botanik der Alten. S. 222 ff. PLAUT. Most. 1, 3, 118.

Vetulae, edentulae, quae vitia corporis fuco occulunt.

PROP. II, 14, 27 f. PLIN. XXVIII, 12, 50. h. n. XXXI, 7, 42. *creta cerussa minium purpurissum*. LUC. Amor. 39. 41. CIC. orat. 23. *fucati medicamen candoris et ruboris*. In einem griechischen Grabe fand man Reste von Schminke, bestehend aus rosa gefärbtem Bleiweiss.

IV. Augenbrauenschminke mit Zusatz von Rosen, Narden u. s. w., *fuligo* PAUL. DIAC. p. 84. M. JUVEN. II, 93 ff.

Ille supercilium madida fuligine tactum
Obliqua producit acu pingitque trementes
Attollens oculos.

MART. IX, 37, 6. VARRO bei Non. 164. *calliblepharo — palpebrae tinctae*. PLIN. h. n. XXI, 19, 73. XXIII, 4, 51. XXXIII, 6, 34. PLIN. ep. VI, 2. LUC. Amor. 39. CHARIKLES I. S. 299 f.

V. Pflege der Zähne. Das Einsetzen falscher Zähne ist uralt, wie schon die XII Tafeln bezeugen. CIC. de leg. II, 34. MART. IX, 37. XIV, 56. Auch feine Zahnpulver gab es von allen Sorten, *dentifricium*, MART. XIV, 56. PLIN. h. n. XXIX, 3, 11. XXXII, 6, 21. u. s. w.

Natürlich stand der Parfümeriehandel in der höchsten Blüthe und wurde lebhaft betrieben, obgleich 565. d. St. nach Besiegung des Antiochus die Censoren den Verkauf der ausländischen Salben verboten (PLIN. XIII, 3, 5.). Die Preise waren nicht selten unsinnige, PLIN. XIII, 3, 4. *exceduntque quadringenos denarios librae*. Die Händler hiessen *unguentarii* und *unguentariae* ORELLI HENZEN 2988. 4300 f. 4991. 7283 f. CIC. de off. I, 42, auch *pigmentarii*, eigentlich Schminkehändler und Droguisten überhaupt, ORELLI HENZEN 4302. 5080. CIC. ad div. XV, 17. DIG. XLVIII, 8, 3. *myropolae* PLAUT. Trin. 2, 4, 7. und *seplasiarii*, ORELLI HENZEN 4202. 4417. v. FLORENCOURT, Jahrbücher des Vereins von Alterthumsfr. im Rheinland XVI, S. 63—75.

Die Hauptfabrikationsplätze Italiens waren Neapel, Capua, Präneste, wohin dieser Industriezweig aus Griechenland und dem Orient gelangt war, s. PLIN. XIII, a. a. O. — Als *vasa unguentaria* waren vorzüglich alabastri (II, S. 331 f.) ampullae (S. 330 f.) gutti (S. 332.) und conchae (S. 332.) im Gebrauch. Ein Salbenkästchen mit einer ganzen Garnitur solcher Kännchen, Büchsen u. s. w. hiess *narthecium*, MART. XIV, 78. oder *unguentorum scrinium*, PLIN. VII, 29, 108. MUS. BORB. XI, 16. findet sich eine runde Salbenbüchse, wie unsere Tabacksbüchsen mit einem spitzigen Deckel. Siehe ESCHENBACH, de unction. et unguent. STUKK, antiq. conviv. II, 24 f.]

ZWEITER EXCURS ZUR SIEBENTEN SCENE.

DAS BALLSPIEL UND DIE ÜBRIGE GYMNASTIK.

Tägliches Bad und vorher starke Schweiss erregende Bewegung waren Dinge, die von dem Begriffe einer regelmässigen, der Gesundheit entsprechenden Lebensweise dem Römer unzertrennlich schienen. Wenn wir bei unserer ungeschickten Tageseintheilung, welche die Hauptmahlzeit mitten hinein in die Anstrengung der Arbeit verlegt — wenn wir da viel für unsern Körper zu thun glauben, indem wir täglich einen kurzen Spaziergang machen, um dann wieder eine Reihe Stunden sitzend bei der Arbeit und endlich wohl noch am Spieltische zuzubringen; wenn wir ausser dem Gehen und Reiten, und höchstens einer Parthie Billard oder Kegel keine Art körperlicher Bewegung kennen, so hatte der Römer eine Menge mehr oder weniger anstrengende Uebungen, die regelmässig vor dem täglichen Bade vorgenommen den Körper stark und gewandt machten, und grössere Lust zu dem darauf folgenden Mahle erweckten. [Die exercitatio ging dem Bade voran. MART. XIV, 163. s. S. 85. HOR. Sat. I, 6, 125 fg.

Ast ubi me fessum sol acrior ire lavatum
Admonuit, fugio campum lusumque trigonem.
LAMPR. Sev. Alex. 30. s. unten.]

Es versteht sich, dass diese Uebungen sich nur auf das männliche Geschlecht erstreckten. Weibliche Gymnastik galt für unschicklich und unzüchtig. MART. VII, 67, 4 ff. IUV. VI, 246 ff. 419 ff. und in Griechenland gab die spartanische Unweiblichkeit (*libidinosae Lacedaemonis palaestrae*, MART. IV,

55, 6.) vielfältige Gelegenheit zum Spotte. Siehe ARISTOPH. Lysistr. 81 ff. [PLAT. de leg. VII, 12. p. 806.], wenn auch PROPERZ III, 14. und OVID. Her. XVI, 194 fg. aus leicht begreiflichen Gründen bei dieser *virginea palaestra* mit Gefallen verweilen. Unserer Zeit, die durch eine von der antiken, weder unnatürliche Renkungen noch andere Seiltänzerkünste kennenden, sehr verschiedene Gymnastik ein neues Hünengeschlecht zu erzielen hofft, unserer Zeit war der Versuch vorbehalten, die zarte, sittsame, schüchterne Weiblichkeit durch männliches Turnen zu bekämpfen, und vielleicht findet sich auch in irgend einem Liederkränzchen ein moderner Properz oder Ovid, der das Anmuthige einer solchen Palästra — wenn auch nicht für die Nachwelt — besingt.

Die antike Gymnastik — und namentlich die hier allein in Betracht kommende römische — war aber auch in anderer Hinsicht, ihrer Anwendung nach, von der modernen sehr verschieden. Bei uns beschränkt sich dieselbe nur auf die Lehrjahre der Jugend und ein Mann von gesetztem Alter oder gar in höherer amtlicher Stellung würde sehr wider den Anstand verstossen, und seinem amtlichen Ansehen viel vergeben, wenn er auch im engsten Kreise, geschweige denn öffentlich dergleichen Uebungen vornehmen wollte. In Rom hingegen hatte es nicht den mindesten Schein von Unanständigkeit, wenn der Consular und Triumphator, wenn der weltbeherrschende Cäsar selbst durch tägliches Ballspiel und andere Gymnastik dem Körper eine heilsame Bewegung, dem Geiste eine leichte angenehme Zerstreuung gewährte, und den Unterlassenden konnte eher der Vorwurf der Trägheit treffen, wie denn SUETON Augusts steigenden Hang zur Bequemlichkeit also charakterisirt: Aug. 83. *Exercitationes campestres equorum et armorum statim post civilia bella omisit, et ad pilam primo folliculumque transiit: mox nihil aliud quam vectabatur et deambulabat.* [VAL. MAX. VIII, 8, 2. von dem berühmten Q. Mucius Scaevola Augur: *optime pila lusisse traditur, quia videlicet ad hoc diverticulum animum suum forensibus ministeriis fatigatum transferre solebat.* LAMPR. Sev. Alex. 30. *Post lectionem operam palae-*

strae aut sphaeristerio aut cursui aut luctaminibus mollioribus dabat atque inde unctus lavabatur.] Weitere Anführungen bedarf es nicht; denn von allen bedeutenden Männern Roms mögen nur wenige, wie Cicero (p. Arch. 6.), eine Ausnahme gemacht haben.

Eine der allgemeinsten und beliebtesten Uebungen für Jung und Alt, deren Vortheile GALEN in einer eigenen Schrift περὶ μικρᾶς σφαίρας gepriesen hat, war das bei uns den Kindern überlassene Ballspiel, das seiner häufigen Erwähnung und der Mannigfaltigkeit des Spiels wegen einer besondern Erläuterung bedarf, wenn uns auch die darauf bezüglichen Stellen zu völlig klarer Vorstellung von der Spielweise nicht gelangen lassen, wie diess bei den meisten Beschreibungen solcher Dinge der Fall ist, die den Zeitgenossen als hinreichend bekannt vorausgesetzt werden mussten. [Siehe SIDON. APOLL. ep. V, 17. II, 9. — Noch jetzt pflegen die Erwachsenen in Italien häufig Ball zu spielen, siehe MÜLLER, Rom. Römer u. Römerinnen II, S. 16 fg. MORITZ, Reisen in Italien I, S. 19.]

Ausser HIER. MERCURIALIS, de arte gymn. II, 5. [FABRI, Agonist. I, 6. DEMPSTER zu Rosin. antiq. V, 1.] hat WERNSDORF in einem besondern Excurse zu des Saleius Bassus Paneg. in Pis. (Poet. Lat. min. tom. IV, p. 398 ff.) von der Sphäristik der Römer gehandelt. Mir selbst haben die Statuen der angeblichen Sphäristen in der Dresdner Antikensammlung Veranlassung gegeben, in den „Nachträgen zum Augusteum" S. 419—426. darüber zu sprechen. Wenn indessen auch überhaupt der Plan gegenwärtigen Werks die Ausschliessung dieses Haupttheils der *exercitatio* gestattete, so würde ich doch schon desshalb ihn hier nicht übergehen können, weil jenes kostspielige Prachtwerk nur in wenigen Exemplaren verbreitet ist. WERNSDORFS Abhandlung ist weder in allen Theilen richtig, noch werden überhaupt dort die verschiedenen Arten des Spiels gehörig geschieden.

Es werden uns von römischen Schriftstellern mannigfaltige Arten des Ballspiels namentlich genannt, als: *pila* schlechthin, *follis* oder *folliculus, trigon, paganica, harpastum, sparsiva,* wozu noch die Ausdrücke: *datatim, expulsim, raptim ludere; geminare, revocare, reddere pilam,* kommen. [Vgl. POLL. IX, 104 ff. Bekk.] Indessen scheinen bei mehreren Modificationen des Spiels doch nur drei verschiedene Arten Bälle angenommen werden zu können: *pila* im engeren Sinne, der kleine eigentliche Spielball, der indessen für manche Arten des Spiels derber oder elastischer sein mochte; *follis,* der grosse und, wie schon der Name giebt, nur mit Luft gefüllte Ballon, und *paganica.* Ueber den Gebrauch der letzteren sind wir am wenigsten unterrichtet, und soviel ich weiss, erwähnt ihrer nur MARTIAL an zwei Stellen: VII, 32, 7.

Non pila, non follis, non te paganica thermis
Praeparat, aut nudi stipitis ictus hebes.
und XIV, 45. *Pila paganica.*
Haec quae difficili turget paganica pluma,
Folle minus laxa est et minus arta pila.

Inwiefern in beiden Stellen die *paganica* dem *follis* und der *pila* entgegengesetzt, ausserdem eine vierte Art aber nicht genannt wird, darf man annehmen, dass jederzeit einer dieser drei Bälle gebraucht wurde, die Weise des Spiels mochte sein, welche sie wollte. Wenn von der *paganica* gesagt wird: *folle minus laxa, minus arta pila,* so erklären diess RADER und MERCURIALIS unrichtig von dem Inhalte des Balls. Der Gebrauch beider Adjectiven lässt keinen Zweifel, dass die Grösse gemeint ist, und in dieser Hinsicht stand sie also zwischen dem *follis* und der *pila* mitten inne. Allerdings unterschied sie sich aber ausserdem noch dadurch von ersterem, dass sie mit Federn gestopft und also etwas schwerer war. Das ist aber auch Alles, was wir von ihr wissen. Weder über den Ursprung des Namens, noch über das Spiel, zu dem sie gebraucht wurde, giebt der Dichter eine Andeutung. — Auf einem Intaglio bei BEGER, Thes. Brand. p. 139, wo eine nackte männliche Figur sitzend in jeder Hand einen Ball hält, hat man die *paganica* erkennen wollen, weil die Bälle für den *follis* zu klein, für die *pila* zu gross schienen, denn sie werden nicht von der Hand umspannt. Es ist diess indessen offenbar ein sehr unsicheres Argument, und für das Spiel würde daraus immer nichts folgen.

Der *follis*, der grosse, aber leichte Ball, Ballon, wurde mit der Faust oder dem Arme geschlagen. Ob sich darauf die Worte des Trachalio bei PLAUT. Rud. III, 4, 16. *Extemplo, hercle, ego te follem pugilatorium Faciam, et pendentem incursabo pugnis.* beziehen, ist ungewiss, da auch ein aufgeblasener Schlauch verstanden werden kann, an dem die *pugiles* sich übten, wie die Gladiatoren am Pfahle. — Wenn man der von MERCURIALIS gegebenen Abbildung, welche einer Münze Gordians III., die ich weiter nicht nachzuweisen vermag, entnommen ist, trauen darf, so war zuweilen der rechte Arm zum Behufe des Schlagens mit einer Art Fausthandschuh bewaffnet. — Das Spiel gewährte eine leichte, nicht sehr anstrengende Bewegung, weshalb MART. XIV, 47. *Follis* sagt:

Ite procul, iuvenes; mitis mihi convenit aetas;
Folle decet pueros ludere, folle senes.

Wenn zuweilen das Deminutivum *folliculus* gebraucht wird, so scheint darunter eben auch nichts anders verstanden zu werden, und es ist kein hinreichender Grund vorhanden, an die *paganica* zu denken. Ueberhaupt aber bezeichnen *pila* und *follis* den ganzen Umfang der Sphäristik, und die *paganica*, als ein Mittelding zwischen beiden, wird mit darunter begriffen.

Die übrigen Spiele wurden sämmtlich mit der *pila* gespielt, und wo nicht *follis* oder *paganica* ausdrücklich genannt werden, oder *pila* ganz im Allgemeinen das Ballspiel überhaupt bezeichnet, so ist an sie, den kleinen Ball, jederzeit zu denken. Daher ist es auch sehr natürlich, dass MARTIAL in den Apophoreten auf sie kein besonderes Epigramm hat; denn sie ist schon unter dem *trigon* und dem *harpastum* gemeint. Wenn aber diese beiden besonders aufgeführt werden, so scheint diess einen aus der Verschiedenheit der Spiele zu entlehnenden Grund zu haben, wovon weiterhin die Rede sein wird.

Zweiter Excurs zur siebenten Scene.

Ehe von den regelmässigen Spielen die Rede sein kann, sind zuvor die Ausdrücke *datatim* und *expulsim ludere* zu erklären. Durch den ersten scheint der einfachste Gebrauch der *pila* bezeichnet zu werden, wo zwei einander gegenüber Stehende entweder einen Ball wechselsweise, oder vielleicht gleichzeitig Jeder einen dem Andern zuwarf und den zugeworfenen auffing [NON. II, 213. *datatim i. e. invicem dando.*]. Das geschah wohl selbst auf den Strassen, wie man aus PLAUT. Curc. II, 3, 17. sieht, wo der Parasit allen ihm in den Weg Kommenden drohend sagt:

Tum isti qui ludunt datatim servi scurrarum in via,
Et datores et factores omnis subdam sub solum.

Vgl. Nov. ap. Non. l. l. [*in molis non ludunt raptim pila, datatim morso.* ENN. bei Isidor. 1, 25. *quasi in choro pila ludens datatim dat sese et communem facit* scil. impudica.], die Erklärer bei BURM. zu Petr. 27. und vorzüglich GRONOVS Anmerkung zu der Stelle des Plautus. [MEINEKE Menand. et Phil. p. 75.] So einfach finden wir die Sphäristik, aber in Verbindung mit Orchestik schon bei Homers Phaeaken. ODYSS. VIII, 374 ff.

τὴν ἕτερος ῥίπτασκε ποτὶ νέφεα σκιόεντα,
ἰδνωθεὶς ὀπίσω· ὁ δ᾽ ἀπὸ χθονὸς ὑψόσ᾽ ἀερθείς
ῥηϊδίως μεθέλεσκε πάρος ποσὶν οὖδας ἱκέσθαι.

und nichts Anderes scheinen in dem Fragmente des DAMOXENOS bei Athen. I, p. 15. B. die Worte ἢ λαμβάνων τὴν σφαῖραν ἢ διδοὺς zu sagen. Entschieden aber versteht solches Zugeben und Auffangen SENECA, de benef. II, 17. (*Pilam*) *cadere non est dubium aut mittentis vitio aut accipientis. Tunc cursum suum servat, ubi inter manus utriusque apte ab utroque et iactata et excepta servatur.* was durch die weiter unten anzuführenden Stellen noch deutlicher wird.

Wenn daher dieser Ausdruck sich ohne Schwierigkeit erklären lässt, so ist hingegen der zweite: *expulsim ludere* dunkel, wenn man darunter eine bestimmte Art des Spieles verstehen will. VARRO sagt bei Non. II, 281. *Videbis in foro ante lanienas pueros pila expulsim ludere.* und ähnlich heisst es bei

PETR. 27. *lusu expellente.* — Aus keiner der beiden Stellen erhellt, was für ein Spiel gemeint sein kann; nur soviel ist gewiss, dass in *expellere* nicht nothwendig der Begriff des Schlagens oder Zurückschlagens des Balls, ohne ihn aufzufangen, liegt. Es ergiebt sich das deutlich daraus, dass das Wort eben auch vom *trigon* gebraucht wird. MART. XIV, 46. *Pila trigonalis.*

Si me mobilibus scis expulsare sinistris,
Sum tua: tu nescis, rustice: redde pilam.

Dass aber der *trigon* bestimmt war, gefangen zu werden, ist eine unzweifelhafte Sache. Noch weit irriger ist die Meinung WÜSTEMANNS, Pal. d. Scaur. S. 192, dass der Ball mit einer Raquette geschlagen worden sei. Sie beruht auf einer missverstandenen Stelle OVIDS: Art. am. III, 361.

Reticuloque pilae leves fundantur aperto;
Nec, nisi quam tolles, ulla movenda pila est.

Es bedarf nur eines Blickes auf diese Worte, um einzusehen, dass darin überhaupt gar nicht von Sphäristik die Rede ist, und dass *reticulum* ein offenes Netz oder einen Beutel bedeutet, in welchen man eine Anzahl Bälle schüttete, um sie einzeln wieder herauszunehmen, wobei sich jedoch kein anderer Ball als der herauszunehmende rühren durfte.

Abgesehen nun von der Stelle VARRO's, aus der sich nicht auf die Bedeutung des Wortes schliessen lässt, scheint *expellere, expulsare,* wenigstens im *trigon,* überhaupt nur das Werfen des Balls zu bezeichnen. So braucht auch SENECA den stärkeren Ausdruck *repercutere*: a. a. O. *Pila utcunque venerit, manus illam expedita et agilis repercutiet. Si cum tirone negotium est, non tam rigide nec tam excusse, sed languidius et in ipsam eius dirigentes manum remisse occurramus.* Hier ist nämlich immer nur von dem *datatim ludere* die Rede, wie schon die Natur des Vergleichs nothwendig macht; denn es stehen sich *dare et accipere beneficium* und *mittere et excipere pilam* entgegen. Dass aber das *repercutere* nicht, wie man etwa glauben könnte, zurückschlagen bedeutet, sondern nur von einem Spiele unter zweien die Rede ist, wo der Ball zurückgeworfen und aufgefangen wurde, das erhellt ganz klar aus einer folgenden Stelle, c. 32. *Sicut in lusu est aliquid, pilam scite ac diligenter excipere, sed non dicitur bonus lusor, nisi qui apte et expedite remisit, quam exceperat.* und gleich darauf: *Nec tamen ideo non bonum lusorem dicam, qui pilam, ut oportebat, excepit, si per ipsum mora, quominus remitteret, non fuit.* [*Expulsim* muss schon dem Wortsinne nach etwas Anderes bedeuten, als *remittere;* abgesehen davon, dass sonst kein Unterschied zwischen den beiden Arten zu spielen, *datatim* und *expulsim,* anzugeben wäre. *Remittere,* wie SEN. in der citirten Stelle c. 32. sagt, bezeichnet das Zurückwerfen des wirklich aufgefangenen (*excipere*) Balls und ist das Charakteristische des *datatim,* dagegen *expulsare* und *repercutere* kann nichts Anderes sein als das Auspariren und Zurückschlagen des zugeworfenen Balls, sei es zurück an den Werfer, sei es weiter fort an einen dritten Mitspieler, und dieses ist eben das *expulsim ludere,* wovon SEN. an der ersten Stelle spricht. Bei dem *trigon* kann sowohl datatim als expulsim (s. oben MARTIAL) stattfinden, indem es bloss darauf ankommt, dass drei aktive Spieler aufgestellt sind, welche sich über die Art des Zuwerfens erst zu vereinigen haben. So erklärt HERTZBERG in der Rec. des Gallus N. 288. S. 2303 fg. PROP. III, 12, 5.:

Cum pila veloci fallit per brachia iactu.

von dem Ball, der von Arm zu Arm geworfen (d. h. fortgeschlagen) den raschen Flug täuscht. Nach einer alten Darstellung des Ballspiels, welche FRIEDLÄNDER, in Annali dell' inst. 1857. XIV, S. 142—146. erklärt, scheint *expulsim ludere* auch von den Spielern gesagt zu werden, welche einen gegen eine Wand geworfenen und zurückprallenden Ball auffangen oder sich zuschlagen. Es stehen nämlich drei Kinder mit aufgehobenen Händen hintereinander vor einer Mauer, von welcher ein Ball zurückfliegt. Nun fragt es sich, ob diese dastehen, um wenn der Vordermann den Ball nicht fangen konnte, denselben aufzufangen (so FRIEDLÄNDER), oder ob sie sich den Ball gegenseitig zuschlagen. — Andere Kinder auf dem genannten Bilde lassen Bälle von einer schräg stehenden kleinen

Das Ballspiel und die übrige Gymnastik. 129

Rinne herablaufen, so viel Bälle als Spieler sind (nämlich vier), doch wissen wir nichts von diesem Spiel.]

Was nun die künstlicheren Arten des Spiels anlangt, so scheint der *trigon*, *pila trigonalis*, bei weitem den Vorzug gehabt zu haben, und das gewöhnlichste Spiel gewesen zu sein, obgleich wir über sein Bestehen auch erst aus später Zeit Nachricht erhalten. Der Name selbst scheint die Erklärung des Spiels zu geben, und man darf wohl annehmen, dass dazu drei Spieler gehörten, welche im Triangel, ἐν τριγώνῳ, standen. [ISIDOR. XVIII, 69. *pila trigonaria est, qua inter tres luditur*. Im Gegensate zu der *pila arenaria, qua in grege, dum ex circulo adstantium spectantiumque emissa, ultra iustum spatium pilam excipere lususque inire consueverunt.* und zu dem *cubitalis lusus, cum duo cominus ex proximo ac pene coniunctis cubitis palam* (lies *pilam*) *feriunt.*] Sonst kennen wir freilich seine Eigenthümlickeit nicht; nur das wissen wir, dass geschickte Spieler den Ball nur mit der linken Hand warfen und auffingen, wie MARTIAL mehrmals sagt, z. B. in dem oben angeführten Apophoretum XIV, 46. und VII, 72, 9.

Sic palmam tibi de trigone nudo
Unctae det favor arbiter coronae,
Nec laudet Polybi magis sinistras.

Aus der auch hierher gehörigen Stelle XII, 82. wo der parasitisirende Menogenes von dem Dichter verspottet wird, weil er mit der Rechten sowohl als mit der Linken den Ball fing, könnte man auf die Vermuthung kommen, es habe jeder die aufgefangenen Bälle gezählt; denn es heisst dort:

Captabit tepidum dextra laevaque trigonem,
Imputet acceptas ut tibi saepe pilas.

Er hoffte nämlich, dadurch einen Anspruch auf die Tafel des Mitspielenden zu erhalten. [Auch diese Stelle erklärt HERTZBERG a. a. O. von dem *expulsim ludere*, indem der seinem Patron sekundirende Parasit die Bälle mit beiden Händen ausparirt habe, um sie demselben gut rechnen zu können.] — Dass MARTIAL den Trigon hier und IV, 19, 5. *tepidum* nennt, kann allerdings von der erhitzenden Natur des Spiels verstanden werden; nur muss man nicht an den in der Hand erwärmten Ball denken. — Bildliche Darstellungen solcher Sphäristik scheinen sich nicht erhalten zu haben. Was MERCURIALIS von Münzen Marc-Aurels entlehnt, und ganz ähnlich auf einem Deckengemälde (S. Descr. d. bains de Titus, pl. 17.) sich findet, ist ein anderes Spiel mit mehreren Bällen. [Dasselbe Gemälde giebt GUHL und KONER, das Leben der Griechen und Römer I, S. 254. (nach PANOFKA, Bilder ant. Lebens X, 1.) wo drei Jünglinge mit sechs Bällen spielen, während ein Aelterer dabei steht und Anleitung zu geben scheint. Es hat das Ansehen, als ob Jeder gleichzeitig den einen Ball mit der linken Hand auffange und den andern mit der rechten in die Höhe werfe.]

Anstrengender noch und wilder als der Trigon war unstreitig das *harpastum*, über welches die Hauptstelle sich bei ATHENAEUS I, 25. 26. mit dem Fragmente des ANTIPHANES findet. Mag man auch nicht völlig klar darüber werden, soviel ist schon aus GALEN gewiss, dass ein Ball, oder vielleicht auch mehrere, unter eine Anzahl Spielender geworfen wurde, und dann jeder sich desselben zu bemächtigen suchte; denn er sagt: περὶ μικρᾶς σφαίρας. c. 2. p. 902 Kühn. ὅταν γὰρ συνιστάμενοι πρὸς ἀλλήλους καὶ ἀποκωλύοντες ὑφαρπάσαι τὸν μεταξὺ διαπονῶσι, μέγιστον αὐτὸ καὶ σφοδρότατον καθίσταται, πολλοῖς μὲν τραχηλισμοῖς πολλαῖς δ' ἀντιλήψεσι παλαιστικαῖς ἀναμεμιγμένον. Daher bei MART. IV, 19. *harpasta pulverulenta*. Bemerkenswerth ist es, dass nicht nur hier, wo es weiter nicht auffällig ist, sondern auch XIV, 48. *Harpasta*.
  Haec rapit Antaei velox de pulvere draucus,
    Grandia qui vano colla labore facit.
der Plural steht, während *follis, paganica, trigonalis* im Singular stehen. Ich möchte darum glauben, dass wenn auch nicht immer, doch zuweilen der Kampf um mehrere Bälle Statt fand. — Dass übrigens das Sprüchwort bei PLAUT. Truc. IV, 1, 8. *mea pila est.* sich auf solches Spiel beziehen mag, ist sehr wahrscheinlich. — Wie man schon aus ATHE-

Das Ballspiel und die übrige Gymnastik. 131

NAEUS sieht, ging es bei diesem Spiele stürmisch zu, und darum nennt auch MARTIAL die Theilnahme daran unter den Unzüchtigkeiten der Philaenis. VII, 67. *Harpasto quoque subligata ludit.*

Die Verse des SALEIUS BASSUS, Paneg. in Pis. 173 ff.

Nec tibi mobilitas minor est, si forte volantem
Aut geminare pilam iuvat, aut revocare cadentem,
Et non sperato fugientem reddere gestu.

können weder auf das Harpastum noch auf den Trigon bezogen werden. Hier scheint in der That von einem Schlagen und Zurückschlagen des Balls gesprochen zu werden. Ob man dabei an *paganica* zu denken habe, das bleibe dahingestellt. Der *follis* ist in keinem Falle gemeint; denn er wurde nicht gefangen, und das bedeuten doch die Worte *revocare cadentem* (in manus). Vom Schlagen aber scheint zu verstehen *geminare pilam*, und *reddere fugientem*, wie MANIL. V, 165.

Ille pilam celeri fugientem reddere planta,
Et pedibus pensare manus, et ludere saltu.

Ebensowenig lässt sich über die *pila sparsiva* bei PETR. 27. etwas mit Wahrscheinlichkeit sagen, besonders da nicht einmal die Lesart feststeht. Nur soviel sieht man, dass das Spiel von Mehreren und auch mit mehreren Bällen gespielt wurde. [Auch die Pompejanische Mauerinschrift ORELLI HENZEN 7303. *Amianthus Epaphra Tertius ludant cum Hedysio Jucundus Nolanus petat numeret citus et Stacus Amianthus.* deutet darauf hin.] — Ueberhaupt aber ist es wohl sehr natürlich, dass ausser diesen gewöhnlichsten und darum uns bekannteren Spielen noch manche Varietät stattgefunden hat.

Eine andere Art Gymnastik war das Schwenken der *halteres*, unter denen eigentlich Springstangen zu verstehen sind, welche man bei der Uebung im Springen in den Händen hielt. S. WELCKER, Zeitschr. f. Gesch. und Ausleg. alt. Kunst. I, S. 238. Vorstellungen der Art finden sich auf Gemmen und Gemälden. S. TASSIE, Catal. pl. 46. 7978. Descr. d. bains de Tit. pl. 17. Auch PAUS. V, 26, 3. 27, 12. VI, 3, 10. führt

Statuen mit Halteren an, und an dem Baumsturze einer als Faustkämpfer ergänzten Statue in der Dresdner Sammlung, Aug. t. 109. hängen die Halteren neben dem Fausthandschuh. [PAUSAN. V, 27, 8. KRAUSE, Gymnastik u. Agonist. Taf. 8. 9. 9b. 15. 18 c. PAULY, Realencykl. IV, S. 1004 fg.] — Allein in der römischen Gymnastik dienen sie nicht bloss als Springgewichte, sondern man hielt diese Bleimassen in den Händen und schwenkte damit die Arme in mannigfaltigen Richtungen. Dieser Leibesübung gedenkt SENECA, ep. 15. *Sunt exercitationes et faciles et breves. Cursus et cum aliquo pondere manus motae.* und wiederum ep. 56. wo er den Lärm in den Bädern von Bajä und namentlich dem unter ihm befindlichen Sphäristerium beschreibt: *Cum fortiores exercentur et manus plumbo graves iactant, cum aut laborant aut laborantem imitantur, gemitus audio.* Ihrer erwähnt ferner MART. XIV, 49. *Halteres.*
 Quid pereunt stulto fortes haltere lacerti?
 Exercet melius vinea fossa viros.
und von der bereits erwähnten Philaenis: VII, 67, 6. *gravesque draucis halteras facili rotat lacerto.* Vgl. IUVEN. VI, 420. und die von Mercurialis angeführte Stelle des ORIBASIUS. MERCURIALIS hat zur Erläuterung Abbildungen mehrerer von Gemmen entnommener Halteristen gegeben, die auch in POLEN. thes. III. p. 578. wiedergegeben sind. Er sagt: „*ut possit certior formae huiusce exercitationis notitia haberi, adponendas curavimus halteristarum imagines, quas ex gemmis antiquis sculptis acceptas ad nos misit Pyrrhus Ligorius.*" Worte, die ich deshalb ausdrücklich anführe, damit nicht die ganze Abbildung für blosse Phantasie gehalten werde, wie das leider häufig von ähnlichen Darstellungen gilt. Darauf mich stützend habe ich in den Nachtr. zu Aug. S. 429. die Vermuthung geäussert, dass die Dresdner sogenannten Sphäristen vielmehr Halteristen vorstellen mögen. [In der mit den neuen Bädern verbundenen Palästra zu Pompeji fand man zwei sehr schwere Steinkugeln, die man wahrscheinlich brauchte, um die Kräfte zu erproben oder als *halteres* benutzte, CAVEDONI, Bullet.

Nap. 6, S. 48. Denkmäler und Forschungen 1859, N. 124. S. 21.]

Eine dritte Art der Uebung war das Scheingefecht gegen den *palus*, einen Pfahl, der im Boden befestigt war und gegen den man wie gegen einen lebenden Gegner mit geflochtenem Schilde und hölzernem Schwerte focht. Ursprünglich diente dieses Scheingefecht zur Uebung der Tironen, um im Gebrauche der Waffen Geschicklichkeit zu erlangen. Vollkommenen Aufschluss darüber giebt VEGET. I, 11. *Antiqui, sicut invenitur in libris, hoc genere exercuere tirones. Scuta de vimine in modum cratium corrotundata texebant, ita ut duplum pondus cratis haberet, quam scutum publicum habere consuevit, iidemque clavas ligneas dupli aeque ponderis pro gladiis tironibus dabant, eoque modo non tantum mane, sed etiam post meridiem exercebantur ad palos. — Palorum autem usus non solum militibus, sed etiam gladiatoribus plurimum prodest. A singulis tironibus singuli pali defigebantur in terram, ita ut nutare non possent, et sex pedibus eminerent. Contra illum palum, tanquam contra adversarium, tiro cum crate illa et clava velut cum gladio se exercebat et scuto, ut nunc quasi caput aut faciem peteret, nunc lateribus minaretur, interdum contenderet poplites et crura succidere, accederet, recederet, assultaret, insiliret, et, quasi praesentem adversarium, sic palum omni impetu, omni bellandi arte tentaret. — In qua meditatione servabatur illa cautela, ut ita tiro ad inferendum vulnus insurgeret, ne qua parte ipse pateret ad plagam.* [SOSIP. Charis. I, p. 11 Putsch.] Allein nicht bloss zum Studium trieb man solches Gefecht, sondern auch nur um Bewegung zu haben und zum Bade sich vorzubereiten. Das meint MART. VII, 32, 8. s. oben. *nudi stipitis ictus hebes.* wo *stipes* eben den Pfahl bedeutet, und *ictus hebes* von dem hölzernen Schwerte zu verstehen ist. So auch IUVEN. VI, 247 fg. im bittern Tadel der Unsitte, nach welcher selbst Weiber solche Gymnastik trieben:

> *Endromidas Tyrias et femineum ceroma*
> *Quis nescit? vel quis non vidit vulnera pali,*
> *Quem cavat adsiduis sudibus scutoque lacessit.*

vgl. Vs. 267. wo LIPS. Mil. Rom. V, 14. Saturn. I, 15. statt *sudibus* lesen möchte *rudibus*.

Daneben wurden aber auch, vornehmlich in den öffentlichen Bädern, die ernsteren Uebungen der Palästra, wie die *lucta* (daher häufige Erwähnung des *ceroma* und *flavescere haphe*), der Discus u. a. betrieben.

Eine sehr gewöhnliche Bewegung war auch Laufen und Springen. Selbst August, als er seine Gymnastik ganz auf die *ambulatio* beschränkt hatte, lief streckenweise. SUET. Aug. 83. *deambulabat, ita ut in extremis spatiis subsultim decurreret.* Das Springen unterscheidet dreifach SEN. ep. 15. *saltus, vel ille qui corpus in altum levat, vel ille qui in longum mittit, vel ille, ut ita dicam, saliaris, aut ut contumeliosius dicam, fullonius.* Das Letztere war wohl weniger ein Springen zu nennen, als eine Art Tanz nach Art der Salii. [Sämmtliche Uebungen fasst zusammen PLAUT. Bacch. III, 3, 24 fg. obwohl er vorzugsweise griechische Sitte im Auge hat:

Ibi cursu, luctando, hasta, disco, pugilatu, pila,
Saliendo sese exercebant magis, quam scorto aut saviis.

Aehnlich OVID. Art. am. III, 383 fg. Trist. III, 12, 19 ff.]

Alte oder bequeme Leute, denen entweder die Kräfte oder der Wille zu angreifenderen Uebungen fehlten, beschränkten sich auf die blosse *ambulatio* oder *gestatio*, theils zu Pferde, theils zu Wagen, oder auf der Lectica. Doch fehlt es auch nicht an Beispielen, dass selbst hochbejahrte Männer dem Ballspiele nicht entsagten. So erzählt PLINIUS vom Spurinna, ep. III, 1. *Ubi hora balinei nuntiata est — in sole, si caret vento, ambulat nudus. Deinde movetur pila vehementer et diu; nam hoc quoque exercitationis genere pugnat cum senectute.*

Zum Behufe dieser Gymnastik nun hatte man im eigenen Hause ein Sphäristerium; denn nach dem Ballspiele, als dem beliebtesten und gewöhnlichsten, wurde der ganze Ort genannt, wenn er auch für mehrere Uebungen eingerichtet war. [STAT. Silv. IV. praef. *Sed et sphaeromachias spectamus et pilaris lusio admittitur.* vgl. SUET. Vesp. 20. ORELL. inscr. 57.]

So heisst es bei PLINIUS, ep. V, 6, 27. *Apodyterio superpositum est sphaeristerium, quod plura genera exercitationis pluresque circulos capit.* [Mit Recht übersetzt WÜSTEMANN, Recens. des Gallus S. 153 f. *superpositum est* durch: es liegt oberhalb (ähnlich *subest*) s. v. a. in der Nähe und verwirft BECKERS frühere Ansicht, der das Sphäristerium in den zweiten Stock versetzt.] — Die *circuli* sind nicht Abtheilungen des Sphäristerium für die verschiedenen Spiele oder spielenden Parteien, sondern die Letzteren selbst, wie GIERIG richtig bemerkt. Der Ausdruck konnte am besten aus PETRON erklärt werden, wo es c. 27. heisst: *Nos interim vestiti errare coepimus* (in balneo), *ima iocari magis et circulis ludentum accedere.* Er ist um so passender, als wahrscheinlich in den öffentlichen Bädern ein Kreis von Zuschauern um die Spielenden sich sammeln mochte. Daher sagt auch MARTIAL VII, 72, 9.

Sic palmam tibi de trigone nudo
Unctae det favor arbiter coronae.

CELSUS I, 2. schreibt vor: *Exercitationis plerumque finis esse debet sudor, aut certe lassitudo, quae citra fatigationem sit.* Darum wurden die Uebungsplätze nicht nur im Freien an sonnigen Orten angelegt, sondern wurden auch wohl, wenn sie im Hause waren, zum Heizen eingerichtet. So sagt STATIUS von dem balneum Etrusci, Vs. 57 ff.

Quid nunc strata solo referam tabulata, crepantes
Auditura pilas, ubi languidus ignis inerrat
Aedibus, et tenuem volvunt hypocausta vaporem.

Vgl. GEVART. Lect. Papin. c. 38. — Dass nicht *tabulata*, sondern *tubulata* gelesen werden muss, ist schon II, S. 245. bemerkt worden. Noch deutlicher wird die Sache durch SENEC. ep. 90. s. S. 84. Bei STATIUS würde auch der Fussboden erwärmt zu denken sein, was in einem verweichlichten Zeitalter uns nicht wundern darf; denn man übte sich völlig entkleidet, und natürlich waren auch die *soleae* abgelegt worden, weshalb PETR. 27. es als etwas Besonderes anführt, dass Trimalchio *soleatus pila exercebatur.* Auch bei MART. XII, 82, 5. heisst es:

Colliget et referet lapsum de pulvere follem,
Et si iam lotus, iam soleatus erit.

Da die *exercitatio* jederzeit dem Bade vorherging, so ist es natürlich, dass auch die Sphäristerien nicht nur in den öffentlichen *balneis*, sondern auch im Privathause sich unmittelbar an den Bädern befanden. So giebt sie PLINIUS auf beiden Villen an. Ep. II, 17, 12. V, 6, 27.

EXCURSE ZUR ACHTEN SCENE.

DIE KLEIDUNG.

ERSTER EXCURS.

DIE MÄNNLICHE KLEIDUNG.

Wie die Kleidung der römischen Frauen bis in die späte Zeit im Wesentlichen dieselbe blieb, und nur in Nebendingen dem Wechsel der Mode unterlag, so hatte auch der Römer ein bestimmtes als solchen ihn bezeichnendes Kleid, das erst nach dem Untergange der Republik, da der Sinn für volksthümliche Sitte in demselben Grade sich verlor, als die Gleichgültigkeit gegen die öffentlichen Angelegenheiten zunahm, mehr und mehr ausser Gebrauch kam. Eine Veränderung nehmen wir zwar schon zeitig wahr, inwiefern zu dem einfachen Gewande der frühesten Zeit andere Kleidungsstücke hinzukamen, und jenes selbst faltenreicher getragen und künstlicher geworfen wurde; allein diese Bereicherung der Garderobe scheint so alt zu sein, dass wir von da an erst die römische Kleidung als vollständig ansehen können, indem uns das vor Allem als ächt römische Sitte gelten muss, was zunächst an der blühendsten Periode der Republik üblich war.

Von den Schriften über diesen Gegenstand wird immer die fleissige Sammlung von FERRARIUS, De re vestiaria libr. VII. den Vorzug behalten, wiewohl auch sie die Mängel theilt, an welchen alle ähnlichen Schriften jener Zeit leiden.

Abweichend davon RUBENI de re vest. libr. II. praecipue de lato clavo, und dagegen FERRARII Analecta de re vest. Sämmtlich in GRAEVII thes. antt. R. t. VI. DANDRÉ BARDON du costume etc. des anciens peuples. [MONGÈZ, sur les vêtemens des anciens in Mém. de l'inst. royal. Tom. IV.] MARTINI, Das Kostüm der meisten Völker des Alterthums. 1784. 4. MALLIOT et MARTIN, Recherches sur le costume etc. des anc. peuples. t. I—III. Paris 1805. 4. auch deutsch. Strassburg 1812. (mit vielen Kupfern; übrigens sehr seicht). THOM. BAXTER, Darstellung des ägyptischen, griechischen u. römischen Kostüms. Deutsch von MICHAELIS. Leipz. 1815. 4. [WEISS, Kostümkunde. Stuttgart 1860, II, S. 940—1056.] Vergl. auch OTTFR. MÜLLER, Etrusker. 1, S. 260 ff. und Charikles, III, S. 157—214. — Hauptquellen für die Untersuchung sind: QUINCTIL. Inst. XI, 3. p. 440 ff. Spald. die Grammatiker, besonders NONIUS XIV, 14., GELL. VII, 12. [ISIDOR. XIX, 22 ff.] TERTULL. de pallio. bes. c. 5. mit SAUMAISE's vortrefflichem Commentare, und vorzüglich die zahlreichen Statuen in römischem Kostüm.

Es ist natürlich, dass, wenn von der im täglichen Leben üblichen Kleidung gesprochen werden soll, ebensowohl die einem bestimmten Amte oder überhaupt einer gewissen Stellung im Staatsleben geltenden Abzeichen, als die unrömischen Trachten, welche seit dem zweiten Jahrhundert üblich wurden, von der Untersuchung ausgeschlossen bleiben, dass also weder von der *tunica palmata* und *toga picta* der Triumphatoren, oder dem *paludamentum* der Feldherrn, noch der *caracalla*, der *bracca* u. a. anders als beiläufig zu sprechen ist. Die gewöhnliche Kleidung des römischen Mannes besteht wie bei den Frauen nur aus zwei oder bei doppeltem Gebrauch des einen höchstens aus drei Stücken, der *tunica interior* und *exterior*, und der *toga*, wozu nur für besondere Zwecke, z. B. auf der Reise oder zum Schutze gegen die Witterung einige andere Stücke, wie die *paenula*, späterhin die *fasciae* u. a. kamen.

Die Toga.

Ob der Name der *toga*, bei den Griechen τήβεννος, nach VARRO V, 114 M. und NONIUS I, p. 2. richtig von *tegere cor-*

pus abgeleitet wird, ist für die Sache gleichgültig; die Ableitung liegt übrigens sehr nahe. — Sie ist unter den römischen Kleidungsstücken zuerst zu nennen, weil sie uns von den Grammatikern als ältestes und damals einziges genannt wird. GELL. VII, 12. *Viri autem Romani primo quidem sine tunicis toga sola amicti fuerunt.* was jedoch nur von dem öffentlichen Erscheinen verstanden werden darf, denn es geschieht auch der *tunica* schon aus der ältesten Zeit Erwähnung. Diese trug man im Hause, und bei der Arbeit vielleicht nur ein subligaculum. DIONYS. X, 17. vom Cincinnatus ἀχίτων, περιζωμάτιον ἔχων. LIV. III, 26. — Auch später noch wurde die toga ohne tunica getragen, so von Cato, PLUT. Cat. min. 6. ἀνυπόδητος καὶ ἀχίτων εἰς τὸ δημόσιον προῄει. ASC. zu Cic. p. Scaur. p. 30 Or. *Cato praetor iudicium, quia aestate agebatur, sine tunica exercuit, campestri sub toga cinctus. in forum quoque sic descenderat iusque dicebat. idque repererat* [dieses hatte er wieder eingeführt] *ex vetere consuetudine, secundum quam et Romuli et Tatii statuae in Capitolio et in rostris Camilli fuerunt togatae sine tunicis.* So nach PLUT. Cor. 14. qu. Rom. 49. die candidati ἄνευ χιτῶνος. — Ob der Ursprung der Toga in Lydien zu suchen sein sollte, oder ob die Sitte von den Etruskern den Umweg über Lydien nach Rom gemacht habe (s. MÜLLER, Etr. I, S. 262.), darüber fehlt es an allen gültigen Nachweisungen, auch nicht an Widersprüchen. Dass aber dieses Kleid ebenso in Rom wie bei den Etruskern gewöhnlich war, ist ausser Zweifel, und eben da kommt sie auch als einziges Kleid auf dem blossen Leib getragen in Bildwerken vor. S. MÜLLER a. a. O. Ueberdiess wird die *toga praetexta* bestimmt als von den Etruskern angenommen genannt. LIV. I, 8. *Me haud poenitet eorum sententiae esse, quibus et adparitores et hoc genus ab Etruscis finitimis, unde sella curulis, unde toga praetexta sumta est, numerum quoque ipsum ductum placet.* PLIN. VIII, 48, 74. *Praetextae apud Etruscos originem invenere.* Die toga ist die eigentliche vestis forensis, wie denn auch Cincinnatus sie vorher anlegt, ehe er die Gesandtschaft des Senats anhört. Ueberhaupt aber gehört sie nur in das städtische Leben, wesshalb man sie ablegt, wenn man nach Hause zurückkehrt oder wenn man Rom verlässt. Cic. p. Mil. 10. *Milo — cum in senatu fuisset — domum venit; calceos et vestimenta mutat.* Daher heisst sie auch ἀστικὴ ἐσθής. Dio Cass. fr. 145. ἦν δὲ ἡ ἀστικὴ, ᾗ κατ' ἀγορὰν χρώμεθα. LVI, 31. (στολὴν) φαιὰν τὸν ἀγοραῖον τρόπον πεποιημένην. und inwiefern sie dem sagum entgegengesetzt wird, heisst sie auch das Friedenskleid. XLI, 17. τὴν ἐσθῆτα τὴν εἰρηνικὴν μετημπίσχοντο.

Sie war dann das eigentliche den Römer bezeichnende Kleid, und wer die civitas nicht hat, darf sie nicht tragen. Daher war sie auch, wenigstens unter den Kaisern, den Verbannten nicht erlaubt. Plinius erzählt vom Valerius Licinianus, der als Verbannter in Sicilien als Rhetor lehrte, epist. IV, 11. *Idem, cum Graeco pallio amictus intrasset,* (carent enim *togae iure, quibus aqua et igni interdictum est) postquam se composuit circumspexitque habitum suum: Latine, inquit, declamaturus sum.* Ebensowenig durfte sich ein Fremder anmassen, die Toga zu tragen, wie man aus der lächerlichen Entscheidung des Claudius sieht. Suet. Claud. 15. *Peregrinitatis reum, orta inter advocatos levi contentione, togatumne an palliatum dicere causam oporteret, — mutare habitum saepius, et prout accusaretur defendereturve, iussit.* — Der Römer hatte aber nicht nur die Berechtigung die Toga zu tragen, sondern auch die Verpflichtung und war strafbar, wenn er öffentlich fremde Kleidung trug, als minuens maiestatem P. R. Daher ist es ein Anklagepunkt gegen Rabirius, Cic. p. Rab. 9. *palliatum fuisse, aliqua habuisse non Romani hominis insignia.* Cicero entschuldigt ihn: *temere hunc pecuniam regi credidisse. — aut pallium sumendum Alexandriae, ut ei Romae togato esse liceret, aut omnes fortunae abiiciendae, si togam retinuisset.* Dagegen Verr. V, 33. *Stetit soleatus praetor p. R. cum pallio purpureo tunicaque talari.* 52. *tu praetor in provincia cum tunica pallioque purpureo visus es.* Vgl. IV, 24. 25. V, 13. 16. In den Bürgerkriegen aber riss der Gebrauch des bequemeren Pallium oder ähnlicher Umwürfe ein, so dass August ein Verbot, jedoch nur für das öffentliche Erscheinen auf Forum und Circus, ergehen

liess. SUET. Aug. 40. *Visa quondam pro concione palliatorum turba indignabundus et clamitans: En, ait,*
    Romanos rerum dominos gentemque togatam.
Negotium aedilibus dedit, ne quem posthac paterentur in foro circoque nisi positis lacernis togatum consistere. (Man trug nämlich, wie weiterhin gezeigt werden wird, die Lacerna über die Toga.) — Daher wurden denn die Römer auch schlechthin *togati* oder wie es bei VERGIL. Aen. I, 282. heisst: *gens togata* genannt. [MART. XIII, 124.] Je mehr aber die Bedeutung des römischen Namens schwand, desto mehr kam auch die Toga ausser Gebrauch, und sie wurde nur noch [als Staats- und Festgewand, gleichsam als Uniform, so z. B.] bei gerichtlichen Verhandlungen und von den Clienten bei der *salutatio* und *anteambulatio* getragen (s. II, S. 159.); endlich auch im Theater, bei öffentlichen Spielen, wo man sich diesen Zwang aus Rücksicht auf die Gegenwart des Kaisers anthat. Daher war es eine Ausnahme, was LAMPRID. 16. vom Commodus erzählt: *contra consuetudinem paenulatos iussit spectatores, non togatos ad munus convenire.* — Dass auch wenigstens späterhin die zur kaiserlichen Tafel Geladenen *togati* erscheinen mussten, sieht man aus SPART. Sever. 1. *Quum rogatus ad coenam imperatoriam palliatus venisset, qui togatus venire debuerat, togam praesidiariam ipsius imperatoris accepit.* Ob diess aber auch schon unter August Statt gefunden habe, ehe der Abstand zwischen Kaiser und Volk so schroff und eine strengere Hofetikette eingeführt wurde, lässt sich bezweifeln, und ich glaube daher keinen Vorwurf zu verdienen, wenn ich in der ersten Scene Gallus die Synthesis habe tragen lassen. [Nachdem das oben erwähnte Verbot des Augustus erlassen war, wird man auch am Hof nur die Toga getragen haben.]

Es sind drei Punkte, auf welche die Untersuchung gerichtet sein muss: die Form der Toga, ihr Umwurf und der Stoff der dazu genommen wurde. — Ueber den ersten, die Form, ist viel gestritten worden, und doch ist gerade sie durch die klarsten Zeugnisse ausser Zweifel gestellt. DIONYS. III, 61. nennt sie περιβόλαιον ἡμικύκλιον. τὰ δὲ τοιαῦτα τῶν ἀμφιεσμάτῶν Ῥωμαῖοι μὲν τόγας, Ἕλληνες δὲ τήβεννον καλοῦσιν. QUINCT. XI, 3, 139. *Ipsam togam rotundam esse et apte caesam velim.* ISID. Orig. XIX, 24. *Toga dicta, quod velamento sui corpus tegat atque operiat. Est autem pallium purum forma rotunda effusiore et quasi inundante sinu, et sub dextro veniens supra humerum sinistrum ponitur.* [SCHOL. zu Pers. V, 14.] und von POSIDONIUS bei Ath. V. p. 213. B. wird bei Erwähnung der Grausamkeit, mit welcher Mithridat gegen die Römer wüthete, gesagt: τῶν δ' ἄλλων Ῥωμαίων οἱ μὲν θεῶν ἀγάλμασι προςπεπτώκασιν, οἱ δὲ λοιποὶ μεταμφιεσάμενοι τετράγωνα ἱμάτια τὰς ἐξ ἀρχῆς πατρίδας πάλιν ὀνομάζουσιν. Sie verleugneten also die Gemeinschaft mit den Römern, indem sie ein unrömisches viereckiges Gewand umnahmen. Dasselbe bedeutet, wie SAUMAISE sehr richtig erklärt, bei TERTULL. de pall. 1. *pallium teres*, im Gegensatze zu dem eigentlichen viereckigen Pallium. Auch aus APP. b. c. V, 11. und CIC. p. Rab. 10. ergiebt sich der Gegensatz der Toga zu dem viereckigen griechischen Pallium (ἱμάτιον, περίβλημα). — Demungeachtet haben Manche geglaubt, sie sei viereckig gewesen, und H. v. SECKENDORF, die Grundform der Toga. Göttingen 1812. hat zu zeigen gesucht, dass der an den Statuen sichtbare Umwurf mit einer viereckigen Toga wohl erreicht werden könne. Allein diess scheint auf das Bestimmteste geleugnet werden zu müssen, und die Annahme wird am besten ihre Widerlegung finden, wenn bei der zu gebenden Erklärung des Wurfs sich ergiebt, dass an ein Knüpfen der Toga nicht zu denken ist. Man nimmt nun an, dieses ἡμικύκλιον sei das Segment eines grossen Kreises gewesen. MÜLLER, Etr. S. 263. Anmerk. 56. und so wohl auch SPALDING zu Quinct. p. 443. [Ebenso CHERY, recherches sur les costumes et les theatres I, p. 28.] Ob dann aber die Weite des Gewands, die es offenbar hatte, zu erlangen gewesen sein sollte, scheint zweifelhaft. HORAZ bezeichnet eine sechsellige Toga schon als eine sehr weite: Epod. IV, 8. Nehmen wir nun auch den grössten Kreisabschnitt, den Halbkreis selbst an, so würde bei einer Sehne von sechs Ellen die grösste Breite drei Ellen sein, womit der reiche Faltenwurf, den wir schon unter August finden, durchaus nicht erreicht werden könnte. Auch hätte dann Quinctilian nicht nöthig gehabt vorzuschreiben, sie solle *apte caesa* sein. Ich glaube daher vielmehr, dass sie zwar unstreitig rund gewesen [auch WINCKELMANN, Geschichte der Kunst VI, 3. oder Werke Bd. IV, S. 413. nennt die Toga zirkelrund], aber eine grössere Weite gehabt habe, als bei einem Kreisabschnitte möglich war. Nur unter dieser Voraussetzung lässt sich der Wurf an Statuen wie z. B. im MUS. BORB. VII. t. 43. im Augusteum III. t. 119. u. 124. erklären. [Richtiger ist mit WEISS a. a. O. S. 956 f. die Toga als oval anzunehmen und halbkreisförmig (ἡμικύκλιοι) wird sie durch Zusammenlegen, wie WINCKELMANN a. a. O. erklärte. Bei HOR. epod. IV, 7.

Videsne, sacram metiente te viam
Cum bis trium ulnarum toga cett.

ist die Angabe von 6 Ellen richtiger auf die Breite zu beziehen, als auf die Länge oder Weite, denn wie wäre sonst der übertriebene Faltenwurf möglich gewesen?]

Ueber den Umwurf ist die Hauptquelle bei QUINCT. XI, 3, 137 ff. *Est aliquid in amictu; quod ipsum aliquatenus temporum conditione mutatum est. Nam veteribus nulli sinus: perquam breves post illos fuerunt. Itaque etiam gestu necesse est usos esse in principiis eos alio, quorum brachium, sicut Graecorum, veste continebatur. Sed nos de praesentibus loquimur. — Ipsam togam rotundam esse et apte caesam* [d. h. oval geschnitten] *velim. Aliter enim multis modis fiet enormis. Pars eius prior mediis cruribus optime terminatur, posterior eadem portione altius, qua cinctura. Sinus decentissimus, si aliquanto supra imam togam fuerit, nunquam certe sit inferior. Ille qui sub humero dextro ad sinistrum oblique ducitur, velut balteus, nec strangulet, nec fluat. Pars togae, quae postea imponitur, sit inferior; nam ita et sedet melius et continetur. Subducenda etiam pars aliqua tunicae, ne ad lacertum in actu redeat: tum sinus iniiciendus humero, cuius extremam oram reiecisse non dedecet. Operiri autem humerum cum toto iugulo non oportet; alioqui amictus fiet angustus et dignitatem, quae est in latitudine pectoris, perdet. Sinistrum brachium eo usque allevandum est, ut quasi normalem illum angulum faciat. Super quod ora ex toga duplex aequaliter sedeat.* SPALDINGS vortrefflicher Commentar hat die meisten Schwierigkeiten des Textes gehoben; allein wie der ganze Wurf war, und wie namentlich der *balteus* und der *sinus* entstanden, geht daraus nicht hervor, und doch sind das die beiden Dinge, welche am meisten der Erklärung zu bedürfen scheinen. Nicht weniger lehrreich ist neben Quinctilians Vorschriften die Schilderung der Umständlichkeit, welche der Toga dem Pallium gegenüber vorgeworfen werden konnte, bei TERTULL. de pallio. 5. *Prius etiam ad simplicem captatelam eius nullo taedio constat* (pallium): *adeo nec artificem necesse est, qui pridie rugas ab exordio formet et inde deducat in tilias totumque contracti umbonis figmentum custodibus forcipibus assignet, dehinc diluculo tunica prius cingulo correpta, quam praestabat moderatiorem texuisse, recognito rursus umbone, et, si quid exorbitavit, reformato partem quidem de laevo promittat, ambitum vero eius, ex quo sinus nascitur iam deficientibus tabulis retrahat a scapulis et exclusa dextera in laevam adhuc congerat cum alio pari tabulato in terga devoto, atque ita hominem sarcina vestiat.*

Vor Allem muss zweierlei Weise des Umwerfens unterschieden werden: die ältere und einfache, und die spätere mit weiter, faltenreicher Toga. [Die ovale Grundform der Toga blieb zwar immer dieselbe, aber durch die prunksüchtige Mode der späteren Zeit wurden die Proportionen verändert. Namentlich zwangen die zahlreichen und schweren Falten zu immer grösserer Breite und Länge, W. RAMSAY, manual of Roman antiquities. Lond. 1851, p. 451 ff. WEISS, S. 955 ff. tadelt die BECKER'sche Annahme des doppelten Umwurfs und indem er die Form, welche nach BECKER die ältere ist, als eine der späteren Zeit angehörige Form des tuscischen Umwurfs bezeichnet, nennt er die Form, die nach B. die neuere ist, die uralte und einzig römische, die immer dieselbe geblieben sei. Uns will es aber nicht scheinen, als ob für die alte knappe Zeit eine solche Faltenlast und Stoffverschwendung passte, wie die späteren Statuen zeigen — abgesehen davon, dass die

Die männliche Kleidung. 145

alten sparsamen Römer sich nicht dazu entschlossen haben würden, der umständlichen Anlegung so viel Zeit zu opfern. Spricht doch W. S. 960. selbst von einer „ursprünglichen engeren Toga"!] Die erstere sieht man an der hier abgebildeten Figur, welche nach einer Marius benannten Statue in der Dresdner Sammlung, Augusteum t. 117. gezeichnet ist. Ganz eben so ist die Gewandung an vier anderen ähnlichen Statuen derselben Sammlung und an einer sechsten ist zwar die Toga weit faltenreicher, aber der Umwurf derselbe. August. t. 118. Hier ist der Wurf sehr einfach, der eine Zipfel ist über die linke Schulter nach vorn geworfen, so dass die runde Seite nach Aussen fällt; dann ist das Gewand hinter dem Körper weg über die rechte Schulter gezogen, so dass der Arm darin wie in einer Binde ruht, weil der ganze übrige Theil der Toga, über den vorderen Theil des Körpers sich hinwegziehend, wieder über die linke Schulter geschlagen ist. Der zweite Zipfel hängt nun über den Rücken hinab und der linke Arm wird von dem darüber

fallenden Gewande bedeckt. Man sieht hier deutlich, was bei QUINCT. heisst: *brachium veste continebatur.* denn nur die Hand ist frei und will man die Falten, in denen der Arm ruht, für einen *sinus* gelten lassen, so ist es jedenfalls ein *perquam brevis*.

146   Erster Excurs zur achten Scene.

Weit schwieriger ist die Erklärung der zweiten Art des Umwurfs, der mit einer überaus weiten Toga geschah. Er ist hier vorgestellt, nach einer in Herculanum gefundenen und im Mus. Borb. VI. t. 41. abgebildeten Statue des Lucius Mammius

Maximus, mit der man die auf gleiche Weise drapirten Statuen im August. t. 119. und 124. Mus. Borb. VII. t. 43. und 49. vergleichen kann. Die von QUINCTILIAN genannten Theile sind daran vollkommen sichtbar, und es ist leicht den *velut balteus*, den *sinus*, die *ora duplex* zu bezeichnen; allein das Gewand in Gedanken abzuwickeln, oder einen ähnlichen Wurf hervorzubringen, hat grosse Schwierigkeiten. Nach vielfältigen Versuchen mit viereckigen und runden Tüchern habe ich mich überzeugt, dass nothwendig ein halbrundes und zwar sehr langes, aber im Verhältnisse zu seiner Länge viel breiteres oder weiteres Gewand als ein Kreisabschnitt sein würde, dazu gehöre [also ein ovales aber durch Zusammenlegung halbrund, wie oben gesagt ist.] Dieses Gewand wurde ganz in der oben angegebenen Weise zuerst über die linke Schulter geschlagen, nur dass der mit dem Zipfel vorn überhängende Theil viel weiter herabreicht, (an unserer Statue bis auf die Füsse; an denen im August. 124. und in Mus. Born. VII. t. 49. liegt es gar auf dem Boden), und schon durch diesen Wurf der linke Arm völlig bedeckt wird. Dann zog man die Toga hinter dem Rücken weg nach vorn und fasste sie etwa in der Mitte ihrer Weite faltig zusammen, so dass der obere Theil als Sinus herabfiel, der untere Leib und Schenkel deckte. So entstand der unter dem rechten Arme hervor schräg über die Brust sich ziehende Faltenbausch — *qui sub humero dextro ad sinistrum oblique ducitur, velut balteus* — den man gewöhnlich unter *umbo* versteht. Der übrige Theil wurde dann über die linke Schulter und den Arm geschlagen, der nun doppelt bedeckt war, daher: *super quod ora ex toga duplex aequaliter sedeat.* An den Zipfeln sieht man häufig Quasten oder Knöpfchen, die entweder zur Verzierung dienten oder bestimmt waren, durch ihre Schwere das Gewand niederzuhalten. Endlich wurde ein Theil des vorn herabhängenden Gewandes unter dem schrägen Faltenbausche hervorgezogen, oder es wurde etwas von der Weite des Sinus nach links herübergezogen, so dass es wie ein kleiner Sinus über den Bausch hing, und diess, glaube ich, in Verbindung mit dem Bausche ist es, was man *umbo* nannte. [Nach WEISS S. 959. wurde der auf dem Boden schleppende Zipfel, das heisst, der von der linken Schulter herabhängt, über der Brust nach vorn in die Höhe gehoben, wo er neben dem Sinus als Faltenbausch (*umbo*) über jenen herabfiel, was nicht unwahrscheinlich ist, aber wenigstens aus der Hauptstelle bei QUINCT. nicht hervorgeht.] Wenn SPALDING auf diesen Theil die Worte Quinctilians *pars togae, quae postea imponitur.* bezieht, so kann ich dem nicht beistimmen; denn schwerlich konnte davon der Ausdruck *imponere* gebraucht werden; ich kann darunter nur das zuletzt über die linke Schulter geworfene Ende der Toga verstehen, das tiefer herabhängen soll, wodurch dem ganzen Wurfe mehr Festigkeit gegeben wurde. Ebensowenig halte ich in den Worten *sinus decentissimus, si aliquanto supra imam togam fuerit, nunquam certe sit inferior.* die Veränderung in *supra imam tunicam.* für zulässig. An manchen Statuen, wie an der einen im MUS. BORB. VII. t. 49. reicht die Toga etwa bis auf die *media crura*, und der *sinus* fast ebenso weit. Es gehört wenig dazu, so kann er auch tiefer fallen, als der untere Saum des Gewandes. [Auf die sorgfältige Erklärung von WEISS. S. 957 ff., die in dem Wesentlichen mit BECKER übereinstimmt, aber in Details abweicht, kann ich nicht näher eingehen, da gerade die unterscheidenden Partien Missverständnissen ausgesetzt sind, z. B. wenn W. am Ende sagt: „Nächstdem bildete so nun der Ueberschlag (d. i. das auf der linken Schulter ruhende Ende) mit seiner rundlich abfallenden Masse (*sinus*) gewissermassen die Wiederholung der durch ihn nur theilweis bedeckten, unteren Fülle (d. i. des Anfangs der Toga). Trotz der dabeistehenden hier weggelassenen Buchstaben habe ich die Ansicht W.'s nicht klar verstanden, um darüber urtheilen zu können.] — Mit Hülfe der Abbildung wird hoffentlich die gegebene Erklärung verständlich sein. Die einzelnen Theile mit Buchstaben zu bezeichnen habe ich vermieden, weil sie immer störend sind. Die Hauptsache ist, das richtig zu verstehen, dass das hinter dem Rücken nach Rechts hervorgezogene Gewand, wenn es in seiner Breite herabhing, in der Mitte gefasst und so in zwei Hälften getheilt wurde, deren eine den Sinus bildet, die andere über Leib und Schenkel herabfiel. Noch deutlicher wird die Sache durch Vergleichung solcher Statuen wie die Concordia bei VISCONTI Mon. Gab. 34.

wo die Palla auf dieselbe Weise gefasst ist, und dadurch ein ähnlicher schräger Faltenbausch entsteht, und die obere Hälfte des Gewands, wie bei der Toga der Sinus überhängt. — Berücksichtigen wir noch die Worte TERTULLIANS, so werden wir Alles damit übereinstimmend finden. Wenn die überflüssig lange Tunica aufgegürtet ist, wird ein Theil der Toga über die linke Schulter nach vorn geschlagen, *de laevo promittitur;* dann wird der den Sinus bildende Theil, um mehr Weite und Falten — TERTULLIAN nennt die breiten regelmässig gelegten Falten *tabulae* und *tabulata*, auch *tabulata congregatio.* c. 1. — zu gewinnen, von der Schulter zurückgezogen, so dass der rechte Arm frei bleibt und mit dem übrigen Theile, der in den Bausch zusammen gefasst ist, über den linken Arm und den Rücken hinabgeworfen, *in laevam congeritur cum alio pari tabulato in terga devoto.* — Wer auf solchen künstlichen Wurf Werth legte, der liess schon vor dem Umwurfe die Toga künstlich in Falten legen, und diess geschah jeden Abend wieder. Dann wurden wohl auch dünne Bretchen zwischen die Falten gelegt, um ihre Regelmässigkeit zu erhalten, *qui pridie rugas ab exordio formet et inde deducat in tilias* (was schwerlich mit SALMAS. in *talias* zu ändern ist), und der künstlich gefaltete Bausch oder *umbo* wurde durch Zangen, *custodibus forcipibus* zusammengehalten, die nur dazu dienten, die Falten nicht aus ihrer Lage kommen zu lassen, keineswegs durch besondere Kunst den *umbo* hervorzubringen. Sie sind nur *custodes.* — Welche Sorgfalt Manche auf den Wurf der Toga verwendeten, das sieht man aus dem, was MACROB. Sat. II, 2. vom Hortensius erzählt.

Die Farbe der Toga war, wie allgemein bekannt ist, weiss, und darum wird sie *pura*, *vestimentum purum* genannt, und nur Knaben trugen bis zum *tirocinium fori* die mit dem Purpurstreifen verbrämte, *toga praetexta.* Der Gebrauch der *praetexta* für Magistrate [BECKER, röm. Alterth. II, 2, S. 77 fg.], so wie die *candida* oder *splendens*, die [goldgestickte] *toga picta* und die *tunica palmata* gehören nicht hierher. [S. darüber PAULY, Realencykl. VI, S. 282. 2152. 2249. und GÖLL,

Philol. 1849. XIV, S. 596 ff.] Von der *sordida* und *pulla* wird weiterhin die Rede sein. — Späterhin war eine *toga purpurea* Auszeichnung der Kaiser, und Cäsar war wohl der erste, der sie trug. Cic. Phil. II, 34. [Ausser den Genannten behandelten die Toga Bossius, de toga rom. Amstel. 1671. Guhl und Koner, das Leben der Griechen u. Römer. II, S. 222 ff. nach Weiss.]

Die Tunica.

Unter der Toga trug man die Tunica, eine Art Hemd, ursprünglich vielleicht ganz ohne Aermel, wie der dorische Chiton, *colobium*, gewöhnlich aber mit kurzen, den Oberarm etwa zur Hälfte deckenden Aermeln, die wir an den meisten Statuen finden. Später fing man auch an lange bis an die Hände reichende Aermel zu tragen, *tunicae manicatae*, χειριδωτοί, welche aber selbst bei Frauen (wie Mus. Borb. VII. t. 3.) selten vorkommen. Auf den Herculanischen und Pompejanischen Gemälden und Reliefs, welche komische Scenen vorstellen, haben zwar die Schauspieler durchaus *tunicas* χειριδωτούς (s. Gell, Pompeiana N. F. II. t. 76. Mus. Borb. IV. t. 18. 33.), allein das ist nicht römisches Kostüm. Indessen eifert schon Cicero gegen diese Weichlichkeit. Catil. II, 10. *quos pexo capillo, nitidos aut imberbes aut bene barbatos videtis, manicatis et talaribus tunicis, velis amictos, non togis.* in Clod. et Cur. 5. *Nam rusticos ei nos videri minus est mirandum, qui manicatam tunicam et mitram et purpureas fascias habere non possumus.* und Cäsar trug die *tunica laticlavia ad manus fimbriata.* Suet. Caes. 45. Gell. VII, 12. *Tunicis uti virum prolixis ultra brachia et usque in primores manus ac prope digitos Romae atque omni in Latio indecorum fuit. Eas tunicas Graeco vocabulo nostri* χειριδωτούς *appellaverunt: feminisque solis vestem longe lateque diffusam decoram existimaverunt, ad ulnas cruraque adversus oculos protegenda.*

Wenn man nach Gellius ehedem die Toga allein auf dem blossen Leib trug, so begnügte man sich in der Folge nicht mit einer Tunica, sondern wie die Frauen so zogen auch die Männer eine *tunica interior* an. „Männer und Frauen

trugen dergleichen, sagt BÖTTIGER Sab. II, S. 113.; bei den Männern hiess sie *subucula*, bei den Frauen *intusium*. S. FERRARI de re vest. III, 1." Diess ist indessen entschieden falsch und eines der vielen Beispiele von Leichtfertigkeit, mit der man sich selbst der Untersuchung entzieht und für hinreichend achtet, sich auf Schriften, die eine gewisse Autorität erlangt haben, zu berufen. — Bekannt ist das Fragment VARRO's bei NON. XIV, 36. *Postquam binas tunicas habere coeperunt, instituerunt vocare subuculam et indusium.* und sie ist eben die Veranlassung zum Irrthume geworden, den FERRARI von Manutius, BÖTTIGER von Ferrari entlehnt und fortgepflanzt haben. VARRO will aber vielmehr sagen, dass man die untere Tunica *subucula*, die obere *intusium* (so mag VARRO geschrieben haben) genannt habe. Das wird völlig klar durch eine andere, in gewisser Hinsicht sehr schwierige Stelle desselben Schriftstellers de L. L. V, 131. *Prius dein indutui, tum amictui quae sunt, tangam. Capitium ab eo, quod capit pectus, id est, ut antiqui dicebant, comprehendit. Indutui alterum quod subtus, a quo subucula; alterum quod supra, a quo supparus, nisi id quod item dicunt Osce. Alterius generis item duo: unum quod foris ac ac palam, palla; alterum quod intus, a quo intusium, id quod Plautus dicit:*
Intusiatam patagiatam caltulam ac crocotulam.
Die Ausdrücke, welche VARRO erklärt, scheinen der alten Zeit anzugehören; denn aus der Sprache der Literaturblüthe sind sie so gut als verschwunden und GELL. XVI, 7. wirft dem Laberius den Gebrauch des Wortes *capitium* vor. Ebenso ungebräuchlich in solchem Sinne *supparus*. Allein so viel geht aus VARRO's Worten deutlich hervor, dass er *capitium* generell für untere und obere Tunica gesagt wissen will. Die untere heisst dann *subucula*, die obere *supparus*. Von letzterer nennt er dann wiederum verschiedene Arten *intusium* und *palla*. Wie schlecht diess nun auch mit NONIUS übereinstimmen und wie wenig die Varronische Etymologie gelten mag, seine Meinung war es offenbar, das *intusium* als eine besondere Art des Oberkleides, *supparus*, zu bezeichnen, und so kann es also

auch nur in der ersteren Stelle im Gegensatze zu der *subucula*, dem Unterkleide, genommen werden. Ueberdiess spricht VARRO, wie es scheint, nur von der weiblichen Kleidung, während von der *toga* und *tunica* der Männer schon 146 fg. die Rede gewesen ist, und es würde demnach der Name *subucula* auch von der unteren Tunica der Frauen gelten. Die spätere Sitte mag nun vielleicht auch den Gebrauch der Namen beschränkt haben und *subucula* scheint hauptsächlich von der männlichen Kleidung gebraucht worden zu sein; allein dass *indusium* die innere Tunica der Frauen geheissen habe, davon sagt VARRO durchaus nichts. [Dass *supparus* die obere Tunica war, zeigt auch LUCAN. Phars. II, 363 f.

Colla monile decens humerisque haerentia primis
Suppara nudatos cingunt angusta lacertos.

NON. XIV, 20. supp. *est linteum femorale usque ad talos pendens*. (Männern und Frauen gemeinsam). FEST. h. v. p. 310. wollte supparus wahrscheinlich von subucula trennen, aber PAUL. DIAC. p. 311. idenficirte beide fälschlich. Richtig lässt HOR. epist. I, 1, 95.

— *si forte subucula pexae*
Trita subest tunicae vel si toga dissidet impar.

subucula als untere Tunica erkennen. FEST. h. v. p. 309 M. spricht aber bloss ganz allgemein *tunicae genere*. ROEPER, Varro Eumen. II. Danzig 1861, S. 14 ff.]

Wer empfindlicher gegen die Kälte war, zog wohl auch noch mehrere tunicas über einander. So August, SUET. 82. *Hieme quaternis cum pingui toga tunicis et subuculae thorace laneo et feminalibus et tibialibus muniebatur.* Aus dieser Stelle lässt sich [nur unsicher] schliessen, dass die *subucula* eng am Körper anliegen und zuweilen vielleicht eher einem Camisol gleichen mochte. [Wenn Jemand zwei tunicas trug, so war wohl nur die untere mit Aermeln versehen. Die tunica ohne Aermel oder wenigstens nur mit kurzen Aermeln ausgestattet, bekam in der Kaiserzeit den Namen *colobium*, SERV. zu Verg. Aen. IX, 616. ISIDOR. XIX, 22. col. *sine manicis quali monachi Aegyptii utuntur.* COD. THEOD. XIV, 10, 1. DIOCL. ed.

XVII, 1 ff. δελματικῶν ἀνδρείων ἤτοι κολοβίων (von Leinwand). und MOMMSEN S. 71. Identisch ist also die Dalmatica, welche von beiden Geschlechtern getragen wird, während man colobium nur von Männern braucht. ISIDOR. a. a. O. *texta est manicis brevioribus.* LAMPR. Comm. 8. *dalmaticatus.* Heliog. 26. In der Messtracht der Geistlichen gestaltete sich dies colobium zur Alba um, die Dalmatica aber behielt lange Aermel und wurde über die Alba gezogen. Dass colobium in der späteren Kaiserzeit noch eine zweite Bedeutung erhielt, als ein aus der toga picta hervorgegangener die Brust bedeckender kostbarer Ueberwurf, vermuthet GÖLL, Philologus XIV. Götting. 1859. S. 598 f. mit Wahrscheinlichkeit. Zwar lässt SCHOL. ACR. zu Hor. Sat. I, 5, 36. eine andere Deutung zu, aber JOH. LYD. I, 32. ist ohne die erwähnte Annahme nicht zu verstehen. Im Mönchsleben blieb colobium stets die Kutte.]

Eine besondere Auszeichnung war für den *ordo senatorius* und *equester* der *clavus, latus* oder *angustus;* daher *tunica laticlavia* und *angusticlavia*. Nach langem Streite ist man jetzt darüber ausser Zweifel, dass der *latus clavus* ein vorn in der Mitte der Tunica vom Halse bis zum untern Saume herablaufender Purpurstreifen war, der *angustus* aber aus einem oder zwei dergleichen schmäleren Streifen bestand. S. RUBEN. de re vest. und SPALDING zu Quinct. p. 441. Diese Streifen wurden eingewebt, wie man am deutlichsten aus PLIN. VIII, 48, 73. ersieht: *Nam tunica lati clavi in modum gausapae texi nunc primum incipit.* [BECKER, römisch. Alterth. II, 1, S. 277 fg.] Auf das Ablegen dieser Insignien beschränkte sich wohl das *mutare vestem* [was bei öffentlicher Trauer regelmässig geschah, PAULY, Realencyklop. IV, S. 1201.] und in keinem Falle darf man den Ausdruck *sordidatus* von schmuziger Kleidung verstehen. DIO CASS. XXXVIII, 14. τὴν βουλευτικὴν ἐσθῆτα ἀπορρίψας ἐν τῇ ἱππάδι περιενόστει. XL, 46. καὶ τὴν βουλευτικὴν ἐσθῆτα καταθέμενοι κἂν τῇ ἱππάδι τὴν γερουσίαν, ὥσπερ ἐπὶ μεγάλῳ τινὶ πένθει, συνάγοντες (Coss.). CIC. p. Planc. 41. *statim ad me lictoribus dimissis, insignibus abiectis, veste mutata profectus est.* LIV. ep. CV. [Bei dem Privatmann, welcher keine Insignien abzulegen hatte, bestand die *mutatio vestis* in der Annahme von Trauerkleidern (*toga pulla*); dass aber die Magistraten und Senatoren bei öffentlicher Trauer nicht blos ihrer Insignien sich entäussert, sondern auch in dunkler Tracht erschienen wären, ist wenigstens aus Stellen nicht zu belegen. Anderer Meinung ist WÜSTEMANN, Rec. d. Gallus S. 154 f.]

Die Tunica wurde unter der Brust gegürtet (*cinctura*); wer indessen den *latus clavus* [oder mehrere Tuniken] trug, gürtete nur die untere, wovon Cäsar eine Ausnahme machte. SUET. Caes. 45. (dass die streitige Stelle bei MACROB. Sat. II, 3. eine Unrichtigkeit enthalte, ist ausser allem Zweifel; nur wird die Veränderung in *tunica praecingebatur* nicht ausreichen, da sich diess mit *laciniam trahere* durchaus nicht vereinigen lässt). QUINCTIL. schreibt für die Länge des Kleides vor: *Cui lati clavi ius non erit, ita cingatur, ut tunicae prioribus oris infra genua paullum, posterioribus ad medios poplites usque perveniant. Nam infra mulierum est, supra centurionum. Ut purpurae recte descendant, levis cura est. Notatur interim negligentia. Latum habentium clavum modus est, ut sit paullum cinctis summissior.* In den letzten Worten ist es kein Zweifel, dass *cinctis* als Ablativ zu nehmen ist; indessen braucht es nicht nothwendig auf die *cinctura* der *angusticlavia* bezogen zu werden, sondern es kann auch heissen, die *laticlaria* solle etwas tiefer herabreichen, als die *tunicae interiores*, welche jederzeit gegürtet wurden. Man könnte fragen, zu welchem Zwecke, da die darüber geworfene Toga den unteren Theil der Tunica ganz verbarg; allein man muss nicht vergessen, dass die Toga nur getragen wurde, wenn man sich öffentlich zeigte, und dass man sie im Hause sogleich ablegte. — Tief herabreichende *tunicae, talares*, erfuhren bei Männern jederzeit Tadel. — [S. RAMSAY, a manual of Roman antiq. p. 452. WEISS, p. 960 f.]

Die Toga war das römische Staatskleid, wie die Tunica das Hauskleid; allein theils bei üblem Wetter, theils ausser Rom, und namentlich auf der Reise, wo man die [im Verlauf der Zeit immer schwerfälliger gewordene] Toga nicht trug,

Die männliche Kleidung. 155

bedurfte man eines andern Kleidungsstückes, um sich gegen Staub und Regen zu schützen. Dieses Kleid war die
Pänula,
eine Art Mantel, der von allen Klassen, auch sogar von Frauen getragen wurde. ULP. Dig. XXXIV, 2, 23. *Communia sunt, quibus promiscue utitur mulier cum viro, veluti si ciusmodi paenula palliumve est et reliqua huiusmodi, quibus sine reprehensione vel vir, vel uxor utatur.* Von ihr haben LIPSIUS, Elect. I, 13. 25. SALM. zu Spart. Hadr. 3. p. 25. Lampr. Comm. 16. p. 517. Diadum. 2. p. 774. Alex. Sev. 27. p. 926. und BARTHOLINI, de paenula. Hafn. 1670. auch in GRAEV. thes. t. VI. so ausführlich gehandelt, dass es hier genügt, nur das Wesentlichste über ihre muthmassliche Beschaffenheit und ihren Gebrauch anzuführen. — Sie war, wie es scheint, ein langer einfacher Mantel ohne Aermel, der vermuthlich nur einen Ausschnitt [für den Kopf in der Mitte] hatte. Man zog ihn also über den Kopf und so bedeckte er vom Halse an den ganzen Körper mit Schultern und Armen. Wenn die von BARTHOLINI bekannt gemachten Statuen (s. unsere Abbildung) mit Sicherheit darauf bezogen werden können, so  scheint er vorn die Brust herab wenigstens zu $^2/_3$ zugenähet gewesen zu sein. Diese Naht geht indessen bald tiefer herab, bald endigt sie schon auf der Brust, und dann fällt unterhalb der Mantel in zwei Hälften herab, die man zurückschlagen konnte, um den Arm frei zu haben, wie diess bei unserer Figur der Fall ist. — Das entschiedenste Denkmal ist vielleicht ein libertus auf einem Grabcippus im Lapidarium des Vatican.

Zur Pänula nahm man ein dichtes starkes Zeug, zumal

wenn sie für den winterlichen Gebrauch bestimmt war, und nachdem man auch wollene *gausapa* fertigte, wurden vermuthlich diese gewöhnlich dazu genommen. MART. XIV, 145. *Paenula gausapina.*
> *Is mihi candor inest, villorum gratia tanta,*
> *Ut me vel media sumere messe velis.*

Vgl. VI, 59. Solche *gausapinae* wurden indessen erst kurz vor PLINIUS üblich; denn er sagt VIII, 48. *Gausapa (lanea) patris mei memoria coepere.* Ursprünglich war nämlich die *gausape* ein leinenes Zeug, das durch besondere Bearbeitung zottig wurde, worüber ich in den Nachträgen zum Augusteum S. 46 fg. gesprochen habe. Ausserdem wurden sie auch von Leder gefertigt, *scorteae*. MART. XIV, 130. *Paenula scortea.*
> *Ingrediare viam coelo licet usque sereno,*
> *Ad subitas nunquam scortea desit aquas.*

Der Gebrauch der *paenula* ist wenigstens so alt, als die älteste uns bekannte römische Literatur; denn bei PLAUTUS wird sie öfter als etwas Gewöhnliches erwähnt. Wenn daher PLIN. XXXIV, 5. unter die *effigies habitu novitias* rechnet: *quae nuper prodiere paenulis indutae,* so gilt diess nur von Kunstdarstellungen, für die sich allerdings die *paenula* sehr wenig eignen möchte. Sie bestand neben der Toga. An deren Stelle trat sie nie; wohl aber die ähnliche Lacerna. Man trug sie über die blosse Tunica vorzüglich auf der Reise. CIC. p. Mil. 20. *Milo autem cum in senatu fuisset eo die, quoad senatus dimissus est, domum venit: calceos et vestimenta mutat.* und darauf: *cum hic — cum uxore veheretur in rheda paenulatus.* ad Att. XIII, 33. *De Varrone loquebamur; lupus in fabula. Venit enim ad me, et quidem id temporis, ut retinendus esset. sed ego ita egi, ut non scinderem paenulam. memini enim tuum, et multi erant, nosque imparati. quid refert? paullo post C. Capito cum T. Carrinate. horum ego vix attigi paenulam; tamen remanserunt.* Daher gehört sie zur Tracht des mulio. CIC. p. Sest. 38. *mulionica paenula.* -- Ausserdem bediente man sich ihrer bei regnerischem Wetter auch in der Stadt. LAMPR. Sev. Alex. 27. *Paenulis intra urbem frigoris causa ut senes* (l. senatores) *uterentur permisit, quum id vestimenti genus semper itinerarium aut pluviae fuisset.* wo SALM. anführt SENEC. qu. nat. IV, 6. *hi quum signum dedissent adesse iam grandinem, quid exspectas, ut homines ad paenulas discurrerent aut scorteas.* Dann trug man darunter die Toga. Auch bei Spielen legte man sie an, DIO CASS. LXXII, 21.

Ein ähnlicher Mantel, den man ebenfalls über der Toga, später sogar an deren Stelle allein trug, war die

Lacerna

oder *lacernae*, die von spätern Schriftstellern häufig mit der *paenula* verwechselt wird. Sie unterschied sich von dieser dadurch, dass sie nicht, wie man zu sagen pflegt, ein *vestimentum clausum* war, durch das man den Kopf steckte, sondern ein der griechischen Chlamys und daher dem sagum, auch dem paludamentum der Feldherrn nicht unähnlicher offner Mantel, der gewöhnlich wohl über der rechten Schulter durch eine *fibula* zusammengeheftet wurde. Die *lacerna* ist unstreitig weit später aufgekommen als die *paenula*, und CICERO noch wirft sie dem Antonius vor, Phil. II, 30. *nam quod quaerebas, quomodo redissem: primum luce, non tenebris; deinde cum calceis et toga, nullis nec Gallicis nec lacerna.* und dann: *cum Gallicis et lacerna cucurristi.* Unter den ersten Kaisern aber ist sie schon sehr gewöhnlich, namentlich im Winter bei öffentlichen Spielen, wie man schon aus der Erzählung SUETONS, wie der Ritterstand den Claudius geehrt habe, sieht. Claud. 6. *Quin et spectaculis advenienti assurgere et lacernas deponere solebat* (ordo equester). Sie war also nicht bloss bestimmt gegen den Regen zu schirmen und wurde daher auch weit eleganter getragen als die *paenula*. Zwar im Theater, wenn man des Kaisers Gegenwart vermuthen konnte, waren auch nur weisse Lacernen schicklich, wie man aus MARTIAL IV, 2. sieht.

Spectabat modo solus inter omnes
Nigris munus Horatius lacernis,
Cum plebs et minor ordo maximusque
Sancto cum duce candidus sederet.

und XIV, 137. *Lacernae albae.*

Amphitheatrali nos commendamus ab usu,
Cum teget algentes alba lacerna togas.
und die Lacernen der ärmern Klasse mochten natürlich auch unansehnlich genug sein: Juven. IX, 27 ff.

— — *pingues aliquando lacernas*
Munimenta togae, duri crassique coloris
Et male percussas textoris pectine Galli
Accipimus.
Martial I, 92, 7.
Cerea si pendet lumbis et scripta lacerna
Dimidiasque nates Gallica braca tegit.
allein die Vornehmern trieben damit einen bedeutenden Luxus, und da die übrige Kleidung durchaus weiss sein musste, so liess man es wenigstens bei der Lacerna nicht an bunten Farben fehlen. Daher *lacernae coccineae,* Mart. XIV, 131. *amethystinae* u. a. Eine Purpurlacerne kam zuweilen, wie Mart. VIII, 10. erzählt, 10,000 Sest. [500 Thaler]. Doch nahm man zur Lacerna auch gemeinere dunkle Farben, s. unten. [Auf den pompejanischen Wandgemälden sieht man diese Tracht häufig, Weiss, S. 964.]

Die Synthesis.

Die Toga war ein durch ihren Faltenreichthum und die Art ihres Umwurfs viel zu unbequemes Gewand, um es bei den gewöhnlichen Geschäften im Hause oder bei Tafel zu tragen. [Spart. Hadr. 22. Sen. ep. 18. s. oben.] Bloss in der Tunica aber an letzterer zu erscheinen, wäre wiederum unschicklich gewesen. Man hatte daher eigene Tafelkleider, *vestes cenatoriae* oder *cenatoria,* Mart. X, 87, 12. XIV, 135. [Cap. Maxim. iun. 4. Dio Cass. LXIX, 18. Pompon. Dig. XXXIV, 2, 33. *muliebria cenatoria.*] Petr. 21. *accubitoria,* eb. 30. die auch *syntheses* genannt wurden. Welche Form diese Synthesis gehabt habe, wird sich schwerlich mit Gewissheit sagen lassen. Gewöhnlich wird angenommen, sie sei ein dem *pallium* ähnlicher Ueberwurf gewesen (Ferrar. de re vest. I, 31. [Stuck, antiq. conviv. II, 26 fg.] Wüstem. Pal. d.

Scaur. S. 255. Bei MALLIOT und MARTIN, Recherches sur les costumes etc. heisst es nach der deutschen Uebersetzung sehr naiv: „Zu der Cena kam man insgemein aus dem Bade und zog dann die Synthesis, eine äusserst bequeme, kurze, bunte Kleidung an"). Gegen diese Annahme scheint zu streiten, was DIO CASS. LXIII, 13. vom Nero sagt: τοὺς δὲ βουλευτὰς χιτώνιόν τι ἐνδεδυκὼς ἄνθινον καὶ σινδόνιον περὶ τὸν αὐχένα ἔχων ἠσπάσατο. wenn man damit SUETON, Ner. 51. vergleicht: *Circa cultum habitumque adeo pudendus, ut — plerumque synthesinam indutus ligato circum collum sudario prodierit in publicum sine cinctu et discalceatus.* Denn dass χιτώνιον ἄνθινον der *synthesis* entspricht, wie σινδόνιον dem *sudarium*, ist kein Zweifel. Dann wäre aber die Synthesis keinerlei Art *amictus*, sondern ein *indumentum* gewesen. Auch aus den Reliefs und Gemälden, welche Triklinien oder Biklinien vorstellen, lässt sich nichts Sicheres abnehmen; denn da ist bald eine blosse ungegürtete Tunica sichtbar, bald ist der obere Theil des Leibes gänzlich entblösst und die lockere Synthesis scheint heruntergefallen zu sein.

Welcher Art aber auch die Form der Synthesis gewesen sein möge, sie war ein eleganteres und in der späteren Zeit wenigstens farbiges Kleid. So sagt MART. II, 46.

Florida per varios ut pingitur Hybla colores,
Cum breve Sicaniae ver populantur apes,
Sic tua suppositis pellucent praela lacernis,
Sic micat innumeris arcula synthesibus.

so X, 29. *De nostra prasina est synthesis emta toga.* und öfter. Die Farben, welche am häufigsten genannt werden, wie *coccinus, prasinus, amethystinus, ianthinus*, s. Anhang. — Der Name kam vielleicht eben daher, dass sie sorgfältig in Falten gelegt und unter die Presse gebracht wurden. S. MART. a. a. O. und SEN. de tranq. an. 1. *non ex arcula prolata vestis; non mille tormentis splendere cogentibus pressa.* und das. LIPS.

Eitele oder um die Kleidung, die durch den Schweiss leiden konnte, besorgte Männer wechselten sie wohl auch öfter bei Tische. MART. V, 79.

Erster Excurs zur achten Scene.

Undeciens una surrexti, Zoile, cena,
 Et mutata tibi est synthesis undeciens.
Oeffentlich aber wurde die Synthesis nur an den einzigen Saturnalien, dann aber auch von den höchsten Ständen allgemein getragen, MART. XIV, 1. 141. und es erschien während dieser Tage ebenso lächerlich, die Toga anzulegen, als ausser dieser Zeit die Synthesis schicklich war. MART. VI, 24.

Nil lascivius est Charisiano;
 Saturnalibus ambulat togatus.
Vielleicht hatte Charisianus kein solches Festgewand. — S. BÖTTIGER, Aldobrand. Hochzeit S. 60 fg. VISCONTI zu Mus. Pio Clem. IV, p. 30. 52. — In ganz anderem Sinne bedeutet *synthesis* auch eine vollständige Garderobe, gleichsam eine ganze Garnitur Kleider; worüber SALM. zu Vop. Bonos. 15. p. 772. nachzusehen ist. In dieser Bedeutung wurde dann auch das Wort von andern Dingen als Kleidern gebraucht. [STAT. Silv. IV, 9, 44 fg. MART. IV, 46.] S. BÖTTIGER, Die Furienmaske. S. 69. Kleine Schriften I, S. 231.

Die Laena, abolla, endromis.

Die Namen, die uns sonst noch von üblichen Kleidungsstücken genannt werden, wie *laena* und *abolla*, sind kaum mit einiger Sicherheit zu bestimmen. Es scheint fast, als bedeuteten sie ziemlich dasselbe was *lacerna*. Von der ersteren sagt zwar MART. XIV, 136. *Laena.*

Tempore brumali non multum levia prosunt:
 Calfaciunt villi pallia vestra mei.
und sie scheint daher ein besonders warmes Gewand zu sein, das gar noch über die *lacerna* (*pallia*) geworfen wurde. [VARRO L. L. V, 133. *Laena quod de lana multa, duarum etiam togarum instar. Ut antiquissimum mulierum ricinium, sic hoc duplex virorum.* PAULL. p. 117 M. *Laena vestimenti genus habitu duplicis.*] NONIUS VIV, 26. nennt sie ein *vestimentum militare, quod supra omnia vestimenta sumitur*. und bei CIC. Brut. 14. finden wir sie als priesterliches Gewand; allein bei PERS. I. 32. erscheint sie wieder beim Mahle. Sie ist *hyacinthina* und *coccina* (IUVEN. III, 283.) nicht weniger als die

lacerna und ebenso ist die *abolla Tyria* oder *saturata murice*. MART. VIII, 48. [SUET. Calig. 35. *purpureae abollae.*] Vielleicht gehören sie in dieser Zeit alle zu den *cenatoriis*, s. oben. [Unter *lacinia* (von λακίς) bei APPUL. Met]. I, p. 105. *unam e duabus laciniis meis exuo*. II, p. 121 f. Elm. u. a. hat man sich kein besonderes Kleid zu denken, sondern das Wort bedeutet in weiterem Sinne jedes Kleidungsstück.]

Die *endromis*, welche einige Male erwähnt wird, IUVEN. VI, 246. MART. VI, 19. XIV, 126. war kein Kleid, sondern ein dickes Tuch oder Decke, das man nach den gymnastischen Uebungen umnahm, um sich nicht zu erkälten, so wie sich Trimalchio bei PETR. 28. nach dem Bade in eine *coccina gausapa* wickelt.

Kopfbedeckung.

Bedeckungen des Kopfes sind im städtischen Leben für Männer ganz ungebräuchlich. In gewissen Fällen zog man die Toga über den Kopf. Indessen hatte man doch für üble Witterung einen Schutz an dem *cucullus*, auch *cucillio*, eine Art Capuchon [oder Mönchskapuze], den man namentlich für die Reise, oder wenn man *obvoluto capite* unerkannt sein wollte [s. Thl. I, S. 128. und LAMPR. Heliog. 33. Iuv. VI, 118. *nocturnos cucullos.*], an die *lacerna* und die *paenula* heftete. MARTIAL nennt sie *Liburnicos* oder *Bardaicos*, IV, 4, 5. auch *bardocucullos* [XIV, 128.]. S. SALM. zu Iul. Cap. Pertin. 8. p. 551. Aus der Stelle MART. XIV, 139. *Cuculli Liburnici*.

Iungere nescisti nobis, o stulte, lacernas:
Indueras albas, exue callainas.

sieht man, dass sie von dunkler Farbe waren; denn was es auch mit dem Namen *callainae* oder *callaicae* für eine Bewandniss haben mag, der Sinn ist unstreitig, dass der *cucullus* auf der weissen Lacerna abgefärbt hatte. Dass er zu der Lacerna gehörte, sieht man auch aus einem zweiten Epigramme XVI, 132.

Si possem, totas cuperem misisse lacernas.
Nunc tantum capiti munera mitto tuo.

Was er ihm schickt, ist zwar kein *cucullus* sondern ein *pileus*, aber eben, wenn er *totas lacernas* (d. i. mit dem cucullus) schicken könnte, wäre der Hut unnöthig. [S. noch MART. XI, 98. V, 14. X, 76. — Häufig wurden die cuculli von Sklaven und gemeinen Leuten zum Schutz gegen die Witterung getragen, COLUM. I, 8. LAMPR. Hel. 33. *tectus cucullione mulionico.* Aehnlich ist in DIOCL. ed. VII, 44. f. *caracalla* und *caracallis*.]

Einen Hut trug man auf der Reise [daher auch die Fischer und Seeleute überhaupt, PLAUT. Mil. IV, 4, 41 fg.
Facito uti venias ornatu ornatus huc nauclerico.
Causiam habens ferrugineam, culcitam ob oculos laneam.
MUS. BORB. IV, 55.] und selbst bei Schauspielen zum Schutz gegen die Sonne. DIO CASS. LIX, 7. καὶ πίλους σφίσι τὸν Θετταλικὸν τρόπον ἐς τὰ θέατρα φορεῖν, ἵνα μὴ τῇ ἡλιάσει ταλαιπωρῶνται, ἐπετράπη. [MART. XIV, 29. *Causia.*
In Pompeiano tecum spectabo theatro.
Nam flatus populo vela negare solet.]
Augustus trug gewöhnlich einen *petasus*. SUET. 82. *Solis vero ne hiberni quidem patiens domi quoque non nisi petasatus sub divo spatiabatur.* [Es wäre ein vergebliches Beginnen, die auf den Wandgemälden zahlreich vorkommenden Kopfbedeckungen in Hut- und Mützenform auf besondere Namen zurückführen zu wollen, z. B. die breite Randmütze in ZAHN, schönste Ornam. III, 21. Die breitesten Krämpen hat *petasus* und *causia* gehabt, wie die Etymologie zeigt, *pileus* war eine Kappe mit schmalem Schirm oder ganz desselben entbehrend, alle aber meistens aus Filz, s. YATES, textrinum antiq. S. 388—411. Doch hatte man auch Mützen von Strohgeflecht und Leder. Sehr unbedeutend ist ANSELMUS SOLERIUS, de pileo. Amstel. 1671 und PIERIUS, de pileo. Das Richtige s. Charikles III, S. 212. ff.]

Beinbekleidung.

Hosen, *braccae* [*braces* in DIOCL. ed. VII, 46.], waren den Römern bis zu den späteren Kaisern völlig fremd. Sie gehörten den Barbaren an und wurden von diesen wohl meistens als weite Pluderhosen getragen, die unten über dem Fusse gebunden waren. So sieht man sie auf der *columna Traiana* und an den dazu gehörigen Statuen der Gefangenen. Man sehe PIRANESI's grosses Prachtwerk Taf. 1. 2. und die Säule selbst. Vgl. CAS. zu Suet. Aug. 82. SALM. zu Lampr. Sev. Alex. 40. p. 977. BÖTTIG. Vasengem. III, S. 184 fg. [BÖTTIGER, kl. Schriften II, S. 38 fg. III, S. 259 ff.] Diese Kleidung wurde auch an den Barbaren jederzeit verspottet, s. CIC. in Pis. 23. p. Font. 11, ad Fam. IX, 15. [OVID. Trist. V, 10, 33 fg.] Erst unter den unrömischen oder unter den Barbaren aufgewachsenen Kaisern fanden auch die Hosen Eingang (*coccineae braccae*, statt deren Alexander weisse wählte). Auch nahmen Männer, die lange gegen nordische Völker im Felde waren, die Tracht der Barbaren und die Hosen an. TAC. Hist. II, 20. von Cäcina: *Ornatum ipsius municipia et coloniae in superbiam trahebant, quod versicolore sagulo, braccas, tegmen barbarum, indutus togatos alloqueretur.* Doch im öffentlichen Leben und in Rom war das nicht geduldet und noch von Honorius wurde verboten, die braccas in der Residenz zu tragen, worüber man das Weitere bei SALMASIUS nachsehe. [LYD. de mag. I, 12. οὐδὲ γὰρ ἐξῆν Ῥωμαίοις βαρβαρικὴν στολὴν περιθέσθαι etc.]

Statt dieser Bekleidung der Beine hatten indessen die Römer schon theilweise zur Zeit der Republik *fascias*, s. über sie CASAUB. und SALM. a. a. O. VARRO de lib. educ. b. Non. II, 312. *Mihi puero modica una fuit tunica et toga, sine fasciis calceamenta.* CIC. in Clod. et Cur. 5. *Tunc, quum vincirentur pedes fasciis, quum calantica capiti accommodaretur, quum vix manicatam tunicam in lacertos induceres — te Appii Claudii nepotem esse recordatus es!* or. de har. resp. 21. HOR. Sat. II, 3, 255. Diese *fasciae* waren weder Beinkleider noch Strümpfe, sondern wie das Wort giebt, Binden oder Streifen Zeug, welche um die Beine gewickelt wurden, wie der römische Landmann zum Theil noch jetzt thut. Je nachdem sie Ober- oder Unterschenkel bekleideten, hiessen sie *feminalia* und *cruralia* oder *tibialia*. [ULP. Dig. XXXIV, 2, 25, § 4.

fasciae crurales.] SUET. Aug. 82. *Hieme quaternis cum pingui toga tunicis — et feminalibus et tibialibus muniebatur.* Indessen erfuhr das immer einigen Tadel. QUINCT. XI, 3, 144. *Palliolum sicut fascias, quibus crura vestiuntur et focalia et aurium ligamenta sola excusare potest valetudo.* Manche trugen ausserdem noch besonders Leibbinden, *villosa ventralia*, PLIN. VIII, 48. [auch *mitra* genannt, BRÖNDSTEDT, die Bronzen von Siris.] und Binden um den Hals, *focalia*. S. vor Allen HEIND. zu Hor. Sat. II, 3, 255. [MART. XIV, 142.] Aber auch dieses galt für ein Zeichen der Weichlichkeit. [Zweifelhaft ist die Bedeutung des von HOR. ebendas. genannten *cubital* (*fasciolas, cubital, focalia*), welches von HEINDORF, ORELLI und WÜSTEMANN als Armpolster erklärt wird, während DUENTZER zu d. St. eine Bedeckung des Unterarms darunter versteht, entsprechend den fasciis und focalibus. Doch dazu würde der Singularis nicht gut passen.]

Die Fussbekleidung
war zwar mannichfaltig, doch zerfällt sie in zwei Hauptklassen, den *calceus* und die *soleae*, welche freilich beide in sehr verschiedener Gestalt vorkommen. Es ist fast zu bezweifeln, dass die mancherlei Namen, welche zu Bezeichnung dieser Stücke vorkommen, mit Sicherheit auf die an Denkmälern vorkommenden Formen sollten bezogen werden können; denn was RUBENS [de calce senatorio] und BALDUIN, Calceus antiquus et myst. [Paris. 1615] Lgd. B. 1711. darüber gesagt haben, klärt die Sache keineswegs auf [obwohl BALDUIN eines Schuhmachers Sohn und der Sache kundig war]. Noch unbedeutender ist BITTNERS Diss. de calceis. Altorf 1740. [BASSIUS de gen. calceorum. u. A. s. FABRIC. bibliogr. antiq. p. 861 ff. Vgl. Charikles, III, S. 215 ff. und PAULY, Realencykl. II, S. 60 ff.] Es genügt daher die hauptsächlichsten Verschiedenheiten anzugeben.

Die Sohlen, *soleae*, waren eine Fussbekleidung, die von Männern nur im Hause, oder richtiger im häuslichen Leben getragen wurde. [In der ältesten Zeit trug man im Hause vermuthlich gar keine Fussbekleidung und erst später die *soleas*, sogar *lanatas* d. i. gefütterte, MART. XIV, 65. Sie waren ein- oder doppelsohlig, *monosoles* oder *bisoles*, aber stets einbällige d. h. nach dem rechten und linken Fuss gearbeitet und deshalb ein Wechseln nicht zulassend. Die Schuhmacherleisten, *formae caligares*, erwähnt DIOCL. ed. IX, 1 ff. *maximae, secundae, muliebres, infantiles.*] Bei GELLIUS XIII, 21. macht T. Gastricius seinen ehemaligen Schülern, die bereits Senatoren waren, Vorwürfe dass sie soleati sich öffentlich zeigten: *soleatos vos, populi Romani senatores per urbis vias ingredi nequaquam decorum est*. Indessen darf diess nicht soweit ausgedehnt werden, dass jeder Gebrauch der soleae auf der Strasse geleugnet würde; denn wenn man zur cena ging, ohne zugleich in dem Hause des Bewirthenden zu baden, waren eben die soleae die gewöhnliche Fussbedeckung, die man ablegte, sobald man sich zum Mahle lagerte, und erst beim Weggehen wieder anlegte. MART. III, 50.

*Deposui soleas, affertur protinus ingens
Inter lactucas oxygarumque liber.*

Da kam es denn auch zuweilen, dass sie unterdessen abhanden gekommen waren, wie bei MART. XII, 87. [siehe II, S. 135.] Daher der gewöhnliche Ausdruck *demere soleas* von dem, der sich zur Tafel legt; und *poscere soleas* vom Aufbrechenden. S. HEINDORF zu Hor. Sat. II, 8, 77. Wenn daher PLIN. ep. IX, 17. sagt: *Quam multi, cum lector aut lyristes aut comoedus inductus est, calceos poscunt*. so scheint *calceus* nur allgemeiner Ausdruck für Fussbekleidung überhaupt zu sein. [Auch auf Reisen und Fussmärschen trug man soleae, wie die in Mainz 1857 gefundenen römischen Soldatensandalen zeigen, welche sogar mit tüchtigen Nägeln versehen sind; *calciamenta clavata* d. i. *clavis confixa*. PAUL. DIAC. p. 56 M. BRISSON. sel. ex iur. civ. ant. II, 5. Letztere dienten zugleich dazu, Sohle und Brandsohle zusammenzuhalten, da sie nicht immer durch eine Naht verbunden waren. Uebrigens sieht man an den Ueberresten von Lederarbeiten in Mainz, dass man sehr gut verstand, das Leder zu nähen und zu steppen. Kostbar waren in späterer Zeit die *soleae Babylonicae*, DIOCL. edict. IX, 17. wo

166 Erster Excurs zur achten Scene.

sie mit den purpurnen socci zusammengestellt sind, aber gerade noch einmal so viel kosten. Die daselbst genannten socci mögen unseren Pantoffeln entsprochen haben, von babylonischem Leder, rothe, weisse, u. s. w. siehe MOMMSEN zu Diocl. edict. S. 70. 73.]

Die Form der *soleae* und die Weise, sie zu befestigen, ergiebt sich aus GELLIUS in d. a. St.: *omnia enim ferme id genus, quibus plantarum calces tantum infimae teguntur, caetera prope nuda et teretibus habenis vincta sunt, soleas dixerunt.* und ist an vielen vorhandenen Statuen, besonders von Frauen, deren eigenthümliche Fussbekleidung sie waren, zu sehen. Gewöhnlich geht ein Riemen zwischen der grossen und zweiten Zehe durch, und ist dort durch eine *ligula* mit einem andern verbunden, der der Länge nach über das Fussplatt geht, und nebst dem Knöchelriemen das Ganze hält.

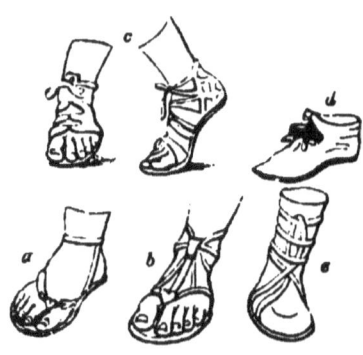

Zuweilen theilt sich auch jener Riemen gleich an den Zehen in zwei, die ebenfalls in der Länge über das Fussplatt laufend, auch durch ligulas an die Knöchelriemen befestigt sind. [Eine andere durch die 1857 in Mainz ausgegrabene Schuhmacherwerkstatt bekannt gewordene Art der Befestigung besteht darin, dass rings an den Sohlen lederne, schlingenartige, feingeschnittene Schleifen angebracht sind, welche man bei dem Anziehen nach oben richtete und durch das obere Ende einen Schnürriemen zog, der sämmtliche Schleifen über dem Knöchel festhielt. Solcher Schleifen habe ich an einer solea bis 28 gezählt. Auch sieht man daselbst Riemen mit Knöpfchen. Vgl. ZAHN, schönste Ornamente III, 7. 53. Auch in London machte man einen interessanten Lederfund nebst Schuhen u. s. w. THE ARCHAEOLOG. JOURNAL, Lond. VIII, 1851, S. 117. und TITE, catal. of the antiq. found in the excav. at the new royal exchange. London (1850).]

Wie man sich der soleae im Hause oder im Privatleben bediente, späterhin auch wenn man ausging ohne die Toga anzulegen, d. h. wenn man über der Tunica die blosse Lacerna trug, mit welcher sie immer verbunden vorkommen, so gehörte zur Toga der *calceus*, ein wirklicher Schuh, der den Fuss ganz oder doch grösstentheils bedeckte. Es war die einzige im öffentlichen Leben gebräuchliche Fussbekleidung, und wird daher oft als zur Toga gehörig genannt. So, um nur einige Stellen anzuführen, ausser Cic. in der angef. Stelle *cum toga et calceis*, wirft Plin. epist. VII, 3. dem Präsens seine lange Abwesenheit von Rom vor: *quousque calcei nusquam, toga feriata?* Tertull. de pall. 5. *calceos nihil dicimus, proprium togae tormentum.* Im Hause aber und wenn man die Toga nicht trug, legte man auch den calceus ab. Daher Cic. p. Mil. 20. *domum venit: calceos et vestimenta mutat.* Zwar heisst es von Augustus Suet. Oct. 78. *Post cibum meridianum ita ut vestitus calceatusque erat retectis pedibus paullisper conquiescebat.* Allein hier ist calceatus wohl allgemeiner zu nehmen. Von demselben heisst es 73. *forensia autem et calceos nunquam non intra cubiculum habuit ad subitos repentinosque casus parata.* So auch bei Plin. ep. IX, 17. *calceos poscunt* statt *soleas*. Vgl. Cic. de rep. I, 12. *puer nuntiavit, venire ad eum Laelium domoque iam exisse. Tum Scipio calceis et vestimentis sumtis e cubiculo est egressus* etc. — Die Form, welche dieser Schuh bei den niederen Klassen gehabt haben mag [*pero* genannt von Cato bei Fest. p. 142. und Verg. Aen. VII, 690.], ist nicht bekannt. [Einen gewöhnlichen Schuh, ganz identisch mit den jetzt in Frankreich und England getragenen, die ganz riemenlos sind und hinten eine nach oben gerichtete Schneppe haben, um das Anziehen zu erleichtern, sehen wir Zahn, schönste Ornam. III, 7. 60. In Mainz befand sich unter einer grossen Menge von soleae nur ein einziger Schuh, hoch heraufgehend und mit einer kleinen Oeffnung für den Fuss. Einige Schnürstiefelchen sind den unsrigen vollkommen gleich.] Auf einem schönen aber verstümmelten Gemälde aus Pompeji, Mus. Borb. VII. t. 20. wo eine Sklavin einen sitzenden Mann der Schuhe entkleidet, haben diese ganz die gewöhnliche Form unserer hohen Schuhe und sind vorn mit einem Bande gebunden. Siehe die Abbildung *d*. Dass diess indessen kein gemeiner Schuh ist, was man bei seiner Form glauben könnte, dafür spricht die Person, und der Umstand, dass die meisten der reizenden Tänzerinnen, ebend. t. 33—40. dieselbe Fussbekleidung haben. Ueberdiess sind diese Schuhe bald weiss, bald grün, meist gelb (*cerinae*) mit rothen Bändern oder schmalen Riemen gebunden, und müssen also eher für Frauenschuhe gelten. — Dagegen wissen wir von dem Schuhe der Senatoren wenigstens so viel, dass er sich auf mehr als eine Weise von dem der Uebrigen unterschied. Darauf bezieht sich Cic. Phil. XIII, 13. *Est etiam Asinius quidam Senator voluntarius, lectus ipse a se. Apertam curiam vidit post Caesaris mortem. mutavit calceos. pater conscriptus repente factus est.* Der Hauptunterschied war erstlich, dass er mit vier Schnürriemen, *corrigiae*, befestigt war, die bis an die Wade hinauf um das Bein geschlungen wurden. [*lora patricia* bei Sen. de tranq. an. 11.] S. Heind. zu Hor. Sat. I, 6, 27. Das zweite Abzeichen war die *lunula*, ein Halbmond, der irgend wo daran befestigt war. Plutarch. Quaest. R. 76. διὰ τί τὰς ἐν τοῖς ὑποδήμασι σεληνίδας οἱ δοκοῦντες εὐγενεῖα φοροῦσιν; Er giebt dann die Ableitung von der ursprünglichen Zahl der Senatoren C. Vergl. Mart. I, 50, 31. Iuv. VII, 192. [Zon. VII, 9.] Bei Philostr. vit. Herod. Att. II, 8. wird diese *lunula ἐπισφύριον ἐλεφάντινον μηνοειδὲς* genannt, und dann heisst es: σὺ τὴν εὐγένειαν ἐν τοῖς ἀστραγάλοις ἔχεις. Dagegen sagt Mart. II, 29.

Non hesterna sedet lunata lingula planta.

Es ist mir nicht bekannt, dass an irgend einer Statue dieses Zeichen vorkomme und doch möchte man Fussbekleidungen, wie z. B. an der Statue im Mus. Borb. VII. t. 49. 2. (siehe Abbildung *e*.) für den *calceus senatorius* halten. — Nach Cicero müsste man glauben, dass nur die Senatoren ihn getragen hätten; nach Cato bei Festus p. 142. v. Mulleus gar nur *qui magistratum curulem cepisset calceos mulleos alluta ciniatos* (d. i. mit Allaun gegerbt); dagegen sprechen [FEST.,] PLUTARCH und PHILOSTRATUS nur von der εὐγένεια, und die von MARTIAL bezeichnete Person war nichts weniger als ein Senator. Vgl. ISID. XIX, 34, 4. [Wahrscheinlich gab es drei Arten der ausgezeichneten Schuhe, wenn sie auch wenig unter sich verschieden waren: 1) *mulleus*, der rothe curulische Schuh, CATO bei FEST a. a. O., wie auch Romulus rothe Schuhe hatte, LYD. de mag. I, 6., in der Kaiserzeit aber waren sie weiss, LYD. de mag. I, 32. 2) senatorischer *calceus*, CIC. und ACRON zu HOR. a. a. O. 3) patrizischer *calceus*, PLUT. u. a. O. ZON. a. a. O. ORELL. 543. *calceis patriciis*. Dieser war nach LYD. de mag. I, 17. identisch mit *campagus* oder *compagus* der späteren Zeit, und zwar ein Mittelding zwischen Schuh und Sandale, indem sich an den Zehen und an der Ferse eine kleine schwarze Kappe befand, die den Fuss übrigens ganz offen liess. An beiden Seiten befanden sich Riemen, wie an allen andern Sandalen. Dazu passt auch TREB. Gall. 16. *cum campagos reticulos appellaret* (wegen der netzförmig verschlungenen Riemen.) SALMAS. zu d. St. Diese Fussbekleidung war ursprünglich tuscisch. Obgleich LYD. a. a. O. den *compagus* noch in der späteren Römerzeit ein Insigne der Patricier nennt, so spricht DIOCL. ed. IX, 11. doch auch von *camqagi militares*. PAULY, Realencyklop. V, S. 1234.]

Aus den Worten des HORAZ: *ut nigris medium impediit crus pellibus*. und IUVENALS: *nigrae lunam subtexit alutae*. hat man schliessen wollen, der Schuh sei schwarz gewesen; allein MARTIAL setzt ausdrücklich hinzu:

Coccina non laesum cingit aluta pedem.

und wenn man mit Recht annimmt, dass eben dieser Schuh der *mulleus* gewesen sei, der wie so vieles Andere von den Etruskern auf die Römer übergegangen war (siehe SALM. zu Vopisc. Aurel. 49. p. 588. O. MÜLLER, Etrusk. I, S. 269 fg.), so ist es nicht zweifelhaft, dass er roth war, und die obigen Stellen nur von den vier *corrigiis* zu verstehen sind. Denn der *mulleus* war eben roth, was auch immer von der Etymologie des Wortes zu halten sei. S. ISID. XIX, 34, 10. [PLIN. h. n. IX, 17. vgl. DIO CASS. XLIII, 43. — Wenn wir aber annehmen, dass der mulleus von den beiden andern Arten verschieden war, so kann dieses auch von der Farbe gelten. Dafür spricht LYD. I, 17. 32. welcher den Schuhen der Consuln die weisse und denen der Patrizier die schwarze Farbe zutheilt. *Aluta* aber bezeichnet nur Schuhwerk aus feinem Saffian (mit Alaun gegerbt) ohne Rücksicht auf die Farbe, siehe oben.] — Ausserdem trugen Männer wohl blos schwarze und weisse Schuhe, und auch die letzteren waren nur in späterer Zeit, wo man auch buntfarbige hatte, von der Frauenkleidung entlehnt. Daher verbot sie Aurelian den Männern. VOPISC. 49. *Calceos mulleos et cereos, et albos, et hederaceos viris omnibus tulit, mulieribus reliquit.* [Aus dieser Stelle sowie aus TERTULL. de pall. 4. *impuro cruri purum aut mulleolum inducit calceum.* ergiebt sich, dass in späterer Zeit mulleus nur noch einen rothen Schuh schlechtweg bezeichnet, und dass mulleus gleichsam als Attribut mit calceus verbunden wurde. Der alte curulische mulleus war nämlich den Magistraten entzogen und ihnen dafür ein weisser Schuh gegeben worden. Daher konnte man in der späteren Zeit über die ursprüngliche Bedeutung desselben in Zweifel sein.

Als unrömisch galten die *crepidae* (PERS. I, 127. *in crepidis Graiorum*. TERTULL. de pall. 4. PLIN. XXXIII, 3, 14.), welche immer neben der Chlamys und dem Pallium genannt werden. CIC. p. Rab. 10. LIV. XXIX, 19. *Ipsius etiam imperatoris non Romanus modo, sed ne militaris quidem cultus iactabatur: cum pallio crepidisque inambulare in gymnasio.* SUET. Tib. 13. *deposito patrio habitu redegit se ad pallium et crepidas.* GELL. XIII, 21. stellt sie den soleis gleich (so HEINDORF zu Hor. Sat. I, 3, 127. und HERMANN im Charikles III, S. 223 f.) und jedenfalls gehören sie in diese Klasse, wenn sie sich auch durch den Schmuck (goldne und silberne Nägel nennen VAL. MAX. IX, 1, 4. PLIN. a. a. O. AELIAN. v. h. IX, 3.) oder sonst unterschieden. Falsch nennen SERV. zu Verg. Aen. VIII, 458.

und Lyd. de mag. I, 12. den Soldatenschuh und den calceus senatoris eine crepida. Vgl. Isidor. XIX, 34. (*singulari forma et idem utrique aptum pedi vel dextro vel sinistro.*) und Sperling, de crepidis, Hafn. 1699. und in Gronov. thes. ant. IX Noch werden die *caligae* in späterer Zeit genannt, eine Art von Stiefeln, welche vorzüglich militärisch waren, siehe Brisson. antiq. sel. II, 5. aber auch im bürgerlichen Leben gebraucht wurden, Orelli Henzen 7221. *qui caligulis lana pelliculis vitam toleravit suam.* Edict. Dioclet. IX, 5 ff. unterscheidet *caligae mulionicae sive rusticae (sine clavis), militares, senatorum, equestres, muliebres.* Ebendas. VIII, 1 ff. bekommen wir eine Uebersicht über die zahlreichen feinen und groben Ledersorten, inländischer und fremder Fabrikation (aus Babylon, Tralles, Sparta), s. Mommsen S. 67. u. Beckmann, Geschichte der Erfind. V, S. 36 f.]

Nach dieser Erklärung der wesentlichsten Stücke der römischen Kleidung bleiben noch gar manche Particularitäten zu erörtern und Namen zu erklären, besonders aus der späteren Zeit; allein theils gehören sie eben, weil sie dieser nur eigen sind, weniger hierher, theils würde eine vollständige Berücksichtigung aller hier einschlagenden Gegenstände ein eigenes Werk verlangen, wie schon ein Blick auf Ferrarius und Rubens lehrt, und zuletzt würde man doch zu wenig sicheren Ergebnissen gelangen.

Die ärmere Klasse kleidete sich im Allgemeinen auf dieselbe Weise [App. b. c. II, 120. Vgl. Thl. II, S. 143 fg.], nur dass natürlich in Farbe und Feinheit der Stoffe eine Verschiedenheit stattfand, und überhaupt die Eleganz der höheren Stände fehlte. So schildert Iuven. III, 148 ff. die *pauperes*:

— *si foeda et scissa lacerna,*
Si toga sordidula est et rupta calceus alter
Pelle patet; vel si consuto vulnere crassum
Atque recens linum ostendit non una cicatrix.

Auch mancher Wohlhabende kleidete sich nicht besser, bald aus Nachlässigkeit, wie der Schol. Cruq. zu Hor. Sat. I, 3,

31. von Vergil erzählt; bald aus Geiz, wie der plötzlich reich gewordene Scaevola. MART. I, 103, 5.
> *Sordidior multo post hoc toga, paenula peior,*
> *Calceus est sarta terque quaterque cute.*

Natürlich konnte übrigens die arbeitende Klasse von der Toga weniger Gebrauch machen; die Sklaven aber trugen bloss eine Tunica, s. II, S. 144.

Bart und Haupthaar.

In der älteren Zeit trugen die Römer Bärte [und langes Haar, VARRO r. r. II, 11. *Olim tonsores non fuisse, adsignificant antiquorum statuae, quod pleraeque habent capillum et barbam magnam.* SEN. nat. qu. I, 17.] LIV. V, 41. CIC. p. Cael. 14. Erst 454 d. St. soll der erste tonsor aus Sicilien nach Rom gekommen sein, VARRO R. R. II, 11. PLIN. h. n. VII, 59. [*primus omnium radi quotidie instituit Africanus sequens* (der jüngere), *Divus Augustus cultris semper usus est.*] und seitdem pflegte man sich rasiren zu lassen, GELL. III, 4. [LIV. XXVII, 34.] So sind auch die meisten uns erhaltenen männlichen Abbildungen bis in das zweite Jahrhundert nach Chr. bartlos. Die Aermeren rasirten sich wenigstens nicht allgemein, MART. VII, 95, 11.
> *Dependet glacies rigetque barba,*
> *Qualem forficibus metit supinis*
> *Tonsor Cinyphio Cilix marito.*

XII, 59. Junge Stutzer liessen sich nur zum Theil rasiren [SEN. ep. 114.] und zogen sich ein zierliches Bärtchen (*bene barbati*, CIC. Cat. II, 10. p. Cael. 14. oder auch *barbatuli*, ad Att. I, 14. 16. p. Cael. 14.). Der Tag, an welchem man sich zum ersten Mal rasiren liess, wurde als Festtag gefeiert, DIO CASS. XLVIII, 34. LXI, 19. LXXIX, 14. SALM. zu Lampr. Heliog. 31. Seit Hadrian kamen die Bärte wieder sehr in Mode, wie auch die kaiserlichen Bildnisse zeigen. DIO CASS. LXVIII, 15. SPART. Hadr. 26. HOTOMAN, de barba in Pitisci lex. I. BECKER, in Pauly Realencykl. I, S. 1049 fg. — Die Haare trug man kurz abgeschnitten und liess sie nur bei Trauer ebenso wie den Bart wachsen, siehe den Excurs zur

Die männliche Kleidung. 173

zwölften Scene. [Doch pflegten die Lions schon zu Ciceros Zeit das Haar nicht wenig, indem sie sich Löckchen (*cincinni*) brennen liessen (mit dem *calamistrum*) und von Salben dufteten, Cic. in Cat. II, 10. *quos pexo capillo nitidos.* p. Sest. 8. *unguentis affluens calamistrata coma.* p. red. in sen. 5 f. p. Rosc. A. 46. in Pis. 11. Dieser Luxus nahm in der Kaiserzeit natürlich zu und man baute nicht blos die Locken künstlich (*gradatim* und *in annulos*) und symmetrisch auf (Suet. Ner. 51. *ut comam semper in gradus formatum — summiserit.*), sondern trug auch Perücken, theils zum Schmuck, theils zur Bedeckung des kahlen Kopfes und machte von Salben des Wohlgeruchs halber oder um die Haare zu färben einen verschwenderischen Gebrauch u. s. w., s. S. 117. und Tertull. de cult. fem. 8. *colorare canitiem.* Mart. VI, 57. spricht sogar von bemalten Glatzen

*Mentiris fictos unguento, Phoebe, capillos
Et tegitur pictis sordida calva comis* etc.

Von Perücken ist die Rede Suet. Cal. 11. *capillamento celatus.* Oth. 12. *galericulo capiti — adaptato et adnexo.* Treb. Poll. Gall. 16. *crinibus suis auri scrobem adspersit.* Salon. Gallien. 3. *semper flavum crinem condidit.* Eine prächtige Schilderung solcher Leute, welche vorziehen *rempublicam suam turbari quam comam*, bei denen *de singulis capillis in consilium itur* u. s. w. giebt Sen. de brev. vit. 12. Krause, Plotina oder die Kostüme des Haupthaares bei den Völkern der alten Welt, Leipzig 1858, S. 140—148. 192 ff. 208 ff. schildert sehr sorgfältig die verschiedenen Coiffuren an den alten Statuen u. s. w.] — In den Tonstrinen wurde das Haupthaar verschnitten, der Bart geschoren, und die Nägel geputzt. Das Scheeren des Bartes geschah auf zweierlei Weise, entweder *per pectinem*, über dem Kamme, wodurch er nur verkürzt wurde, *tondebatur;* oder er wurde glatt von der Haut weggeschoren, *radebatur*, mit dem Scheermesser, *novacula*, das der Tonsor ebensogut in einem Etui, *theca*, verwahrte, als unsere Barbiere. Petr. 94. *Rudis enim novacula et in hoc retusa, ut pueris discentibus audaciam tonsoris daret, instruxerat*

thecam. Sehr ergötzlich ist durch den in *tondere* liegenden Doppelsinn die scherzhafte Stelle in PLAUT. Capt. II, 2, 16 ff.
Nunc senex est in tonstrina: nunc iam cultrum attinet.
Ne id quidem involucre inicere voluit, vestem ut ne inquinet.
Set utrum strictimne attonsurum dicam esse an per pectinem,
Nescio: verum si frugist, usque admutilabit probe.
Manche rauften sich auch mit feinen Zangen, *volsellae*, wenigstens an manchen Stellen des Gesichts die Haare einzeln aus [*vellere* SEN. qu. nat. I, 17. *decerpere*, brev. vit. 12.], oder vertilgten sie durch gewisse Salben, *psilothrum* und *dropax*, wie das auch namentlich an dem übrigen Körper geschah. MART. III, 74.
Psilothro faciem levas et dropace calvam.
Numquid tonsorem, Gargiliane, times?
Quid facient ungues? nam certe non potes illos
Resina, Veneto nec resecare luto.
Vgl. VI, 93, 9. [PERS. IV, 37 ff. 40.
Elixasque natet labefactent forcipe adunca cett.]
Die Bestandtheile solcher Salben giebt PLIN. XXXII, 10, 47. an. Die *volsellae* (Abbildungen siehe zu CELSUS ed. Almel. p. 572.) zum Ausraufen des Bartes werden von MARTIAL ebenfalls erwähnt: IX, 28.
Purgentque crebrae cana labra volsellae.
und VIII, 47. spottet derselbe über einen, der seinen Bart auf dreierlei Art schor:
Pars maxillarum tonsa est tibi, pars tibi rasa est,
Pars vulsa est: Unum quis putat esse caput?
Fast vollständig findet man das Handwerkszeug eines Tonsor angegeben bei PLAUT. Curc. IV, 4, 21 fg.
At ita meae volsellae pecten speculum calamistrum meum
Bene me amassint, meaque axicia linteumque extersui.
Die *novacula* war freilich dem Leno für die Toilette seiner Mädchen entbehrlich. [Kürzer MART. XIV, 36. *ferramenta tonsoria.*
Tondendis haec arma tibi sunt apta capillis,
Unguibus hic longis utilis, illa genis.]

— Der Vornehme und Reiche hielt sich unter seiner Sklavenfamilie wohl seinen eigenen Tonsor [ORELLI HENZEN 2883. 2998. und *tonstris* 6286.], der, wenn er geschickt war, nicht wenig galt. Daher lesen wir denn auch bei MARTIAL ein Epitaphium auf einen solchen Sklaven Pantagathus, der *domini cura dolorque sui* genannt wird. Er war aber auch
Vix tangente vagos ferro resecare capillos
Doctus et hirsutas excoluisse genas.
VI, 52. Allein bei weitem die Meisten gingen zum Tonsor [SEN. brev. v. 12.], und daher kam es, dass die Tonstrinen zugleich Conversationsörter wurden, die müssige Leute auch bloss der Unterhaltung wegen besuchten, oder wo sie sich noch länger aufhielten, wenn auch der Tonsor bereits seine Kunst an ihnen geübt hatte. [Sehr scherzhaft ist die Schilderung des stümperhaften Tonsor Antiochus bei MART. XIV, 84. Ganz anders ist einer dargestellt VIII, 52.] Vgl. den gelehrten Excurs zu BÖTTIG. Sab. II, S. 57 ff. [Die Sklaven müssen gewöhnlich langes Haar getragen haben, wenigstens als die Freien sich dasselbe kurz abschneiden liessen. Daher wurde dem Freigelassenen zum äusseren Zeichen der Freiheit das Haupt geschoren und ein Hut pileum aufgesetzt. PLAUT. bei Serv. zu Verg. Aen. VIII, 564. *raso capite*. vgl. LIV. XLV, 44. *pileatum capite raso*. BECKER, röm. Alterth. II, 1, S. 81 f.]

Ringe.

Zum Schluss mögen noch einige Worte über die Ringe gesagt werden. Der Römer trug wenigstens einen Siegelring und, [sowohl] nach den Statuen [als nach den Wandgemälden] zu urtheilen, gewöhnlich an dem vierten Finger der linken Hand oder dem sogenannten Goldfinger [ISIDOR. XIX, 32. GELL. X, 10.], obgleich ATEIUS CAPITO bei Macrob. Sat. VII, 13. von der alten Zeit anders berichtet. — Dass diese Ringe anfänglich von Eisen waren, dass dann goldene zu den Auszeichnungen der höheren Stände gehörten, ist bekannt, siehe FORCELL. Thes., RUP. zu Iuven. XI, 43. [PAULY, Realencyklopäd. I, unter *annulus*. Doch schreibt die Sage schon den alten Sabinern *gemmatos anulos* zu, Liv. I, 11. und von den Etruskern seien die Ringe nach Rom gekommen, Flor. I, 5. Den ersten Gemmenring trug Scipio Africanus maior. Plin. h. n. XXXVII, 6, 23. *primus — Romanorum sardonyche usus est Africanus prior.* Bei Plaut. Trin. IV, 3, 7. heisst der Ring *condalium* (von κύνδυλος). — Späterhin aber hatten eitele ihren Reichthum zur Schau tragende Menschen die Hände mit Ringen übersäet [was auch die heutigen Römer lieben], so dass Quinctil. XI, 3, 142. für den Redner die besondere Vorschrift giebt: *Manus non impleatur anulis, praecipue mediis articulos non transeuntibus.* [Jahn, im Jahrb. des Vereins v. Alterthumsfr. IX. Bonn 1846, S. 122 ff. Taf. 3. S. daselbst 25 ff.] Martial [V, 11. s. unten.] XI, 59.

Senos charinus omnibus digitis gerit,
Nec nocte ponit anulos,
Nec cum lavatur. Causa quae sit, quaeritis?
Dactyliothecam non habet.

Man hatte nämlich für die Menge der Ringe besondere Kästchen, Daktyliotheken, in welche sie wohl der Reihe nach gesteckt wurden. Vergl. XIV, 123. [Ulp. Dig. XXXII, 1, 52, § 8. *anulos quoque contineri* (dactyliotheca) *non solum thecam, quae anulorum causa parata sit.* Paull. ebendas. 53, § 1. Plin. h. n. XXXVII, 1 ff. *dactyliothecam primus omnium Romae habuit privignus Sullae Scaurus.* Eine Daktyliothek von Bronze hat sich erhalten, Annali dell' inst. di corr. arch. XIV, p. 82 ff. 1842.] — Manche trugen unförmlich grosse Ringe, wie derselbe Dichter mit beissendem Spotte vom Zoilus sagt, der aus einem Sklaven *eques* geworden war. XI, 37.

Zoile, quid tota gemmam praecingere. libra
Te iuvat et miserum perdere sardonycha?
Anulus iste tuis fuerat modo cruribus aptus.
Non eadem digitis pondera conveniunt.

und der Weichling Crispin hatte für den Sommer leichtere Ringe als für den Winter, eine der Abgeschmacktheiten, welche Iuvenal I, 28. bestimmen auszurufen: *Difficile est satiram non scribere.* [S. das Nähere bei Pauly, a. a. O. Von den Steinen der Ringe handelt sorgfältig KRAUSE, Pyrgoteles oder die edlen Steine der Alten mit Berücksichtigung der Schmuck- und Siegelringe. Halle 1856, S. 166—196. und vorher oft. KING, antique gems, their origine, uses etc. Lond. 1860. Siehe auch GLOCKER, de gemmis Plin., inprimis topazio, 1824. Schöne Exemplare s. THE ARCHAEOLOG. JOURNAL (1846) London III, S. 162 f. Die wundervoll gearbeiteten meist ovalen Ringsteine waren entweder mit erhabenen Figuren geschmückt (*ectypae imagines* oder *sculpturae* PLINIUS XXXVII, 10, 63.), was wir Cameen nennen (SEN. de ben. III, 26. *ectypam et eminente gemma.*), oder sie waren vertieft (intaglio) gearbeitet, und dienten dann als Siegelstempel (*sphragis*). Oft findet man sie à jour gefasst oder sie lagern in einem ovalen Behältniss (genannt *funda*, *pala* oder σφενδόνη, wie es an den Schleudern angebracht war). PLIN. XXXIII, 1, 6. *neque ab ea parte qua digito occultantur auro clusit.* XXXVII, 2, 37. *praestantiores funda cluduntur, ut sint patentes ab utraque parte nec praeter margines quicquam auro amplectente.* PISTOLES, in Mus. Borbon. V, S. 340 f. KRAUSE, S. 234 ff. Unter den Steinen war der Diamant am kostbarsten (*adamas*), dann der funkelnde Rubin (*carbunculus*), die man aber selten zu Ringen nahm und häufiger der rothe Sard (unser Carniol) und die grünen Steine Smaragd, Beryll, Opal, Topas und Jaspis (letztere am häufigsten). Ferner liebte man den blauen Saphir, den violetten Amethyst und Hyazinth u. a. PLIN. h. n. XXXVII, c. 4—10. MART. V, 11.

Sardonychas, zmaragdos, adamantas, iaspidas uno
Versat in articulo Stella, Severe, meus.

Auch hatte man Ringe mit Sardonyx, ja sogar massive Ringe aus diesem Stoff, z. B. in Berlin einen Ring mit dem Kopfe Galba's und ausserdem noch 25 antike Goldringe, KRAUSE, S. 180. THE ARCHAEOLOG. JOURNAL (1849) London. VI, S. 17. Ueber die Glaspasten (σφραγίδες ὑάλιναι) s. Th. II, S. 326. Manche Ring-Gemmen haben Inschriften (*gemmae literatae*), oder auch die Metallplatten der Ringe, die vorzüglich den Namen des Besitzers oder kleine Sentenzen enthielten, wie

178 Erster Excurs z. achten Scene. Die männl. Kleidung.

memini tui, ave, Paule vivas, Domities utere felix und andere. MOMMSEN, inscr. Neap. 6309. FICORONI, gemmae ant. liter. Rom. 1757. KÖHLER, Abhandl. zur Gemmenkunde S. 67 ff. PANOFKA, in Abhandl. der Königl. Akadem. in Berlin 1851, S. 387. BRAUN, in Jahrb. des Vereins v. Alterthumsfr. XXII, Bonn 1853, S. 45—61. KRAUSE, Pyrgoteles S. 207 ff. REIN, die römischen Stationsorte zwischen Colonia Agripp. Crefeld 1857, S. 18 ff. Siehe überhaupt MÜLLER, Arch. v. Welcker S. 438 ff.]

ZWEITER EXCURS ZUR ACHTEN SCENE.

DIE WEIBLICHE KLEIDUNG.

Ein Antiquar würde sehr in Verlegenheit kommen, wenn ihm zugemuthet würde, eine Geschichte der Moden in der römischen Damenkleidung zu schreiben, oder auch nur die Namen derselben, welche hie und da uns gelegentlich genannt werden, genügend zu erklären. Mit der Mode selbst verschwindet in der Regel auch die Bedeutung des Namens, und es bedarf weniger als eines Jahrhunderts, so giebt keine Tradition mehr genügende Auskunft über die Eigenthümlichkeit eines Stoffs oder einer gewissen Kleiderform. In Molières Geizigen und anderwärts kommen mancherlei Namen vor, die unsere Zeit schwer zu erklären vermag, und ohne Chodowiecky's Kupfer würden wir schon jetzt vergebens uns eine deutliche Vorstellung von den Moden jener Zeit machen können. So werden denn auch wohl an den meisten Modeartikeln, welche uns bei PLAUT. Aul. III, 5. und Epid. II, 2. genannt werden, die Versuche der Erklärer scheitern, und selbst den alten Grammatikern, die sich gar zu gern von der ersten besten Etymologie zur Begriffsbestimmung leiten lassen, wird wenig zu trauen sein, da für sie die Moden der früheren Zeit vielleicht ebenso unverständlich waren, als sie für uns sind. [ULP. Dig. XXXIV, 2, 23. § 2. zählt folg. *vestimenta muliebria* auf: *stolae, pallia, tunicae, capitias zonae, mitrae, plagula, paenulae.* S. DIRKSEN, über gewisse Gegenstände des weiblichen Anzugs, in Abhandl. der Berliner Akad. 1852, S. 179 ff. zu Cato bei Fest. v. ruscum p. 262. 265 M.]

Wer daher von der Kleidung der römischen Damen handeln will, der thut wohl, sich auf das Allgemeinere zu beschränken, und es ist diess um so ausreichender, als in der Hauptsache die einzelnen Kleidungsstücke immer dieselben blieben, und die Mode sich meistens nur auf die Stoffe und deren Farbe, oder im Ganzen nichts verändernde Accessorien erstreckt zu haben scheint. Wenn man das Verzeichniss im Epid. Vs. 39 ff. durchgeht:

*Quid erat induta? an regillam induculam, an mendiculam Impluviatam? ut istae faciunt vestimentis nomina. —
Quid istae, quae vesti quotannis nomina inveniunt nova:
Tunicam rallam, tunicam spissam, linteolum caesitium,
Indusiatam, patagiatam, caltulam, aut crocotulam,
Supparum, aut subminiam, ricam, basilicum aut exoticum.
Cumatile, aut plumatile, carinum, aut gerrinum.*

so sieht man bei aller Dunkelheit der Benennungen doch leicht, dass sie sich fast durchgängig auf die Verschiedenheit der Stoffe beziehen. Einen noch stärkeren Beweis aber für die unveränderte Erhaltung der Nationaltracht bis in späte Zeit liefern die zahlreichen Kunstdenkmäler, die zwar insofern von einander abweichen, als des Künstlers Aufgabe war, stets die günstigste Draperie zu wählen, aber jederzeit dieselben Hauptstücke zeigen. [Gerade die Betrachtung der Monumente zeigt aber, dass diese Aeusserung weiter gefasst werden muss und dass die wechselnde Mode sich auch auf Schnitt der weiblichen Kleidung erstreckte, s. WEISS, Kostümkunde II, Seite 968 f.]

Was früher über diesen Gegenstand gesagt worden ist, das findet sich in den Schriften über das Kostüm der Alten überhaupt, s. S. 137 fg. Ueber die weibliche Kleidung insbesondere hat das Beste BÖTTIGER in seiner Sabina II, sechste Scene, gegeben. Nur möchte man wünschen, dass während manchen unbedeutenderen Dingen verhältnissmässig weit mehr Raum gegönnt worden ist, dieser wichtigere Abschnitt weniger fragmentarisch behandelt sein möchte. [Nicht ohne Interesse für die Kenntniss des weiblichen Luxus ist PLAUT. Aul. III,

5, 34 ff., wo die verschiedenen Handwerker aufgezählt werden, deren die Frauen bedurften:

> Stat fullo, phrygio, aurifer, lanarius,
> Caupones, patagiarii, indusiarii,
> Flammearii, violarii, carinarii,
> Aut manulearii aut murrobathrarii,
> Propolae, linteones, calceolarii,
> Sedentarii sutores, diabathrarii,
> Solearii adstant, adstant molochinarii,
> Petunt fullones, sarcinatores petunt.
> Strophinarii adstant, adstant semizonarii. —
> Trecenti quum stant phylacistae in atriis,
> Textores limbolarii, arcularii ducuntur: datur
> Aes. iam hosce absolutos censeas
> Quum incedunt infectores crocotarii.

Siehe dazu die Erklärung von FERRATIUS, re vest. III, 21. p. 245 ff.]

Zur vollständigen Kleidung einer römischen Matrone gehörten drei Hauptstücke: die *tunica interior*, die *stola* und die *palla*.

Die *tunica interior* wird, wie man fälschlich meint, bei den Frauen auch *indusium* oder *intusium* genannt, s. S. 151. je nachdem man den Namen von *induere* oder mit VARRO L. L. V, 131. von *intus* ableitet. *Interula* scheint ein Wort der spätesten Zeit zu sein, und wird ebensowohl von der Tunica der Männer als der Weiber gebraucht. APPUL. Flor. II. p. 32. Metam. VIII. p. 533 Oud. und öfter bei VOPISCUS; scheint also nichts weiter zu bedeuten, als bei GELL. X, 15. *tunica intima*. Freilich nennt APPUL. auch *indusiatos pueros*, allein auch nur in Fällen, wo eine Abweichung von der Sitte stattfindet. — Die *tunica interior* nun war ein einfaches Hemd, das in älterer Zeit wenigstens gewiss ebensowenig Aermel hatte, als ursprünglich der griechische χιτών. Nach NON. XIV, 18. lag es eng am Körper an, was indessen wohl nicht zu streng zu nehmen ist, und wurde nicht gegürtet, sobald die zweite Tunica angelegt wurde. Trug man aber jene im Hause allein,

so mag es allerdings geschehen sein. Dass aber dazu gerade das *semicinctium* vorzugsweise bestimmt gewesen, ist eine willkürliche Annahme. Denn bei MART. XIV, 153. *Semicinctium*.
> *Det tunicam dives; ego te praecingere possum.*
> *Essem si locuples, munus utrumque darem.*

ist es unstreitig als Gürtel der *tunica virorum* zu nehmen, und ebenso bei PETR. 94. [Unter den weiblichen Kleidern zählt ULP. a. a. O. *zonae* auf. MARTIAL XIV, 151.
> *Longa satis nunc sum; dulci sed pondere venter*
> *Si tumeat, fiam nunc tibi zona brevis.*

Wie sich davon *semizona* unterschied ist ungewiss, jedenfalls war sie schmäler (vielleicht bandartig). Kostbare Gürtel sieht man an den alten Statuen und auf Wandgemälden selten.]

Schnürleiber, um den natürlichen Wuchs zu unnatürlicher Schlankheit zusammenzupressen, kannten die Alten nicht, und eine wespenartige Taille wäre ihnen ein Greuel gewesen. Wenn es bei TER. Eun. II, 3, 21 ff. heisst:
> *Haud similis virgo est virginum nostrarum, quas matres student*
> *Demissis humeris esse, vincto pectore, ut gracilae sient.*
> *Si qua est habitior paullo, pugilem esse aiunt. deducunt cibum.*
> *Tametsi bonast natura, reddunt curatura iunceas.*

so liegt darin eben strenge Missbilligung so unnatürlichen Geschmacks, die alle Kunstdenkmäler bestätigen. Indessen würden wir auch hier sehr irren, wenn wir uns ein Mädchen der damaligen Zeit, wenn auch *vincto pectore*, geschnürt denken wollten. Nur um den vollen Busen zu heben, auch wohl den *nimius tumor* etwas zu beschränken, wurde ein Busenband, *strophium*, *mamillare* angelegt. [Ein solches meint APPUL. Met. X, p. 248 Elm. *taenia quoque, qua decoras devinxerat papillas*.] Damit ist nicht zu verwechseln, was MART. *Fascia pectoralis* nennt: XIV, 134.
> *Fascia crescentes dominae compesce papillas,*
> *Ut sit quod capiat nostra tegatque manus.*

Solche *fasciae* wurden, wie aus den Worten des Dichters selbst hervorgeht, angelegt, um die Brust in ihrem Wachsthume zu beschränken, und gehörten also nicht zur gewöhnlichen Kleidung. Sie meint auch TERENZ, worüber man STALLBAUMS Anmerkung und SCAL. zu Varro L. L. IV. p. 59. nachsehe.

Das *strophium* aber wurde über die innere Tunica gelegt, wie man aus dem Fragmente des TURPILIUS bei Non. XIV, 8. sieht:

Me miseram! Quid agam? Inter vias epistola cecidit mihi,
Infelix inter tuniculam ac strophium quam collocaveram.

Es scheint gewöhnlich von Leder gewesen zu sein. Darauf führt wenigstens das Epigramm MARTIALS XIV, 66. *Mamillare.*

Taurino poteras pectus constringere tergo.
Nam pellis mammas non capit ista tuas.

und darum heisst es wohl bei CATULL. LXIV, 65. *tereti strophio luctantes vincta papillas.* — Dass übrigens das strophium dann erst *mamillare* genannt worden sei, wenn es bestimmt war, „den allzuvollen Busen einzuschnüren," wie BÖTTIGER sagt, ist eine ganz ungegründete Angabe und MARTIALS Epigramm widerlegt sie selbst; denn er meint ja eben, dass das *mamillare*, wovon er spricht, für so starke Brust nicht hinreiche.

Ueber die *tunica interior* wurde die *stola* gezogen, ebenfalls eine Tunica, aber bis auf die Füsse herabreichend und mit Aermeln, die jedoch in der Regel nur den halben Oberarm bedeckten. Sie wurden nicht zusammengenäht, sondern der nach aussen fallende Schlitz wurde durch Agraffen zusammengehalten, wie diess auch häufig bei der ärmellosen Tunica der Fall war, deren vorderer und hinterer, Brust und Rücken deckende Theile nur über der Achsel mittelst einer [oder mehrerer] *fibulae* zusammengeheftet wurden. [ISIDOR. XIX, 31. *Fibulae sunt quibus pectus feminarum ornatur vel pallium tenetur.* Siehe Mus. BORB. VII, 48.] Am deutlichsten wird die Sache durch Denkmäler, wie die Bronzestatue im MUS. BORB. II. t. 4. wenn auch das Gewand nicht römisch ist. Das Mädchen ist dort eben im Begriff, die beiden Theile über der Achsel zusammenzuheften, und diese, wie ein Theil der Brust, sind noch unbedeckt. (GIOV. FINATI nimmt dieses Kleid für ein tunico-pallium. Noch ist es sehr zweifelhaft, ob irgend ein Kleid diesen Namen hatte.) — Obgleich aber in der Regel die Stola Aermel hatte, so findet man es doch auch anders, wie z. B. an der hier abgebildeten Statue der Livia im Mus. Borb. III. t. 37. Dort hat die untere Tunica Aermel, die obere nicht, sondern diese wird hoch oben auf der Schul-

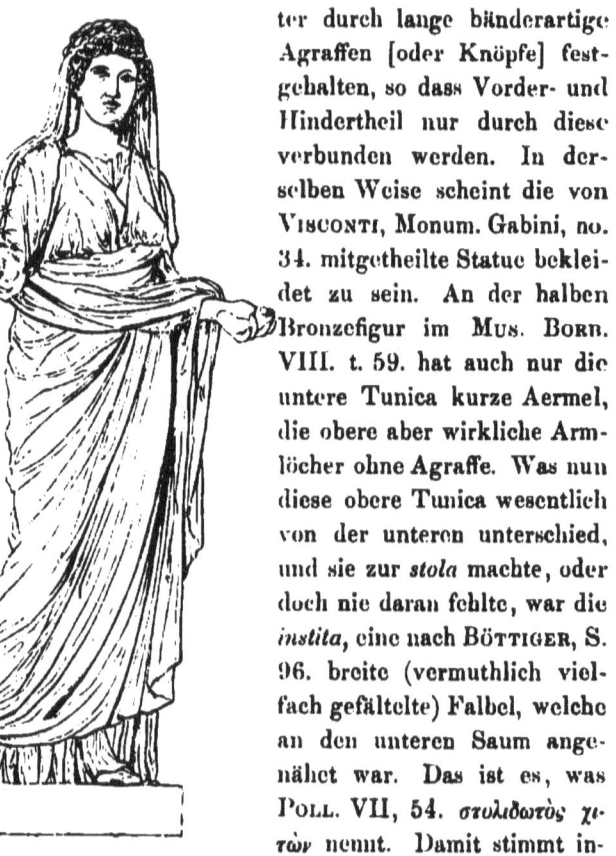

ter durch lange bänderartige Agraffen [oder Knöpfe] festgehalten, so dass Vorder- und Hintertheil nur durch diese verbunden werden. In derselben Weise scheint die von Visconti, Monum. Gabini, no. 34. mitgetheilte Statue bekleidet zu sein. An der halben Bronzefigur im Mus. Borb. VIII. t. 59. hat auch nur die untere Tunica kurze Aermel, die obere aber wirkliche Armlöcher ohne Agraffe. Was nun diese obere Tunica wesentlich von der unteren unterschied, und sie zur *stola* machte, oder doch nie daran fehlte, war die *instita*, eine nach Böttiger, S. 96. breite (vermuthlich vielfach gefältelte) Falbel, welche an den unteren Saum angenäht war. Das ist es, was Poll. VII, 54. στολιδωτὸς χιτών nennt. Damit stimmt indessen nicht überein, was der Scholiast des Cruquius zu der Hauptstelle über dieses Kleidungsstück, Hor. Sat. I, 2, 29.

— *Sunt qui nolint tetigisse nisi illas,*
Quarum subsuta talos tegit instita veste.

bemerkt: *quia matronae stola utuntur ad imos usque pedes demissa, cuius imam partem ambit instita subsuta, id est, coniuncta.*

Instila autem Graece dicitur περιπόδιον, quod stolae subsuebatur, qua matronae utebantur: erat enim tenuissima fasciola, quae praetextae adiiciebatur. Hat der Scholiast Recht, so muss man vielmehr eine schmale Falbel verstehen, die noch unter dem Purpurstreifen angenähet war. Damit streitet auch durchaus nicht, was Ovid. Art. am. I, 32. sagt:
  Quaeque tegis medios instita longa pedes.
denn *longa* könnte doch in keinem Falle von der Breite der Falbel verstanden werden, sondern nur von dem tief herab reichen. Dadurch würde indessen nicht ausgeschlossen werden, dass man sie auch breiter getragen habe.

Während nun die untere Tunica nicht viel über die Knie herabreichte, war die Stola länger als die ganze Figur, und wurde daher so gegürtet [durch Heraufziehen eines Theils des Gewandes über den Gürtel], dass unter der Brust ein breiter Faltenbausch entstand, und die instita auf die Füsse herabreichte, die sie halb bedeckte. Non. XIV, 6. erklärt daher *omnem* (vestem) *quae corpus tegeret.* und Ennius bei Non. IV, 49. *Et quis illaec est, quae lugubri succincta est stola?* — Ueberdiess war bei vornehmen Frauen die Stola oben am Halse mit einem Purpurstreifen, wie Böttiger angiebt (Seite 95.), besetzt. Was indessen den Purpur anlangt, so scheint die Sache sehr zweifelhaft. Schon Ferrarius, de re vest. III, 20. hat aus Nonius XIV, 19. *Patagium aureus clavus, qui pretiosis vestibus immitti solet.* und Tertull. de pall. 3. *pavo est pluma omni patagio inauratior, qua terga fulgent.* gezeigt, dass es ein Goldstreifen gewesen sei, und diese Meinung auch in den Analectis c. 2. gegen Rubens vertheidigt. Es war also eine ähnliche Auszeichnung, wie der *clavus* für die Männer, s. S. 153.

Noch ist auf einige Stellen aufmerksam zu machen, wie Varro L. L. VIII, 28. *quum dissimillima sit virilis toga tunicae, muliebris stola pallio.* IX, 48. *ut virilis tunica sit virili similis item toga togae, sic mulierum stola ut sit stolae proportione et pallium pallio similis.* X, 27. *ut tunicam virilem et muliebrem dicimus non eam, quam habet vir aut mulier, sed quam habere ex instituto debet; potest enim muliebrem vir, virilem mulier habere, ut in scena ab actoribus haberi videmus, sed eam dicimus muliebrem, quae de eo genere est, quo indutui mulieres ut uterentur est institutum. Ut actor stolam muliebrem, sic Perpenna et Caecina et Spurinna figura muliebria dicuntur habere nomina, non mulierum.* Falsch ist, was Isidor sagt XIX, 25. *Stola matronale operimentum, quod cooperto capite et scapula a dextro latere in laevum humerum mittitur.*

Zu diesen beiden Kleidungsstücken kam endlich drittens noch die *palla*, welche jedoch nur beim Ausgange übergeworfen wurde, und für die Frauen das war, was für die Männer die Toga. Auch der Umwurf war dem der Toga ähnlich. -- Es lässt sich übrigens erwarten, dass, da die Männer schon sehr sorgfältig im Wurfe der Toga waren, die Frauen noch weit mehr darauf bedacht gewesen sein mögen, auf die zierlichste und vortheilhafteste Weise die Palla anzulegen. Man liess sie bald tiefer bald weniger tief herabfallen, zuweilen bis auf die Füsse, doch so, dass sie nicht schleppte, wie Böttiger richtig bemerkt. Dass es indessen zu viel behauptet ist, wenn er hinzusetzt: „Denn nur in dem einzigen Mittelpunkte der Repräsentation, auf dem Theater, wurden Schleppkleider den Helden und Citharöden im Alterthume zugestanden." das habe ich schon früher zu Ovid. Amor. III, 13, 24. gezeigt. Diese Stelle ist seitdem auch von O. Müller, Etrusk. II, S. 46. in der alten, ganz unhaltbaren Weise erklärt worden, und ich nehme daher die von mir gegebene Erklärung wieder zu weiterer Rechtfertigung auf. Der gelehrte Verfasser sagt, indem er von dem Juno-Cult zu Falerii (das sind bei Ovid die *moenia Camillo victa*, denn von Veji gab es damals nur noch Ruinen. Prop. IV, 10, 27 ff.) spricht: „Mit den jährlichen grossen Opfern war eine Pompa verbunden, die Feststrasse war mit Teppichen belegt." Zu letzterer Angabe wird auf Ovid. Vs. 12. u. 24. und Dionys. I, 21. verwiesen. Allein bei Dionysius steht von einem solchen Belegen des Weges gar nichts, und Ovids Worte können in keiner Weise so erklärt werden. Denn wenn es Vs. 13. heisst:

It per velatas annua pompa vias.
so sind doch *velatae viae* wie bei VERG. Aen. II, 249. u. OVID. Trist. IV, 2, 3. mit Laub und Blumengewinden geschmückte Strassen. Die zweite Stelle aber Vs. 23 fg.
  Qua ventura dea est, iuvenes timidaeque puellae
    Praeverrunt latas veste iacente vias.
auf die es hauptsächlich ankommt, lässt nur die von mir gegebene Erklärung zu. Es sind die nachschleppenden Gewänder (*vestis iacens*) der Vorausgehenden, welche die Strasse gleichsam kehren. So sagt STAT. Achill. I, 262. *Si decet aurata Bacchum vestigia palla Verrere.* — Dass *vestis iacens* auch bei dem Gehenden das auf den Boden auftreffende Gewand bedeuten könne, beweiset die eine Stelle OVIDs hinlänglich: Amor. III, 1, 9.
  Venit et ingenti violenta Tragoedia passu;
    Fronte comae torva; palla iacebat humi.
Es folgt aber daraus, dass es allerdings auch ausser dem Theater Fälle geben konnte, wo man die Palla wider die Gewohnheit zum Schleppkleide werden liess.

Wenn über diese verschiedenen Stücke der weiblichen Kleidung ihrer wesentlichen Beschaffenheit nach kein Zweifel obwaltet, so darf nicht übergangen werden, dass den darauf sich beziehenden Namen *stola* und *palla* von Anderen eine ganz entgegengesetzte Deutung gegeben worden ist. Es hat diess schon RUBENS gethan und in der Hauptsache findet sich dieselbe Erklärung in O. MÜLLERs Archäol. [v. Welcker S. 496.], wo die *stola* als die untere Tunica, die *palla* als eine Art Ober-Tunica angenommen wird, und an die Stelle der Palla nach der obigen Erklärung das *amiculum* tritt. — Es würde leicht sein, RUBENS zu widerlegen, und zum Theil ist diess schon von FERRARIUS in den Analectis geschehen; aber gegen einen so gründlichen Gelehrten, als der Verfasser des Handbuchs der Archäolog. ist, wird es schwierig, auf eine Widerlegung einzugehen, wenn gar keine Belege, worauf die Annahme sich gründe, gegeben sind. Vermuthlich stützt sie sich auf die dunkle Stelle VARR. V, 131. s. S. 151. wo VARRO die *palla* unter den Kleidungsstücken nennt, *quae indutui sunt.* Denn die Worte *alterius generis item duo* auf den *amictus* zu beziehen, wäre an sich höchst gezwungen und geht wegen *intusium* nicht an, da dieses entschieden ein *indumentum* war, wie es denn auch die Glossarien durch χιτωνίσκος übersetzen. — Diese Angabe VARRO'S aber streitet mit Allem, was anderwärts von der *palla* gesagt wird und mit VARRO selbst, der in einem Fragmente de vita pop. Rom. bei NON. XVI, 13. sagt: *ut, dum supra terram essent, ricinis lugerent; funere ipso ut pullis pallis amictae.* Ohne zu viel Gewicht auf das Wort *amiciri* zu legen, da wenigstens Dichter häufig *amictus* und *indutus* verwechseln, sieht man doch schon daraus, dass an die Stelle des *ricinus* die *palla* trat, dass Letztere zum *amictus* gehörte. Ich gestehe diesen Widerspruch nicht hinreichend beseitigen zu können; allein dass die *palla* in der besten römischen Zeit und später hinaus ein Gewand war, das umgeworfen wurde, glaube ich schon oben gezeigt zu haben, und klar geht es hervor aus APPULEIUS, der die Weise des Umwurfs beschreibt. Metam. XI. p. 758 Oud. *palla nigerrima splendescens atro nitore, quae circumcirca remeans et sub dextrum latus ad humerum laevum recurrens umbonis vicem deiecta parte laciniae multiplici contabulatione dependula ad ultimas oras nodulis fimbriarum decoriter confluctuabat. — Quaqua tamen insignis illius pallae perfluebat ambitus individuo nexu corona totis floribus totisque constructa pomis adhaerebat.* Der Wurf war also dem der Toga ähnlich und so erscheint sie auch häufig auf Denkmälern. Zuweilen ist der zuerst von der linken Schulter oder vom Kopfe nach vorn hangende Theil unter der rechten Schulter hinweg nach hinten geschlagen, wie an unsrer Statue der Livia. — Ich erinnere noch, dass eben die obere Tunica es ist, welche auf allen Denkmälern bis auf die Füsse herabreicht, und dass also von der *stola* (als Unterkleid genommen) mit ihrer *instita*, die doch das unterscheidende Kleid der römischen Matrone ist, gar nichts sichtbar sein würde; dass HORAZENS Worte Sat. I, 2, 99.

Ad talos stola demissa et circumdata palla,

die Letztere durchaus nicht für ein *indumentum* können erklären lassen; dass *amiculum* ein allgemeinerer Ausdruck ist, der eben so von dem Mantel der Männer, als der Frauen gebraucht wird, z. B. PETR. 11.; dass man sich nicht auf PLAUT. Cist. I, 1, 117. und Poen. I, 2, 136. berufen dürfe, da dort nicht einmal von römischer Kleidung die Rede ist, und durch das Wort *amiculum* nur das griechische ἱμάτιον übersetzt wird; dass ebensowenig OVID. Met. XIV, 263. einen Beweis abgiebt (vgl. ODYSS. V, 230.), und dass man aus LIV. XXVII, 4. *reginae pallam pictam cum amiculo purpureo*, nicht im Mindesten schliessen kann, was die *palla* gewesen. Es würde also einer ganz neuen Begründung solcher Annahme bedürfen, um die von FERRARIUS vertheidigte, und auch von BÖTTIGER und HEINDORF für richtig erkannte Erklärung aufzugeben.

Letzterem kann ich indessen nicht beistimmen, wenn er zu Sat. I, 8, 23. *Vidi egomet nigra succinctam vadere palla Canidiam*. meint, *palla* sei dichterisch für *tunica* gebraucht. Canidia kömmt *palla succincta legendis in sinum ossibus herbisque nocentibus*.

[Einen scharfsinnigen Vertheidiger hat die Müllersche Ansicht an HERTZBERG gefunden, welcher dieselbe in der mehrmals erwähnten Rec. d. Gall. N. 289. dahin modificirt, dass *palla* die obere Tunica der Frauen (ein faltenreiches zum Anziehen bestimmtes Oberkleid) gewesen sei, spezieller aber auch den kurzen Ueberwurf bedeutet habe, den die Matronen bei öffentlichem Erscheinen über die Stola gegürtet hätten. So viel steht jedenfalls fest, dass die Beckersche Erklärung nicht mit allen Stellen der Alten zu vereinigen ist und dass man desshalb der *palla* einen weiteren Sinn zugestehen muss. Allerdings ist *palla* am wahrscheinlichsten als ein mantelähnliches Gewand in folgenden Stellen aufzufassen: HOR. Sat. I, 2, 99. s. oben. VARRO bei Non. s. oben. APPUL. s. oben. SIDON. APOLL. XV, 13. Auch ISIDOR. XIX, 25. versteht es so: *est quadrum pallium muliebris vestis deductum usque ad vestigia* etc. Dagegen an anderen ist nur eine Tunica zu verstehen, so vor allen in der schwierigen Stelle des VARRO L. L.

V, 130. sodann Auct. ad Her. IV, 47. *ut citharoedus — palla inaurata indutus, cum chlamyde purpurea* (wo *palla* die Tunica, *chlamys* den Mantel bezeichnet). Auch Liv. XXVII, 4. s. oben ist *palla* und *amiculum* nicht anders zu nehmen. Desgleichen Ovid. Met. XIV, 262 ff.

*Sublimis solio pallamque induta nitentem
Insuper aurato circumvelatur amictu.*

Ebenso ist IV, 481 ff.

*Nec mora. Tisiphone madefactam sanguine sumit
Importuna facem, fluidoque cruore rubentem
Induitur pallam tortoque incingitur angue.*

palla eine Tunica, da sie mit der Schlange umgürtet wird, was bei einem Mantel nicht möglich wäre. Ein zweiter Widerspruch ist, dass die *palla* bald als ein langes bald als ein kurzes Gewand bezeichnet wird; das erste geschieht Verg. Aen. XI, 576. *pro longae tegmine pallae.* Ovid. Amor. III, 13, 26.

Et tegit auratos palla superba pedes.

das zweite Mart. I, 93.

Dimidiasque nates Gallica palla tegit.

Diese verschiedenartige Form der Palla war auch die Ursache, dass einige Grammatiker dieselbe geradezu als ein Kleidungsstück bezeichneten, welches zwischen Mantel und Tunica die Mitte halte, so erklärt Non. XIV, 7. *tunicae pallium;* desgleichen Sen. zu Verg. Aen. I, 6. und Schol. Cruq. zu Hor. Sat. I, 2, 99. *tunicopallium.* Dieses ist auch das Wahrscheinlichste. Die *palla* wäre somit eine weite obere Tunica von grösserer oder minderer Länge, welche wenn sie ungegürtet war mit einem Pallium Aehnlichkeit hatte, während sie gegürtet sich von der Stola gar nicht unterschied (Hertzberg vergleicht für das Gürten der Palla noch Sen. Troad. I, 91. *cingat palla tunicas solutas*). Im letzteren Falle konnte über sie auch noch ein Mantel umgehängt werden, in erstern Falle aber vertrat sie selbst die Stelle eines Mantels, und dieses mochte namentlich mit der kürzeren Palla oft geschehen, während die längere gewöhnlich umgürtet wurde, also nichts anderes war als eine Stola. — Dass dieses Gewand die Kleidung der Citharöden und Schauspieler war, ersehen wir aus der oben citirten Stelle ad Her., sowie aus OVID. Amor. II, 18, 15. III, 1, 12. SUET. Cal. 54. — Buhlerinnen und adulterii damnatae hatten nicht das Recht, die Palla oder Stola zu tragen, s. oben S. 64.]

Zu diesen Kleidungsstücken kommt noch das *ricinium*, eine Art Schleier [der aber soweit hinten hinabfällt, dass man denselben auch als kleines Mäntelchen bezeichnen konnte, namentlich wenn das obere Ende am Hinterkopf befestigt war. Durch diese doppelte Anwendung gleicht sich der Widerspruch in folgenden Stellen einigermassen aus]. FEST. p. 277. *Ricae et riculae vocantur parva ricinia ut palliola ad usum capitis facta. Granius quidem ait esse muliebre cingulum capitis quo pro vitta Flaminica redimiatur.* PAUL. p. 288. *Rica est vestimentum quadratum fimbriatum, purpureum, quo Flaminicae pro palliolo utebantur.* LUCIL. fragm. p. 246 Bip. *ricini aurati.* VARRO L. L. V, 132. *Antiquissimis amictui ricinium. Id quod eo utebantur duplici, ab eo quod dimidiam partem retrorsum iaciebant, ab reiiciendo ricinium dictum.*] NON. XIV, 33. *Ricinium quod nunc Mavortium dicitur, palliolum femineum breve.* [ISIDOR. XIX, 25. nennt den Schleier *ricinium* und *Mavors*, fälschlich sogar *stola*, s. oben S. 186. Unbedingt als Mäntelchen ist rica und *ricinium* zu nehmen GELL. VII (VI), 10. *caput rica velatus* und bei den Mimen, welche als *riciniati* charakterisirt werden. FEST. p. 277 M. (Gegensatz zur comoedia togata und palliata). SERV. zu Verg. Aen. I, 268. vergleicht ricinium sogar mit der Toga und NON. XIV, 15. nimmt es als sudarium. Der Gebrauch war aus dem Leben entwichen und desshalb hatten die Grammatiker keinen klaren Begriff davon.] Die Ausdrücke gehören der alten Zeit an [noch älter ist *flammeum*, s. II, S. 32.], aber die Sache, ein den Kopf bedeckender Schleier, blieb für alle Zeiten. [Man darf jedoch den römischen Schleier nicht verwechseln mit dem der Griechen und modernen Völker, denn die Römerinnen bedienten sich desselben nicht, wie die Genanuten, zur Verhüllung des Gesichts, sondern sie liessen ihn nach hinten herabfallen, so dass das Gesicht mehr oder weniger frei blieb. Darum braucht ROSSBACH, die röm. Ehe S. 279 ff. mit Recht lieber den Ausdruck Kopftuch. Es galt zwar bei den Römerinnen zu allen Zeiten für unschicklich, ohne Kopfbedeckung auszugehen (VAL. MAX. VI, 3, 10. (Sulpicius Gallus) *uxorem dimisit, quod eam capite operto foris versatam cognoverat.*), aber den Schleier trug man nur in der alten Zeit regelmässig (PLAUT. Epid. II, 2, 30.) und die Mode führte statt dessen nach und nach Aufsätze, Hauben, Netze u. s. w. ein, s. unten. Der altherkömmliche Schleier wurde immer seltner und die antike Form (*rica, ricinium*) beschränkte sich auf gewisse Fälle. Abgesehen von der Flaminica (welche aus religiösen Gründen die rica oder das flammeum tragen musste, FEST. p. 277. 289. PAUL. p. 288. 289. GELL. X, 15.) und von der Vestalin, deren Schleier suffibulum hiess (s. BECKER-MARQUARDT röm. Alterth. IV, S. 283), trugen die Frauen die rica ricinium oder flammeum nur bei feierlichen Gelegenheiten, nämlich als Bräute am Hochzeitstag (s. II, S. 32.) bei häuslichen Opfern (VARRO l l. V, 130.) und in der Trauer, so lange die Leiche noch über der Erde stand, (VARRO bei Non. XIV, 33. XVI, 13. vergl. CIC. de leg. II, 23.). Jedenfalls ist es nicht dieses alte Kopftuch mit welchem sich die kokette Sabina Poppaea drappirte, TAC. Ann. XIII, 45. *rarus in publicum egressus idque velata parte oris, ne satiaret aspectum vel quia sic decebat.* Unter solchen Umständen darf es nicht befremden, dass auf den antiken Bildwerken so selten Frauen mit den graziösen Schleiern vorkommen z. B. PITTURE d'Ercol. II, 33. WINCKELMANN'S Werke von Eiselein. IV, S. 367 ff.

Das Fusswerk der Frauen war dem der Männer ähnlich, *soleae* und *calcei*, siehe oben. Nur waren diese zierlicher gearbeitet und reicher geschmückt, hatten auch meistens helle Farben, s. S. 168. 170. und II, S. 32.

Endlich ist noch der Fächer und Sonnenschirme zu gedenken. Die ersteren, *flabella* genannt, dienten sowohl dazu um lästige Insekten zu verscheuchen (zu welchem Zwecke

speziell das *muscarium* gebraucht wurde, MART. XIV, 71.) als um Kühlung zuzufächeln. TER. Eun. III, 5, 47.
> *Cape hoc flabellum et ventulum huic sic facito dum lavamur.*

OVID. Amor. III, 2, 37 fg.
> *Vis tamen interea faciles arcessere ventos,*
> *Quos faciat nostra mota tabella manu.*

(Al. *faciant — flabella;* vgl. Art. am. I, 161.) Sie waren vorzüglich aus Pfauenfedern (siehe Thl. I, S. 226.) und andern leichten Stoffen, z. B. dünnen Holzplatten sauber und kunstreich gefertigt. PROP. II, 18, 59.
> *Et modo pavonis caudae flabella superbi.*

CLAUDIAN. in Eutrop. I. 108 fg.
> *Et cum se rapido fessam proiecerat aestu,*
> *Patricius roseis pavonum ventilat alis.*

Auch die Sonnenschirme, *umbellae*, werden öfters genannt. MART. XIV, 28. *Umbella.*
> *Accipe quae nimios vincant umbracula soles:*
> *Sit licet et ventus, te tua vela tegent.*

XI, 73, 6.
> *Umbellam luscae, Lygde, feras dominae.*

IUV. IX, 50. u. a. S. CASAUB. zu Suet. Oct. 80. BURMANN zu Anthol. Lat. II, p. 370 fg. PACIAUDI, σκιαδηφόρημα s. de umbellae gestat. Rom. 1753. und BÖTTIGER, Sab. 8. Scene.]

Der Haarschmuck.

[Hohen Werth legten die römischen Damen auf langes schönes Haar POLYB. IX, 6. und auf dessen Schmuck. Man lese darüber die beredte Lobrede des APPUL. Met. II, p. 118 Elm. welche mit den Worten schliesst: *Tanta denique est capillamenti dignitas, ut quamvis auro, veste, gemmis omnique cetero mundo exornata mulier incedat, tamen nisi capillum distinxerit, ornata non possit videri.* Siehe ISID. XIX, 23. a. E. Den Haarputz hat BÖTTIGER, Sabina Sc. 2. ausführlich behandelt, auch GUHL u. KONER das Leben der Griechen und Römer II, S. 239 ff. und am erschöpfendsten KRAUSE, Plotina oder die Kostüme des Haupthaares bei den Völkern der alten Welt, Leipzig 1858, S. 148—178. Dort wird auch gesprochen über das künstliche Färben der Haare (vermittelst der seifenartigen Pomade, *spuma Batava* und *caustica*, s. oben Seite 117. CATO bei Charis. 1. *mulieres nostrae cinere capillum ungitabant, ut rutilus esset crinis.* VAL. MAX. II, 1, 5. FEST. p. 262. *Rutilum rufum significat, cuius coloris studiosae etiam antiquae mulieres fuerunt* etc. PLIN. h. n. XXVI, 15, 93. TERTULL. de cultu fem. 6. *capillum croco vertere* etc. LUCIAN. amor. 40. αἱ μὲν γὰρ φαρμάκοις ἐρυθαίνειν δυναμένοις — τοὺς πλοκάμους — ξανθῷ μεταβάπτουσιν ἄνθει. KRAUSE, Plotina S. 208 ff. SERV. zu Verg. Aen. IV, 698.) und über die falschen Haare (TERTULL. de cult. fem. 7.), vorzüglich die blonden Perücken, deren Haare vielfach aus Germanien kamen. OVID. Amor. I, 14, 15 ff.

Nunc tibi captivos mittet Germania crines,
Culta triumphatae munere gentis eris.

MART. V, 68. XII, 23. VI, 12. IUV. VI, 120.

Sed nigrum flavo crinem abscondente galero.

OVID. art. am. III, 163 ff.

Femina canitiem Germanis inficit herbis,
Et melior vero quaeritur arte color;
Femina procedit densissima crinibus emtis
Proque suis alios efficit aere suos.
Nec rubor est emisse palam. venire videmus
Herculis ante oculos Virgineumque chorum.

Von den unendlich mannigfaltigen und zum Theil sehr geschmacklosen und abentheuerlichen Frisuren geben die Statuen und Büsten in allen Museen ein anschauliches Bild; ja es gab Büsten, denen man die marmornen Perrücken abnehmen und je nach der Mode durch andere ersetzen konnte. MUS. PIO CLEM. VI, 57. Die verschiedenen Coifführen, aus denen die Damen je nach der Kopf- und Gesichtsform wählen konnten, besingt OVID. art. am. III, 135 ff.

Nec genus ornatus unum est, quod quamque decebit
Eligat et speculum consulat ante suum.
Longa probat facies capitis discrimina puri,
Sic erat ornatis Laodamia comis etc.

Die weibliche Kleidung.

Sed neque ramosa numerabis in ilice glandes,
  Nec quot apes Hyble, nec quot in Alpe ferae;
Nec mihi tot positus numero comprendere fas est:
  Adiicit ornatus proxima quaeque dies.

S. auch APPUL. Met. 1. 1. TERTULL. de cultu fem. 6 f. de virg. veland. 7. 12. Die einfachste und anmuthigste Frisur namentlich für Mädchen war glatt gescheiteltes Haar (*coma dividua*) mit einem hinten am Nacken geschürzten Knoten (*nodus*), der modernen Sitte ziemlich ähnlich, MUS. BORB. IX, 34. ZAHN, schönste Ornam. III, 15. oder die Zöpfe wurden noch einmal nach vorn rings um den Kopf gelegt. Auch wurde der *nodus* über der Stirn oder in der Nähe des Scheitels geflochten, APPUL. Met. II. p. 118 f. Elm. *Uberes enim crines — paulisper ad finem conglobatos in summum verticem nodus astrinxerat.* Das andere Extrem bildete ein über der Stirn thronendes Toupé, bogenförmig gebaut, ja sogar aus mehreren Etagen von Flechten bestehend und nach der Mitte zunehmend (*suggestus*), STAT. Silv. I, 2, 113 ff. wo Venus das Haar der Stella geschmückt zu haben angiebt:

— *Comere, nec pingui crinem deducere amomo*
Cessavit mea, nate, manus! mihi dulcis imago
Prosiluit. Celsae procul aspice frontis honores
Suggestumque comae.

Iuv. VI, 502 f.
  Tot premit ordinibus, tot adhuc compagibus altum
  Aedificat caput. Andromachen a fronte videbis.

TERTULLIAN. de cult. fem. 7. *enormitates sutilium atque textilium capillamentorum nunc in galeri modum quasi vaginam capitis et operculum verticis, nunc in cervicem retro suggestum.* Nicht damit zu verwechseln ist der *tutulus* d. i. der durch ein Band zusammengehaltene thurmartige Knoten (ursprünglich nur bei der Flaminica, einer Meta ähnlich), siehe FEST. h. v. p. 355. VARRO L. L. VII, 44. *tutulus appellatur ab eo quod matres familias crines convolutos ad verticem capitis quos habent vitta velatos, dicebantur tutuli, sive ab eo quod id tuendi causa capilli fiebat, sive ab eo quod altissimum in urbe quod est, arx, tutissimum vocatur.* SERV. ad Verg. Aen. II, 682. TERTULL. de pall. 4. MUS. BORB. XIII, 25. und sonst sehr häufig. KRAUSE, S. 206 f. ROEPER, Varron. Eumen. rel. II. Danzig 1861, S. 11. Andere trugen lange Locken um das Haupt (*crines penduli, dependuli*) oder kräuselten kleine Locken an dem vorderen Theil des Kopfes, während sie hinten künstliche Flechten anwendeten. Die einfachste Anordnung der Haare bezeichneten die Römer mit den Ausdrücken *crines culti, pexi, digesti, comti, pectine flexi, ligati, in nodum vincti;* viel künstlicher sind *crines inflexi, fastigiati, in cincinnos digesti, crispati, torti, intorti, calamistro conversi, vibrati ferro, in orbem structi, in gradus digesti,* siehe KRAUSE, Plotina S. 151 ff. und 157 ff. folgt eine ganze Reihe weiblicher Haarkostüme nach den Ueberresten der antiken Kunst. Zum Zusammenhalten und Befestigen der Haare brauchte man Bänder, *vittae, taenia, fascia, fasciola,* genannt *capital,* VARRO L. L. V, 130. vorzüglich aber Nadeln (*acus discriminalis* bei APPUL. Met. VIII. p. 543. oder *crinalis,* ISIDOR. XIX, 31. *acus sunt, quibus in feminis ornandorum crinium compago retinetur ne laxius fluant et sparsos dissipent capillos.* MART. XIV, 24.

Tenuia ne madidi violent bombycina crines,
 Figat acus tortos sustineatque comas.

LUCIL. fragm. p. 246. Bip. *discerniculumque capillo.*), deren sich viele erhalten haben und wie sie in einigen Gegenden Italiens noch jetzt gebraucht werden, um die Zöpfe darum zu winden, s. MÜLLER, Rom u. s. w. I, S. 40 fg. JAHRB. d. Vereins von Alterthumsfr. im Rheinlande. Bonn. XV, S. 111.] Eine ähnliche Nadel, wie die Thl. I, S. 140. beschriebene, deren Figur aber nicht besonders gut gearbeitet zu sein scheint, ist in Pompeji gefunden worden, und im MUS. BORB. II. t. XIV. abgebildet. [ROUX und BARRÉ, Hercul. VI, 93. Andere sind in Berlin und anderwärts, KRAUSE, Plotina S. 220 f.] BECCH hält sie für bestimmt, das Kleid zu heften; allein BÖTTIGER hat den Gebrauch dieser Nadeln als Nestnadeln, wie es scheint, richtig erklärt. S. 149 ff. [Zur besonderen Zierde gereichten kostbare Aufsätze auf dem Vorderhaupt und anderer Schmuck,

Isid. XIX, 31. *Diadema est ornamentum capitis matronarum ex auro et gemmis contextum* etc. Ebenso *nimbus,* ebendaselbst. Ovid. Amor. III, 13, 25.

Virginei crines auro gemmaque premuntur.

I, 2, 41. Plin. h. n. IX, 58, 117. Krause, Plotina S. 221 ff. Das Frisiren besorgten die *ciniflones* (Hor. Sat. I, 2, 98.) oder *cinerarii* mit ihren Brenneisen (*calamistrum,* Varro L. L. V, 129.), Kämmen (*pecten,* den unsrigen gleich wie die Ueberreste in den Museen zeigen, Appul. Met. II, S. 118. Elm. *et pectinis arguti dente tenui discriminatus.* Varro L. L. V, 129. Lucian. Amor. 44. Martial. XIV, 25. Pectines.

*Quid faciet nullos hic inventura capillos
Multifido buxus quae tibi dente datur?)*

und Salben (s. S. 114 ff.), und die *ornatrices* (II, S. 138.), deren Amt freilich einen sehr weiten Umfang hatte. Macrob. II, 5. p. 347 Bip. *Iulia mature habere coeperat canos, quos legere secrete solebat. subitus interventus patris aliquando oppressit ornatrices.* Orelli Henzen 2878. 2933. 4715. 4443. 6285. *a tutulis ornatrix.* Ovid. Amor. I, 11, 1 f.

*Colligere incertos et in ordine ponere crines
Docta, neque ancillas inter habenda Nape.*

I, 8, 1 ff.

*Ponendis in mille modos perfecta capillis
Comere sed solas digna, Cypassi, comas.*

II, 7, 23 ff. Tertull. de cult. fem. 7. *structores capillaturae.* Krause, Plotina S. 155 f. Guasco, delle ornatrici. Napol. 1775. Dass diese förmlich in die Lehre gegeben wurden, sehen wir aus Marcian Dig. XXXII, 1, 65, § 3.] Noch ist zu erwähnen, dass die Frauen nicht nur des Nachts, sondern der Bequemlichkeit wegen auch am Tage, zumal bei häuslichen Verrichtungen, [um das Haar zusammenzuhalten, ganz wie jetzt nach der neuesten Mode] ein Netz über den Kopf zogen, das die Haare umschloss, *reticulum.* [Varro L. L. V, 130. *quod capillum contineret.* Non. XIV, 32. *tegmen capitis muliebre.* Isidor. XIX, 31.], κεκρύφαλος, und selbst an Männern rügt Iuven. II, 96. diese weibische Sitte. S. darüber Böttig.

Sab. I, S. 143 fg. [und KRAUSE, Plotina S. 232 ff.]. Solche Haarnetze waren häufig aus Goldfäden gestrickt, wie man auf antiken Gemälden sieht, z. B. MUS. BORB. IV. t. 49. VIII. t. 4. 5. VI. t. 18. [XI, 2.] Daher auch bei IUVENAL *reticulum auratum.* [Davon verschieden sind die Hauben, aus dichterem Zeuch gefertigt, welche wie ein Sack am Hinterkopf herabhingen. Eine solche Haube hiess *mitra* und *mitella* (LUCIL. fragm. p. 246 Bip. *aurea mitra.*), *calantica* oder *calvatica.* VARRO l. l. NON. XIV, 2. und 37. v. capitia (*capitum tegmina*). ULPIAN. Dig. XXXIV, 2, 23. § 2. *capitia, zonae, mitrae, quae magis capitis tegendi quam ornandi causa sunt comparata.* Man machte sie aus verschiedenem Zeuch, sogar aus Blase, MART. VIII, 33, 19. und von sehr verschiedener Form. Man findet sie auf Vasengemälden abgebildet, auch auf der Aldobrandinischen Hochzeit, BÖTTIGER, Sabina I, S. 143 fg. und Aldobrandinische Hochzeit S. 79 fg. PAULY, Realencyklop. II, S. 54 fg. Charikles III, S. 244 ff. KRAUSE, Plotina S. 234 ff. — Ob unter *caliendrum* bei HOR. Sat. I, 8, 48. (*altum Saganae cal.*) mit BÖTTIGER eine Perrücke zu verstehen ist oder ein Aufsatz oder eine Haube, ist unsicher. S. SCHOL. und die Erklärer zu der Stelle. Während mehrere Kopfbedeckungen der häuslichen Bequemlichkeit dienten, brauchte man andere mehr zum Schmuck und bei dem Ausgehen zur Bewahrung des Anstandes s. oben S. 192 und KRAUSE, Plot. S. 230 ff. — Auf einem Pompejanischen Wandgemälde (ZAHN, schönste Ornam. III, 21.) erscheint Atalante in einem ganz modernen flachen Damenhut, mit Sturmband und oben mit Schleifen zum Aufhängen.

Der Schmuck.

Sehr reich und mannigfaltig war der weibliche Schmuck gewöhnlich aus Gold gefertigt und mit Perlen und Edelsteinen verziert. PLIN. h. n. IX, 15, 58. *Lolliam Paulinam — vidi smaragdis margaritisque opertam, alterno textu fulgentibus, toto capite, crinibus, spira, auribus, collo, monilibus, digitisque, quae summa quadringenties HS colligebat.* TERTULL. de hab. mul. 9. *saltus et insulas tenera cervix fert, graciles aurium cutes calen-*

darium expendunt (d. h. sie wiegen das ganze Capital- und Zinsbuch auf). LUCIAN. de domo 7. Am prachtvollsten waren die Halsbänder (*monilia*) und Halsketten (*catellae*), welche oft sogar bis zu der Brust herabreichten. ISIDOR. XIX, 13. PLIN. h. n. XXXIII, 2, 12. *Habeant feminae* (aurum) *in armillis digitisque totis, collo, auribus, spiris; discurrant catenae circa latera et inserta margaritarum pondera e collo dominarum auro pendeant, ut in somno* (?) *quoque unionum conscientia adsit.* SEN. Med. III, 572. *auro textili monile fulgens* etc. PAULL. Dig. XXXIV, 2, 32, § 7. 9. *ornamentum mamillarum ex cylindris triginta quatuor et tympaniis margaritis triginta quatuor.* Die Perlen waren von höchstem Werth, SUET. Caes. 50. *sexagies sestertio margaritam mercatus est*, d. i. 6 Mill. Die Perlenwuth der Gellia geisselt MART. VIII, 81. — Die prachtvolle in Siebenbürgen gefundene Goldkette, an welcher eine Masse kleiner Instrumente zur Zierde herabhängen, veröffentlicht ARNETH, die antiken Gold- und Silbermonumente in Wien, Taf. I.] In Pompeji fand man ein Halsgeschmeide aus einem Bande von feinem Goldgeflecht, woran 71 kleinen Ohrglocken gleichende Gehenke hängen. An den Enden der Kette glänzt eine Art Schloss, auf dessen beiden Theilen man einen Frosch sieht. An den Endspitzen, wo es zusammengehakt wurde, waren Rubinen eingesetzt, deren einer noch vorhanden ist. Es ist im MUS. BORB. abgebildet. II, 14. [S. auch XII, 44.

Die Armbänder hiessen *armillae* (PAUL. DIAC. p. 25. h. v.). *brachialia, spinther* (FEST. p. 333. h. v. PLAUT. Men. III, 3, 4 ff.).] Sie scheinen in Form von Schlangen sehr üblich gewesen zu sein, und HESYCHIUS sagt: ὄφις τὸ χρυσοῦν περιβραχιόνιον. Auch in Pompeji sind mehrere der Art gefunden worden. Siehe MUS. BORB. a. a. O. und VII. t. 46. [XII, 44.] Die letzteren haben wirklich an der Stelle der Augen Rubinen, wie Thl. I, S. 140. gesagt ist. [S. BARTOLIN. de armillis veterum. Amstel. 1676. GERHARD und PANOFKA, Neapels antike Bildwerke I, S. 436 ff. OVERBECK, Pompeji S. 432. BRAUN, über prächtige goldne Armbänder in MONUM. ANNALI und BULLET. dell' inst. di corr. 1854, Seite 112. gewöhnlich mit

Schlösschen zum Zusammenschnappen, wie bei uns. THE ARCHAEOLOG. JOURNAL V. London 1848, S. 341 f. VIII, 1851, S. 35 ff. wo mehrere prächtige Schmuckgegenstände, Ketten, Bänder, Fibeln, Ringe beschrieben werden, die man in einem silbernen Gefäss mit wunderschönem Griffe fand.

In dem Ohre trugen die Damen theils eine grosse Perle, theils besonders dazu bestimmte Gehänge. ISIDOR. XIX, 31. *Inaures ab aurium foraminibus nuncupatae, quibus pretiosa genera lapidum dependuntur.* SEN. de ben. VII, 9. *video uniones, non singula singulis auribus comparatos, iam enim exercitatae aures oneri ferendo sunt, iunguntur inter se et insuper alii binis superponuntur. Non satis muliebris insania viros subiecerat, nisi bina ac terna patrimonia auribus singulis pependissent.* PLAUT. Men. III, 3, 17 ff. HOR. Sat. II, 3, 239 ff. PAULL. Dig. XXXIV, 2, 32, § 8. *inaures, in quibus duae margaritae elenchi et smaragdi duo.* Sehr zahlreich sind *fibulae*, Spangen, Broschen, deren auch die Männer bedurften, auf unsere Zeiten gekommen s. S. 183. Damit die Nadel nicht herausfallen möge, brachte man Vorsichtsmassregeln an, den modernen Schliesshaken oder Pfannen analog. Die Formen sind unendlich mannigfach, rund, viereckig, Thiergestalten u. s. w. BRAUN, in Monum. etc. s. oben 1854, S. 113. wo an einer Fibula 7 goldene Kettchen herabhängen. HOUBEN, Denkmäler von Castra vetera. Taf. 9. 23 (von Bronze). Eine grosse schwere goldene Fibel in Kreuzesform beschreibt HAHN, der Fund von Lengerich. Hannover 1854, S. 34 f. Eine andere massive goldene Fibel siehe THE ARCHAEOLOG. JOURNAL (1845) London II. 1846, p. 46 f. Ebendaselbst ist eine bronzene mit der Inschrift erwähnt: *Domino Marti. vivas. Utere. felix.* Sehr schöne von Silber daselbst VI, 1849. p. 69 ff. andere VII, 1850, p. 409 ff. ISID. XIX, 31. *fibulae sunt quibus pectus feminarum ornatur vel pallium tenetur, viris in humeris, ceu cingulum in lumbis.* Das hohe Alter der fibulae ergiebt sich aus dem Gebrauch derselben von den Flamines PAUL. DIAC. v. infibulati p. 113 M. Mitunter werden dieselben als militärisches Ehrengeschenk erwähnt

Die weibliche Kleidung.

(aber von Gold), Liv. XXVII, 19. XXXIX, 31. Ueber die Ringe ist bereits S. 175 fg. gesprochen worden.

Alle diese Schmucksachen hiessen *ornamenta muliebria*, welche ULP. Dig. XXXIV, 2, 25, § 10. so erklärt: *quibus mulier ornatur, veluti inaures, armillae, viriolae, anuli praeter signatorios et omnia quae ad aliam rem nullam parantur, nisi corporis ornandi causa. quo ex numero etiam haec sunt: aurum, gemmae, lapilli.* und § 10. noch *vittae, mitrae, calantica, acus cum margarita, reticula*. Im Gegensatz dazu steht der *mundus muliebris, quo mulier mundior fit*, wie PAULL. a. a. O. erklärt; nämlich *specula* (Toilettenspiegel, s. II, S. 306 fg. und ISID. XIX, 31.), *matulae, unguenta, vasa unguentaria* etc. also lauter Toilettengeräthschaften, z. B. Kämme (*pectines*, s. oben) von Buchsbaum und Elfenbein, allerlei Instrumente zur Pflege der Nägel (BÖTTIGER, Sab. 4. Sc.), Schminkbüchsen (der Apparat der Kosmetik war überhaupt sehr reich), Ohrlöffel (*auriscalpium* MART. XIV, 23.), Etuis mit Salben und Oelen u. dergl. Von den Salben und Oelen ist bereits II, S. 331 f. III, S. 114 ff. gesprochen worden. Im Mus. Borb. VII, 46. IX, 14. 15. ROUX und BARRÉ Herc. VI, 91 — 93. sind mehrere solche Sächelchen abgebildet. Die grösseren Kästchen mit Spiegeln (s. II, S. 307.) und anderen Geräthschaften, welche *cistae mysticae* genannt wurden, und welche meistens von Praeneste stammen, beschreibt MÜLLER, Archaeol. v. Welcker S. 188 fg. MÜLLERS Denkmäler der alten Kunst I, 5. T. 61. und 62. — Auch haben sich mehrere Darstellungen von Toilettenscenen erhalten (theils Vasengemälde, theils Wandmalereien, theils Sarkophagsculpturen), s. den Vortrag des als thätigen Repräsentanten der Archäologie in Belgien sehr verdienten ROULEZ (in Gent), notice sur un bas-relief funéraire du musée d'Arezzo, repres. une scène de toilette, im XIX. Band. d. mémoir. de l'acad. royale — de Belgique. ZAHN, schönste Ornamente III, Taf. 15 (mit Damentoilette aus Herculanum.)

ANHANG.

STOFF, FARBE, FERTIGUNG UND REINIGUNG DER KLEIDER.

Unter den Stoffen, aus welchen die Kleider gefertigt wurden, kommt nur Wolle, Seide, Leinwand, Baumwolle in Betracht. ULP. Dig. XXXIV, 2, 23, § 1. *lanea, linea, serica, bombycina.* Am meisten brauchte man Wolle und zur Toga wurde höchst selten ein anderer Stoff genommen.] In Italien gewann man die geschätzteste in Apulien, namentlich um Tarent. PLIN. VIII, 48. *Lana autem laudatissima Apula et quae in Italia Graeci pecoris appellatur, alibi Italica. — Circa Tarentum Canusiumque summam nobilitatem habent.* [VARRO r. r. II, 1 f. COLUM. VII, 2, 4.] MART. XIV, 155.
Velleribus primis Appulia, Parma secundis
   Nobilis: Altinum tertia laudat ovis.
Von den ausländischen war die Milesische [Samische, Baetische, Attische] und Lakonische berühmt und mehrere andere, worüber man PLINIUS nachsehe. [MART. XII, 65, 5. XIV, 156 ff. YATES, textrinum antiquorum. An account of the art of weawing among the ancients. London I. 1843. p. 12—124. PAULY, Realencykl. IV, S. 753 ff. Ueber die Wolleneinfuhr in Italien — denn die einheimische reichte nicht aus — siehe HOECK, röm. Geschichte I, 2, S. 273 fg. Ein *lanarius negotians* wird genannt ORELL. inscr. 4063.] Das Zeug war bald dichter und schwerer, bald dünner und leichter. Der ersteren Eigenschaft wegen wird die Toga *densa, pinguis* (SUET. Aug. 82.), *hirta* (QUINCT. Inst. XII, 10. p. 649. mit BURM. Anm. p. 1097.) genannt. Letztere ist nicht mit der *pexa* zu verwechseln, welche nur das neue, nicht abgetragene, oder das wolligere und weniger kurz geschorene Gewand bedeutet; daher ihr theils die *trita* (siehe OBBAR. z. Hor. epist. I, 1, 95.), theils die *rasa* entgegengesetzt wird. Letztere diente, da sie leichter war, als Sommerkleid. MART. II, 85.

Vimine clusa levi niveae custodia coctae,
Hoc tibi Saturni tempore munus erit.
Dona quod aestatis misi tibi mense Decembri,
Si quereris rasam tu mihi mitte togam.
Nach PLINIUS VIII, 48, 74. wurde sie erst unter August gebräuchlich. [In dem Museum zu Mainz befinden sich eine Menge daselbst ausgegrabener Fragmente und Proben von wollenen und halbwollenen Stoffen aus der Römerzeit, meist bräunlich an Farbe und verschieden gewebt, auch sogar geköpert, theils gröber theils feiner, theils dünner theils dichter. Mehrere haben eine überraschende Aehnlichkeit mit den modernen Buckskins.]

Seidene Stoffe wurden erst spät getragen, und in der Regel bedeuten auch dann noch *serica* nur halbseidene Zeuge, deren Aufzug Lein und nur der Schuss Seide war. Wenn daher genauer gesprochen wird, so unterscheidet man *subserica* [halbseidne] und *holoserica*. [ISIDOR. XIX, 22. *holoserica tota serica — tramoserica stamine lineo, trama ex serico.* Auch Goldfäden hatte man als Schuss, CAPIT. Pert. 8. *vestis sub tegmine serico aureis filis insignior.*] LAMPR. Sev. Alex. 40. *Vestes sericas ipse raras habuit: holosericas nunquam induit, subsericam nunquam donavit.* Wenn indessen derselbe vom Heliogabal c. 26. sagt: *Primus Romanorum holoserica veste usus fertur, quum iam subserica in usu essent.* so kann diess höchstens von Männern gelten; denn die *holoserica stola mulierum* wird schon von VARRO bei Nonius XIV, 6. erwähnt. [MART. IX, 37.
Nec dentes aliter quum Serica nocte reponas.]
Immer aber wurden solche Kleider, die einen ungeheuern Preis hatten, als Sache der Verschwendung betrachtet. Dass auch zur Toga seidene Stoffe genommen wurden, sieht man aus QUINCT. XII, 10, 47. *ne hirta toga sit, non serica.* [Seidene Kleider wurden zuerst nur von Frauen getragen, wie wir auch aus DIO CASS. LXIII, 24. sehen: τοῦτο δὲ τὸ ὕφασμα (sc. σηρικόν) χλιδῆς βαρβάρου ἐστὶν ἔργον καὶ παρ' ἐκείνων καὶ πρὸς ἡμᾶς ἐς τρυφὴν τῶν πάνυ γυναικῶν περιττὴν ἐςπεφοίτηκεν. und den Männern

war dieser Stoff sogar untersagt. TAC. Ann. II, 33. *ne vestis serica viros foedaret.* Vor. Tac. 10. DIO CASS. LII, 12. Allein das Gesetz wurde oft übertreten, z. B. von Caligula, SUET. Cal. 52. und später ganz vergessen. SOLIN. 50. *Hoc illud est sericum in usum publicum damno severitatis admissum, ut in quo ostentare potius corpora quam vestire primo feminis, nunc etiam viris persuasit luxuriae libido.*] — Eben des hohen Preises wegen [Vor. Aurel. 45. Ein Pfund Seide kostete ein Pfund Gold] wurden diese Zeuge überaus dünn und florartig gewebt, so dass die berüchtigten *Coa* (die indessen auch aus Byssus gefertigt werden mochten) von Sittenrichtern oft genug gerügt werden. S. BÖTTIGER Sab. II, S. 115. und besonders HEIND. zu Hor. Sat. I, 2, 101. Für ein solches Koisches Gewand muss das angesehen werden, was Venus auf einem Pompejanischen Gemälde, MUS. BORB. III. t. 36. und die angebliche Phryne, VIII. t. 5. tragen. Nicht viel dichter sieht man es VII. t. 20. Davon kann allerdings gelten was HORAZ sagt: *paene videre est ut nudam.* [SEN. de ben. VII, 9. *video sericas vestes, si vestes vocandae sunt, in quibus nihil est, quo defendi aut corpus aut denique pudor possit. quibus sumptis mulier parum liquido nudam se non esse iurabit. Haec ingenti summa ab ignotis etiam ad commercium gentibus accersuntur, ut matronae nostrae ne adulteris quidem plus sui in cubiculo quam in publico ostendant.*]

Die seidenen Gewänder kamen selten als Gewebe nach Europa, sondern die rohe Seide wurde gewöhnlich erst hier verarbeitet. Die Hauptstellen darüber sind bei ARISTOT. H. A. V, 17 (19). Ἐκ δὲ τούτου τοῦ ζώου καὶ τὰ βομβύκια ἀναλύουσι τῶν γυναικῶν τινες ἀναπηνιζόμεναι κἄπειτα ὑφαίνουσι. Πρώτη δὲ λέγεται ὑφῆναι ἐν Κῷ Παμφίλου Πλάτεω θυγάτηρ. [ISID. XIX, 27. *Sericum dictum, quia id Seres* (die Chinesen nach CARL RITTER) *primi miserunt. Vermiculi enim ibi nasci perhibentur, a quibus haec circum arbores fila ducuntur. Vermes autem ipsi Graece* βόμβυκες *nominantur.* 22. *Bombicina est a bombice vermiculo, qui longissima ex se fila generat, quorum textura — conficiturque in insula Choo.* [also *bombicina* sind europäische, *serica* asiatische Seidenstoffe] und PLIN. VI, 17, 20. *Seres la-*

nicio silvarum nobiles, perfusam aqua depectentes frondium canitiem: unde geminus feminis nostris labor, redordiendi fila rursumque texendi. Die Dunkelheit des Ausdrucks hat Manche veranlasst zu glauben, die bereits fertigen Gewänder seien wieder aufgelöset und nochmals gewebt worden [während doch das Abwickeln oder Abhaspeln der Cocons gemeint ist, siehe PLIN. XI, 22, 26. *Telas araneorum modo texunt ad vestem luxumque feminarum quae bombycina appellatur. Prima eas redordiri rursumque texere invenit in Coo mulier Pamphile.*] S. SCHNEID. Ind. ad Scriptt. r. r. p. 367. — In Rom scheinen wenigstens zu MARTIALS Zeit die berühmtesten Webereien im Vicus Tuscus gewesen zu sein. Er sagt XI, 27, 11.

Nec nisi prima velit de Tusco Serica vico.

[Seidenhändler, *sericarii negotiores*, kommen auf Inschriften vor, ORELL. 1368. 4252. Die 2955. genannte *sericaria* ist aber eine Sklavin, welche wahrscheinlich die seidenen Kleider der Herrin unter ihrer Fürsorge hat. — Ueber den Ursprung der Seide, ihre Fabrikation und verschiedenen Namen der Seidenstoffe u. s. w. s. Charikles III, S. 100 ff. PAULY, Realencykl. I, S. 1145 fg. YATES, textrinum antiquor. I, S. 160—250. LASSEN, indische Alterthumskund III. LENZ, Zoologie der alten Griechen u. Römer. Gotha 1856, S. 602 ff.

So unentbehrlich die Leinwand im Hauswesen war (die linnenen Ueberzüge, *plagae*, werden von NON. XIV, 5. genannt, *linteolum caesicium* XIV, 17. DIOCL. Ed. XVIII, 16 ff. σινδόνες κοιταρίαι, häufig die *mappae* und *mantelia*, siehe den dritten Excurs z. neunten Scene, die Tücher zum Abtrocknen, s. S. 109 f., *sudaria* später φακιάλια (*facialia*) Schweiss- oder Taschentücher, CATULL. XII, 14. DIOCL. ed. XVII, 59 ff. u. s. w.; auch *gausape* war ursprünglich linnen, ehe man dieses Zeug von Wolle fertigte, s. S. 156), so wenig brauchte man sie zur Kleidung. Daher geschieht der linnenen Stoffe nur selten Erwähnung, und zwar fast nur bei Frauen (niemals bei der Toga). PLIN. h. n. XIX, 1. *Varro tradit, in Serranorum familia gentilitium esse, feminas linea veste non uti.* Also müssen doch andere Frauen dergleichen getragen haben, was auch durch andere Stellen bestätigt wird, z. B. wenn FEST. und PAUL. p. 310 fg. M. *supparus* ein *vestimentum puellare lineum* nennen, womit NON. XIV, 20. im wesentlichen übereinstimmt. APPUL. Met. II, p. 117 Elm. *Ipsa* (Fotis) *linea tunica mundule amicta.* Ferner erwähnt ISIDOR. XIX, 25. noch das *amiculum* als *meretricum pallium lineum* und das *anabuladium* als *amictorium lineum feminarum.* Linnene Gewänder der Männer kommen erst in später Zeit vor (denn die *legio linteata* hat ihren Namen nicht etwa von der Bekleidung erhalten, siehe PAUL. DIAC. p. 115 M. LIV. X, 38. und dass die Isispriester linnene Kleider trugen, *linigera turba* OVID. art. am. I, 77. SUET. Oct. 12. hatte einen besonderen Grund), als die feinen linnenen Stoffe ein besonderer Luxusartikel geworden waren, und zwar sagt LAMPR. Sev. Alex. 40. *Boni linteaminis appetitor fuit et quidem puri, dicens: si linea idcirco sunt, ut nihil asperum habeant, quid opus est purpura? in linea autem aurum mitti etiam dementiam iudicabat, cum asperitati adderetur rigor.* — Von so feiner Leinwand war das Gewand, welches die aufwartenden hochaufgeschürzten jungen Sklaven trugen. SUET. Cal. *linteo succinctos.* SEN. de brev. vit. 12. *quam diligenter excoletorum suorum tunicas succingant.* HEIND. zu Hor. Sat. II, 8. 10. *puer alte cinctus.* BÖTTIGER, Sab. II, S. 45. In der späteren Zeit gab es nämlich Leinwand von hohem Werth, sowohl ihrer Feinheit als auch der hineingewebten Verzierungen halber. LUCAN. III, 239.

Fluxa coloratis adstringunt carbasus gemmis.
VERG. Aen. VIII, 34.) Zur Zeit des PLINIUS (XIX, 1.) kam die beste Leinwand aus Sätabis in Hispania Tarraconensis, wo der Flachs *carbasus* hiess (SERV. zu Verg. Aen. III, 357), welcher Name dann auf die feinste Leinwand übergetragen wurde. CATULL. XII, 14.

Nam sudaria Saetabe ex Hibera
Miserunt mihi muneri Fabullus etc.

NON. XIV, 28. Als zweite Sorte nennt PLIN. die Retorinische und Faventinische in Oberitalien (ausgezeichnet durch *tenuitas summa densitas candor*). Halb so theuer war die dritte Sorte,

Stoff, Farbe, Fertigung u. Reinigung d. Kleider.

die Aliana (zwischen dem Po und Ticinus), die stets ungebleicht (crudum) in den Handel kam. Viel zahlreicher waren später die Abstufungen, von denen DIOCL. ed. XVII f. ein anschauliches Bild giebt. Hier kommen bei jedem Artikel nicht weniger als 21 Sorten vor, nämlich 1) gestempelte Leinwand in drei Qualitäten, deren jede fünf Sorten hat, die sich immer wiederholen, nämlich von Skythopolis bei Damaskus, Tarsus, Byblus, Laodikea, Tarsus und dieser gleich die von Alexandria (SPART. Saturn. 8.); 2) ungestempelte Leinwand, abermals in drei Qualitäten; 3) ordinäres Fabrikat zum Gebrauch der Sklaven, gleichfalls in drei Qualitäten. Siehe das Nähere bei MOMMSEN, zu dem Edict S. 60 ff. 67 f. Daselbst sind auch die kaiserlichen Leinewebereien erwähnt, linyphium Viennense (Gallien), Ravennatium u. s. w. NOT. DIGN. occ. c. X. COD. THEOD. X, 20, 8. An mehreren Stellen scheint aber *linum* statt Baumwolle, *byssus*, zu stehen und ebenso umgekehrt, da beide Stoffe eine grosse Aehnlichkeit hatten, z. B. ISIDOR. XIX, 22. *byssina candida confecta ex quodam genere lini grossioris: Sunt et qui genus quoddam lini byssum esse existiment.* 27. 25. wird *anaboladium lineum* genannt und gesagt *quod Graeci et Latini sindonem vocant.* AUSON. eph. parecb. 2 *linteam da sindonem.* An andern Stellen wird mit *sindon* aber. auch Baumwollenstoff bezeichnet. Siehe noch PLIN. XIX, 1 ff. POLL. VII, 76. 72. Die ganze Frage über Byssus wird sorgfältig erörtert in Charikles III, S. 185 ff. PAULY, Realencykl. I, S. 1208 fg. Es ist jedoch noch nicht fest ausgemacht, ob, wie zeither allgemein angenommen wurde, Byssus unserer Baumwolle entspreche und namentlich hat YATES, Textrin. S. 267—280. behauptet, dass Byssus nur Leinwand sei. Siehe noch RITTER, die geograph. Verbreitung der Baumwolle, in Abhandl. der Berliner Akademie 1851. und LASSEN, indische Alterthumskunde III, S. 23 ff. Die andere Literatur findet sich Charikles a. a. O. Die Weber linnener Stoffe hiessen *linteones* oder später *linyphi*, PLAUT. Aul. III, 5, 38. s. FORCELL. thes. und die Verkäufer derselben *lintearii*, ORELLI HENZEN S. 4215. 6991. ULP. Dig. XIV, 3, 5, § 4. *quibus vestiarii vel lintearii dant vestem circumferendam et distrahendam.* Vergl. Cic. Verr. V, 56. Pauly, Realencyklop. IV, S. 1097. Man fertigte auch Stoffe aus Wolle und Linnen, *linostema,* Isidor. XIX, 22.

Hieran knüpft sich die Frage, von welcher Farbe die Stoffe getragen wurden. Vgl. Mönch, de vest. color. praecip. ap. vet. Eisleben 1843. Die ursprünglich allein übliche Farbe war die weisse, welche wenigstens bei der Toga die einzig erlaubte blieb, s. S. 149 f. Denn das die Armen, Freigelassenen und Sklaven dunkelfarbige Kleider trugen, geschah nur aus Oekonomie, da diese weniger schmuzten. Diese dunkelen Stoffe, deren sich zu Mainz viele gefunden haben, s. oben, *fusci colores* Mart. I, 97. XIV, 127. *canusinae fuscae,* vergl. 129. waren theils dunkel von Natur (wenn die Wolle die natürliche Farbe der dunkeln Schafe behielt, z. B. die bätische, Mart. I, 97. XIV, 157 fg. *lanae Pollentinae.* 133. *me mea tinxit ovis.* Non. XVI, 13. *pullus color est, quem nunc Hispanum vel nativum dicimus.* Ulp. Dig. XXXII, 1, 70. pr. αὐτοφυές. § 12. *naturaliter nigrum.* theils dunkelgefärbt (*color anthracinus,* Non. XVI, 14.). Von den ersteren Stoffen werden die Armen *pullata turba* und ähnlich genannt. Quinct. VI, 4, 6. II, 12, 10. Plin. ep. VII, 17. Suet. Oct. 40. 44. Während der Trauer oder im Anklagestand trugen jedoch auch die Vornehmen dunkele Kleider (daher *toga pulla, sordida*), siehe S. 154. und Excurs zur zwölften Scene. Erst seit dem Untergang der republikanischen Sitte wurden auch von Männern farbige Kleider getragen, namentlich *lacernae,* s. S. 157 f. und *synthesis,* s. S. 159.] Zugleich hatten die Factionen des Circus auf die Wahl der Farbe Einfluss.

Was die Frauen betrifft, so trugen dieselben wenigstens im ersten Jahrhundert häufig bunte Gewänder, und ich zweifle sehr, dass man diess mit Böttiger, Sab. II, S. 91. 109. nur auf „Mädchen und Frauen leichterer Art" beschränken dürfe. [Sen. nat. qu. VII, 31. *colores meretricios, matronis quidem non induendos, viri sumimus.* und Lucian de domo 7. beweisen nichts weiter, als dass die leichtfertigen Frauen am gewöhnlichsten auffallende Farben trugen. S. auch Charikles III, S. 194 ff.] Auf den Gemälden aus Pompeji und Herculanum findet man auch in den edelsten Darstellungen weit weniger weisse als bunte, namentlich himmelblaue und veilchenblaue Gewänder. S. ZAHN, Ornam. t. 19. MUS. BORB. III. t. 5. 6. und an der edlen Figur VIII. t. 34. ist *tunica* und *palla* himmelblau mit goldenen Sternen übersäet. Das sind allerdings keine Portraits römischer Matronen, allein es scheint doch daraus der Geschmack der Zeit erkannt werden zu können, und auch des Trimalchio Frau, Fortunata, trägt bei PETR. 67. eine *tunica cerasina*. Vgl. Dig. XXXIV, 2, 32. *Labeo testamento suo Neratiae uxori suae nominatim legavit vestem, mundum muliebrem omnem, ornamentaque muliebria omnia, lanam, linum, purpuram, versicoloria, facta infectaque omnia.* ebend. §. 7. *Titia mundum muliebrem Septiciae legavit; ea putabat sibi legata et ornamenta et monilia — et vestem tam coloriam quam versicoloriam.* und wie oft werden nicht bei den ersten Matronen *pallae purpureae* genannt. Manche Matronen mögen bei der weissen Farbe geblieben sein, und bei gewissen Gelegenheiten mag ein buntes Kleid nicht schicklich gewesen sein; allein allgemein darf es gewiss nicht angenommen werden, und auf die Zeit, in welche Sabina gesetzt wird, passt es entschieden nicht. [S. OVID. Art. am. III, 169 ff. 185 ff.

Quot nova terra parit flores, cum vere tepenti
Vitis agit gemmas pigraque cedit hiems,
Lana tot aut plures sucos bibit. elige certos.]

Solche bunte Gewänder waren nicht nur einfarbig, wie *purpureae, coccineae, amethystinae*, MART. I, 97. XIV, 154., *ianthinae, prasinae,* [oder nach Blumen bezeichnet Violen-, Malven- (*molochinus*), Caltha-, Crocus- (auch *luteus*, OVID. Art. am. III, 179 fg. PLIN. XXI, 8. s. II, S. 32.) und Hyacinthenfarbig, NON. XVI, 12. 2. 4. 11. ISIDOR. XIX., eisenfarbig, *ferrugineus*, NON. XVI, 7. ISIDOR. l. l. PLAUT. Mil. IV, 4, 43., meerfarbig, *cumatilis*, NON. XVI, 1., grünlich, *galbinus*, IUV. II, 97. und RUPERTI zu d. St. MART. III, 85. I, 97. FORCELL. v. galbanum.]; sondern man hatte wenigstens zu PLINIUS Zeit selbst gleichsam buntgedruckte Kleider, die ganz auf ähnliche Weise hergestellt worden zu sein scheinen, wie bei uns, wo durch einen ätzenden Vordruck die bedruckten Stellen dieselbe Farbe anzunehmen verhindert werden, als das übrige Tuch. PLINIUS ist selbst voll Verwunderung darüber: XXXV, 11, 42. *Pingunt et vestes in Aegypto inter pauca mirabili genere, candida vela postquam attrivere illinentes non coloribus, sed cŏlorem sorbentibus medicamentis. Hoc cum fecere, non apparet in velis, sed in cortinam pigmenti ferventis mersa post momentum extrahuntur picta. Mirumque, cum sit unus in cortina colos, ex illo alius atque alius fit in veste accipientis medicamenti qualitate mutatus.* [Ein gemustertes Kleid war auch wohl die *vestis impluviata* bei PLAUT. Epid. II, 2, 40. NON. XVI, 3. *color quasi fumato stillicidio impletus.* Dagegen *vestis undulata*, PLIN. h. n. VIII, 48, 74. VARRO bei NON. II, 926. war wohl unser changeant oder moiré (Charikles, II. S. 353.). OVID. Art. am. III, 177 fg.

Hic undas imitatur, habet quoque nomen ab undis,
Crediderim Nymphas hac ego veste tegi.]

Wenn auch von eigentlichem Drucke nicht die Rede sein kann, so ist doch nicht zu verkennen, dass diese Kleider etwas Kattunähnliches gewesen sein mögen. Jedenfalls waren es *versicoloria*. [Diese versicoloria entstanden auch durch Weben und Sticken. Solche meint IUV. II, 97. *Caerulea indutus scutula.* indem scutulae oblongae in das Zeug eingewebte oder eingestickte Figuren sind. BÖTTIGER, kl. Schriften III, S. 38. ISIDOR. XIX, 22. *Laculata* (vestis) *est, quae lacus quadratos quosdam cum pictura habet intextos aut additos acu. — Polimita multicoloris; polimitus enim textus multorum colorum est. Acu picta vestis acu textilis aut acu ornata. Eadem et Phrygia. Huius enim artis periti Phrygii omnes dicuntur* etc. Auf solche Arbeit bezieht sich LUCAN. X, 141 ff.

Candida Sidonio perlucent pectora filo,
Quod Nilotis acus compressum pectine Serum
Solvit et extenso laxavit stamina velo.

Streifen oder Bordüren, welche in die Kleider eingewebt oder an denselben angenäht wurden, hiessen *paragaudae*, Cod. XI, 8. 2. *Nemo vir auratas habeat aut in tunicis aut in lineis paragaudas.* und 1. *Auratas ac sericas paragaudas auro intextas viriles — prohibemus.* Ja man pflegte die ganzen Kleider von diesem Schmucke so zu nennen, LYD. de mag. II, 13. TREB. Claud. 17. VOP. Aurel. 15. *lineae paragaudae.* 46. VOP. Prob. 4. — Die goldgestickten *vestes plumatae* sind bereits besprochen worden, s. II, S. 289 ff. Vergl. noch STAT. Theb. I, 262. *aurata palla.* HEYNE zu Verg. Aen. I, 648.

Es bleibt noch übrig, von den Purpurgewändern als einem Hauptgegenstand des alten Luxus zu reden, wo W. A. SCHMIDT in seiner gründlichen Schrift: Forschungen auf dem Gebiet des Alterthums. Berlin 1842, I, S. 96—212 (über Purpurfärberei und Purpurhandel), welche die früheren Arbeiten von AMATIUS, de restitutione purpurarum. Caesen. 1784. ROSA, delle porpore e delle materie vestiarie. Modena 1786. u. A. ganz überflüssig gemacht hat, als zuverlässiger Führer dient. Ueber den Purpur der Alten, Auszug aus dem polytechn. Journal in der Zeitschr. Ausland 1860, Nr. 44. Die leuchtende Scharlachfarbe, *coccum*, von einem der Cochenille verwandten Insekt herrührend (nicht vegetabilisch, s. PLIN. h. n. IX, 41. XVI, 8. wie ISIDOR. XIX, 22. 28. erklärt *vermiculus ex silvestribus frondibus*), ist mit Purpur nicht zu verwechseln und wurde von den Alten auch genau von demselben geschieden, z. B. SUET. Ner. 30. MART. V, 23.

Non nisi vel cocco madida, vel murice tincta
Veste nites.

QUINCT. XI, 1, 31. ULP. Dig. XXXII, 1, 70, §. 13. *Purpurae appellatione omnis generis purpuram contineri puto, sed coccum non continebitur.* MART. XIV, 131. *lacernae coccineae.* Bei der Purpurfarbe aber (*conchilium* im weiteren Sinne und *ostrum*, ISIDOR. XIX, 28.) ist zu trennen der Saft der eigentlichen Purpurschnecke (*purpura, pelagia,* auch *poenicum* genannt, VARRO L. L. V, 113. *quod a Poenis primum dicitur allata* (purpura, πορφύρα) von dem der Trompetenschnecke (*buccinum, murex*, κῆρυξ), obwohl *purpura* im weitern Sinne auch das zweite mit umfasst, sowie umgekehrt *murex* und *buccinum* im w. S. oft für Purpur steht. PLIN. IX, 36, 61. vom Standpunkt des Naturforschers trennt beide Conchylien sorgfältig, auch PAUL. v. trachali p. 367 M., während technologisch und merkantilisch eine häufige Verwechslung gefunden wird, da beide Farben oft vermischt wurden, PLIN. IX, 36, 62. *Buccinum per se damnatur, quoniam fucum remittit. Pelagio admodum alligatur. — Ita permixtis viribus alterum altero excitatur aut adstringitur.* So z. B. fährt ULP. l. l. fort: *bucinum et ianthinum continebitur* (nämlich im Begriff der purpura). NON. XVI, 9. MART. XIII, 87. Die beiden Grundfarben des Purpurs roth und schwärzlich (PLIN. IX, 36, 62. *rubens color nigrante deterior*.) wurden durch den Erfindungsgeist der Färber so mannigfaltig vermischt, dass es endlich dreizehn verschiedene Purpurfarben gab. SCHMIDT unterscheidet bei dem eigentlichen Purpur im engeren Sinne den reinen von dem verdünnten. Der erstere hiess in späterer Zeit *blatta* (SALMAS. zu Vopisc. Aurel. 46. SIDON. APOLL. carm. II, 48. LYD. de mens. I, 19.) und zerfiel in zwei Gattungen, den tyrischen und amethystinischen, PLIN. IX, 38, 62. SUET. Ner. 32., von denen der kostbare tyrische, welcher der theuerste war, denn das Pfund Wolle kostete 1000 Denare, PLIN. IX, 38, 63. seinen herrlichen dunkelfarbigen Glanz nur durch doppeltes Eintauchen erhielt, δίβαφος und *bis tinctus*, PLIN. l. l. MART. IV, 4. *quod bis murice vellus inquinatum*. HORAT. epod. 12, 21. *iteratae lanae.* vgl. 2, 16. OVID. Art. am. III, 170. *quae bis Tyrio murice lana rubes.* STAT. Silv. III, 2, 139 fg. LYD. de mag. II, 13. Auch heisst es *murex bis coctus, repetitus* u. s. w. SCHMIDT, S. 128. Der violette Amethystpurpur (auch genannt *ianthinum, violaceum*, MART. I, 97.) bildete an Werth die zweite Gattung, denn das Pfund Wolle kostete nur 100 Denare, PLIN. IX, 38, 63. Der verdünnte Purpur dagegen (*ius temperatur aqua* etc.) liess *conchylia*, darum PLIN. IX, 39. *conchyliata vestis*, auch SUET. Caes. 43. u. CIC. Phil. II, 27. *conchyliata peristromata*.

Stoff, Farbe, Fertigung u. Reinigung d. Kleider. 213

Von den mannigfaltigen Mischungen und Verdünnungen handelt PLIN. l. l. und XXI, 8, 22. nachdem er von dem coccum gesprochen: *Alium* (colorem animadverto) *in amethysto, qui a viola et ipse in purpureum, quemodmodum ianthinum appellavimus. Genera enim tractamus in species multas sese spargentia. Tertius est, qui propie conchylii intelligitur, multis modis: unus in heliotropio et in aliquo ex his saturatior, alius in malva ad purpuram inclinans, alius in viola serotina, conchyliorum vegetissimus. Paria nunc componuntur et natura atque luxuria depugnant.* — Unangenehm war übrigens der Geruch der Purpurgewänder, namentlich der dibapha. MART. I, 50, 32. *olidae veste murice.* IV, 4. IX, 63. — Hauptstoffe für den Purpur waren Wolle und Seide, welche nicht als Gewebe, sondern allemal roh gefärbt wurden, Baumwolle wurde nie in Purpur gefärbt und Linnen sehr selten, PLIN. h. n. XIX, 1, 5. SCHMIDT, S. 151 ff. Purpurfärber (die berühmtesten waren in Aegypten und Phönizien) und Purpurhändler hiessen *purpurarii*, ORELLI HENZEN 4271 fg. 5176. 7271. *negotiator artis purpurariae.* 4250. SCHMIDT, S. 164 ff. Besondere Spinner und Weber der Purpurwolle gab es nicht, da die Purpurwolle wie jede andere gesponnen und gewebt wurde.

Die Anwendung des Purpurs an der Toga der Magistraten, sowie an der Tunica der Senatoren und Ritter ist S. 149. 153. erwähnt worden. Die Privatleute trugen zwar auch solche Verbrämungen, allein ursprünglich nur von einer geringen vielfach verfälschten Sorte und darauf bezieht sich CIC. p. Sest. 8. (Piso) *vestitur aspere nostra hac purpura plebeia ac paene fusca.* wo FERRATIUS (s. CIC. Ausg. v. Halm. S. 118 fg.) wunderbarer Weise die *fusca* als *violacea* erklärt, indem er diese für die niedrigste Sorte hält, während sie doch zu dem ächten Purpur *blatta* gehörte, s. oben. Die *fusca* und *plebeia* ist wie die μέλαινα des Cato bei PLUT. Cat. min. 6. die Kleidung des gewöhnlichen Mannes, die sich für einen Consul nicht passt. Die Verzierung mit tyrischem Purpur und sog. violaceum kam nur den Magistraten zu und galt bei anderen Männern für unschicklich und unbürgerlich. Desshalb machte man dem Cälius einen Vorwurf daraus, dass er die ächten Purpursorten trug, Cɪᴄ. p. Cael. 30. *si purpurae genus* etc. Mit dem immer mehr einreissenden Luxus wurde dieser Unterschied nicht mehr beobachtet und die Männer trugen nun sehr oft auch den besten Purpur und zwar sogar Kleider, welche ganz von diesem Stoffe waren. Bei den Frauen scheint früher nie ein Unterschied zwischen den Purpurarten gemacht worden zu sein. Vᴀʟ. Mᴀx. II, 1, 5. *indulgentibus maritis et auro abundanti et multa purpura usae sunt.* Cäsar aber erliess ein allgemeines beschränkendes Verbot. Sᴜᴇᴛ. Caes. 43. *Lecticarum usum, item conchyliatae vestis et margaritarum nisi certis personis et aetatibus perque certos dies ademit.* welches August wiederholte, Dɪᴏ Cᴀss. XLIX, 16. τήν τε ἐσθῆτα τὴν ἁλουργῆ μηδένα ἄλλον ἔξω τῶν βουλευτῶν τῶν ἐν ταῖς ἀρχαῖς ὄντων ἐνδύεσθαι ἐκέλευσεν. ἤδη γάρ τινες καὶ τῶν τυχόντων αὐτῇ ἐχρῶντο. Da ἁλουργής soviel als holoverus heisst, d. i. ganz purpurn, ächtpurpurn, Iꜱɪᴅᴏʀ. XIX, 22., so war der Gebrauch der purpurbesetzten Kleider nicht verboten. Nero modificirte dieses Verbot dahin, dass er Kleider von dem ächten Purpur (blatta) untersagte, Sᴜᴇᴛ. Ner. 32. *et quum interdixisset usum amethystini ac Tyrii coloris.* Auch Frauen unterlagen im Uebertretungsfalle hoher Strafe, und die Kaufleute durften nicht mit den genannten Waaren handeln. Bald aber hörte dieser Unterschied wieder auf, Lᴀᴍᴘʀ. Sev. Alex. 40. *Purpurae clarissimae non ad usum suum, sed ad matronarum si quae aut possent aut vellent, certe ad vendendum gravissimus exactor fuit.* Vᴏᴘ. Aurel. 46. *ut blatteas tunicas matronae haberent.* 29. Verboten blieb nur der Gebrauch der Purpurtoga und der Purpurmäntel, welche ausschliessliche Auszeichnung des Regenten waren. Lᴀᴄᴛᴀɴᴛ. IV, 7. *sicut nunc Romanis indumentum purpurae insigne est regiae dignitatis adsumtae.* Rᴇɪɴ, röm. Crim. Recht S. 534. Die späteren Verbote erstrecken sich daneben wieder auf die vorzüglichsten Arten (*blatta*), welche unter dem Namen *murex sacer* oder *adorandus* begriffen wurden und aus besonderen kaiserlichen Fabriken hervorgingen; die geringeren Sorten blieben immer erlaubt und waren dem Privat-

Stoff, Farbe, Fertigung u. Reinigung d. Kleider. 215

handel überlassen. COD. XI, 8, 3 ff. COD. THEOD. X, 21, 3. X, 20, 18. und GOTHOFR. zu d. St. SCHMIDT, S. 172—212.]

Was die Fertigung dieser Kleider anlangt, so ist die gewöhnliche Annahme, dass sie so gut als fertig vom Webestuhle kamen und also ohne *sutura* waren. S. SCHNEIDER Ind. ad Scr. R. R. s. v. tela. BECKMANN, Beitr. z. Gesch. der Erf. IV, S. 39. BÖTTIGER, Furienm. S. 36. Sab. II, S. 106. [Diess bedarf aber grosser Einschränkung]. Von der Toga würden es schon die Worte QUINCTILIANS widerlegen, wenn es auch sonst nicht unstatthaft erschiene; von der Pänula ist es noch weniger möglich, und wer eine Tunica sieht wie MUS. BORB. II. t. 4. und anderwärts, wo der obere Theil aus zwei pannis besteht, die erst zusammengeheftet werden müssen, um Brust und Rücken zu bedecken, der wird sich auch nicht leicht überzeugen, das ein solches Kleid so fertig gewebt worden sei. Man fehlt darin, dass man, was zum Theile geschah, als allgemeinen Gebrauch nimmt. Die Stücken mochten für jedes einzelne Kleid besonders gewebt werden, aber völlig zu Kleidern wurden sie erst durch die Hand der *vestiarii* [welchen Titel aber auch Garderobenaufseher, (testam. Dasum. 49.) und Kleiderhändler führen, s. unten], *vestifici*, *paenularii* [*sarcinatrices*, *vestispicae* u. a.], deren Namen in den Sklavenlisten oft vorkommen. [Das Spinnen und Weben war Sache der Sklavinnen, welche dieser Arbeit ursprünglich im Atrium unter den Augen und unter Mitwirkung der Herrin oblagen, s. II, S. 6. 203. Später nahmen die Hausfrauen selten Antheil, COLUM. XII. praef. 9. *nunc vero cum pleraeque sic luxu et inertia diffluant, ut ne lanificii quidem curam suscipere dignentur*. und wenn es geschah, so gedachte man derselben mit besonderem Lobe, ORELL. inscr. 4639. *lanifica, pia, pudica*. 4860. *modestia probitate pudicitia obsequio lanificio — par similisque ceteris probis feminis*. AUSON. parent. II, 3 fg. XVI, 3 fg. In den Häusern der Grossen war ein besonderes Zimmer, *textrinum* oder *textrina*, wo die Sklavinnen unter Aufsicht der *lanipendia* (auch *lanipens serva* und *lanipendus*) ihre Arbeit verrichteten. POMPON. Dig. XXIV, 1, 32, pr. § 1. und wo die Stühle der textores und textrices rauschten. ALFEN. Dig. XXXII, 1, 61. CAI. XV, 1, 27 pr. Ueber die Arbeit selbst s. die lehrreiche Stelle bei SEN. ep. 90. *dum vult describere primum, quemadmodum alia torqueantur fila, alia ex molli solutoque ducantur, deinde quemedmodum tela suspensis ponderibus rectum stamen extendat, quemadmodum subtemen insertum, quod duritiam utrimque comprimentis tramae remolliat, spatha coire cogantur et iungi, textricum quoque artem a sapientibus dixi inventam, oblitus postea repertum hoc subtilius genus, in quo*

> *Tela iugo iuncta est, stamen secernit arundo.*
> *Inseritur medium radiis subtemen acutis,*
> *Quod lato feriunt insecti pectine dentis.*

IUV. IX, 28 ff. ISIDOR. XIX, 29. S. PAULY, Realencykl. IV, S. 754 fg. YATES, textrinum antiquorum, s. oben.

Weniger bemittelte Personen, die die Kleider nicht in ihrem Hause fertigen lassen konnten, kauften dieselben in Kleidermagazinen. Eine solche Industrie trieb sogar der Grammatiker J. Remmius Palemon, SUET. gramm. 23. *quum et officinas promercalium vestium exerceret. Negotiatores vestiarii* kommen mehrfach vor, ORELLI HENZEN 4729. (*neg. sagarius* 4251. *neg. paenularius* 7259). DIG. XXXVIII, 1, 45. Sie hiessen auch *vestiarii* schlechtweg, Dig. XIV, 3, 5 § 4. und mit allerlei Attributen versehen, theils nach der Art der zu verkaufenden Kleider, s. ORELLI HENZEN 7285. *tenuiarius*, 4297. *tenuiar. molochinarius*, 4296. *centonarius* theils nach dem Ort des Ladens 4294 f. 7286. 5004. 5683. — Schneider in unserem Sinne hatte die klassische Zeit wenig, wahrscheinlich nur für Arme, *sartor* u. *sarcinator*, PLAUT. Aul. III, 5, 41. SERV. zu Verg. Aen. XII, 13. LUCIL. bei Non. II, 818. I, 24. *Sacrinatorem esse summum, suere centonem optume.* PAULL. Dig. XLVII, 2, 82. *fullo vel sarcinator, qui polienda et sarcienda vestimenta accepit* u. *sarcinatrix*, VARRO b. Non. I, 276. GAI. Dig. XV, 1, 27. MOMMSEN, inscr. Neap. 6906. 6390. ORELLI HENZEN 645. 5372. 7274 f. In der späteren Zeit waren sie wohl häufiger, so erscheint unter den operariis in DIOCLET.

Stoff, Farbe, Fertigung u. Reinigung d. Kleider. 217

ed. VII, 42 ff. *bracarius*, Verfertiger der Oberkleider, der für *excisura* u. ornatura bezahlt wird, während der *sarcinator* die feineren Leibgewänder nähte, s. MOMMSEN zu d. St. S. 71 f. PLAUT. Aul s. S. 181. zählt eine Reihe von Geweben auf, die für die Garderobe sorgen. Dass man auch Kleider miethen konnte, um sich bei Festlichkeiten damit zu putzen, sehen wir aus JUV. VI, 352.

Ut spectet ludos, conducit Ogulnia vestem cett.

sowie man überhaupt Tafelservice, Tischzeug, Bedienung u. s. w. miethete. AUCT. ad. Her. IV, 51. *vasa, vestimenta, pueri, aedes — commodantur.* WÜSTEMANN zu Theocr. id. II, 74.]

Von einer Wäsche der Kleider im eigenen Hause wussten die Römer nichts, und die Damen hatten es weit bequemer als die Königstochter Nausikaa. Die ganze Kleidung wurde, wenn sie unrein war, dem *fullo* übergeben, dessen Geschäft es war, neben der Appretur der neu vom Webstuhle gekommenen Zeuge das Waschen der getragenen Kleider zu besorgen, *lavare, interpolare;* daher sie ein bedeutendes *collegium* ausmachten. FABRETTI Inscr. p. 278. [ORELL. 4056. 3291. 4091. DIOCL. ed. VII, 54 ff. bestimmt für den *lavator* den Arbeitslohn für Appretur und Wäsche je nach der Beschaffenheit der einzelnen Stücke.] — In einer besondern Abhandlung hat von ihnen gehandelt SCHOETTGEN, Antiquitates fulloniae. Traj. ad Rhen. 1727. Ausserdem BECKMANN, Beitr. IV, S. 35 ff. [RUDORFF, in Ztschr. f. gesch. Rechtswiss. Berl. 1850, XV, S. 248 ff. u. MOMMSEN das. S. 328 ff.] — Lehrreicher als alle Stellen, in denen der Fullonen Erwähnung geschieht, sind die in Pompeji 1827 ausgegrabenen Ueberreste einer *fullonia*, deren Wände mit Malereien verziert waren, welche sich auf das Geschäft der Fullonen beziehen. Sie sind mitgetheilt im MUS. BORB. IV. t. 49. 50. zum Theil auch bei GELL, Pompeiana. N. F. II. t. 51 [OVERBECK, Pompeji S. 266 ff.].

Auf dem einen dieser Gemälde sieht man unterhalb in einer Linie in vier Nischen (wie sie sich zu gleichem Behufe in dem Gebäude finden) drei Knaben und einen Erwachseneren in Kübeln stehen, um die darin befindlichen Kleider durch Treten mit den Füssen (*alternis pedibus*) zu reinigen. Da, wie schon gesagt worden, die Alten den Gebrauch eigentlicher Seife nicht kannten, so musste ein anderes, die Stelle des Laugensalzes vertretendes Alkali genommen werden, mit welchem der in den unreinen Kleidern enthaltene fettige Schmuz sich verband und dadurch auflösbar wurde. Ein solches war das Nitrum, das häufig gebraucht wurde, und von dem PLINIUS XXXI, 10. handelt. Aber das wohlfeilste Mittel war der Urin, der daher auch am häufigsten angewendet wurde, wie diess hinlänglich bekannt ist. In dem damit vermischten Wasser wurden die Kleider mit den Füssen gestampft. Diess geschieht eben von dem älteren Menschen, während die kleineren Knaben aus ihren Kübeln Gewänder in die Höhe ziehen. Darüber in einem zweiten Felde sieht man das weitere Verfahren. An einer Stange, welche an Stricken hängt, ist eine weisse Tunica ausgespannt, welche einer der Fullonen mit einer Karde oder Bürste, die viel Aehnlichkeit mit einer Pferdestriegel hat, bearbeitet, um sie wieder zu rauhen und ihr den Strich zu geben. Rechts bringt ein zweiter ein rundes Gestell, ähnlich einem weit gegatterten Hühnerkorbe, das über ihm hängt, so dass er den Kopf durch das Gatter steckt. In der Linken trägt er ein Henkelgefäss. Es kann nicht zweifelhaft sein, wozu dieser Apparat bestimmt war. Die weissen Gewänder wurden nach dem Waschen geschwefelt, und so diente das Gestell, das Gewand darüber zu spannen, während darunter die Schwefeldämpfe entwickelt wurden. Ob diess in dem Gefässe, das der Arbeiter trägt, geschah, oder ob darin Wasser enthalten war, mit dem man das Kleid vor dem Schwefeln übersprudelte, muss dahingestellt bleiben. — Links sitzt eine wohlgekleidete, ältliche Frau, die ein Stück Zeug zu prüfen scheint, welches eine junge Arbeiterin ihr bringt. Das goldene Haarnetz, welches sie trägt, das Halsband und die Armbänder mit zwei grünen Steinen, beweisen, dass sie eine der bedeutenderen Personen in der Fullonia ist. — Merkwürdig ist es, dass der das Gestell tragende junge Mann einen

Stoff, Farbe, Fertigung u. Reinigung d. Kleider. 219

Olivenkranz trägt und über ihm auf dem Gestelle eine Eule sitzt. Man mag diess immerhin auf Minerva beziehen.

Auf einer zweiten Wand bemerkt man unterhalb einen jungen Mann in grüner Tunica ein Gewand oder Stück Zeug einer Frau übergeben, welche ein grünes Untergewand darüber ein gelbes mit rothen geschlängelten Streifen trägt. Rechts sitzt eine zweite weibliche Figur in weisser Tunica, welche eine Karde oder ein ähnliches Instrument zu reinigen scheint. Darüber hängen auf zwei Stangen mehrere Stücken Zeug.

In dem darüber befindlichen Felde endlich steht eine grosse zweischraubige Presse, um den Kleidern die letzte Appretur zu geben. Dadurch widerlegt sich am besten, was BECKMANN S. 36. behauptet, dass die Alten den Gebrauch der Pressen bei der Appretur der Kleider nicht gekannt hätten. Auf diese Weise wurden die sämmtlichen Gewänder zugerichtet, nur dass natürlich die farbigen in mancher Hinsicht anders behandelt werden mussten, vgl. PLIN. XXXV, 17., und kamen so mit neuem Glanze an die Besitzer zurück. Freilich hatte das einmal gewaschene Kleid nicht mehr den früheren Werth. Daher sagt der Dispensator des Trimalchio bei PETR. 30. *Vestimenta mea accubitoria perdidit, quae mihi natali meo cliens quidam donaverat, Tyria sine dubio sed iam semel lota.* wo BURMANN anführt: LAMPR. Heliog. 26. *Linteamen lotum nunquam attigit, mendicos dicens qui linteis lotis uterentur.* So gilt auch bei MART. X, 11. *lota terque quaterque toga* für ein schlechtes Geschenk. [SUET. Ner. 30. *nullam vestem bis induit.*]

EXCURSE ZUR NEUNTEN SCENE.

DAS GASTMAHL.

ERSTER EXCURS.

DIE MAHLZEITEN.

Nirgends tritt der Kontrast zwischen der einfachen Genügsamkeit der früheren, und dem raffinirtesten, zur unsinnigen Verschwendung führenden Luxus der späteren Zeit auffallender hervor als bei der Tafel, deren schwelgerische Zurüstung zuletzt nicht blos darauf bedacht war, durch die leckerste Bereitung der Speisen den Gaumen zu kitzeln, sondern geflissentlich darauf ausging, die seltensten und darum nur zu unmässigen Preisen zu erlangenden Dinge, ganz abgesehen von ihrer Schmackhaftigkeit in Schüsseln aufzuhäufen, die eben nur durch die Summen, welche sie kosteten, der Tafel Glanz verliehen. Dazu kömmt, dass es dem römischen Friand oder Gourmand im vollsten Sinne des Worts nicht nur darum zu thun war, lecker, sondern auch möglichst viel zu essen, und er sich die Kapacität dazu durch die unnatürlichsten Mittel zu verschaffen suchte; denn der goldene Spruch: *Il faut manger pour vivre et non pas vivre pour manger*, den Molières Harpagon komisch verdrehte, war dort ganz eigentlich umgekehrt. Bei der Wichtigkeit, welche daher allem auf die Tafel Bezüglichen beigelegt wurde, fehlte es natürlich auch nicht an Materialien für die Schilderung der Sitte, und es gefallen sich

Die Mahlzeiten. 221

nicht nur manche Schriftsteller darin, häufig auf dieses Kapitel zurückzukommen, sondern einige haben uns auch sehr detaillirte Beschreibungen grosser Gastmähler hinterlassen. Daher ist denn auch der Gegenstand schon mehrfach bald gelegentlich, bald in besonderen Abhandlungen bearbeitet worden. Die ausführlichsten Schriften darüber sind STUCKII Antiquitates convivales, CIACCONIUS u. URSINUS, de triclinio, BULENGERUS, de conviviis [u. A. bei FABRIC. bibliogr. p. 871 ff.]. Auf sie wird indessen hier wenig Rücksicht genommen werden, da sie sämmtlich mehr ein Konglomerat zahlreicher, allenthalben zusammengeraffter Stellen bieten als eine gründliche Untersuchung und lichtvolle Darstellung, übrigens viele Irrthümer enthalten, wie GRAEVIUS in der Vorrede zu Thes. t. XII. an dem letzten Buche nachgewiesen hat. Dazu kommen: MEIEROTTO, über Sitten und Lebensart der Röm. (mehr eine Anekdotensammlung.) WÜSTEMANN zu Pal. d. Sc. Aber die beste Zusammenstellung des hierher Gehörigen hat BAEHR in Creuzers Abriss der röm. Antiq. S. 407 ff. geliefert, wo indessen dem Plane des ganzen Buchs gemäss nur kurze Andeutungen gegeben und Fragen angeregt werden. [WEBER, über den altröm. Tafelluxus, im Morgenblatt 1843, N. 249—255. 262—267. Die Schrift von FAGOT, die Gastronomie oder die Classiker der Tafel, Paris 1844, worin MAZOIS eine Abh. über die Küche und Tafel der Römer mitgetheilt haben soll, ist mir nur aus WÜSTEMANN, Rec. d. Gall. S. 138. bekannt.] — Wir handeln hier zunächst von den Mahlzeiten zu verschiedenen Zeiten des Tages und lassen über die Einrichtung des Triclinium, über die Geräthschaften und über den Wein besondere Excurse folgen.

Vor Allem ist es nöthig, die älteste Zeit von der späteren gänzlich zu unterscheiden. Nach den Zeugnissen der Schriftsteller war die allgemeine Speise in frühester Zeit ein Brei, *puls* aus Dinkel, *far, ador*. VARRO L. L. V, 105. 108. *De victu antiquissima puls.* PLIN. XVIII, 8, 19. *Primus antiquis Latio cibus magno argumento in adoreae donis, sicuti diximus. Pulte autem, non pane vixisse longo tempore Romanos mani-*

festum, quoniam inde et pulmentaria hodieque dicuntur. — Et hodie sacra prisca atque natalium pulte fritilla conficiuntur. Vgl. VAL. MAX. II, 5, 5. Daher sagt auch IUVENAL, indem er die alte Einfachheit schildert XIV, 170.

*— sed magnis fratribus horum
A scrobe vel sulco redeuntibus altera cena
Amplior et grandes fumabant pultibus ollae.*

Sie scheint auch noch in später Zeit ein auf der einfachen Tafel gewöhnliches Gericht gewesen zu sein. MART. V, 78, 9. *pultem niveam premens botellus.* besonders ein Hauptnahrungsmittel des gemeinen Mannes, worauf sich wohl bezieht, was MART. XIII, 8. mit dem Lemma *Far* sagt:

Imbue plebeias Clusinis pultibus ollas.

Aus dieser Stelle wird sich indessen nicht folgern lassen, dass die *puls* auch etruskisches Nationalgericht gewesen sei. (O. MÜLLER, Etrusk. I, S. 234.). Die *puls* heisst nur *Clusina*, weil vor allen andern das *far Clusinum*, der beste und weisseste Dinkel, dazu genommen wurde. Uebrigens ist es allerdings wohl wahrscheinlich, dass diese Speise in einem grösseren Theile Italiens üblich gewesen ist. [S. HAUTHAL zu Pers. S. 183 ff.] — Daneben mochten auch wohl grüne Gemüse, *olera*, und Hülsenfrüchte, *legumina*, häufig, seltener Fleisch gegessen werden. [LUCIL. fragm. p. 243 Bip. führt *pulmentaria, intybus, asparagi, fici, uvae, cepe, thallae, ius menarum, caseus, allia, puls, adipata, lapathus an* — sicherlich Speisen der alten Zeit.]

Indessen mochten die Opfer selbst, wie in Etrurien, und die öffentlichen Gastmähler, *cenae populares*, PLAUT. Trin. II, 4, 69. [PLAUT. meint nach BERGK eine Opfermahlzeit, ursprünglich einfach aus Brod, Fleisch und Wein bestehend und auf öffentliche Kosten veranstaltet. Allmählich verbesserte man diese Mahle pickenickartig und namentlich mochten die Clienten ihren Patron bewirthen, wie Philto sagt:

*Adposita cena sit, popularem quam vocant
Si illi congestae sint epulae a cluentibus.*]

allmählich Veranlassung zu besseren Mahlzeiten werden, und

die Bekanntschaft mit fremder Sitte konnte nicht ohne Einfluss bleiben. Dieser äusserte sich hauptsächlich nach den Kriegen in Asien 563. In früherer Zeit hatte man im eigenen Hause keinen Koch; er würde keine Beschäftigung gefunden haben. Für besondere Fälle wurde einer gemiethet. PLIN. XVIII, 11, 28. *Nec coquos vero habeant in servitiis eosque ex macello conducebant.* und so finden wir es bei PLAUTUS fast durchgängig. Dagegen sagt LIVIUS in der schon mehr erwähnten Stelle XXXIX, 6. von dem aus Asien eingeschleppten Luxus unter andern auch: *epulae quoque ipsae et cura et sumtu maiore apparari coeptae: tum coquus, vilissimum antiquis mancipium et aestimatione et usu in pretio esse et quod ministerium fuerat, ars haberi coepta.* Auch einen Bäcker hatte man bis zum Jahre 580 weder im Hause, noch gab es Leute, die ein Gewerbe davon machten. PLIN. a. a. O. *Pistores Romae non fuere ad Persicum usque bellum, annis ab Urbe condita super DLXXX. Ipsi panem faciebant Quirites, mulierumque id opus erat, sicut etiam nunc in plurimis gentium.* [und auf dem Lande war das Backen auch später noch Geschäft der Frauen und Sklavinnen, ULP. Dig. XXXIII, 7, 12, § 5. vgl. SEN. ep. 90.] Ja es konnte sogar ein Vers in PLAUT. Aul. II, 9, 4. wo der *artoptes* erwähnt wird, für unächt gehalten werden, bis Ateius Capito [PLIN. l. l.] lehrte: *coquos tum panem lautioribus coquere solitos, pistoresque tantum eos, qui far pisebant, nominatos.* VARRO bei Non. II, 643. *Nec pistoris nomen erat, nisi eius qui ruri far pinsebat.* [also so viel als Müller, PAULY, Realenc. V, S. 1651. Neben den pistores werden die coqui oft genannt, z. E. SEN. ep. 123, 1. Letztere spielten natürlich eine Hauptrolle und kamen sogar in das Speisezimmer selbst, mit ihren kleinen transportablen Wärmeapparaten. SEN. ep. 78, 23. *quia non circa cenationem eius tumultus coquorum est ipsos cum obsoniis focos transferentium.* vgl. 114, 26.] Schon zu Varro's Zeit hingegen wurden geschickte pistores mit ungeheuern Preisen bezahlt, wie man aus dem Fragmente seiner Satire περὶ ἐδεσμάτων sieht, bei GELL. XV, 19. *Si, quantum operae sumsisti, ut tuus pistor bonum faceret panem, eius duo-*

decimam philosophiae dedisses, ipse bonus iampridem esses factus. Nunc illum qui norunt, volunt emere millibus centum; te qui novit, nemo centussis.

Bei alledem scheint jedoch schon zu Plautus Zeit die Kochkunst und der Sinn für leckere Speisen in Rom ziemliche Fortschritte gemacht zu haben, wie man aus Aul. II, 9. Capt. IV, 2. Mil. III, 1. Curc. II, 3. Menaechm. I, 1. Pers. I, 3. sieht; denn dass diese Stellen in römischem Sinne geschrieben sind, ist ausser Zweifel, und es könnte sonst selbst die Lüsternheit der Parasiten nichts Komisches gehabt haben.

Wenn hingegen von der späteren Zeit die Rede ist, so muss man zuvörderst die verschiedenen Mahlzeiten, die zu verschiedenen Stunden des Tags genommen wurden, unterscheiden, und es kommen daher die Ausdrücke: *ientaculum, prandium* oder *merenda, coena, verperna* zur Erklärung. [DIO CASS. LXV, 4. ἀκρατίσασθαι — ἀριστῆσαι — δεῖπνον — μεταδόρπια. PLUT. Symp. VIII, 6. SUET. Vit. 13. *ientacula, prandia, cenae, commissationes.*]

Ientaculum, auch *iantaculum*, hiess die erste am frühen Morgen genossene Speise, [vor Alters *silatum, quia ieiuni vinum sili conditum ante meridiem absorbebant.* PAUL. p. 346 M.] ISIDOR. XX, 2. 10. *Ientaculum est primus cibus, quo ieiunium solvitur, unde et nuncupatum. Nigidius: Nos ipsi ieiunia iantaculis levibus solvimus.* Die Fragen, zu welcher Stunde es genommen worden sei, worin es bestanden habe und ob es allgemein für jedes Alter in Gebrauch gewesen, lassen sich schwer beantworten, da der Sache nur selten und gelegentlich Erwähnung geschieht. SALM. zu Vopisc. Tac. 11. p. 615. nimmt als gewöhnliche Zeit die dritte oder vierte Stunde an. Es ist indessen kaum wahrscheinlich, dass so allgemein eine Zeit festgesetzt gewesen sei, sondern es richtete sich wohl jederzeit nach dem Bedürfnisse, und wer früher aufstand nahm wohl auch das *ientaculum* früher als der, welcher bis zum hellen Tage schlief. Daher wurde es denn auch nicht immer vor dem Ausgange aus dem Hause genommen, sondern wenn man das Bedürfniss fühlte, auch selbst unterweges, wie SAU-

MAISE nachgewiesen hat. Daraus lässt sich nun auch schon folgern, worin es bestanden haben möge. Es war in der Regel Brod, das man mit Salz oder irgend etwas Anderem würzte, und zu dem man auch wohl getrocknete Weintrauben, Oliven, Käse und dergleichen ass. VOPISCUS sagt von Tacitus c. 11. *Panem nisi siccum nunquam comedit eundemque sale atque aliis rebus conditum*, was SAUMAISE mit Recht auf das *ientaculum* bezieht. So spricht auch SENECA von seiner Frugalität ep. 83. *Panis deinde siccus et sine mensa prandium, post quod non sunt lavandae manus.* wo *panis* keinesweges vom *prandium* zu verstehen ist. Andere genossen dazu Milch, Eier, auch Mulsum. LAMPR. Sev. Alex. 30. *Egressus balneas* (früh) *multum lactis et panis sumebat, ova, deinde mulsum, atque his refectus aliquando prandium inibat, aliquando cibum usque ad cenam differebat; prandit tamen saepius.* — Daraus scheint sich schon zu ergeben, dass man den Genuss des *ientaculum* nicht auf Kinder und schwächliche Personen zu beschränken habe, ohne aus PLUTARCH, EUSTATHIUS und DIDYMUS Schlüsse für die römische Sitte zu ziehen. Die Stellen, auf welche man sich beruft, MART. XIV, 223. *Adipata*.

Surgite! iam vendit pueris ientacula pistor,
Cristataeque sonant undique lucis aves.

und PLAUT. Truc. II, 7, 38. *huius pater pueri illic est: usque ad ientaculum iussit ali.* berechtigen zu einer solchen Folgerung nicht; denn bei MARTIAL sieht man schon aus dem Lemma, das ein besonderes Gebäck gemeint ist, welches den *pueris* zum Frühstücke diente. Noch weniger liegt in PLAUTUS Worten ein Beweis; denn *alere ad ientaculum* bedeutet: so weit erziehen, bis das Kind nicht mehr mit *puls* (vgl. Act. V, Vs. 14.) gefüttert wird, sondern das gewöhnliche *ientaculum* mit Anderen theilen kann. Dagegen fragt Vitellius SUET. 7. die ihm begegnenden Soldaten: *iamne ientassent!* und MARTIAL sagt zum Cäcilianus, der schon in der fünften Stunde zum Prandium kam, VIII, 67.

Mane veni potius; nam cur te quinta moretur?
Ut ientes, sero, Caeciliane, venis.

Vgl. auch APPUL. Met. I. p. 60 Oud. Man darf also wohl annehmen, dass im Allgemeinen ein solches Frühstück *solvendo ieiunio* genossen wurde, wenn auch Manche es unterliessen, wie wiederum andere des Prandium sich enthielten.

Dieses, das *Prandium*, war nicht sowohl ein Frühstück als das eigentliche Mittagsmahl, das indessen auch nur vorläufig genossen wurde, während im Hintergrunde die Aussicht auf die reichlichere Cena blieb. [Auch das Frühmahl der Soldaten vor der Schlacht wurde so genannt, ISID. XX, 2. LIV. XXVIII, 14. wo es zugleich das ientaculum mit vertrat.] Ueber die Zeit kann kein Zweifel sein: es ist die sechste Stunde, weshalb MART. IV, 8. sagt: *sexta quies lassis*. also die Zeit um den Mittag, aber nicht nothwendig erst mit dem Beginn der siebenten Stunde; denn wenn es auch bei SUET. Claud. 34. heisst: *Bestiariis meridianisque adeo delectabatur, ut etiam prima luce ad spectaculum descenderet, et meridie dimisso ad prandium populo persederet.* so ist erstlich der Ausdruck *meridie* nicht so genau zu nehmen, und dann konnte über die Spiele allerdings der Mittag herbeikommen. Dagegen mochten Manche wohl schon früher anfangen, wie Saturio bei PLAUT. Pers. I, 3, 33. dem Toxilus antwortet: *Nimis paene mane est*. CICERO sagt vom Antonius Phil. II, 41. *ab hora tertia bibebatur*. und überhaupt richtete man sich nach den Umständen, wie denn z. B. HORAZ auf der Reise Sat. I, 5, 25. schwerlich die sechste Stunde abwartete. [Sehr klar ist auch AUSON. Ephem. locus ordinandi coqui, p. 59 Bip.

Sosia prandendum est, quartam iam totus in horam
Sol calet, ad quintam flectitur umbra notam.

und vorher unter Egressio heisst es:

Quod cum per horas quatuor
Inclinet ad meridiem,
Monendus est iam Sosias.]

— Was PAUL. p. 223 M. sagt: *Prandium ex Graeco προίδιον est dictum; nam meridianum cibum cenam vocabant*. stimmt mit seinen Angaben über die cena sehr wohl überein. Er will hier nur sagen: der Name sei später dafür angenommen worden; früher habe man den *cibus meridianus cena* genannt. [Ebenso PLUT. Symp. VIII, 6, 5. SUET. Oct. 78. *post cibum meridianum.* Tac. Ann. XIV, 2. *medio die.*]

Dasselbe, was *prandium*, scheint der seltenere Ausdruck *merenda* zu bezeichnen. NONIUS I, 118. *Merenda dicitur cibus, post meridiem qui datur. Afranius Fratriis: Interim merendam occurro; ad cenam cum veni, iuvat.* PAUL. p. 123 M. *Merendam antiqui dicebant pro prandio, quod scilicet medio die caperetur.* ISID. XX, 2, 12. *Merenda est cibus, qui declinante die sumitur, quasi post meridiem edenda et proxima cenae. Unde et antecenia a quibusdam vocantur.* Welche Zeit sich ISIDORUS gedacht haben mag, wird Niemand leicht sagen; denn zwischen *prandium* und *cena* findet keine *merenda* Platz. Die *promulsis* aber gehört zur *cena* selbst. [Wahrscheinlich denkt sich ISID. ein Vesperbrod, was ausnahmsweise genommen werden konnte.] Bei CALPURN. Ecl. V, 60. heisst es allerdings:

Verum ubi declivi iam nona tepescere sole
Incipiet, seraeque videbitur hora merendae,
Rursus pasce greges.

allein dort ist von Schaafen die Rede, und *merenda* bedeutet Mahlzeit überhaupt. Dass das Wort aber das *prandium* bezeichnet, ergiebt sich ohne die Erklärungen der Grammatiker aus einem Briefe MARC. AUR. bei Fronto IV, 6. p. 104 Mai. *Deinde ad merendam itum. Quid me censes prandisse? Panis tantulum. — Ab hora sexta domum redimus.* Hier sind *merenda* und *prandium* als Synonymen gebraucht, und die Zeit ist vor Mittag. Ferner sagt bei PLAUT. Most. IV, 2, 50. Theuropides zum Phaniscus:

Vide sis, ne forte ad merendam quopiam devorteris,
Atque ibi ne plus, quam satis fuerit, biberis.

Kurz vorher aber ist Simo vom Prandium gekommen. — Was die Etymologie anbelangt, so führt ISIDOR gleich darauf, 3, 3. noch eine zweite an: *Merum — Hinc et merenda, quod antiquitus id temporis pueris operariis cibus* [so ist unzweifelhaft statt des sinnlosen *quibus* zu lesen, WÜSTEMANN, Rec. d. Gall. S. 139.] *panis merus dabatur.* Wie wenig Werth solchen Versuchen, die Abstammung eines Wortes zu errathen, beizulegen ist, fällt in die Augen.

Worin das Prandium bestanden habe, lernen wir schon aus PLAUTIUS kennen. Es heisst Menaechm. I, 3, 25 ff.

Iube igitur tribus nobis aput te prandium accurarier,
Atque aliquid scitamentorium de foro obsonarier:
Glandionidam suillam aut laridum, pernonidem,
Aut sincipitamenta porcina, aut aliquid ad eum modum.

Ebenso nennt Phaedromus Curc. II, 3, 44. *Pernam, abdomen, sumen, suis glandium.* Es waren also warme Speisen sowohl [AUSON. loc. p. 59. Bip. an den Koch

Concute ferventes palmis volventibus ollas cett.]

als kalte Küche, häufig Ueberreste der Cena vom vorhergegangenen Tage, *reliquiae.* Curc. a. a. O. *Immo si scias reliquiae quae sint.* Pers. I, 3, 25. *Calefieri iussi reliquias.* und dazu des Parasiten Erinnerung: *Pernam quidem ius est apponi frigidam postridie.* Die spätere Zeit begnügte sich gewiss mit diesen Gerichten nicht, sondern es kamen *olera*, Schaalthiere, Fische, Eier u. a. hinzu. [So erwähnen die COLLOQ. vet. gr. et lat. an Labbaei gloss. Lond. 1816—26, p. 427 als Bestandtheile Fische, Gemüse, Aepfel, Brombeeren, Feigen, persische Aepfel, Birnen, *tubera*, d. i. Trüffeln oder Schwämme im engern Sinne.] Uebrigens trank man dazu *mulsum* [CIC. p. Clu. 60. verbindet *prandere* und *mulsum*], Wein und besonders die verführerische Calda. Dadurch wird nicht ausgeschlossen, dass manche frugal Lebende ein sehr einfaches Prandium genossen; z. B. der ältere Plinius. PLIN. epist. III, 5, 10. Das nennt eben SENECA ein *prandium sine mensa, post quod non sunt lavandae manus.*

[Zwischen das Frühstück und die Cena fällt die Siesta (*somnus meridianus*, PLIN. ep. IX, 40, *meridiari* SUET. Cal. 38. Ner. 6. CELS. I, 2) eine Sitte, welche erst gegen das Ende der Republik aufgekommen zu sein scheint. Darum sagt VARRO r. r. I, 2. nicht ohne Entschuldigung: *aestivum diem si non diffinderem insititio somno meridie, vivere non possem* u. CIC. de div. II, 68. *nunc quidem, propter intermissionem forensis operae*

Die Mahlzeiten.

— *meridiationes addidi, quibus uti antea non solebam.* Nach und nach wurde es immer allgemeiner, je mehr man von den Sitten der alten Zeit abwich und je weniger man in der Kaiserzeit durch öffentliche Geschäfte in Anspruch genommen war. PLUT. Luc. 16. CATULL. 32, 3. 10. *Nam pransus iaceo.* 80, 3 f.
cum te octava quiete
E molli longo suscitat hora die.
So schläft auch Plin. kurz nach dem prandium, PLIN. ep. III, 5, 11. *deinde gustabat dormiebatque minimum. Nox quasi alio die studebat in cenae tempus.* Dasselbe that SENECA, epist. 83. u. s. w. S. die gehaltreiche Anm. TRUFFELS zu Hor. sat. I, 6, 61. S. 163 ff.]

Die Hauptmahlzeit war die letzte des Tags, cena [nicht coena, FLECKEISEN, fünfzig Artikel. Frankf. 1861, S. 10 f. δεῖπνον, PLUT. a. a. O.]. Ob diess indessen auch von der ältesten Zeit gilt, kann nach PAUL. zweifelhaft scheinen, p. 54. *Cena apud antiquos dicebatur, quod nunc est prandium; vesperna, quam nunc cenam appellamus.* p. 338. *Scensas Sabini cenas dicebant. Quae autem nunc prandia sunt, cenas dicebant et pro cenis vespernas appellabant.* endlich p. 368. *Vesperna apud Plautum cena intelligitur.* [Nach BERGK's sehr wahrscheinlicher Ansicht ist die Angabe bei Paull. vollkommen begründet. In alter Zeit genoss man in Italien, wie in Griechenland, die Hauptmahlzeit des Mittags, so dass es nur ein Frühstück gab, *prandium*, dagegen aber noch ein Abendbrod *vesperna* δόρπον. Erst mit der Entwicklung des politischen Lebens und eines regen Geschäftsverkehrs verlegte man die Hauptmahlzeit auf den späten Nachmittag.] Wenn nun die Ableitung des Wortes, welche ISID. XX, 2, 14. giebt: *Cena vocatur a communione vescentium; κοινὸν quippe Graeci commune dicunt.* als richtig anzunehmen wäre (sie ist wenigstens wahrscheinlicher als von θοίνη), so würde diese Mahlzeit, sie mochte früher oder später genossen werden, immer als Hauptmahlzeit betrachtet werden müssen. Hat es hingegen mit dem Namen *scensae* seine Richtigkeit, so möchte ein griechischer Stamm gar nicht anzunehmen sein.

Abgesehen von dieser Nachricht, welche auf eine Zeit sich bezieht, die jedenfalls über alle schriftlichen Denkmäler weit hinausreichen würde, war die eigentliche Zeit der *cena* etwa die Mitte zwischen Mittag und Sonnenuntergang. Das war denn die neunte Stunde; da aber im Winter diese schon um halb zwei Uhr begann, so wäre dadurch die Zeit für die Geschäfte zu sehr beschränkt worden, und daher wurde in dieser Jahreszeit die Cena um eine Stunde weiter hinausgeschoben, wodurch sie ziemlich auf dieselbe Zeit gebracht wurde; denn die neunte Stunde begann im Sommer 2 Uhr 31 Minuten, die zehnte im Winter 2 Uhr 13 M. PLIN. ep. III, 1, 8. sagt vom Spurinna: *Ubi hora balinei nuntiata est, — est autem hieme nona, aestate octava — in sole, si caret vento, ambulat nudus. — Lotus accubat.* Sonst wird gewöhnlich die *nona* als Stunde der *cena* genannt. Cic. Fam. IX, 26. MARTIAL in der Eintheilung des Tages, IV, 8, 6.

Imperat exstructos frangere nona toros.

Es versteht sich indessen, dass darin nur eine ungefähre Bestimmung der Zeit liegt, und dass, wie schon bei Gelegenheit des Bades gesagt worden ist, der sehr Beschäftigte auch etwas später speiste. MART. VII, 51, 11.

Hunc licet a decima — neque enim satis ante vacabit — Sollicitos capiet cenula parva duos.

Daraus erklären sich die verschiedenen Angaben, ohne dass man nöthig hätte anzunehmen, es habe sich später die Sitte geändert. Vgl. RUPERT. zu Iuv. VI, 418. — Dagegen warteten Manche nicht die neunte Stunde ab, sondern liessen das Mahl schon früher beginnen, *cenare de die.* s. MITSCH. zu Horat. Od. I, 1, 19. RUPERT. zu Iuv. I, 49. sowie auf der andern Seite es bis tief in die Nacht, ja bis zum Morgen verlängert wurde, *cenare in lucem.* [Analog MART. I, 29. *in lucem — bibit.*] Solche *convivia* hiessen in beiden Fällen *tempestiva* (das oft damit verwechselte *intempestivum* ist ein Unding, wie GERNH. zu Cic. Cat. m. 14. hinreichend dargethan hat). [Cic. p. Mur. 6. *tempestivi convivii* u. a. St. s. GOTHOFR. zu Cod. Th. XIV, 9, 1. Tom. V. p. 223 fg.] — Aber auch bei frugaleren Leuten war die *cena* von ziemlich langer Dauer. PLIN. ep. III, 5, 13. wo er die ausserordentliche *parsimonia temporis* an seinem Oheime bewundert, sagt: *Surgebat aestate a cena luce; hieme intra primam noctis.* Das würde immer gegen drei Stunden geben, und doch waren dies gewiss seltene Fälle. [Dass Plinius so lange zu Tische lag, darf um so weniger auffallen, weil er sogar während dieser Zeit studirte. *Super hanc (cenam) liber legebatur; adnotabatur et quidem cursim.* Dagegen WÜSTEMANN, Rec. d. Gall. S. 140. glaubt, Plin. hätte die Mahlzeit später als es Sitte gewesen begonnen und früher beendigt. Von dem Ersteren schreibt wenigstens Plinius nichts.] Auch war kein Grund vorhanden, warum man die Zeit hätte abkürzen sollen. Die Geschäfte des Tages waren gänzlich abgethan, und der ganze übrige Theil gehörte der Erholung an, die man nicht nur an der wohl besetzten Tafel und beim Becher fand, sondern in mannigfaltiger Unterhaltung suchte.

Die Cena, nicht bloss die des Schwelgers, sondern auch die einfachere bestand aus drei Theilen: 1) *gustus (gustatio)* oder *promulsis.* 2) *fercula*, verschiedene Gänge der eigentlichen cena. 3) *mensa secundae.*

Das Voressen, *gustus — gustatio* sagt Petr. 21. 31. — enthielt Gerichte, die weniger bestimmt waren, zu sättigen, als die Esslust rege zu machen; allerhand die Verdauung fördernde Gemüse, namentlich *lactuca.* MART. XIV, 14.

Claudere quae coenas lactuca solebat avorum,
  Dic mihi, cur nostras inchoat illa dapes?

Ueber die frühere Gewohnheit s. HEIND. zu Hor. Sat. II, 4, 59. — Ferner Schaalthiere, leicht verdauliche Fische mit pikanten Saucen u. dgl. [MART. III, 50.] Dass mit Eiern der Anfang gemacht worden sei, woher ACRON zu Hor. Sat. I, 3, 6. die sprichwörtliche Redensart *ab ovo ad mala* erklärt, stimmt mit CIC. Fam. IX, 20. *habuisses enim non hospitem, sed contubernalem. At quem virum! non eum, quem tu es solitus promulside conficere. Integram famem ad ovum affero. itaque usque ad assum vitulinum opera perducitur.* wohl überein. Er meint, sein Hunger halte vom Anfange bis zu Ende aus. Bei PETR.

33. gehören ebenfalls die künstlich bereiteten *ova pavonina* zur *gustatio* und MART. XII, 19. sagt:

In thermis sumit lactucas, ova, lacertum.

Das ist aber eben ein *gustus*, den Manche gleich nach dem Bade genossen. Eben darum heisst es auch bei APPUL. Met. IX. p. 656 Oud. von der Henne, welche legen will: *nunc etiam cogitas, ut video, gustulum nobis praeparare.* [PLIN. ep. I, 15. *Paratae erant lactucae singulae, cochleae ternae, ova bina* etc. VARRO R. R. I, 2.]

Dazu wurde in der Regel *mulsum*, eine Art Meth, aus Most oder Wein und Honig bereitet (s. den vierten Exc.), getrunken, weil Wein für den leeren Magen ein zu hitziges Getränk schien. HOR. Sat. II, 4, 24 ff.

Aufidius forti miscebat mella Falerno
Mendose, quoniam vacuis committere venis
Nil nisi lene decet; leni praecordia mulso
Prolueris melius.

und deshalb wurde eben der *gustus* auch *promulsis* genannt; jedoch nicht, weil man diese Speisen vor dem *mulsum* genoss, sondern, weil sie mit dem *mulsum* das Voressen bildeten. In demselben Sinne sagt MARTIAL in der gleich anzuführenden Stelle προπίνειν statt *gustare*.

Dann folgte die *cena* im engeren Sinne, aus mehreren Gängen, *fercula*, LAMPR. Hel. 25. [auch *missus* genannt, FULG. bei Goth. p. 805.] bestehend, welche daher auch *prima, altera, tertia cena* genannt werden. MART. XI, 31.

Has (cucurbitas) prima feret alteraque cena;
Has cena tibi tertia reponet.

In älterer Zeit begnügte man sich mit zwei Gängen. CATO bei Serv. zu Verg. Aen. I, 637. *in atrio et duobus ferculis epulabantur antiqui.* Späterhin waren deren gewöhnlich drei, s. o. MART. So auch bei PETRON. Dann befand sich wohl das Hauptgericht, *caput cenae*, MART. X, 31. in dem mittelsten. Allein dabei blieb es nicht, und bekannt sind die Worte IUVENALS I, 94. *Quis fercula septem secreto cenavit avus?* [SUET. Oct. 74. *Cenam ternis ferculis aut quum abundantissime senis praebebat.*

Eigentlich hiess *ferculum* (aus fericulum) das Bret oder der grosse Teller, auf dem man mehrere Gerichte aus der Küche in das Speisezimmer trug. PETRON. 36. *superioremque partem repositorii abstulerunt. Quo facto videmus infra, scilicet in altero ferculo, altilia* etc. Hier bildet das ferculum einen Theil des grösseren repositorium und zwar den unteren Theil, denn der obere ist c. 35. beschrieben. Im weiteren und gewöhnlichen Sinne aber bezeichnet ferculum den Gang, d. h. alle Schüsseln, die zusammen auf einem Präsentirbret hereingetragen worden waren; SUET. a. a. O.]

Endlich fehlte nie der Nachtisch, *mensae secundae*. Der Name ist wohl nur auf die Speisen, als neue Abtheilung der Cena zu beziehen; denn wenn es auch bei PETR. 68. heisst: *Interposito deinde spatio, quum secundas mensas Trimalchio iussisset adferri, sustulerunt servi omnes mensas et alias attulerunt*, so ist dies nur ein schaler Witz des Herrn. Er sagt gleich darauf: *Poteram quidem hoc fericulo esse contentus; secundas enim habetis mensas*. Die Dinge, welche diese *mensae secundae* lieferten, bestanden in Backwerk, *bellaria*. GELL. XIII, 11. (daher sagt auch Trimalchio: *si quid belli habes adfer*), frischem und getrocknetem Obste [LAMPR. Sev. Alex. 37. MART. X, 48, 18.], auch wohl künstlich bereiteten Schaugerichten. Man nannte sie auch mit dem griechischen Namen *epideipnides*. MART. XI, 31. PETR. 69. [oder *impomenta*, PAUL. p. 108. *quasi imponimenta, quae post cenam mensis imponebant.*]

Eine solche vollständige Mahlzeit, *ab ovo usque ad mala*, versteht man unter dem Ausdrucke *cena recta*. Die Benennung ist indessen dunkel und in den meisten Fällen macht sie den Gegensatz zur *sportula*, woraus sich allerdings auf obige Bedeutung schliessen lässt [s. II, S. 164 fg. SUET. Oct. 74. Vesp. 19.]. — Andere Ausdrücke, wie *dubia*, *pura* gehören nur für besondere Fälle und sind daher nicht zu berücksichtigen.

[Bevor wir eine kurze Uebersicht der Hauptspeisen geben,] sollen einige Stellen mitgetheilt werden, welche die Bestandtheile eines Mahles nennen. Zuerst ein einfaches bei MART. X, 48, 7.

Exoneraturas ventrem mihi villica malvas
  Attulit et varias, quas habet hortus, opes,
In quibus est lactuca sedens et sectile porrum:
  Nec deest ructatrix mentha, nec herba salax.
Secta coronabunt rutatos ova lacertos
  Et madidum thynni de sale sumen erit.
Gustus in his; una ponetur cenula mensa,
  Haedus inhumani raptus ab ore lupi,
Et quae non egeant ferro structoris ofellae,
  Et faba fabrorum, prototomique rudes.
Pullus ad haec cenisque tribus iam perna superstes .
  Addetur; saturis mitia poma dabo.
Einfacher noch ist es V, 78. wo der Dichter selbst zu dem Eingeladenen sagt: *potes esurire mecum.*
  Non deerunt tibi, si soles προπίνειν,
  Viles Cappadocae gravesque porri.
  Divisis cybium latebit ovis.
  Ponetur digitis tenendus ustis
  Nigra coliculus virens patella,
  Algentem modo qui reliquit hortum:
  Et pultem niveam premens botellus,
  Et pallens faba cum rubente lardo.
  Mensae munera si voles secundae,
  Marcentes tibi porrigentur uvae etc.
Die ersten drei Verse enthalten den *gustus; ponere* gilt von dem *ferculum.* Vgl. XI, 52. [LUCIAN. Lexiph. 6.] Dagegen findet sich die Beschreibung einer grossen *cena pontificalis,* und zwar aus den mittleren Zeiten der Republik bei MACROB. II, 9. . *Cena haec fuit: Ante cenam echinos, ostreas crudas, quantum vellent, peloridas, sphondilos, turdum, asparagos. Subtus gallinam altilem, patinam ostrearum, peloridum, balanos nigros, balanos albos; iterum sphondilos, glycomaridas, urticas, ficedulas, lumbos caprugineos, aprugnos, altilia ex farina involuta, ficedulas, murices et purpuras. In cena sumina, sinciput aprugnum, patinam piscium, patinam suminis, anates, quercedulas elixas, lepores, altilia assa, amylum, panes Picentes.* Und

Die Mahlzeiten.

es waren im Ganzen 15 oder 16 Personen, welche am Mahle Theil nahmen! [Zu dieser Stelle s. BÖTTIGER, kl. Schr. III, S. 217—226. — Dass in späterer Zeit die übliche Reihenfolge oft abgeändert wurde, sagt SEN. ep. 114. *deinde ad cenas lautitia transfertur et illic commendatio ex novitate et soliti ordinis commutatione captatur, ut ea quae includere solent cenam, prima ponantur, ut quae advenientibus dabantur exeuntibus dentur.*]
Ueber die gewöhnlichen Speisen findet sich Manches bei HEIND. zu Hor. Sat. u. WÜSTEM. zum Pal. des Scaur. [NONNE, de re cibaria.] Im folgenden sind HOR., MART., IUV., MACR., PLIN. unsere Führer, [auch nennt PLAUT. viele Speisen, s. oben S. 228.] mit Ausschluss des berüchtigten Receptbuchs, welches APICIUS Namen führt. [Ueberhaupt wird die unnatürliche Völlerei und Schwelgerei der späteren Zeit (*portenta luxuriae*, SEN. ep. 110. *luxus mensae*, TAC. Ann. III, 55.) nicht berücksichtigt, welche zahllose Leckereien aus allen Ländern und Meeren herbeischaffte und unermessliche Summen verschlang. Die zahlreichen leges sumptuariae setzten diesem Unwesen nur einen schwachen Damm entgegen. Vgl. die Erwähnungen bei SEN. cons. ad Alb. 10. ep. 78. 95. 114. Cons. ad Helv. 9. SUET. Vit. 13. LAMPR. Heliog. 19. 23 fg. 29 fg. EUTROP. VII, 18. DIO CASS. LXV, 3 fg. COLUM. praef. de hort. cultu. PACATI Paneg. Theod. 14. NONNI diaeteticon s. de re cibaria. Antverp. 1645. DIERBACH, flora Apiciana, ein Beitrag zur nähern Kenntniss der Nahrungsmittel der alten Römer. Heidelberg u. Leipzig 1831.

Fische und Schaalthiere

waren ein Hauptgegenstand der römischen Feinschmeckerei (namentlich mit köstlicher Sauçe, APPUL. x. p. 246. Elm. *pisces exotico iure perfusos*), obwohl es auch mehrere Arten gab, welche vorzüglich dem gemeinen Manne als Nahrungsmittel dienten. So z. B.] war *lacertus* ein sehr gewöhnlicher, nicht besonders geschätzter Seefisch, der daher öfter bei Schilderung eines einfachen Mahles erwähnt wird. IUVEN. XIV, 134. MART. VII, 78. Man ass ihn mit klein geschnittenen oder gewiegten

Eiern und Raute, die darum oder darüber angerichtet wurden. MART. X, 48, 11.

Secta coronabunt rutatos ova lacertos.

wie das *cybium*, gesalzene Stücken eines Fisches aus dem Geschlechte der Pelamiden, MART. V, 78, 5. ebenfalls eine geringe Speise, daher auch beide zusammen genannt werden. MART. XI, 27. [Wenig geschätzt war auch *maena* oder *mena*, CIC. de Fin. II, 28. *sepiola* und *lepas* (PLAUT. Cas. II, 8, 57 ff. wo noch andere genannt werden.). DIOCL. ed. V, 1 ff. unterscheidet ganz allgemein unter den Fischen die *aspratilis marini* und *fluviales*, das Pfund zu 24 bis zu 8 Denare. — In Venedig liebte man den kleinen *gobius* (vielleicht Gründling?) MART. XIII, 88. COL. VIII, 17. — Wenig bekannt ist der *mugilis*, nach LENZ, Zoologie der alten Gr. u. Römer. S. 506 u. 511. unsere Meeräsche, PLIN. IX, 17, 26. COL. VIII, 16. MART. X, 30. — *Aurata* oder *orata*, Goldbrasse, gab dem Sergius seinen Namen wegen der Vorliebe für diesen Fisch, MACROB. II, 11. COL. VIII. 16. VARRO R. R. III, 3. PLIN. IX, 16, 25. S. jedoch FEST. v. orata p. 182 M. Sie war aus dem Lucrinersee am besten, MART. XIII, 90. *cui solus erit concha Lucrina cibus.*]

Der *mullus* [Seebarbe, Rothbart, darum *barbatus* genannt, bei CIC. ad Att. II, 1. Parad. V, 2.] war einer der theuersten Fische, und sein Werth stieg mit der Grösse auf eine fast unglaubliche Weise, so dass ein sechs Pfund schwerer mit 8000 Sest. [400 Thaler] bezahlt werden konnte. S. die Beispiele bei HEIND. zu Hor. Sat. II, 2, 33. [IUV. IV, 15. V, 92 ff. MART. X, 37. 31. SEN. ep. 95. MACROB. Sat. II, 12. Die raffinirte Gutschmeckerei verlangte den Fisch ganz frisch, daher trieb man es so weit, denselben vor den Augen der Gäste sterben zu lassen, SEN. nat. qu. III, 17 f. *Parum videtur recens mullus, nisi qui in convivae manu moritur. Vitreis ollis inclusi offeruntur et observatur morientium color, quem in multas mutationes mors — vertit. — Ad hunc fastum pervenere ventres delicatorum, ut gustare non possint piscem, nisi quem in ipso convivio natantem palpitantemque viderint* cett.] — Die

kleineren dagegen waren nicht sehr geachtet und daher sagt MART. XIV, 97.
Grandia ne viola parvo chrysendeta mullo.
Ut minimum, libras debet habere duas.
[S. PLIN. IX, 17, 18. MART. XIII, 79. u. LAMPR. Heliog. 22. über die Verschwendung dieses Kaisers, welcher ganze Schüsseln mit den Bartfasern und den Eingeweiden des Mullen belud;] PAULY, Realenc. V, S. 190 fg.]
Auch den *rhombus*, Butte, (s. I, S. 30) liebte man sehr, zumal je grösser er war, und am besten von Ravenna, PLIN. IX, 54, 79. HEIND. zu HOR. Sat. I, 2, 116. und vorzüglich II, 8, 30. [MART. XIII, 81. *latior — patellâ.* also ganz flach. III, 60. Diesem äusserlich ähnlich ist der *passer*, Flunder, HOR. Sat. II, 8, 29. PLIN. IX, 20, 36. COL. VIII, 16. Die *muraena* war eine Art Meeraal, HEIND. zu Hor. Sat. II, 8, 42. Die sicilische Meerenge lieferte die besten und Tartessus. MACROB. Sat. II, 11. IUV. V, 99. COL. VIII, 16. MART. XIII, 80. GELL. VII, 16. PLIN. IX, 54 fg. 79 ff. 23, 39. S. S. 37. Zu derselben Gattung gehörte der *conger* und *anguilla*, Aal überhaupt, PLIN. IX, 20 ff. 37 ff. 16, 24. PLAUT. Mil. III, 1, 165. Ferner rühmte man den *asellus*, gewöhnlich Schellfisch erklärt (VARRO L. L. V, 77. PETRON. 24. *post asellum diaria non sumo.* d. h. nach kostbaren Leckereien will ich nicht Schlechtes. Die besten kamen von Pessinus, GELL. VII, 16.) und *lupus*, Meerwolf, PLIN. IX, 17, 28. MART. XIII, 89., am meisten den in der Tiber zwischen zwei Brücken gefangenen, HEIND. zu Hor. Sat. II, 2, 31 ff.
Unde datum sentis, lupus hic Tiberinus an alto
Captus hiet? pontisne inter iactatus an amnis
Ostia sub Tusci (d. i. des Tiber).
Sonst schätzte man den lupus der Flüsse durchaus nicht, COLUM. VIII, 16. Interessant ist MACROB. II, 12. mit den Fragmenten des VARRO, TITIUS u. LUCILIUS. S. noch MART. XIII, 89. Kostbar war der uns unbekannte *scarus* (nach LENZ, Zoologie S. 489 u. 500. 512 unser Papageifisch), PLIN. IX, 17, 22. *scaro datus principatus.* HEIND. zu Hor. Sat. II, 2, 22.

Epod. 2, 50. MACROB. II, 12. COL. VIII, 16. PLINIUS erzählt, dass Kaiser Claudius denselben von der kleinasiatischen Küste nach dem Meer zwischen Ostia und Campanien verpflanzt habe. GELL. VII, 16. Vorzüglich wohlschmeckend war sein Eingeweide. MART. XIII, 84.

Visceribus bonus est. cetera vile sapit.

Der *acipenser* (oder *elops*, vielleicht unser Stör oder Sterlet, COL. VIII, 16.), am besten von Rhodus, GELL. VII, 16. VARRO R. R. II, 6. ATH. VII, 44. galt in der älteren Zeit für eine Hauptzierde des Mahles (PLIN. IX, 17, 27. *Apud antiquos piscium nobilissimus.*), während er später sehr in Werth und Ansehen gesunken war. HEIND. zu Hor. Sat. II, 2, 46 fg.

Haud ita pridem
Galloni praeconis erat acipensere mensa
Infamis. quid? tum rhombos minus aequora alebant?

SCHOL. CRUQ. zu d. St. über den *praeco Gallonius*, welcher diesen Fisch zuerst *suae mensae apposuit*. Lucilius tadelte diesen Luxus, s. CIC. de fin. II, 8. p. Quinct. 30. Tusc. III, 18. MACROB. II, 12. MART. XIII, 91. *Ad Palatinas acipensem mittite mensas.* Dass er eigentlich *aquipenser* hiess, sagt PAUL. h. v. p. 22 M. Dagegen SALM. exercit. Plin. p. 941. leitet den Namen von *acus* und *pesna* oder *perna* her. ATH. VII. p. 294. E. F. — Sehr gewöhnlich war das Einsalzen der Fische und vermuthlich für die Armen am wichtigsten. So stehen die *pisces salsi* in DIOCL. ed. V, 5 am billigsten (das Pfund zu 6 Denaren); gesuchter waren freilich die *sardae* oder *sardinae* (16 Denare), unsere Sardellen und Sardinen, OPPIAN. pisc. IV, 468. COLUM. VIII, 17., die *mulli*, SEN. nat. qu. III, 17. *alios necant in garo et condiunt vivos.* Die medicinische Anwendung der gesalzenen Fische s. PLIN. XXXII, 5, 17. Ueber die prachtvollen *piscinae* oder *vivaria piscium* bei den Villen s. S. 36 fg.

Sehr gesucht waren auch die Schaalthiere. CELS. II, 29. *cochleae — ostrea, pelorides, echini, musculi et omnes fere conchulae.* VARRO L. L. V, 77. SEN. ep. 95. HOR. Sat. II, 4, 30 ff.

Die Mahlzeiten.

Lubrica nascentes implent conchylia lunae,
Sed non omne mare est generosae fertile testae.
Murice Baiano melior Lucrina peloris,
Ostrea Circeiis, Miseno oriuntur echini,
Pectinibus patulis iactat se molle Tarentum.

HEIND., WEBER u. TEUFFEL zu d. St. *Murex* ist eine essbare Purpurmuschel, MART. XIII, 87. am besten von Bajä, MACR. oben. *Peloris*, Gienmuschel, ATH. III. p. 90. C. 92. D. F. *fatua*, MART. X, 37., am besten aus dem Lucrinersee, MART. VI, 11. *Echinus*, Meerigel, MART. XIII, 86.

Iste licet digitos testudine pungat acuta,
Cortice deposito mollis echinus erit.

PLIN. IX, 31, 51. DIOCL. ed. V, 7 ff. unterscheidet *recentes purgati*, d. h. frische, ausgemachte u. *salsi*. (letztere noch einmal so theuer und den Austern gleich gestellt). Deren Einsalzung erwähnt PALLAD. r. r. XIII, 6. *Pecten*, Kammmuschel, ATH. III. p. 88. B. PLIN. IX, 32, 51. XXXII, 53. GELL. VII, 16. *Sphondilus*, Lazarusklappe, DIOCL. ed. V, 10. und *balanus*, s. MACROB. oben. *Squilla*, s. g. Granate, Seekrebs, Krabbe, MART. XIII, 83. HOR. sat. II, 4, 58. *Tostis marcentem squillis recreabis Potorem.* IUV. V, 80 f. (hier aber Hummer) WEBER zu Hor. a. a. O. S. 380 ff. Viel wichtiger aber sind Austern und Schnecken. Mit den ersteren, *ostrea*, wurde ein hoher Luxus getrieben (*palma mensarum divitum*, PLIN. XXXII, 6, 21.). LUCIL. fragm. p. 248 Bip. *ostrea millibu' centum emta.* Als die besten galten die bei Circeii, PLIN. l. l. *his neque dulciora neque teneriora esse ulla compertum est.* Zunächst kamen die Lucriner Austern (s. Thl. I, S. 150 fg.), denen wenigstens Sergius Orata, ein bedeutender Kenner dieses Fachs (S. 37), den Vorzug gab. PLIN. IX, 54, 79. *is primus optimum saporem ostreis Lucrinis adiudicavit.* HOR. epod. II, 49. MART. XIII, 82. *Ostrea.*

Ebria Baiano veni modo concha Lucrino.

Mit steigender Ueppigkeit holte man sie aus Brundusium, Tarent und sogar aus Cyzicum und Britannien. Auch mästete man sie nach dem Transport eine Zeit in dem Lucrinersee.

PLIN. IX, 54, 79. XXXII, 6, 21. GELL. VII, 16. IUV. IV, 140 ff.

Circeiis nata forent an
Lucrinum ad saxum Rutupinove edita fundo
Ostrea, callebat primo deprendere morsu,
Et semel adspecti litus dicebat echini.]
Was die Zubereitung der Austern betrifft (I, S. 174.), so werden bei MACROBIUS II, 9. ausdrücklich unterschieden *ostreae crudae*, welche den Gästen gereicht wurden, *quantum vellent*, [und am liebsten erst bei Tische geöffnet, SEN. ep. 78, 23. *ostrea illi Lucrina in ipsa mensa operiuntur.*] und *patina ostrearum*. Die letzteren waren also [vielleicht] ein von Austern bereitetes warmes Gericht; denn *patina* bezeichnet durchaus nicht jede Schüssel, in welcher Speisen aufgetragen werden, sondern einen bedeckten Napf oder eine dergleichen Schüssel, in welcher die Speisen ebensowohl bereitet als auf die Tafel gebracht wurden. Daher heisst es weiter bei MACROBIUS: *patina suminis, patina piscium*, so wie wir etwa sagen Schüsselhecht oder dergl. [PLAUT. Asin. I, 28. *vel patinarium* (piscem) *vel assum.*] Man kann diese *patinas* auch wohl mit unsern Ragoûts und selbst den Pasteten vergleichen. [APIC. IV, 2. *Patina accipitur pro placenta, nam haec fiebat ex solo seu diploide, et balteo circumposito, tum spatium illud cavum alternatim tractis seu laganis et coriis seu farciminis stratis replebatur.*] Dass das Geschirr bedeckt war und in der Küche gebraucht wurde, um das Gericht gleich darin zu bereiten, sieht man schon aus den oben angeführten Worten des Plautinischen Kochs: *Ubi omnes patinae fervent, omnes aperio.* [Aus andern Stellen ergiebt sich, dass *patina* auch eine Schüssel bezeichnete, in der die Speisen nur servirt wurden, ohne dass sie darin gekocht waren, s. den 3. Excurs. Daher ist wenigstens nicht zu beweisen, dass die ostreae in der patina gekocht worden seien. S. WÜSTEMANN, Rec. d. Gall. S. 140 f. Besonderes Brot wurde zu den Austern gegessen, *panis ostrearius*, PLIN. XVIII, 11, 27. Ueber die Schnecken, *cochleae*, s. S. 36.

Die Mahlzeiten.

Hierher gehört das *garum*, eine aus den Eingeweiden und dem Blute gewisser Seefische bereitete Brühe, welche den Alten auch die Stelle unseres Caviar vertrat. S. darüber besonders HEIND. zu Hor. Sat. II, 8, 46. [(*garo de succis piscis Iberi*, nämlich des scomber, der Makrele.) und PAULY, Realencykl. III, S. 654 fg. PLIN. XXXI, 7, 43. *liquoris exquisiti genus, quod garon vocavere, intestinis piscium ceterisque quae abiicienda essent, sale maceratis, ut sit illa putrescentium sanies. Hoc olim conficiebatur ex pisce, quem Graeci garon vocabant. — Nunc e scombro pisce laudatissimum in Carthaginis Spartariae cetariis. Sociorum id appellatur* (nämlich der publicani), *singulis millibus nummum permutantibus congios fere binos. Nec liquor ullus paene praeter unguenta maiore in pretio esse coepit. Scombros quidem et Mauretania Baeticaeque Carteia ex Oceano intrantes capiunt, ad nihil aliud utiles.* Ueber scomber s. noch IX, 15, 19. MART. III, 50. STRAB. III, 4. und MART. XIII, 102. *Garum sociorum.*
  Expirantis adhuc scombri de sanguine primo,
  Accipe fastosum, munera cara, garum.]
Es mochte ächtes und unächtes, gutes und schlechtes geben, und daher wird es bald als eine köstliche, theuere Speise, bald als etwas werthloses und gemeines genannt. — Der Silen, aus dessen Schlauche es Thl. I, S. 174. träufelt, findet sich in der Stelle PETRONS nicht; dagegen hat dieser an einem andern Orte etwas Aehnliches. c. 36. *Notavimus etiam circa angulos repositorii Marsyas quatuor, ex quorum utriculis garum piperatum currebat super pisces, qui in euripo natabant.* Der Gebrauch des *garum* war übrigens sehr mannigfaltig in der Küche sowohl als bei Tafel und selbst die Austern beträufelte man damit. MART. XIII, 82. *Ostrea.*
  Ebria Baiano veni modo concha Lucrino.
  Nobile nunc sitio luxuriosa garum. —
[Aehnlich war *alec* oder *alex*, HOR. Sat. II, 4, 73. und HEIND. welcher es nach PLIN. XXXI, 8, 44. als unvollkommene, nicht geläuterte Art des garum erklärt. Man machte solches aber auch aus vielen andern Fischen, s. PLIN. a. a. O. JACOB in d.

Rec. d. Gall. S. 458. macht auf KOEHLER, τάριχος ou recherches sur l'hist. et les antiq. des pêcheries de la Russie. Petersb. 1832. aufmerksam, wo alec als eine Zusammensetzung von allerlei Delikatessen, wie Austern, Leber des mullus und anderen Schaalthieren erklärt wird. Solche gab es später, denn wie PLIN. sagt: *transiit deinde in luxuriam creveruntque genera ad infinitum.*] Verwandt war die Sauce, welche *muria* hiess, HEIND. zu Hor. Sat. II, 4, 65 fg. wo eine Olivenbrühe beschrieben wird:

> *Quod pingui miscere mero muriaque decebit*
> *Non alia quam qua Byzantia putuit orca.*

Es wurde nämlich die beste Muria aus byzantischen Thunfischen (*thynni*) bereitet, PLIN. IX, 15, 20. MART. XIII, 103. *Amphora muriae.*

> *Antipolitani, fateor, sum filia thynni:*
>   *Essem si scombri, non tibi missa forem.*

[LUCIL. fragm. p. 249. Bip. *abdomina thynni.*] Muria aus andern Fischen erwähnt PLIN. XXVI, 4, 11. Auch hiess *muria* (*dura, cruda, matura*) schlechtweg Salzlake, COL. XII, 6, 25. 30. CATO R. R. 105. [Eine solche Lake oder Tunke war das *liquamen* in DIOCL. ed. III, 6 f., wo jedoch zwei Sorten unterschieden werden. Die allermeisten Sauçen enthält aber APIC. VII, 7. I, 7. II, 4. u. s. w.

Geflügel.

Ueber die Pfauen s. I, S. 104., Hühner S. 104 f. und LAMPR. Sev. Alex. 37. MART. XIII, 62. *Gallina altilis.*

> *Pascitur et dulci facilis gallina farina,*
>   *Pascitur et tenebris. ingeniosa gula est.*

eb. 63. 64., über *capo* VARRO III, 9, wo auch das Mästen der Hühner im Dunkeln erwähnt wird. Dasselbe bei SEN. ep. 122. (Die *altilia ex farina involuta* bei MACROB. oben bezeichnen eine Hühnerpastete.), Fasanen, S. 105 fg. und MART. XIII, 72. DIOCL. ed. IV, 17 ff. von 100—250 Denaren, je nach dem Geschlecht und Fütterung, Tauben s. I, S. 107. wo statt MART. XIII, 51. zu lesen ist XIII, 53. *turtures.* s. noch 66. 67.,

Die Mahlzeiten. 243

turtur, PLIN. X, 34, 52. DIOCL. ed. IV, 25 f. wo die Feld- und Ringeltauben halb so viel kosten. Ausserdem sind zu nennen: die Ente, MACROB. ob. MART. III, 52.
> *Tota quidem ponatur anas, sed pectore tantum*
> *Et cervice sapit. cetera redde coco.*]

die Gans, deren Leber sehr beliebt war, *iecur anseris*. Um sie besonders wohlschmeckend zu erhalten, mästete man die Gänse mit Feigen und Datteln, s. RADER zu Mart. XIII, 58. [HOR. Sat. II, 8, 88. Iuv. V, 114. PLIN. X, 22, 27. BÖTTIGER, Sab. II, S. 45 fg. Die weissen galten für die besten, VARRO R. R. III, 10. HOR. a. a. O. DIOCL. ed. IV, 21 f. (eine fette Gans zu 200 Denaren, eine andere 100 Denar.) Die Rebhühner und Haselhühner, *perdix* und *attagen*. MART. XIII, 65. *Perdices*.
> *Ponitur Ausoniis avis haec rarissima mensis:*
> *Hanc in piscina ludere saepe soles.*

76. *Rusticulae*.
> *Rustica sim an perdix, quid refert, si sapor idem est?*
> *Carior est perdix. Sic sapit illa magis.*

61. *Inter sapores fertur alitum primus*
> *Ionicarum gustus attagenarum.*

PLIN. X, 48, 68. GELL. VII, 16. Ueber die Zucht s. S. 34.]
Zu den beliebtesten Leckerbissen gehörten die Krammetsvögel oder Drosseln, *turdi*, welche man nicht nur zur Zeit des Fangs auf der Tafel haben musste, sondern das ganze Jahr über in besonderen Ornithonen fütterte, s. S. 43. Schon zu Varro's Zeit wurden sie wohl gemästet mit drei Denaren (etwa 16 Gr.) das Stück bezahlt und eine Villa lieferte in einem Jahre 5000 Stück, also eine Revenue von 60,000 HS. [3000 Thaler]. VARRO III, 2, 15. COLUMELLA sagt VIII, 10. *nunc aetatis nostrae luxuries quotidiana fecit haec pretia*. [In DIOCL. ed. IV, 27. ist das Paar mit 60 Denaren angesetzt, die Enten nur zu 40. Man fasste die Schüsseln mit gebratenen turdis ein, MART. XIII, 51. *turdorum corona*. 92. *Lepores*.
> *Inter aves turdus, si quid me iudice certum est,*
> *Inter quadrupedes mattea prima lepus.*

Hor. Sat. I, 5, 72, II, 5, 10. Pers. VI, 24. Auch die
Amsel, *merula*, wurde gespeist, Hor. Sat. II, 8, 91., die
Schnepfe, *ficedula*, Mart. XIII, 49. Gell. XV, 8. Macrob.
oben, die Wachtel, *coturnix*, s. S. 34. Diocl. ed. IV, 41.
seltener der Kranich, *grus*, und Storch, *ciconia*. Plin. X,
23, 30. Cornel. *Nepos — cum scriberet turdos paulo ante coep-
tos saginari, addidit, ciconias magis placere quam grues.* Hor.
Sat. II, 8, 87.

Membra gruis sparsi sale multo non sine farre.

II, 2, 49. Gell. VII, 16. *grues Melicae.* Das Recept für
Kranichbraten giebt Apic. VI, 2.]

Ob man bereits zu Gallus Zeit auch den *phoenicopterus*,
den man für den Flamingo erklärt, daher dieser auch im
heutigen Systeme Phoenicopterus antiquorum heisst, unter
die Delikatessen einer vornehmen Tafel zählte, dafür habe ich
allerdings kein Zeugniss, allein um vieles später darf man sie
auch nicht annehmen. Denn Vitellius und Apicius liessen von
den Zungen dieser Vögel Gerichte bereiten (Suet. Vitell. 13.
Plin. X, 48, 68.); das setzt denn doch voraus, dass sie schon
häufiger waren. Von Martial werden sie unter der *turba
cortis* genannt: III, 58, 12.

*Vagatur omnis turba sordidae chortis;
Argutus anser gemmeique pavones,
Nomenque debet quae rubentibus pinnis.*

Vgl. XIII, 71. [Iuv. XI, 139. Sen. ep. 110.] — Elagabal
liess Schüsseln vom Gehirne dieser Vögel bereiten. Lampr.
c. 20.

[Ebenso unsinnig war das Speisen der Singvögel, was
jedoch selten vorkam. Plin. X, 51, 72. erzählt es als Seltenheit von dem als Verschwender berüchtigten Schauspieler
Aesopus, ebenso Hor. Sat. II, 3, 245. von den Söhnen des
Arrius. Staare, *sturni*, erwähnt Diocl. ed. IV, 43. Unter den

Vierfüsslern

sind die Schweine sowohl wilde als zahme am beliebtesten.]
Der Eber war in der Regel das Hauptgericht einer grossen

Cena und der Anstand verlangte, dass er ganz auf den Tisch kam [nachdem P. Servilius Rullus dieses eingeführt hatte, PLIN. VIII, 51, 78. Iuv. I, 140.

quanta est gula, quae sibi totos
Ponit apros animal propter convivia natum.

V, 115 fg. (Diese Sitte scheint übrigens aus Persien nach Griechenland und erst von da nach Italien gekommen zu sein. Vgl. HERODOT. I, 133.) Tiberius liess nur einen halben auftragen. SUET. Tib. 34.] Der geübte Gaumen des Feinschmeckers wollte wohl zu unterscheiden verstehen, aus welcher Gegend Italiens er stamme. So sagt der Friand bei HOR. Sat. II, 4, 40. *Umber — curvet aper lances; — nam Laurens malus est.* Sonst waren auch die Lucanischen und in späterer Zeit namentlich die Tuskischen Eber berühmt. S. HOR. Sat. II, 3, 234. 8, 6. STAT. Silv. IV, 6, 10. MART. VII. 27. [CATULL. 39, 11. Die Laurentischen waren sehr häufig, MART. IX, 49. X, 45. OVID. Fast. II, 231. VERG. Aen. X. 708 ff. Die reichen Römer hegten sie in den *vivariis*, s. S. 35. — Kam schon das Wild an sich hoch zu stehen, so machte die Bereitung noch ausserdem einen sehr bedeutenden Aufwand nöthig und MARTIAL, der einen *Tuscae glandis aper* geschenkt erhalten hatte, sagt a. a. O.

Sed cocus ingentem piperis consumet acervum,
Addet et arcano mixta Falerna garo.
Ad dominum redeas, noster te non capit ignis,
Conturbator aper: vilius esurio.

Was Thl. I, S. 178. über die Zerlegung des Ebers gesagt ist, bestätigt PETR. 40. *Ceterum ad scindendum aprum non ille Carpus accessit, qui altilia laceraverat, sed barbatus ingens fasciis cruralibus alligatus et alicula subornatus polymita, strictoque venatorio cultro latus apri vehementer percussit.* [Das Fleisch des zahmen Schweins wurde auf das mannigfaltigste zubereitet. PLIN. VIII, 51, 77. *Neque alia ex animali numerosior materia ganeae. quinquaginta prope sapores, cum ceteris singuli.* und die Schweinezucht wurde sehr cultivirt, VARRO R. R. II, 4. Ueber die Preise des Schweinefleisches in der

Kaiserzeit s. MOMMSEN zu Diocl. ed. IV, 1 ff. S. 72 f. In Campanien war der Preis im 4. Jahrhundert dem heutigen ziemlich gleich, COD. TH. XIV, 4, 3. — Ueber die Bereitung und das Auftragen des ganzen Schweins ist I, S. 181. 190. gesprochen. So wurden auch die Spanferkel servirt, MART. XIII, 41. *Porcellus lactens.*] Höchst seltsam war der von früher Zeit her beliebte Geschmack an der Gebärmutter, *vulva*, und Brust, *sumen* einer *porca*, vorzüglich ehe noch daran gesaugt worden war. Daher wird fast kein Gericht so häufig von PLAUTUS an bis in die späteste Zeit erwähnt. [GIERIG zu Plin. ep. I, 15. MART. II, 30. X, 48, 12. s. oben, XIII, 44. 56. IUV. XI, 138. PLIN. XI, 37, 83. DIOCL. ed. IV, 4 f. BÖTTIGER, kl. Schr. III, S. 224 fg. Auch liebte man den Kopf, *sinciput verrinum*, die Leber, den Magen und Bauch, *abdomen*, PLIN. VIII, 51, 77. (*aqualiculum* DIOCL. ed. IV, 12) den Schinken, *perna*, namentlich den meropischen, spanischen, marsischen und gallischen, MART. XIII, 54. HOR. Sat. II, 4, 60. DIOCL. ed. IV, 8 f.] welchen man gern postridie speiste (I, S. 71.), s. PLAUT. ob. S. 228. vgl. Mil. III, 1, 164. Daher auch bei MART. X, 48, 17. *cenisque tribus iam perna superstes.* — [PLAUT. Pseud. I, 2, 33. *pernam, callum, glandium, sumen* (Alles vom Schwein). Capt. IV, 3. Curc. II, 3, 87 ff. Menaechm. I, 3, 27 fg. Das Pökelfleisch *lardum* od. *laridum* DIOCL. ed. IV, 7. ISIDOR. XX, 2. S. noch VARRO L. L. V, 109 fg.]

Zu den beliebtesten Speisen und, wie bei uns, für alle Klassen der Gesellschaft gehörten Würste, und es hat der Handel mit ihnen durch den glücklichen Nebenbuhler Kleons in Aristophanes Rittern keine kleine Berühmtheit erlangt. Ihre Bereitung war der in unserer Zeit ähnlich, nur dass der Geschmack der Römer an einer Menge starker Gewürze wohl auch dieses Gericht für unsern Gaumen würde verdorben haben. Die römischen Namen dafür sind *farcimen* (allgemeiner Ausdruck) [Fülle, ISIDOR. XX, 2. *caro concisa et minuta — quod eo institutum farciatur h. e. impleatur, cum aliarum rerum commixtione*], *botulus* und *tomaculum;* es werden aber durch beide verschiedene Dinge bezeichnet, wie man aus

Die Mahlzeiten. 247

PETR. 49. sieht: *Nec mora, ex plagis ponderis inclinatione crescentibus tomacula cum botulis effusa sunt.* Man bereitete sie eben wie bei uns mit dem Blute des Thieres, wie man schon aus ARISTOPHANES sieht. Eq. 208.

ὁ δράκων γάρ ἐστι μακρὸν, ὅ τ᾽ ἀλλᾶς αὖ μακρόν.
εἶθ᾽ αἱματοπώτης ἐστὶν ὅ τ᾽ ἀλλᾶς χὠ δράκων.

und der Art waren namentlich die *botuli*, wie TERTULL. Apol. 9. sagt: *botulos cruore distentos admovetis.* Dagegen glichen die *tomacula* wohl unseren Cervelat-, Leber- und Bratwürsten und wurden desshalb hauptsächlich auf dem Roste gebraten warm gegessen. PETR. 31. *Fuerunt et tomacula supra craticulam argenteam ferventia.* Dasselbe meint MART. XIV, 221. *Craticula cum verubus.*

Rara tibi curva craticula sudet ofella.

Daher wurden sie denn auch in kleinen Blechöfen zum Verkaufe herumgetragen. MART. I, 41, 9. *fumantia qui tomacla raucus Circumfert tepidis cocus popinis.* wo RADER die *tepidas popinas* richtig durch *focos tepidos* zu erklären scheint, und das *raucus* sich eben auf das Ausrufen bezieht. So ruft auch der *botularius* seine Waare aus: SEN. ep. 56. *Iam librarii varias exclamationes, et botularium, et crustularium, et omnes popinarum institores, mercem suam quadam et insignita modulatione vendentes.* — Bei VARRO R. R. II, 4, 10. sind *tomacinae* wahrscheinlich dasselbe, was *tomacula*. Wie nämlich wir Schinken aus Westphalen und Cervelatwürste aus Braunschweig, so bezogen die Römer beides am besten aus Gallien. Vgl. RUPERTI zu Iuv. X, 355. [Die geräucherten Würste hiessen *hillae*. SCHOL. CRUQ. zu Hor. Sat. II, 4, 60. erklärt *fartum saltitium.* VARRO L. L. V, 111. *tenuissimum intestinum fartum.* Hier erwähnt er mehrere Arten der *farcimina*, z. B. *Lucana* (MART. XIII, 35. *filia Picenae venio Lucanica porcae.*), *fundolum* u. a. S. auch NON. II, 410. In DIOCL. ed. IV, 15 f. heissen *lucanicae* schlechtweg geräucherte Würste, andere aber *isicia* 13 f.

Als Braten schätzte man noch besonders die Hasen, *lepus.*] Den I, S. 177. beschriebenen Federschmuck erwähnt

PETR. 36. *leporem in medio pennis subornatum, ut Pegasus videretur.* [Die Schulterblätter waren das beste Stück. HOR. Sat. II, 4, 44.
Fecundae leporis sapiens sectabitur armos.
8, 89 fg. Vgl. noch MART. XIII, 92. s. oben. LAMPR. Sev. Alex. 37. In DIOCL. ed. IV, 32. ist der Hase zu 150 Denaren angesetzt. Ferner ass man die kleinen Böckchen, *haedus*, MART. X. 48. am besten von Ambracia, GELL. VII, 16. IUV. XI, 65 ff. Rehe, HOR. Sat. II, 4, 43., auch Kaninchen, *cuniculi*, MART. XIII, 60. und was das wunderbarste war, Haselmäuse, *glires*, s. S. 36.]

Gemüse.

Eines der allgemeinsten war die *lactuca*, Salat. [VARRO L. L. V, 104.] S. ob. S. 231 fg. Ueber ihre verschiedenen Arten s. BILLERBECK, Flora class. S. 205. [SCHUCH, Gemüse und Salate der Alten. Rastatt 1854 II, S. 47 ff. LENZ, Botanik d. alten Griechen u. R. S. 486 ff.] Hier kommt hauptsächlich die *capitata*, der Kopfsalat, in Betracht, der auch *Laconica*, PLIN. XIX, 3, 38. und *sessilis*, MART. III, 47, 8. auch *sedens* genannt wurde, MART. X, 48, 9. Von dieser führt COLUM. X, 181 ff. und XI, 3, 26. fünf vorzügliche Sorten an: zwei nach Cäcilius Metellus *Caeciliana* genannt, die eine grün, die andere braunroth (wie unser Forellensalat), die gelbgrüne *Cappadoca* (MART. V, 78, 4.), die weissliche *Baetica* und die ebenfalls äusserlich rothe *Cypria*. [S. auch PALLAD. r. r. II, 14. DIOCL. ed. VI, 7 f. Der Genuss des Salats galt für sehr gesund und sollte ruhigen Schlaf bringen, FLAV. Vop. Tac. 11. CELS. de med. II, 32. PLIN. h. n. XIX, 7, 38.]

Brassica (oleracea) [auch *caulis* im engern Sinne und *crambe* genannt] grüner oder brauner Kohl war ebenfalls ein sehr beliebtes Gemüse. PLIN. XIX, 8, 41. *quibus nunc principatus hortorum.* [VARRO L. L. V, 104. CATO r. r. 156 ff. rühmt ihn sehr, desgleichen DIOSCOR. II, 146. GALEN. foc. alim. II, 44.] Man ass sowohl den grösseren Stengel, *caules, cauliculus*, als im Frühjahre die jungen Keime, *cymata, cymae*. COL. X, 127 ff.

Die Mahlzeiten.

Tum quoque conseritur, toto quae plurima terrae
Orbe virens pariter plebi regique superbo
Frigoribus caules, et veri cymata mittit.

An ein Wiegen zu Brei wie bei uns war indessen nicht zu denken. Die Stengel wurden ganz aufgetragen. Daher sagt MART. V, 78, 6.

Ponetur digitis tenendus ustis
, Nigra coliculus virens patella.

Von den Keimen sagt PLINIUS: *Cymas a prima sectione praestat proximo vere. Hic est quidam ipsorum caulium delicatior teneriorque cauliculus, Apicii luxuriae et per eum Druso Caesari fastiditus, non sine castigatione Tiberii patris.* Welche Wichtigkeit wurde der Sache beigelegt! — Um ihm im Kochen die grüne Farbe zu erhalten, wurde Salpeter beigemischt. MART. XIII, 17. *Fasces coliculi.*

Ne tibi pallentes moveant fastidia caules,
Nitrata viridis brassica fiat aqua.

PLIN. XXXI, 10, 46. — COLUMELLA [auch THEOPHR. h. pl. VII, 4, 4.] führt eine Menge Arten an, PLINIUS hebt besonders den Cumanischen, Aricinischen und Pompejanischen hervor. [*Crambe* war eigentlich der krause Kohl, *crispo folio* PLIN. h. n. XIX, 8, 41. CAT. 157. Der gewöhnliche Kohl, *olus*, wird als Speise der Armen oft erwähnt. HOR. epist. I, 17, 13 ff.

Si pranderet olus patienter, regibus uti
Nollet Aristippus. Si sciret regibus uti,
Fastidiret olus qui me notat.

I, 5, 2. und OBBAR. zu d. St. Sat. II, 1, 74. 7, 30. *securum olus.* SCHUCH, Gemüse, Rast. 1853, I, S. 33—40. LENZ, Botanik S. 619 f. Auch die Rüben waren sehr üblich, MART. XIII, 16. *rapa.* 20. und die Kohlrüben *napi*, PLIN. h. n. XVIII, 13, 35. XX, 3, 9. PALLAD. XIII, 15. COL. XI, 3. DIOCL. ed. VI, 18 f. Sie wurden eingemacht COL. II, 10 und oft gefärbt, PLIN. h. n. XVIII, 12, 34. Die Artischoken, *cardus* und *cinara* gen. besprechen THEOPH. h. p. VI, 4, 10 f. ATH. II, 83 f. PLIN. h. n. XIX, 8, 43. COLUM. XI, 3. PALLAD. III, 24. SCHUCH, Gemüse I, S. 20 ff. LENZ, Botanik S. 480 ff. In

Erster Excurs zur neunten Scene.

DIOCL. ed. VI, 1 f. kommen zwei Sorten davon vor. Der Spargel, *asparagus*, (VARROl. l. V, 104. PAUL. DIAC. p. 19 M. NON. XVII, 1) wurde sorgfältig gebaut und gerade so behandelt, wie noch jetzt, CATO r. r. 161. PLIN. h. n. XIX, 8, 42. XX, 10, 42. PALLAD. IV, 9. DIOCL. edict. VI, 34 f. unterscheidet Land- und Gartenspargel, und die Zubereitung als kalte und warme Speise zeigt APIC. III, 3, 66. IV, 2, 125 f. Am besten waren die Ravennatischen (MART. XIII, 21.), deren drei 1 Pfund wogen. PLIN. XIX, a. a. O. SCHUCH, Gemüse II, S. 64 ff. LENZ, Botanik S. 303 ff. Seltener speiste man als Gemüse oder Salat Cichorien (*intubum*, *int. erraticum*, HOR. ed. I, 31, 17. *cichoreum*. PLIN. XIX, 8, 39. XX, 8, 29 ff. DIOCL. od. d. pret. VI, 3 f. SCHUCH, I, S. 27 ff. LENZ, S. 483 ff.), Brunnenkresse (*sisymbrium*, DIOCL. ed. VI, 24.), Nessel (*urtica*, ärztlich wichtig, CATULL. XLIV, 15. PLIN. h. n. XXI, 15, 55. APIC. III, 17., aber auch Speise für Aermere, HORAT. epist. I, 12, 8. vgl. ATH. IV, 47. PERS. VI, 70, SCHUCH, S. 59 f. LENZ, S. 430 ff.), Sauerampfer λάπαθος u. *rumex*, und Malve, *malva*, beide medicinisch gebraucht, DIOSC. de m. m. II, 140. 144. PLIN. h. n. XX, 21, 84. 85. PALLAD. XI, 11. ATH. II, 54. aber auch gegessen, HOR. epod. II, 57 f.

    Aut herba lupathi prata amantis et gravi
       Malvae salubres corpori.

Sat. II, 4, 27. Od. I, 13, 16. SCHUCH, I, S. 18 ff. II, S. 49 ff. Die Schwämme, *fungi*, liebte man sehr, namentlich die *boleti*, Kaiserschwämme, IUV. V, 146 ff., HOR. Sat. II, 4, 20 fg. und WÜSTEMANN zu d. St. PLIN. XVI, 8, 11 ff., XXII, 22, 46 ff., MART. III, 60.

    Sunt tibi boleti, fundos ego sumo suillos.

XII, 48. XIII, 48. PLIN. epist. I, 7. Ein grosser Verehrer derselben war Kaiser Claudius, MART. I, 20. SUET. Tib. 42. Claud. 44. Ner. 33. LENZ, Botanik S. 753 ff. Die Trüffeln hiessen *tubera*, PLIN. XIX, 2, 11 fg. MART. XIII, 50.

    Rumpimus altricem teneroque vertice terram.
      Tubera, boletis poma secunda sumus.]

    Die *eruca*, *brassica eruca*, Gartenrauke, diente nicht nur, wie BILLERBECK, Fl. class. S. 170. sagt, als Gewürz [εὔζωμον, THPH. h. pl. I, 6, 6. DIOSC. m. m. II, 169.], sondern wurde wie die Lactuca gegessen. SPRENG. Hist. r. herb. I, p. 97. — Sie war als *Veneris concitatrix* bekannt. PLIN. XIX, 8, 44. XX, 13, 49. VIRG. Moret. 85. und heisst daher öfter *herba salax*. MART. X, 48, 10. III, 75. Vgl. BECKMANN, Beitr. zur Gesch. d. Erf. V, S. 113. wo überhaupt von den Küchengewächsen gehandelt wird.

Porri, Porée, eine beliebte Speise, gab es in zwei Arten, *porrum sectile* (Schnittlauch) und *capitatum*; daher *utrumque porum*, MART. III, 47, 8. Das *capitatum* (*graves porri*, ebend. V, 78, 4.) kam nach Rom in vorzüglicher Güte von Aricia, COLUM. X, 139. *mater Aricia porri*. MART. XIII, 19.

Mittit praecipuos nemoralis Aricia porros.

wie das *sectile* von Tarent. ebend. 18. Bekannt ist HORAZENS Verdammungsurtheil, Epod. 3. [PLIN. h. n. XIX, 6, 33. DIOCL. ed. VI, 14 f.] Vgl. BILLERBECK, Flora class. S. 89. [Verwandt waren die Zwiebeln (*bulbus*), IUV. VII, 120. MART. XIII, 34. unter denen die Küchenzwiebel, *cepa*, von den alten Römern gern gegessen wurde, PLIN. XIX, 5, 30. VARRO b. Non. III, 67. PALLAD. III, 24. DIOCL. ed. VI, 20 f. Die Möhre, *pastinaca*, wurde nicht geschätzt, PLIN. XIX, 5, 27. DIOSC. m. m. III, 73. DIOCL. ed. VI, 44 f. Als gesunde und leichte Speise galt der Kürbiss, *cucurbita*, COLUM. XI, 3. ATH. II, 53. PALLAD. IV, 9. DIOCL. ed. VI, 26 f., weniger die Gurke, *cucumis*, aber doch sehr beliebt; Kaiser Tiberius ass sie täglich, PLIN. h. n. XIX, 5, 23. PALLAD. IV, 9. DIOCL. ed. VI, 28 f. Auch der Melonen, *pepo* u. *melo*, gedenkt PLIN. XIX, 5, 23 und PALL. a. a. O.]

Cicer fervens oder *tepidum*, gekochte Kichererbsen, ein sehr gewöhnliches und wohlfeiles Nahrungsmittel, wurde zum Verkaufe herumgetragen. MART. I, 42, 5. *otiosae vendit qui madidum cicer coronae*. Man konnte ein Gericht davon für ein As, etwa 6 Pfennige haben. MART. II, 104, 10. *Asse cicer tepidum constat*. Daher ist es besonders eine Speise der ärmsten Classe und jederzeit Zeichen eines sehr einfachen Tisches.

HOR. Sat. I, 6, 115. [II, 3, 182.] MART. V, 78, 21. [COLUM. II, 10. Ebenso gehörten Buffbohnen, *faba*, MART. X, 48. XIII, 7. V, 78. (Feigbohnen, *lupini*, ATH. II, 45.) und Linsen zur Volkskost, MART. XIII, 9. *Lens.*
Vilior est halica, carior illa faba.
HEIND. zu Hor. Sat. II, 6, 63. PFUNDT, de antiquiss. apud Italos fabae cultura ac religione. Berol. 1845. (besser waren unsere Bohnen, *phaselus* oder *phaseolus*, DIOSC. m. m. II, 130. 175. COLUM. II, 10. XI, 3. XII, 9. PLIN. XVIII, 7, 10. 12, 33. DIOCL. ed. VI, 38 f. I, 9 f. 19 ff.) auch Mangold, *beta*, deren rothe oder weisse rübenähnliche Wurzeln wohl schmeckten, THEOPH. h. pl. VII, 2. PALLAD. III, 24. PLIN. XX, 8, 27 f. XIX, 8, 40. Dass sie das Volk ass, zeigt PERS. III, 114. *plebeia beta* und MART. XIII, 13.
Ut sapiant fatuae, fabrorum prandia, betae,
O quam saepe petet vina piperque cocus!
Dem verwöhnten Gaumen mochte dieses Essen etwas schaal vorkommen, darum sagt Octavianus *betizare* für Matt- oder Schlaffsein, SUET. Oct. 87. und CATULL. 67, 21.
Languidior tenera quoi pendens sicula beta.
Dagegen MART. III, 47, 9.
Pigroque ventri non inutiles betas.
CIC. ad div. VII, 26. SCHUCH, II, S. 51 ff. Auch der Amarant, *amaranthus*, βλίτον, galt für ordinär, so dass der Name sogar als Schimpfwort diente, PLIN. h. n. XX, 22, 93. *blitum*, PAUL. DIAC. h. n. p. 34 ff. PLAUT. Truc. IV, 4, 1. CATULL. 42, 13., Hirsen (gemeiner *milium*, welscher *panicum*), der zu Brei gekocht wurde, PLIN. XVIII, 10, 24 f. COLUM. II, 9. DIOCL. ed. I, 4 ff.; endlich die Graupen, *polenta*, COL. VI, 17. SEN. ep. 18. 22. PLIN. XVIII, 7, 18. *alica*. PLIN. XVIII, 11, 29. XXII, 25, 61. MART. XIII, 6. S. DIERBACH, flora Apiciana, a. a. O. MAGERSTEDT, Feld-, Garten- und Wiesenbau der Römer. Sondershausen 1861.]

Von den verschiedenen Obstsorten ist bereits S. 53 ff. gehandelt worden. Thl. I, S. 178. sollen die Datteln bei PETR. eine Anspielung auf die Nahrung des Ebers *glandes* sein. [Die

Oliven (s. S. 55.) gehörten ebensowohl zum gustus als zu den mensis secundis. MART. XIII, 36.
> Haec, quae Picenis venit subducta trapetis,
> Inchoat atque eadem finit oliva dapes.

S. auch MAGERSTEDT, Obstbaumzucht der Römer. Sondersh. 1861.

Endlich sind noch einige für die Bereitung der Speisen (*per quae esse solemus*, ULP. Dig. XXXIII, 9, 3, § 3.) nicht unwichtige Artikel zu nennen], so der Honig, *mel*. Der beste war der attische (hymettische VERG. Georg. IV, 178. CIC. de fin. II, 34.) und der sicilische von dem blumenreichen Hybla. MART. XIII, 104 fg. VERG. Georg. VII, 37. VARRO r. r. III, 16. Den dritten Rang nahm der von Calydna, einer Insel an der karischen Küste ein. PLIN. XI, 13. Dagegen kam der schlechteste (*asperrimum*, PLIN. XXX, 4, 10.) aus Corsica. Darum sagt OVID von dem Briefe (cera) der Geliebten, welcher die erbetene Zusammenkunft abschlägt, Amor. I, 13, 9.
> Quam, puto, de longae collectam flore cicutae
> Melle sub infami Corsica misit apis.

und MARTIAL erwiedert dem Cäcilianus, der von ihm Epigramme auf fade Einfälle verlangt hatte, XI, 42.
> Mella iubes Hyblaea tibi, vel Hymettia nasci,
> Et thyma Cecropiae Corsica ponis api.

vgl. IX, 27. [MAGERSTEDT, die Bienenzucht der Völker des Alterthums. Sondersh. 1861, S. 92 ff. über den vielfachen Gebrauch des Honigs, zu den Speisen und Getränken, auch als Arznei, PLIN. XXII, 24, 50 ff. — Ferner gehören hierher die mannigfaltigen Gewürze (*condimenta*) und Küchenkräuter, *piper*, Pfeffer, *macis*, Muskatblüthe, *laser*, Saft des übelriechenden Silphium oder Laserpitium, *ligusticum*, Liebstöckel, *allium*, Knoblauch, *coriandrum*, Koriander, *careum*, Kümmel (auch *cuminum*), *portulaca*, Portulak, *capparis*, Kaper, *caerefolium*, Körbel, *menta*, Minze, *puleium*, Poley, *thymbra* oder *satureia*, Saturei, *sinapis*, Senf, *thymus*, Thymian, *foeniculum*, Fenchel, *foenum graecum*, Bockshornklee, *apium*, Sellerie, *inula*, Alant, *piperella*, Pfefferkraut, *anethum*, Dill, *amaracus*, Majoran u. a.

Paull. Dig. XXXIII, 9, 5, § 1. Plaut. Pseud. III, 2, 21 ff.
40 ff.

Non ego item cenam condio, ut alii coqui,
Qui mihi condita prata in patinis proferunt,
Bovis qui convivas faciant, herbasque oggerunt,
Eas herbas herbis aliis porro condiunt:
Indunt coriandrum, feniculum, alium, atrum olus:
Apponunt rumicem, brassicam, betam, blitum:
Eo lasarpic libram pondo diluont cett.

Non. XVII. Mart. XIII, 5. 13. Plin. XIX, 4. 7. 8. Noch ist zu bemerken, dass die Alten nicht blos Obst, Oliven und Trauben, sondern auch vielerlei Gemüse, Wurzeln, Gewürze, Salat, Zwiebeln u. s. w. für den Wintergebrauch in Salzlake (*muria*), Salz und Essig, Essig, Most, Honig und auf andere Weise einzumachen pflegten, was sie *salire, condire, componere, reponere, sternere, conditura servare* nannten, Colum. XII, 7 9 f. 12. 13. 46 ff. Cat. r. r. 143. Apic. I, 24 f. Die Aufbewahrung geschah in thönernen Gefässen, die man mit Blase zuband (*pelliculare*). Schuch, Gemüse I, S. 14 ff. Lenz, Botanik, S. 136 ff. Zuletzt nennen wir den Käse (*caseus, a coacto lacte*), Varro L. L. V, 108. Plin. XXVIII, 9. XI, 42. Mart. XIII, 30—33. wo *Lunensis* (von gewaltiger Grösse), *Vestinus, Velabrensis, Trebulanus* genannt werden. Der beste kam aus Gallien und Bithynien.

Backwerk.

Das Brot war sehr platt, gewöhnlich nur 2 Zoll dick und von runder oder eckiger Form (desshalb *quadra* genannt, Hor. ep. I, 17, 49. Iuv. V, 2.), mit 6—8 Einschnitten oder Kerben, wie sowohl Wandgemälde als ausgegrabene Brote zeigen. Das beste war von Waizenmehl, *siligineus*, Sen. ep. 123. 119. Plin. XVIII, 9, 20. *e siligine lautissimus panis pistrinarumque opera laudatissima.* 11, 27. Vop. Aurel. 48. Solches hiess *tener niveus, candidus, mundus;* das gemeinste (*panis sordidus, durus,* Sen. ep. 18. *plebeius,* Sen. 119. *cibarius,* Cic. Tusc. V, 34. Isid. XX, 2.) war von Gerste, Kleie (*horda-*

Die Mahlzeiten.

ceus, furfurosus, furfuribus conspersus, acerosus bei PAUL. v. obacerare p. 187 M. PLIN. XVIII, 11, 26.); dazwischen stand *panis secundus* oder *secundarius* und viele andere Mittelsorten durch verschiedene Mischungen hervorgebracht, PLIN. XIX, 9, 20. SUET. Oct. 76. HOR. ep. II, 1, 123. und DÜNTZER, S. 269. Nach der Art der Bereitung unterschied man *panis speusticus, furnaceus, artopticius, subcinericius, clibanitius, rubidus* u. a. ISID. l. l. PLIN. l. l. LAMPR. Sev. Alex. 37. IUV. V, 67 ff. PAULY, Realencykl. V, S. 1118 fg. Dass man das Brot stempelte, ehe man es in das Backhaus schickte, zeigt ein in Herculanum gefundenes Brot mit den Worten (C)*eleris* Q. *Grani Veri ser*(vus), ORELLI HENZEN, 4314 u. III, p. 469. MOMMSEN, Anal. in Berichten der S. Ges. d. Wiss. Leipz. 1849, S. 287 f. und Insc. Neap. 6310, 55. Hier bezeichnet der Sklave Celer das Brot mit seinem und seines Herrn Namen. RENZI, de la panification chez les anciens, im l'investigateur. Paris 1860, p. 240 ff. Zweifelhaft sind die *panes Picentes*, entweder Zwieback oder Brötchen. MACROB. oben. MART. XIII, 47.

Picentina Ceres niveo sic nectare crescit,
Ut levis accepta spongia turget aqua.

S. die Schriften bei FABRIC. bibliogr. p. 882. Kleine runde Brötchen oder liba hiessen *pastilli*, PLIN. XVIII, 11, 26. FEST. p. 250 M. doch werden auch wohlriechende Kügelchen so genannt, HOR. Sat. I, 2, 27. *Pastillos Rufillus olet.* MART. I, 88. — Kuchen und Backwerk gab es in grosser Menge, auch in den mannigfaltigsten Formen, wie I, S. 178. 183. angegeben ist.] An der ersten Stelle sind es *porcelli*, PETR. 40. welche den Gästen zugetheilt werden, um sie mit nach Hause zu nehmen, *apophoreta*, aus copta oder coptaplacenta, einem Gebäck, das vielleicht unserm Pumpernickel nicht unähnlich sein mochte. Wenigstens war es ein sehr hartes Gebäck, das auch weit versendet wurde. Daher der Scherz MART. XIV, 68.

Copta Rhodia.

Peccantis famuli pugno ne percute dentes;
Clara Rhodos coptam quam tibi misit, edat.

S. ferner PETR. 60. *Priapus a pistore factus gremio satis amplo*

omnis generis poma et uvas sustinebat more vulgato. Solche Kuchenplastik findet sich nicht etwa nur in Trimalchio's Hause. MART. XIV, 69. *Priapus siligineus.*
   Si vis esse satur, nostrum potes esse Priapum;
   Ipsa licet rodas inguina, purus eris.
Insofern hat daher BÖTTIGER Recht, wenn er Vasengem. III. Hft. S. 21. sagt, es habe sich im Alterthume die Bäckerkunst weit mehr der Plastik genähert, als bei uns; denn wenn auch unsere Schweizerbäcker und Conditoren überaus künstliche Sachen fertigen, so erstreckt sich diess doch nicht auf das zum Essen bestimmte Kuchenwerk. Die mancherlei Namen solchen Backwerks, die ATHENAEUS B. XIV. nennt, zu erklären, ist BÖTTIGER schuldig geblieben, und vielleicht wird über die meisten sich auch nichts Sicheres sagen lassen. In HASE's Aufsatz: Kuchenplastik, ein Beitrag zur Pemmatologie. Paläol. S. 161. sind nur einige ganz allgemeine und flüchtige Bemerkungen gegeben. Vgl. BÖTTIGER, Ueber das Bautzner Backwerk. Kleine Schr. I, S. 349 ff. — [Nach PLUT. reg. apophth. Scipion. min. 11. bestrafte Scipio als Censor einen Ritter, weil dieser während der Belagerung von Carthago seinen Gästen einen der Stadt Carthago ähnlich geformten Honigkuchen zum Verspeisen vorgesetzt hatte (μελίπηκτον εἰς σχῆμα τῆς πόλεως διαπλάσας καὶ τοῦτο Καρχηδόνα προσειπών).] Man füllte auch das Gebäck auf allerlei Weise. PETR. 69. *Nec ullus tot malorum finis fuisset, nisi epidipnis esset adlata turdis siligineis uvis passis nucibusque farsis* (so möchte zu lesen sein). [Ueber *laganum* (etwa so viel als Pfannkuchen) und *artolaganus* s. PAULY, Realencykl. IV, S. 732. HOR. Sat. I, 6, 115. CIC. ad Fam. IX, 20. Gewöhnlich war der flache mit Honig und Käse angemachte Kuchen, *placenta*, dessen Bereitung CATO r. r. 76 sorgfältig vorschreibt. BECKER scheint denselben für identisch mit Brot gehalten zu haben, indem er MART. IX, 90. auf das Brot bezog: *secta plurima quadra de placenta.* Allein HOR. ep. I, 10, 11. *Pane egeo iam mellitis potiore placentis.* zeigt den Unterschied klar. Ebenso ist an andern Stellen MARTIALS die *quadra placentae* nur von einem

viereckigen Stücke Kuchen zu verstehen, VI, 75. III, 77.] — Die Fertigung dieser opera pistoria war Sache des dulciarius lactarius, s. weiter unten.

[Dienerschaft.

Gross war die Schaar von Dienern, welche der reiche Römer zur Bereitung der Speisen, zur Aufwartung bei dem Mahl u. s. w. in seinem Hause hatte. Ueber *coquus* ist bereits S. 223. gesprochen (einen *archimagirus* s. IUV. IX, 109.), wo auch der Ursprung der *pistores* erwähnt wurde.] *Pistor* nämlich wurde ebensowohl der Sklave genannt, welcher in dem Backofen des Hauses (II, S. 234) das Brot für den gewöhnlichen Bedarf des Hauses buk, als der welcher *dulcia* d. i. Kuchen oder süsses Backwerk aller Art fertigte. Insofern hiess er auch *dulciarius*, denn nicht immer versah einunddersselbe beide Geschäfte. Daher sagt APPUL. Met. X. p. 701 Oud. 244 Elm. *pistor dulciarius, qui panes et mellita concinnabat edulia.* wo *panes* nicht für gewöhnliches Brot zu nehmen sind. MART. XIV, 222. *Pistor dulciarius.*

Mille tibi dulces operum manus ista figuras
  Exstruet: huic uni parca laborat apis.

Er mag unseren Pfefferküchlern und Conditoren verglichen werden; der *lactarius* lieferte das eigentliche Kuchenwerk, wo Mehl und Milch die Hauptbestandtheile waren. Deutlich erhellt diess aus LAMPR. Heliog. 27. *Dulciarios et lactarios tales habuit, ut quaecunque coqui de diversis edulibus exhibuissent, vel structores, vel pomarii, illi modo de dulciis, modo de lactariis exhiberent.* Der *lactarius* bildet also ebensowohl Figuren nach, als der *dulciarius* und die *Priapi siliginei* gehören ihm an. Daher nennt auch derselbe Schriftsteller c. 32. *opera lactaria.* Es versteht sich, dass in den meisten Fällen eine und dieselbe Person beides besorgen mochte und für sie der allgemeine Name *pistor* galt. [Der Weissbrotbäcker hiess *pistor siliginarius* oder *candidarius*, ORELL. 4263. 1810. Das technische Verfahren bei dem Backen zeigen die Basreliefs auf dem Grabmahl des Bäckers M. Vergilius Eurysaces, in

Monum. dell' inst. II. t. 58. und Bd. II, S. 235. S. überhaupt PAULY, Realencykl. V, S. 1651 fg. — Der *obsonator* hatte die Einkäufe für die Küche zu besorgen, SEN. ep. 47. MART. XIV, 212.] Einen besonderen *fartor* in der Familie anzunehmen, der die Füllung der Pasteten, Würste u. s. w. besorgt habe, scheint sehr unstatthaft. Der *fartor* scheint immer nur der σιτευτής zu sein, welcher das Geflügel mästet [und damit handelt]. Bei HORAZ Sat. II, 3, 229. ist durchaus kein Grund vorhanden, an einen *botularius* zu denken; denn die *fartores* fanden sich keineswegs nur auf den Villen; vielmehr gaben sich in Rom viele Leute damit ab. Wenn DONAT zu Terent. Eun. II, 2, 25.

Concurrunt laeti mi obviam cupediarii omnes,
Cetarii, lanii, coqui, fartores, piscatores.

den Namen erklärt: *qui farcimina faciunt,* so könnte er allerdings die Bedeutung haben; allein passender wird noch in der genannten Gesellschaft der Geflügelhändler [oder Hühnerstopfer] sein, und selbst bei PLAUT. Truc. I, 2, 11. ist es nicht nöthig, vielleicht nicht einmal statthaft, an einen ἀλλαντοπώλης zu denken.

[Die Aufsicht über das triclinium führte der *tricliniarcha* ORELLI HENZEN 794. 2952. 6285. 6337. 6368. oder *architriclinus,* SEN. ep. 47. PETR. 22. mit seinen Gehülfen, den *servi tricliniares,* auch *lectisterniator* genannt. PLAUT. Pseud. I, 2, 29. vgl. ORELLI 2884. Für die Tafel selbst waren die *structores* sehr wichtige Personen. ORELLI HENZEN 4285. 6354.] Dieser Name hat mehr als eine Bedeutung, oder dem *structor* lagen mehrere Geschäfte ob. Man bezeichnet mit dem Worte erstlich den, welcher die Speisen anrichtet, d. h. die verschiedenen Schüsseln der einzelnen Fercula auf den Repositorien ordnet und überhaupt dafür sorgt, dass die aufzutragenden Gerichte auf eine nette, gefällige, oft künstliche Weise gestellt auf die Tafel kommen. Dahin gehört, was PETRON 35. sagt. *Repositorium rotundum duodecim habebat signa* (zodiaci) *in orbe disposita, super quae proprium convenientemque materiae structor imposuerat cibum.* wo die Erklärer Aehnliches beigebracht

Die Mahlzeiten. 259

haben. Sodann versteht man darunter den *scissor*, auch *carptor* [und *diribitor*, APPUL. Met. p. 123 Elm.], den, welcher die Speisen zerlegt oder vorschneidet. [MART. X, 48, 15.
   Et quae non egeant ferro structoris ofellae
   Et faba fabrorum prototomique rudes.
IUV. XI, 136 ff. schildert die Thätigkeit des tranchirenden *structor, discipulus Tripheri doctoris* sehr anschaulich.] Diese Kunst bestand nicht nur darin, geschickt und mit Anstand, sondern selbst tanzend und nach dem Takte das Geschäft des Vorschneidens zu verrichten. S. RUP. zu Iuv. V, 120. *structorem — saltantem spectes* etc. WÜSTEMANN, Pal. d. Scaur. S. 272. distinguirt nicht gut oder vielmehr zu viel. Ausserdem scheint mit demselben Namen auch der Kochkünstler genannt worden zu sein, der, für den Nachtisch besonders, aus Früchten oder Fleisch mancherlei essbare Figuren künstlich bildete, wie z. B. die *Cydonia mala spinis confixa, ut echinos efficerent.* und dann die *omnium genera avium, pisces, anser altilis*, c. 69. welche sämmtlich *de uno corpore*, nämlich *de porco* gemacht waren. Daher sagt MART. XI, 31. von Cäcilius dem *Atreus cucurbitarum*, d. i. Melonen- oder Gurken-Zerstückeler:
   Hinc pistor fatuas facit placentas,
   Hinc et multiplices struit tabellas,
   Et notas caryotidas theatris.
Ein solcher *structor* scheint in der S. 257. angegebenen Stelle des LAMPRIDIUS gemeint zu sein. In den meisten Fällen mag Letzteres freilich wohl Sache des Kochs, Ersteres Sache des *scissor* gewesen sein. [Im Allgem. s. SEN. de vita b. 17. *quare ars est apud te, ministrare, nec temere et ut libet collocatur argentum, sed perite servitur et est aliquis scindendi obsonii magister?*]

Es ist ungewiss, ob das Abnehmen der Sandalen (S. 165. u. fg.) und Darreichen des Waschwassers die eigenen Sklaven der Gäste besorgten oder die Hausaklaven des Wirths. Bei PETRON. c. 31. leisten allerdings die Sklaven des Trimalchio den Gästen ähnliche Dienste. *Tandem ergo discubuimus, pueris*

Alexandrinis aquam in manus nivatam infundentibus, aliisque insequentibus ad pedes ac paronychia cum ingenti subtilitate tollentibus. — So sonderbar übrigens die schon II, S. 135. besprochene Sitte scheinen mag, nach welcher hinter jedem Gaste der mitgebrachte eigene Sklave stand, so lässt sie sich doch durch klare Beispiele erweisen. PETR. 58. *Post hoc dictum Giton, qui ad pedes* (Ascylti) *stabat, risum iamdiu compressum etiam indecenter effudit.* c. 68. *Servus, qui ad pedes Habinnae sedebat, iussus, credo, a domino suo proclamavit subito* etc. Habinnas scheint selbst mehrere Sklaven mitgebracht zu haben; denn die Worte: *cum ingenti frequentia intravit*, können nur von ihnen verstanden werden, zumal wenn damit der ξένος ὥσπερ εὐπάρυφος ἐκ κωμῳδίας ἐσθῆτί τε περιττῇ καὶ ἀκολουθίᾳ παίδων ὑποσολοικότερος bei PLUTARCH verglichen wird. MART. II, 37. wo Cäcilian die sämmtlichen Speisen einpackt:

Haec cum condita sunt madente mappa,
Traduntur puero domum ferenda.

und auf gleiche Weise ist auch das Epigramm zu verstehen: ANTHOL. PAL. XI, 207.

Καὶ τρώγεις ὅσα πέντε λύκοι, Γάμε, καὶ τὰ περισσά,
οὐ τὰ σὰ, τῶν δὲ πέριξ, πάντα δίδως ὀπίσω.
πλὴν μετὰ τοῦ καψίνου τοῦ πρὸς πόδας αὔριον ἔρχου,
πρίσματα καὶ σπόγγον καὶ σαρὸν εὐθὺς ἔχων.

[APPUL. Met. II, p. 128. Elm. *monitu famuli mei, qui noctis admonebat, iam et ipse crapula distentus, protinus exsurgo.* lässt ebenfalls eine andere Auffassung nicht zu. — Die Anwendung des *nomenclator* s. II, S. 132. Zum Serviren des Weins waren *pocillatores* und *a cyatho* da, und später *praegustatores*, SUET. Claud. 44. ORELLI HENZEN 2993. 6337. und BULLET. dell' inst. 1840. p. 95. *praegustatores tricliniares.* auch *ministri vini.* SEN. ep. 47. u. *pincernae*, ASCON. zu Cic. Verr. I, 26. LAMPR. Sev. Alex. 41. ORELLI 2881.

Ueber die Bedienung im Allgemeinen s. die Schilderungen bei Iuv. XI, 145 ff. mitgetheilt II, S. 112. V, 66.

Maxima quaeque domus servis est plena superbis.

und SEN. ep. 87. *cum ad cenandum discubuimus, alius sputa*

detergit, alius reliquias temulentorum subditus colligit, alius pretiosas aves scindit, pectus et clunes, certis ductibus circumferens eruditam manum, in frusta excutit —. Alius vini minister in muliebrem modum ornatus etc. 95. *Transeo pistorum turbam, transeo ministratorum, per quos signo dato ad inferendam cenam discurritur. Dii boni, quantum hominum unus venter exercet!* APPUL. Met. II. p. 123 Elm. *Diribitores plusculi, splendide amicti, fercula copiosa, puellae scitule ministrantes, pueri calamistrati pulcre indusiati, gemmas formatas in pocula vini — offerentes* etc.]

Die Recitation grösserer Gedichte und poetischer Kleinigkeiten während der Cena und Comissatio, ἀκροάματα, war etwas sehr Gewöhnliches und selbst oft eine Plage. S. z. B. MART. III. 44. 50. Derselbe gedenkt mehrmals des Zurufs σοφῶς, durch den man gewöhnlich seinen Beifall zu erkennen gab. Es mochte wohl oft besseren, vielleicht aber auch schlechteren Versen aus Gefälligkeit das Wort zugerufen werden. [S. noch MART. V, 78. *Nec crassum dominus leget volumen.* IUV. XI, 177 ff. PLIN. ep. VI, 31. LAMPR. Sev. Al. 34. SIDON. APOLL. I, 2. PLUT. Luc. 40. Vgl. Thl. II, S. 124 fg.] — Dazu kam die Musik der Symphoniaci [*scabillarii, cymbalistriae, choraules, psaltriae* u. s. w. MACROB. II, 4. PETR. 31. HOR. ep. II, 2, 9. epod. 9, 15. MARTIAL. IX, 77. QUINT. I, 2, 8. *omne convivium obscenis canticis strepet.*]; die Vorstellungen der [*Circulatores*, nämlich der] Tänzer [*cinaedi, saltatores*, NON. 1, 15. PETRON. 23. *crotalistria*, PROP. IV, 8, 41. FRIEDLÄNDER, in Bullet. dell' inst. 1858. MART. V, 78, 26. XIV, 203. *puella Gaditana*. JUV. XI, 162. JAHN, in Ber. d. k. sächs. Gesellsch. Leipz. 1851, S. 168 f. MACROB. Sat. II, 10. vgl. Cic. p. Mur. 6.], Mimen, ja der Seiltänzer und Gaukler [*petauristae, funambuli, schoenobatae*, MUS. BORB. VII, tav. 50 ff.], die *scurrae* [*derisores*, PLAUT. Capt. I, 1, 3. HOR. ep. I, 18, 10. SEN. ep. 27. JAHN, spec. epigr. p. 145 f.] und *moriones* mit ihren Possen [HOR. Sat. 1, 5, 52. vgl. Thl. II, S. 127 f.] mussten die gegenseitige Unterhaltung beim Mahle sehr beeinträchtigen. Daher sagt MART. IX, 78. *Quod optimum sit quaeritis convivium! In quod*

Erster Excurs zur neunten Scene. Die Mahlzeiten.

choraules non venit. Dagegen rechnet PLINIUS IX, 17. den *lector, lyristes* und *comoedus* zu den anständigen und des gebildeten Geschmacks würdigen Vergnügungen bei Tafel, an denen die meisten keinen Gefallen fänden, sondern Possen vorzögen [*scurrae, cinaedi, moriones*]. Vgl. CORN. Att. 14. [SUET. Oct. 74. *aut acroamata et histriones, aut etiam triviales ex circo ludios interponebat ac frequentius aretalogos.* so viel als scurras. LIV. XXXIX, 6. *tunc psaltriae sambucistriaeque et convivalia ludionum oblectamenta addita epulis.* Aehnlich AUGUST. de civ. dei III, 21. STUCK, antiq. conv. III, 20. CIACCON. de tricl. p. 75 ff. JAHN, in Abh. der Bair. Akad. München 1856, VIII, S. 251 ff. u. zu Pers. p. LXXXIV ff. GUHL u. KONER, das Leben der Griechen u. R. II, S. 279 ff. I, S. 295 f. FRIEDLÄNDER, Darstell. aus der Sittengesch. Roms. Leipz. 1862, I, S. 236 f. 283 f.]

ZWEITER EXCURS ZUR NEUNTEN SCENE.

DAS TRICLINIUM.

In dem alten römischen Hause scheint es besondere Speisezimmer oder triclinia nicht gegeben zu haben, sondern man benutzte dazu die grösseren für gesellschaftlichen Gebrauch bestimmten Räume, in der Stadt im Atrium, auf dem Lande in der *cors*, dem freien Hofe. VARRO bei Servius zu Verg. Aen. I, 637. *in atrio epulabantur antiqui.* S. auch II, S. 205. und die Stelle des VARRO bei Non. II, S. 180. — Allein diess kann nur von der ältesten Zeit verstanden werden, und in der Zeit, deren Sitte uns bekannter ist, haben die Häuser nicht nur mehr als ein Triclinium, sondern auch grössere demselben Gebrauche dienende Säle, *oeci*, von denen II, S. 226 fg. gehandelt worden ist.

Der Name *triclinium* (*biclinium* bei PLAUT. Bacch. IV, 4, 69. 162. ist für den besonderen Fall, wo zwei *paria amantum* zusammen sind, und natürlich bedurfte es für zwei oder drei Personen auch nur eines *lectus*) gebührt aber nicht zunächst dem Zimmer, in welchem gespeist wurde, sondern es bedeutet ursprünglich das Lager, auf dem man an dem Tische Platz nahm [halb liegend und auf dem linken Elnbogen gestützt, HOR. od. I, 27, 8. *cubito presso remanete.*]. Die früheste Zeit kannte auch diese Triklinien nicht; vielmehr pflegte man sitzend zu essen, und diese Sitte erhielt sich auch für die Frauen [und Kinder], als die Männer sie mit dem Liegen vertauscht hatten. ISID. Orig. XX, 11, 9. *Sedes dictae, quod apud veteres Romanos non erat usus accumbendi, unde et consedere dicebantur.* Postea, ut ait Varro *de vita populi Romani, viri discumbere coeperunt, mulieres sedere, quia turpis visus est in muliere accubitus.* Vgl. SERV. zu Verg. Aen. VII, 176. So findet man auch die Frauen neben den liegenden Männern sitzend auf mehreren Denkmälern, z. B. AUGUST. t. 151. PITT. D'ERC. 1, t. 14. ZAHN, Ornam. u. Gem. t. 90. [MUS. BORB. XI, 48, vgl. II, S. 6. Später lagen auch die Frauen gewöhnlich bei Tische, VAL. MAX. II, 1, 2. *Feminae cum viris cubantibus sedentes cenitabant —. Quod genus severitatis aetas nostra diligentius in Capitolio quam in suis domibus servat* cett. PETRON. 67. heisst es von Fortunata sowohl *recumbit* als *discumbit* und am Ende *Habinnas — pedes Fortunatae correctos super lectum immisit.* PLIN. h. n. IX, 58, 118. *mulierculam adcubantem.* Die Kinder sassen *ad fulcra lectorum*, s. II, S. 141. Ein besonderer Kindertisch wird TAC. Ann. XIII, 16. erwähnt. *Mos habebatur principum liberos cum ceteris idem aetatis nobilibus sedentes vesci in aspectu propinquorum propria et parciore mensa.* Vgl. Charikles II, S. 244 f.] — In diesem Sinne nun bedeutet das Wort nicht den einzelnen *lectus tricliniaris*, sondern eine Zusammenstellung von drei solchen Betten, auf deren jedem in der Regel drei Personen Platz fanden, so dass das Triclinium neun Personen fasst. Auf der vierten Seite blieb der Zugang zu dem Tische offen, damit von da die Speisen aufgetragen werden könnten. Wenn WÜSTEMANN zu Pal. d. Scaur. S. 269. in der schon erwähnten Stelle aus MACROB. Sat. II, 9. *triclinium* von dem einzelnen *lectus* zu verstehen und anzunehmen scheint, die sämmtlichen Personen hätten auf drei *lectis* gelegen oder gesessen, so scheint diess durchaus nicht statthaft zu sein. Die Worte: *Triclinia lectis eburneis strata fuerunt: duobus tricliniis pontifices cubuerunt, — in tertio triclinio Popilia* etc. lassen sich nur von verschiedenen, aus mehreren *lectis* bestehenden Triklinien verstehen. Desshalb waren ja die gewöhnlichen Speisezimmer doppelt so lang als breit gebaut, damit mehr als eine Tafel mit ihren lectis darin stehen könne und man hatte *oecos quadratos tam ampla magnitudine, uti faciliter in eis tricliniis quatuor stratis, ministrationum ludorumque operis locus possit esse spatiosus.* Vitr. VI, 10. (7, 3.) Nun ist allerdings schwer zu sagen, wie die neun Männer sich mögen auf zwei Triklinien vertheilt haben, wenn Niemand weiter an der Cena Theil nahm; aber das möchte für etwas Unerhörtes gelten müssen, dass in der damaligen Zeit bei einer *cena pontificalis* fünfzehn Personen, darunter vier virgines Vestales, auf einem Triclinium sich befunden haben sollten. Ueberdiess ist die Zahl nicht vollständig; denn in dem Namensverzeichniss fehlt Lentulus selbst, dessen Einweihung das Festmahl galt, wie auch Metellus, und wir hätten demnach wenigstens zehn oder eilf Männer.

Diese drei *lecti* nun, welche das Triclinium bildeten, hatten sehr verschiedenen Rang, sowie auf ihnen wiederum ein Platz angesehener war als der andere. Sie werden mit dem Namen *lectus summus, medius* und *imus* bezeichnet, von denen jedoch nur der *medius* durch sich selbst verständlich ist. Indessen ist die Sache durch Salmas. zu Solin. p. 886. auf das Genügendste aufgeklärt worden, und es lässt sich der Beweis für die Anordnung auf doppelte Weise führen. Der erste ist entnommen aus Sen. Nat. quaest. V, 16. wo er bei Angabe der Windregionen sagt: *A septemtrionali latere summus est aquilo, medius septemtrio, imus Thracias.* Nun nimmt aber auf der Varronischen Windscheibe, welcher Seneca folgt, der *aquilo* den Platz zur Linken, der *Thracias* den zur Rechten des *septemtrio* ein (s. Marini zu Vitr. Taf. VII. Fig. 4.), und es ist daher offenbar, dass auch der *lectus summus* dem *medius* zur Linken, der *imus* zur Rechten gewesen ist. Vgl. Wüstemann zu Pal. d. Scaur. S. 265. wo die Sache am besten nach Salmasius dargestellt ist. Dagegen unrichtig bei Heind. zu Hor. Sat. I, 4, 86. (vermuthlich nur falsch ausgedrückt; denn zu II, 8, 20. ist es richtig angegeben.) Der zweite Beweis lässt sich erst geben, wenn von den Plätzen die Rede gewesen ist. — Von diesen Betten oder vielmehr Sophas war das geehrteste der *medius*, das nächste *summus*, das letzte *imus*.

Was nun die einzelnen Plätze jedes *lectus* anlangt, so gab

die Weise wie man lag schon die Reihenfolge und ihren Rang selbst an. Der *lectus* hatte nur an dem einen Ende eine Lehne, an der ein Kissen lag; die übrigen Plätze wurden durch dazwischen liegende Polster abgetheilt. Auf diese stützte man sich etwas mit dem linken Arme, und so war es natürlich, dass der *imus* die Lehne zunächst am *medius*, dagegen der *summus* auf der entgegengesetzten Seite, am äussersten Ende haben musste. Auf diesen beiden *lectis* nun war der geehrteste Platz der nächste zu der Lehne, *summus*, dann der mittlere, endlich der unterste; daher *superius accumbere* und *infra acc.* — Der *lectus medius* machte davon eine Ausnahme: auf ihm hatte der unterste den ersten Rang, und war somit der Ehrenplatz auf dem ganzen Triclinium, der immer der bedeutendsten Person eingeräumt wurde, und daher auch *consularis* hiess. Die Hauptstelle darüber ist bei PLUT. Symp. I, 3.; sie scheint aber einen Widerspruch zu enthalten, über den man hinweggegangen ist, ohne ihn zu berühren. Nachdem PLUTARCH die Sitte anderer Völker hinsichtlich des Ranges der Plätze angeführt hat, sagt er: Ῥωμαίοις δὲ ὁ τῆς μέσης κλίνης τελευταῖος, ὃν ὑπατικὸν προσαγορεύουσιν. Dann führt er drei Gründe an, wesshalb gerade dieser Platz zu der Ehre komme. Der erste hat auf die Bestimmung keinen Einfluss. Er meint, die Könige hätten früher den mittelsten Platz auf dem mittelsten *lectus* eingenommen; bei dem Uebergange zur Republik hätten die Consuln der Popularität wegen sich dieses Platzes begeben. Als zweiten Grund führt er an: δεύτερον δὲ, ὅτι, τῶν δυοῖν κλινῶν ἀποδεδομένων τοῖς παρακεκλημένοις, ἡ τρίτη, καὶ ταύτης ὁ πρῶτος τόπος μάλιστα τοῦ ἑστιῶντός ἐστιν· ἐνταῦθα γὰρ ὥσπερ ἡνίοχος ἢ κυβερνήτης ἐπὶ δεξιὰ πρὸς τὴν ἐπίβλεψιν ἐξικνεῖται τῆς ὑπηρεσίας, καὶ τοῦ φιλοφρονεῖσθαι καὶ τοῦ διαλέγεσθαι τοῖς παροῦσιν οὐκ ἀπήρτηται τῶν συνέγγιστα τόπων. ὁ μὲν γὰρ ὑπ᾿ αὐτὸν ἢ γυναικὸς ἢ παίδων ἐστίν· ὁ δὲ ὑπὲρ αὐτὸν εἰκότως τῷ μάλιστα τιμωμένῳ τῶν κεκλημένων ἀπεδόθη, ἵνα ἐγγὺς ᾖ τοῦ ἑστιῶντος. Dem zufolge war also auf dem mittelsten *lectus* der unterste Platz der vornehmste (HEIND. zu Hor. II, 8, 20. nennt fälschlich den *summus*) und zunächst an dem *lectus imus*,

Das Triclinium.

wo der Wirth den obersten einnahm, um dem vornehmsten Gaste am nächsten zu sein. Dagegen wird nachher als dritter Grund angegeben, der Consul oder Feldherr habe dort am besten Geschäfte abmachen können, wenn ihm vielleicht ein Rapport gemacht oder etwas zur Unterschrift gebracht worden sei. καὶ ἵνα ἀκοῦσαί τε, ἃ δεῖ, καὶ προςτάξαι καὶ ὑπογράψαι δύνηται, τοῦτον ἐξαίρετον ἔχει τὸν τόπον· ἐν ᾧ τῆς δευτέρας κλίνης τῇ πρώτῃ συναπτούσης ἡ γωνία διάλειμμα ποιοῦσα τῇ καμπῇ δίδωσι καὶ γραμματεῖ καὶ ὑπηρέτῃ καὶ φύλακι σώματος καὶ ἀγγέλῳ τῶν ἀπὸ στρατοπέδων προςελθεῖν, διαλεχθῆναι, πυθέσθαι, μήτε τινὸς ἐνοχλοῦντος αὐτῷ, μήτε τινὸς ἐνοχλουμένου τῶν συμποτῶν, ἀλλὰ καὶ χεῖρα καὶ φωνὴν ὑπερδέξιον ἔχοντι καὶ ἀκώλυτον. Was PLUTARCH meint, fällt in die Augen. Die drei *lecti* wurden so zusammengestellt, dass ihre inneren Linien drei Seiten Quadrats bildeten. Wo aber der *summus* und *imus* an den *medius* stiessen, entstand nach Aussen ein Winkel (s. die Abbildung. Die von WÜSTEMANN beigegebene Zeichnung ist in diesem Punkte un-

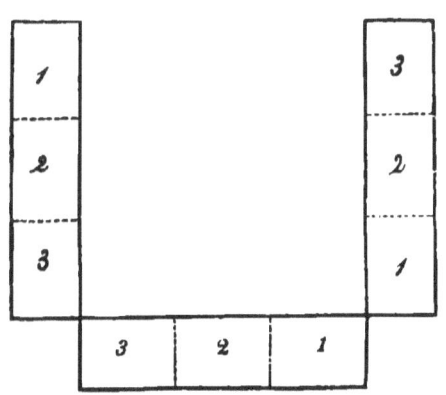

richtig), der auch wohl Rundung haben konnte, wenn die *lecti* geschweift waren. Lag nun der Consul auf dem untersten Platze des *lectus medius*, so konnte der, welcher Bericht erstattete, oder Befehle erwartete, in diesen Winkel treten. Am andern Ende war zwar auch ein solcher Winkel; allein dort hätte der Liegende rückwärts sehen müssen, um mit dem dort Stehenden zu sprechen. Die Schwierigkeit liegt nur aber darin, dass PLUTARCH den Ort bezeichnet: ἐν ᾧ τῆς δευτέρας κλίνης τῇ πρώτῃ συναπτούσης, ἡ γωνία διάλειμμα ποιοῦσα κ. τ. ἑ. Unter δευτέρα ist der *medius* zu verstehen; dieser stösst aber da, wo der *locus consularis* ist, nicht an den *summus* (πρώτη κλίνη,), sondern an den *imus*, wo zunächst am *consularis* der Wirth liegt. Die Worte enthalten daher eine völlige Unmöglichkeit, und widersprechen geradezu dem, was PLUTARCH selbst vorher gesagt hat: ὁ τῆς μέσης κλίνης τελευταῖος ὑπατικὸς und ἡ τρίτη τοῦ ἑστιῶντός ἐστιν. so dass ausser allem Zweifel und nothwendig zu ändern ist: τῆς δευτέρας κλίνης τῇ τρίτῃ συναπτούσης, was REISKE thut und WYTTENBACH billigt, ohne es in den Text aufzunehmen.

Bedürfte es nun noch eines Beweises dafür, dass der *lectus imus* dem *medius* zur Rechten gewesen, so wäre er aus der Lage der für den Consul und den Wirth bestimmten Plätze zu entlehnen, da diese an einander grenzen, der des Wirths aber summus in imo, der consularis imus in medio ist, also der äusserste rechts.

Sehr anschaulich wird die Anordnung durch das Fragment aus SALLUST. Hist. l. III. p. 83 Havere. bei SERV. zu Verg. Aen. I, 702. wo von dem Gastmahle gesprochen wird, bei dem Sertorius durch Perperna's Verrätherei den Tod fand: *Igitur discubuere. Sertorius inferior in medio; super eum L. Fabius Hispaniensis senator ex proscriptis; in summo Antonius et infra scriba Sertorii Versius, et alter scriba, Maecenas, in imo inter Tarquitium et dominum Perpernam.* Auf dem lectus medius und dem summus lagen nur zwei Personen, wie jederzeit, wenn die Zahl der Speisenden nicht voll war, auf diese den Gästen gebührenden Lager die geringere Zahl Personen vertheilt wurde. Den vornehmsten Platz hat Sertorius, wie natürlich, eingenommen; er lag *inferior in medio*, nicht *imus*, weil ausser ihm nur noch eine Person sich auf demselben lectus befand. Ihm zunächst rechts auf dem *imus* Perperna als Wirth. Den äussersten Platz *in summo* hatte Antonius inne. Ebenso leicht ist es, die Plätze der verschiedenen Personen bei der *cena Nasidieni*, HOR. Sat. II, 8. anzugeben. [S. die Erklärer.] Die einzige Abweichung ist dort, dass der Wirth dem Nomentanus seinen Platz überlassen hat, weil dieser gewissermaassen für ihn die Honneurs machen muss.

Darum liegt er selbst medius in imo. Sonst war auf dem imus auch der Platz der Hausfrau und der Kinder, oder es blieben auch Plätze für Ungeladene, welche von den Gästen etwa mitgebracht wurden, *umbrae*, od. Parasiten, leer. [s. Theil I, S. 187 f. BEAUFILS, de parasit. ap. vet. Paris 1861. — Ueber die Anweisung der Plätze s. Theil I, S. 188. und PLUT. Brut. 34. Βρούτου κελεύοντος ἀπάγειν (den ungebetenen Favonius) ἐπὶ τὴν ἀνωτάτω κλίνην, βίᾳ παρελθὼν εἰς τὴν μέσην κατεκλίθη. Der ungeschliffene Favonius drängt sich, trotz dem dass ihm ein Platz auf dem summus zugewiesen ist, auf den medius.]

Auf unserer Abbildung sind die Plätze der einzelnen lecti durch Zahlen bezeichnet. Wollte man fortlaufend zählen, so würde n. 1. auf dem summus der vierte, n. 1. auf dem imus der siebente, der äusserste rechts aber, 3, der letzte oder neunte sein. — Anders war die Reihenfolge auf dem *sigma* oder *stibadium*. Als nämlich der Gebrauch der runden Tische häufiger wurde, passten die eigentlichen Triklinien nicht mehr, und man vertauschte sie mit halbzirkelförmigen Sophas, welche eben von ihrer Form den Namen *sigma* erhielten [später *accubitorium* genannt. SAVARO zu Sid. Apoll. ep. II, 2.] Die runden Tische, namentlich die kostbaren orbes citrei waren nicht von bedeutender Grösse; daher wurden auch die Stibadia oder Sigmata für weniger als neun Personen eingerichtet. Der Art war das *hexaclinon* bei MART. IX, 60, 9. und ein *heptaclinon* ist zu verstehen X, 48.

Stella, Nepos, Cani, Cerealis, Flacce, venitis?
Septem sigma capit; sex sumus: adde Lupum.
für acht Personen: XIV, 87. *Stibadia.*
Accipe lunata scriptum testudine sigma.
Octo capit; veniat, quisquis amicus erit.
[So viel Personen setzte auch Heliogabal an ein Sopha, LAMPR. Hel. 29. Eine beliebte Anzahl von Gästen muss 6 gewesen sein, wesshalb AUSON. Eph. bei der Invitatio sagt:
Quinque advocavi; sex enim convivium
Cum rege iustum: si super, convicium est.]
Auf einem solchen *sigma* nun war die Reihe der Plätze fort-

laufend und begann da, wo beim Triclinium der locus summus in summo war, auf der äussersten Linken, wie SALMASIUS a. a. O. genügend gezeigt hat. [Auf Wandgemälden finden sich solche halbkreisförmige lecti mit runden Tischen abgebildet, z. B. in einer Taberne Pompeji's, welche 1844 ausgegraben wurde, AVELLINO, bullet. Napol. (1845.) N. 46. Ein langer schmaler sichelförmiger Tisch mit lectus und eilf Personen, welche zu einem Leichenmahl vereinigt sind, in einem Grabgewölbe abgebildet, s. CAMPANA, di due sepolcri Rom. 1841, tav. 14. Acht Personen, aber auf der Erde gelagert, sehen wir auf einem andern Gemälde. JAHN, in Abh. der Bair. Akad. der Wiss. VIII, S. 270 f. LAMP. Hel. 25. *primus — invenit sigma in terra sternere, non in lectulis* cett.]

Die *lecti tricliniares* waren [ziemlich] niedrig, was man schon daraus schliessen kann, dass sämmtliche Tische, welche sich hie und da gefunden haben, bedeutend niedriger sind, als die unsrigen. S. BECHI, Mus. Borb. III. zu t. XXX. Es erklärt sich indessen auch daraus, dass auf den Tisch noch ein oft hoher Aufsatz gesetzt wurde, s. d. folg. Exc. Uebrigens waren sie von derselben Beschaffenheit, wie die cubiculares, d. h. mit Gurten und darauf liegendem Polster, über das prächtige, gewöhnlich purpurfarbige Decken gebreitet wurden, s. II, S. 292 ff. Natürlich fand man aber hier noch mehr Veranlassung die reichste Pracht zu entfalten, und daher werden häufig *aurei, aurati* u. s. w. genannt, S. 293. Ebendaselbst s. über die *stragula* und *toralia*.

In der Mitte nun dieses Trikliniums oder Sigma stand der Tisch, auf den die Speisen aufgetragen wurden [*ponere*, entgegengesetzt *tollere*]. Interessant aber ist, von MARTIAL zu erfahren, dass damals schon die Sitte aufgekommen war, anstatt die Tafel mit den Gerichten zu besetzen, diese durch Sklaven herumreichen zu lassen. Er sagt VII, 48.

Cum mensas habeat fere trecentas,
Pro mensis habet Annius ministros:
Transcurrunt gabatae volantque lances.
Has vobis epulas habete, lauti:

Nos offendimur ambulante cena.
Das Brot wurde stets herumgegeben, PETRON. 35. *Circumferebat Aegyptius puer clibano argenteo panem.* Der clibanus gehört vermuthlich auch unter die Abgeschmacktheiten des Hauses.

Die gewöhnlichen Ausdrücke, welche das Platznehmen an der Tafel bezeichnen, sind, wenn von der ganzen Gesellschaft die Rede ist, aus der jeder Einzelne seinen Platz einnimmt, *discumbere*. [Doch wird es nicht immer so genau genommen, sondern auch von Einzelnen gebraucht, TAC. Ann. II, 14. *in convivio Germanici quum super eum Piso discumberet.* PETRON. 67. *nisi illa discumbit.*] Von dem Einzelnen ohne Rücksicht auf die Mehrzahl *decumbere* oder gewöhnlicher *accumbere*, wobei man *mensae* oder etwas Aehnliches zu denken hat; *accubare* würde zwar eigentlich von dem schon Liegenden gelten müssen, doch wird es auch mit *accumbere* verwechselt, z. B. PLIN. ep. I, 3, 8. *Lotus accubat.* — Wenn ausserdem auch [*recumbere*] *recubare, cubare, iacere* gebraucht werden, so sind diess allgemeinere Ausdrücke, die keine besondere Beziehung auf die Tafel haben. [Die Ausschmückung des Triclinium mit Rosen HOR. od. III, 19, 22. *sparge rosas.* ep. I, 5, 14.

DRITTER EXCURS ZUR NEUNTEN SCENE.

DAS TAFELGESCHIRR.

Bot schon vermöge der Sitte des Liegens das Triclinium einen ganz andern Anblick dar, als bei uns eine rings mit Stühlen umstellte Tafel, so war auch die übrige Einrichtung, was die Zurüstung des Tisches anlangt, von der unsrigen sehr verschieden. Erst sehr spät scheint es üblich geworden zu sein, über den Tisch ein Tuch zu breiten, und der beste Beweis dafür ist, dass die Sprache nicht einmal ein Wort dafür hatte, sondern der ursprünglich etwas ganz anders bedeutende Name *mantele, mantelibus sternere, mantelia mittere* auch davon gebraucht wurde. LAMPR. Heliog. 27. *nonnunquam tot picta mantelia in mensam mittebat his edulibus picta, quae apponerentur, quot missus esset habiturus.* Sev. Alex. 37. *Convivium neque opiparum neque nimis parcum, sed nitoris summi fuit; ita tamen ut pura mantelia mitterentur, saepius cocco clavata, aurata vero nunquam.* TREB. POLL. Gall. 16. *Mantelibus aureis semper stravit.* Dazu ISID. XIX, 26, 6. *Mantelia nunc pro operiendis mensis sunt, quae, ut nomen ipsum indicat, olim tergendis manibus praebebantur.* Denn ursprünglich ist *mantele* oder *mantelium* soviel als χειρόμακτρον. [FEST. p. 133 M. *frequens enim antiquis ad manus tergendas usus fuit mantelorum.*] VARRO L. L. VI, 85. *Mantelium, ubi manus tergentur.* In jener Zeit, von welcher die Scriptores historiae Augustae handeln, geschah es also; auch schon unter Hadrian, wenn das richtig ist, was LAMPRIDIUS der oben aus vita Alex. angeführten Stelle hinzufügt: *quum haec Heliogabalus iam recepisset, et ante, ut quidam predicant, Adrianus habuisset.* Man kann selbst das Epigramm MART. XIV, 138. *Gausapa villosa sive mantele.*

> *Nobilius villosa tegant tibi lintea citrum:*
> *Orbibus in nostris circulus esse potest.*

darauf beziehen, obgleich es nicht nothwendig von der *cena* verstanden werden muss. Dasselbe gilt von der Stelle XII, 29, 12. Dass aber dieser Gebrauch zu Augusts Zeit nicht stattfand, das ergiebt sich aus HOR. Sat. II, 8, 10.

> *His ubi sublatis puer alte cinctus acernam*
> *Gausape purpureo mensam pertersit* etc.

Denn wäre der Tisch bedeckt gewesen, so hätte man weder sehen können, dass er von Ahorn war, noch hätte er mit der *gausape* können abgewischt werden. Diess scheint aber gewöhnlich zwischen den Abtheilungen der Mahlzeit geschehen zu sein. S. PETR. 34. und darauf bezieht sich auch PLAUT. Menaechm. I, 1.

> *Iuventus nomen fecit Peniculo mihi,*
> *Ideo quia mensam, quando edo, detergeo.*

Damals war also das *mantele* bei Tische nur eine Serviette; dasselbe was *mappa*, ein linnenes Tuch, das man auch wohl vor die Brust steckte. Diess lässt sich wenigstens aus PETR. 32. *circaque oneratas veste cervices lacticlaviam immiserat mappam, fimbriis hinc atque illinc pendentibus.* u. PLIN. VII, 2. *Priores Anthropophagos, quos ad septemtrionem esse diximus decem dierum itinere supra Borysthenem amnem, ossibus humanorum capitum bibere cutibusque cum capillo pro mantelibus ante pectora uti.* schliessen. [VARRO L. L. IX, 47. *quis facit mappas tricliniares non similes inter se?*]

Ob diese *mappae* sämmtlichen Gästen von dem Wirthe gereicht wurden, darüber ist mir keine Stelle bekannt, als die nicht ganz klaren Worte HOR. Sat. II, 4, 81.

> *Vilibus in scopis, in mappis, in scobe quantus*
> *Consistit sumtus? neglectis flagitium ingens.*

Wenn man indessen die folgenden Verse vergleicht, so scheint es fast, als ob *mappae* dort eine weitere Bedeutung hätten, und wie *scopae* und *lutulenta palma*, so *mappae* und *toralia* von einer und derselben Sache zu verstehen sei. [HOR. hat hier *mappa* und *toral* gewiss ebenso unterschieden, wie ep. I, 5, 21 ff.

*Haec ego procurare et idoneus imperor et non
Invitus, ne turpe toral, ne sordida mappa
Corruget nares, ne non et cantharus et lanx* etc.

s. DÜNTZER zu d. St. Es besorgte also auch der Wirth die mappas.] — Dagegen ist es in andern Fällen ausser Zweifel, dass jeder Gast seine *mappa* mitbrachte. Bekannt ist das scherzhafte Epigramm MARTIALS auf den Hermogenes, der bei jeder Gelegenheit die *mappas* stahl. Dort heisst es XII, 29.

*Attulerat mappam nemo, dum furta timentur:
Mantile e mensa surpuit Hermogenes.* —
*Ad cenam Hermogenes mappam non attulit unquam,
A cena semper rettulit Hermogenes.*

Ebenso vom Cäcilian, der alle Speisen einpackte: II, 37, 7.

*Haec cum condita sunt madente mappa,
Traduntur puero domum ferenda.*

und in gleichem Falle VII, 19, 13. *mappa iam mille rumpitur furtis.* Es konnte doch nur die eigene *mappa* sein, in welche man diesen Vorrath einpackte. [Auch Habinnas kommt zum Gastmahl des Trimalchio, indem er von dem früheren Mahle bei Scissa Aepfel in der Serviette mitbringt. PETRON. 66. *duo* (mala) *sustuli et ecce in mappa alligata habeo.*]

Wer zu dem *latus clavus* berechtigt war, der liess auch, zumal wenn er ein eitler Mensch war, den *mappis* und *mantelibus* diesen Schmuck geben. Das ersieht man, auch von den Stellen der Scriptt. hist. Aug., welche von der kaiserlichen Tafel handeln, abgesehen, aus der angeführten Stelle PETRONS und MART. IV, 46, 17. *lato variato mappa clavo*. [S. RADER zu d. St.]

Was die Instrumente anlangt, deren man sich bediente, um die Speisen zum Munde zu bringen, so scheinen deren sehr wenig gewesen zu sein, und wie sonderbar es auch scheinen mag, so lässt sich doch nicht ableugnen, was BARUFFALDUS, de armis convivalibus (in SALLENGRE, thes. t. III.) sagt, dass man sich grösstentheils der blossen Finger bediente. Ausser der von ihm angeführten Stelle aus OVID. Art. am. III, 755.

Carpe cibos digitis; est quiddam gestus edendi;
Ora nec immunda tota perunge manu.

können als Belege dienen: MART. V, 78, 6.

Ponetur digitis tenendus ustis
Nigra coliculus virens patella.

und III, 17.

Circumlata diu mensis scriblita secundis
Urebat nimio saeva colore manus;
Sed magis ardebat Sabidi gula; protinus ergo
Sufflavit buccis terque quaterque suis.
Illa quidem tepuit digitosque admittere visa est,
Sed nemo potuit tangere: merda fuit.

Die einzigen Werkzeuge, welche erwähnt werden — denn das Messer gehört nur dem *structor* an, und Gabeln werden gar nicht genannt — sind *cochlear* und *ligula*. Das erstere hat offenbar seinen Namen von *cochlea;* aber lächerlich ist es, wenn man ihn auf die Form bezieht, wobei man *cochlea* und *concha* verwechselt. Man machte davon einen doppelten Gebrauch, wie MART. XIV, 121. sagt:

Sum cochleis habilis, sed nec minus utilis ovis.
Numquid scis, potius cur cochleare vocor?

aber eben der Theil, welchen man brauchte, um die *cochleas* zu essen, hat mit deren Form am wenigsten gemein. Aller Wahrscheinlichkeit nach war es ein Löffel, der an dem anderen Ende eine Spitze hatte [sogar in Form eines Ziegenfüsschens], um damit die Schnecken der Muscheln aus dem Gehäuse zu ziehen, sowie man noch jetzt in Holland und England mit den kleinen Muscheln, Perrywinkles thut. Daher sagt PLIN. XXVIII, 2, 4. *perforare ovorum calyces cochlearibus.* d. i. aus Aberglauben die Schaalen der bereits geleerten

Eier durchlöchern, und darum nennt MART. VIII, 71. ein *acu levius cochlear*. Derselben Spitze bediente man sich auch, um die Eier zu öffnen und vermuthlich des am anderen Ende befindlichen Löffels, um sie zu leeren. PETR. 33. *Accipimus nos cochlearia non minus selibras pendentia ovaque ex farina pingui figurata pertundimus*. [Drei alte Löffel von Silber und an Grösse unseren kleinen Suppenlöffeln gleich, sind im Mus. BORB. X, 46. abgebildet. Zwei sind von ovaler Form, haben aber keine Spitze, einer ist rund, dabei viel kleiner und läuft in eine Spitze aus. Wahrscheinlich sind die beiden ersten *ligulae*, eigentlich Löffel ohne Spitze, der letzte ein *cochlear* mit Spitze.]

Den Namen *ligula* hält BARUFFALDUS irrigerweise für gleichbedeutend mit *cochlear*. Dass er diess nicht ist, ergiebt sich hinreichend aus MART. VIII, 71. wo der Dichter erzählt, wie von Jahr zu Jahr die Geschenke Postumians unbedeutender geworden seien:

Octavus (annus) *ligulam misit sextante minorem;*
Nonus acu levius vix cochleare tulit.

und VIII, 33, 23. wo er eine sehr leichte *phiala* erhalten hatte:

Quid tibi cum phiala, ligulam cum mittere possis,
Mittere cum possis vel cochleare mihi.

Man ersieht daraus zugleich, dass die *ligula* grösser war als das *cochlear*, wiewohl auch sie von MART. V, 18, 2. *gracilis* genannt wird. Dass indessen darunter etwas Aehnliches zu verstehen ist, lehrt theils die Etymologie, nach welcher die Grammatiker, wie MART. XIV, 120. sagt, verlangten, man solle *lingula* sprechen, theils die Glossarien, welche das Wort durch μύστρον übersetzen, das ist aber eben ein Löffel. Ob nun, was BÖTTIGER Sab. I. t. 4. 7. mitgetheilt hat, eher *ligula* oder *cochlear* zu benennen sei, bleibe dahin gestellt. [PAGANO, la ligula. Napoli 1830. glaubt, der oben ausgesprochenen Ansicht entgegengesetzt, dass *ligula* an dem einen Ende ein Löffel, an dem anderen eine Spitze gewesen sei (anstatt unsrer Gabel). Ein solches Instrument hiess vielmehr *cochlear*, s. oben.]

Die Speisen liess man nicht in einzelnen Schüsseln auftragen, sondern jeder Gang wurde auf einem Gestelle stehend von den Sklaven hereingetragen und auf den Tisch gesetzt. Solche Tafelaufsätze, welche die Schüsseln trugen, hiessen *repositoria*. [Doch enthielten die repositoria auch wieder grosse Präsentirbreter mit den Schüsseln, d. i. fercula, gleichsam etagenförmig s. S. 258.] So findet es sich in der *cena Trimalchionis* sowohl bei dem *gustus* als den verschiedenen *ferculis* und den *mensis secundis*. c. 33. *repositorium allatum est cum corbe*. 35. das erste *ferculum*: [36. *videmus infra in altero ferculo* cett., nachdem das oberste ferculum des repositorium seinen Zweck erfüllt hatte, s. oben S. 258.] 40. *Secutum est hos repositorium, in quo positus erat primae magnitudinis aper.* 49. *repositorium cum sue ingenti mensam occupavit.* 60. *iam illic repositorium cum placentis aliquot erat positum.* Das, was zum Auftragen der *promulsis* gebraucht wurde, nannte man auch deshalb *promulsidare* und *gustatorium*. PETR. 31. *Adlata est tum gustatio valde lauta. — Ceterum in promulsidari asellus erat Corinthius cum bisaccio positus* etc. 34. *subito signum symphonia datur et gustatoria pariter a choro cantante rapiuntur.* Wie man auf den Gedanken hat kommen können, *promulsidare* sei soviel als *promulsis* selbst, ist kaum zu begreifen. ULP. Dig. XXXIV, 2, 20, §. 10. sagt: *Sed si vasa sint legata, non solum ea continentur, quae aliquid in se recipiant edendi bibendique causa paratum; sed et quae aliquid sustineant, et ideo scutellas vel promulsidaria contineri. Repositoria quoque continebuntur* etc. Es werden also die *promulsidaria* von den *repositoriis* unterschieden, und der Ausdruck *scutellae* fügt noch eine besondere Art hinzu [d. i. Untersetzer, CIC. Tusc. VI, 19. *scutellam dulciculae potionis*, ein Präsentirbret oder Schüssel mit Trinkgeschirren, oder ist richtiger eine Trinkschale zu verstehen?]. Wie man aber bei PLINIUS XXXIII, 11, 49. die Lesart: *Iam vero et mensas repositoriis imponimus*. rechtfertigen wolle, ist mir nicht klar, es müssten denn mehrere Stockwerke gemeint sein. — Diese Aufsätze [mitunter in der Form einer grossen Kiste, PETRON. 39. *in theca reposi-*

torii.] waren früher einfach von Holz, später der übrigen Pracht entsprechend und den Tisch völlig deckend, ja noch darüber hinausreichend, was natürlich der Fall sein musste, wenn ein ganzer Eber aufgetragen werden sollte. PLIN. l. l. 52. *repositoriis argentum addi sua memoria coeptum Fenestella, qui obiit novissimo Tiberii Caesaris principatu* (tradit); *sed et testudinea tum in usum venisse; ante se autem paulo lignea, rotunda, solida, nec multo maiora quam mensas fuisse; se quidem puero quadrata et compacta aut acere operta aut citro coepisse.*

Die Geschirre, in welchen die Speisen aufgetragen wurden, mögen so mannigfaltig gewesen sein als bei uns. Es werden *patinae* [VARRO L. L. V, 120. *a patulo — ut pusillas, quis libarent cenam patellas.* CIC. Verr. IV, 21. *de patellis* cet. Die patina war gross, aber mehr tief als flach, wie sich aus den darin angerichteten Speisen (vorzüglich Fischen) mit vieler Sauce zeigt. Hor. Sat. I, 3, 80 f. II, 8, 43.

Affertur squillas inter murena natantes
In patina porrecta.

PLIN. XXXV, 12, 46. (erzählt von riesigen Schüsseln des Schauspieler Aesop und des Vitellius) ISID. XX, 4. NON. XV, 6. PAUL. p. 248 M. vgl. PHAEDR. I, 26.], *catini* [oder *catilli*, VARRO V, 120. *a capiendo.* XI, aus Charis. p. 60 fg. bei MÜLL. p. 266. HOR. Sat. I, 3, 90. 92. 6, 115. II, 2, 39. 4, 77. IUV. VI, 343. NON. XV, 26.], *lances* [ganz flach und sehr verschieden geformt, HOR. Sat. II, 4, 40 fg. IUV. V, 80. PLIN. XXXIII, 11, 52. (berichtet von kolossalen silbernen Schüsseln). PAULL. Dig. VI, 1, 6. pr. *quadrata — rotunda — pura — caelata.* ULP. Dig. XXXIV, 2, 19, § 4. *lances quadratae.* LAB. ib. 31. *lancem maximam, minorem, minimam.* Die *chrysendeta* s. II, S. 322 f.], *scutulae* [MART. VIII, 71. nicht zu verwechseln mit *scutella* als Untersetzer, s. vor. Seite, vermuthlich von viereckiger oder polygoner Form. PLIN. h. n. XI, 24, 28. vergleicht das Spinnengewebe mit einem *scutulato rete.* TAC. Agr. 10. nennt die Gestalt Britanniens *oblongae scutulae.* Auch die einzelnen Platten der Fussböden hiessen *scutulae*, s. II, S. 247, sowie die in die Kleider eingewebten Würfel,

Plin. h. n. VIII, 48, 74 u. oben S. 210. Gegen die Ableitung von scutum und scutrum spricht die Quantität der ersten Silbe und die Bedeutung ist unklar], *gabatae* [Mart. oben S. 270 u. XI, 31, 18 f., beide wahrscheinlich kleine Assietten, Krause, Angciol. S. 443.], *paropsides* [viereckig, nach Isid. XX, 4. für Delikatessen, Charis. I, 82, vgl. Mart. XI, 27, 31. Iuv. III, 142. auch *parapsis* genannt, Suet. Galb. 12. Ulp. Dig. XXXIV, 2, 19, § 9. Ussing, de nomin. vas. p. 160 fg.] genannt, die vermuthlich alle in der Form verschieden, bald flach, bald tief, rund, [eckig] und oval, bedeckt und offen, [mit und ohne Handgriffe, z. B. Mus. Borb. X, 14] waren; allein jedem Namen eine bestimmte Form zuweisen zu wollen, scheint ein vergebliches Bemühen zu sein, und was Isid. XX, 4. über einige sagt, ist unbedeutend. Zum grösseren Theile mag hier auch gelten, was Letronne, Journ. d. Savants 1833. und neuerdings 1837. Nov. Dec. 1838. Janv. über Gerhards Bestimmung der griechischen Vasennamen urtheilt. [Dazu kommt, dass die Mode oft wechselte, Plin. XXXIII, 49. *vasa ex argento mira inconstantia humani ingenii variat, nullum genus officinae diu probando.*] — Was den Stoff anlangt, so s. II, S. 318 ff. [Noch sind einige Namen zu erwähnen: *magida* und *langula* bei Varro L. L. V, 120., *mazonomum*, grosse Schüssel, Hor. Sat. II, 8, 86. Pollux VI, 87., *boletar*, eine kleine Schüssel, so genannt von den darin aufgesetzten *boleti*, s. S. 250. Doch dienten sie auch anderen Speisen, Mart. XIV, 101. *boletaria.*

Cum mihi boleti dederint tam nobile nomen,
    Prototomis, pudet heu, servio coliculis.

Unentbehrlich war das Salzfässchen, *salinum*, Fest. h. v. p. 329. 344 M. Isid. XX, 4. Liv. XXVI, 36. Plaut. Pers. II, 3, 15. Hor. Sat. I, 3, 14. *concha salis*, Od. II, 16, 14. Pers. III, 25. Charikl. II, S. 264 fg. Avellino, descr. di una casa p. 69 fg., sowie das Essigfläschchen, *acetabulum*, Isid. XX, 4. Ulp. Dig. XXXIV, 2, 20. — Abbildungen schöner Schüsseln von Terra cotta und Silber, s. Mus. Borb.

VII, 56. (ganz flach), IX, 44. (tief), V, 15. (ein Brühnäpfchen mit Untersetzer) u. s. w.]

Mit etwas mehr Sicherheit lassen sich einige dem Genusse der Getränke dienende Gefässe bestimmen, wiewohl es auch hier ein vergebliches Beginnen sein würde, wenn man die mannigfaltigen Namen der eigentlichen Trinkgeschirre oder Becher sämmtlich auf gewisse eigenthümliche Formen zurückführen wollte. Ueberhaupt wird hier Niemand einen Kommentar zum eilften Buche des ATHENAEUS [oder zu POLLUX X, 66 ff.] erwarten. [Nur die Hauptnamen, welche bei NONIUS, ISIDOR und den römischen Dichtern vorkommen, sollen kurz angegeben werden.] Bei einigen, wie *poculum*, *scyphus* ist ohnehin weder an eine bestimmte Grösse noch Form zu denken. Dagegen beziehen sich manche Namen auf ein gewisses Maass, und lassen sich daher wenigstens in dieser Hinsicht erklären.

Das gewöhnliche grössere Maass, nach dem man zu rechnen pflegte, war die *amphora*, womit gleichbedeutend der [ältere] Name *quadrantal* [d. i. von dem Inhalt eines Kubikfusses] ist. FEST. p. 258 M. *Quadrantal vocabant antiqui amphoram*. [20 Amphorae sind gleich einem culleus, PRISC. de pond. et mens. 86. Die auf dem Capitolium geaichte amphora heisst *amph. capitolina*, CAPIT. MAX. duo 4. PRISC. de pond. 62 ff. ORELLI HENZEN 4347. *Mensurae ad exemplum earum quae in capitolio sunt* (auf einem Modius in Florenz). vgl. 7318. HULTSCH, röm. u. griech. Metrol. S. 90.] Die kleineren Maasse, in welche man die Amphora theilte, waren *congius* [CATO r. r. 57. 95. 107. LIV. XXV, 2] und *sextarius*. FEST. p. 246 M. führt aus dem *plebiscitum Silianum* an: *uti quadrantal vini octoginta pondo siet. congius vini decem pondo. sex sextarii congius siet. duodequinquaginta sextarii quadrantal siet vini*. [Man bestimmte nämlich die Gefässe niemals stereometrisch, sondern nach dem Gewicht, BÖCKH, Metrol. S. 291 f. HULTSCH, griech. u. röm. Metrol. S. 88.] Es waren also acht Congii gleich einer Amphora; sechs Sextarii gleich einem Congius [daher 48 Sextarii = 1 Amphora]. Dazu kommen dann noch die *urna*, welche vier Congios oder $^1/_2$ Amphora enthielt und der *cyathus* oder zwölfte Theil des Sextarius. Der *cadus* ist nicht sowohl römisches als griechisches Maass. die *amphora attica*. Prisc. de pond. 84. [Isidor. XIII, 23.] Er enthielt drei Urnas oder zwölf Congios. — Ueber das Verhältniss dieser Maasse zu den bei uns gebräuchlichen hat man durch noch vorhandene geaichte römische Maass-Gefässe vollkommene Gewissheit. Von besonderer Wichtigkeit ist der in der Antikensammlung zu Dresden aufbewahrte Farnesische Congius, ein im Jahre 828 d. St. geaichtes Bronzegefäss mit der Inschrift: *Imp. Caesare Vesp. VI. T. Caes. Aug. F. III. Cos. mensurae exactae in Capitolio P. X.* [Fabretti, inscr. ant. explic. p. 526.] Dieser Congius ist von dem Legationsrath Beigel mit grosser Genauigkeit gemessen und das Resultat nebst der Geschichte des Gefässes von dem Hofrath Hase Berl. 1824. neuerdings im Paläologus oder Kleine Aufsätze. Leipz. 1837. mitgetheilt worden. Es ergaben sich als Inhalt 63460,6 Gran Pariser Muttergewicht, was freilich Vielen unverständlich sein dürfte, da eine Vergleichung mit einem bekannteren Gewichte oder Maasse nicht beigefügt ist. Nach der von einem gelehrten, mit der Metrologie vertrauteren Freunde mir mitgetheilten Berechnung würde das Verhältniss folgendes sein:

Der Congius fasst an destillirtem Wasser b. $+ 13^0$ R. 63460,6 Par. Gr.

63460,6 Par. Gr. $=$ 110,17465 franz. Unz. (à 576 Gr.)

1117,9424 Unz. dest. Wasser b. $+ 13^0$ R. $=$ 1 Kubikf.

1 Kubikf. $=$ 172,8 franz. Cubikzolle.

47,2 Kubikz. $=$ 1 Dresdner Kanne.

Der Congius würde daher an Kubikzollen fassen 170,2967 oder 3,6079 Dresdner Kannen. Eine kleine Differenz findet sich bei der Messung auf stereometrischem Wege. Man fand den Congius $=$ 295037 franz. Kub. Lin. $=$ 170,739 Kub. Z. $=$ 3,6173 Dresd. K. — Abgesehen von einer noch unbedeutendern Differenz kann demnach der Congius $= 3^3/_5$ Dr. K. und mithin 20 Congii $=$ 1 Eimer à 72 K. angenommen werden. [HULTSCH, Metrol. S. 95 ff. erhebt gegründete Bedenken gegen die Genauigkeit dieses Congius.] -- In derselben Sammlung befindet sich auch ein Sextarius, über den in den angef. Schriften gleichfalls Nachricht gegeben ist [und den BÖCKH, Metrol. S. 167. für etwas zu gross hält]. Sein Inhalt wurde gefunden = 10819,6 Grammes destill. Wasser b. $+ 15^0$ R. = 18,784 Unz. Nun sind 1117,5264 Unz. dest. Wasser b. $+ 15^0$ R. = 1 Kubikfuss. Folglich fasst der Sextarius 29,0452 K. Z. = 0,6153 Dr. K., d. i. etwas (ung. $^3/_4$ K. Z.) über $^3/_5$ Kanne, und also etwas (ung. $^2/_3$ K. Z.) mehr als $^1/_6$ Congius. — Die Amphora enthielt nach dieser Berechnung $28^4/_5$ Dr. K. und 5 Amphorae sind gleich 2 Eimern oder 1 Ohm. [S. HULTSCH, Metrol. S. 90 ff.]

Durch die Eintheilung des Sextarius in zwölf Cyathos [so dass die amphora 576 cyathos enthielt, VOLUS. MAECIAN. distrib. part. 79.] entstanden von diesem aufwärts wiederum eilf verschiedene Maasse, welche dieselben Namen führen, wie die Theile des *as;* nur dass eben der einfache Theil statt *uncia cyathus* hiess. Sie sind also: 1) *cyathus.* 2) *sextans.* 3) *quadrans.* 4) *triens.* 5) *quincunx.* 6) *semis.* 7) *septunx.* 8) *bes.* 9) *dodrans.* 10) *dextans.* 11) *deunx* und endlich das volle Maass *sextarius.* [KRAUSE, Angeiol. S. 454—459.] Davon können indessen nur *triens* und *cyathus* als wirkliche Gefässe gelten. Die *trientes*, welche häufig genannt werden, waren eigentliche Trinkgeschirre, d. h. Becher. Daher kann MARTIAL X, 49. auch sagen: *potare amethystinos trientes;* aber nirgend werden *quincunces aurei* oder *amethystini* genannt, obschon *quincuncem bibere* d. i. fünf *cyathos* u. dgl. gesagt wird. [Dass auch *quadrans* ein eigenes Gefäss war, zeigt HULTSCH a. a. O. S. 92. aus CELS. III, 15., ebenso dass es wahrscheinlich Becher von der Grösse eines Sextans gab (SUET. Oct. 77. *senos sextantes non excessit* d. i. zusammen nicht ganz eine moderne Flasche). Auch Sextarbecher (grösser als unsere Biergläser) nimmt HULTSCH daselbst an und jedenfalls muss es solche gegeben haben, um eine grössere Zahl von cyathi aufzunehmen und die Mischung von 9 zu 3 cyathi möglich zu machen,

s. Bd. I, S. 202 f.] — Die *trientes* gehörten, wie es scheint, zu den Bechern mittlerer Grösse; denn sie fassten 4 *cyathos* oder den dritten Theil des *sextarius*, ¹/₅ Kanne, und entsprechen etwa ihrer Kapacität nach unsern sogenannten Römern. — Der Cyathus aber war keinesweges ein Becher, sondern nur Maass und Schöpfgefäss, um Jedem die bestimmte Zahl zuzumessen. S. HEIND. zu Hor. Sat. I, 6, 117. Daher hatte man eigene *pueros a cyatho*, MITSCH. zu Hor. Od. I, 29, 8. und desshalb sagt man nicht *cyatho bibere*, wohl aber *sex*, *septem cyatis bibere*. [MART. I, 72. Auch *acetabulum* = *oxybaphum* (bei den Griechen sowohl Maass als kleine Schüssel für pikante Sachen, mix pickle) wird bei PRISC. de pond. 75 u. ISIDOR. XVI, 25. als römisches Maass erwähnt, nämlich für 1¹/₂ cyathus oder 15 Drachmen Flüssigkeit enthaltend. KRAUSE, Angeiol. S. 419 ff. HULTSCH, a. a. O. S. 91.] — Im Mus. BORB. IV. t. 12. sind vier kleine Schöpfgefässe mit längerem oder kürzerem Griffe abgebildet, welche LUIGI CATERINO ebend. für *simpula* oder *simpuvia* erklärt. Ich würde sie geradezu *cyathos* nennen, wenn sie nicht von verschiedener Grösse zu sein schienen, und über ihr Maass irgend etwas angegeben wäre. Indessen dürfen wir ihre Form ohne Zweifel auf den Cyathus beziehen, und es ist auch wohl wahrscheinlich, dass man sich bei diesen Schöpfgefässen nicht immer an das Maass des Cyathus gebunden hat. Zwei davon sind hier copirt. [Ein ähnliches Schöpfgefäss mit langem Griffe, an einer Amphora hängend, findet sich Mus. BORB. IX, 15. abgebildet. Die eigentlichen römischen Namen für die klei-

nen Schöpfgefässe waren *guttus* und *simpulum*, statt deren die griechischen Benennungen *epichysis* und *cyathus* aufkamen. VARRO L. L. V, 124. Diese Stelle und den Unterschied beider s. II, S. 332. Vergl. noch PAUL. v. simpulum p. 337 M. USSING, de nom. vasor. p. 111 ff. Verschieden davon waren die *urceoli* (II, S. 316.), welche dem einzelnen Gast nach Belieben frigida oder calda zum Nachgiessen brachten, daher *ministratorii* genannt, MART. XIV, 105. *Frigida non desit, non deerit calda petenti.* POMP. Dig. XXXIV, 2, 21. pr. *ad praeparationem bibendi* (urceolus). Aehnlich *armillum*, VARRO bei NON. XV, 33. *urceoli genus vinarii.* (Doch auch in anderem Sinne gebraucht, PAUL. p. 2 M. NON. II, 45.)]

Was die Formen der Becher im Allgemeinen [*pocula*, alle Trinkgeschirre umfassend, VARRO l. l. V, 122. *poc. a potione* und *pocillum* des Diminutivum, LIV. X, 42.] anlangt, so hat man vorzüglich zu unterscheiden: I. flache Schaalen, *paterae, phialae* (den Opferschaalen gleich, VARRO L. L. V, 122. *in poculis erant paterae, ab eo quod latum Latini ita dicunt dictae* etc. MACROB. V, 21. *planum ac patens est.* MART. VIII, 33. III, 41. VERG. Aen. I, 728 ff. POLL. VI, 46. ISID. XX, 5. MUS. BORB. III, 15. V, 27. VI, 62. X, 52. ROUX und BARRÉ, Herc. VI, 69. USSING, p. 146 ff. GERHARD und KRAUSE, Angeiol. S. 338 ff. identificiren die griechische Κύλιξ mit der römischen patera.]

II. Becher mit Henkeln. VERG. Ecl. VI, 17.
Et gravis attrita pendebat cantharus ansa.
CIC. Verr. IV, 27. *Vas vinarium ex una gemma pergrandi, trulla excavata, manubrio aureo.* [Cantharus war ein grosser Becher, dessen sich Bacchus und sein Gefolge bediente. MACR. Sat. V, 21. PLIN. XXXIII, 11, 53. Da nun Bacchus mehrmals mit einem einen zwei lange Henkel habenden Pokal abgebildet wird (MUS. BORB. XIII, 10. PASSER. luc. fict. II, 39. 40.), so kann man daraus schliessen, dass der cantharus zwei Henkel hatte. Mehrmals bei PLAUT. s. FORCELL. POLL. VI, 96. ATH. XI, p. 473 fg. HOR. od. I, 20, 1. epist. I, 5, 23. IUV. III, 205. MACROB. V, 21. bezeichnet die scyphi und canthari als *consueta*

vulgi nomina. Krause, Angeiol. S. 313 ff. Kleiner war *trulla* (ursprünglich soviel als Schöpfkelle, II, S. 314), welche oft als ein Trinkgeschirr erwähnt wird, und zwar einigemal als ein bescheidenes, Hor. Sat. II, 3, 143 fg. wo Acron erklärt *salix rusticanus*. Cato R. R. 10. 11. 13. Doch gab es auch kostbare, Iuv. III, 108. Orelli 3838. Plin. XXXVII, 2, 7. Mart. IX, 97. Scaev. Dig. XXXIV, 2, 36. Gehenkelt war ebenfalls *capis* und *capula* nach Varro V, 121. *a capiendo, quod ansatae ut prehendi possent*. Non. XV, 33. Paul. p. 48 M. s. Forcell. Ziemlich hoch und bauchig, etwa wie unsere Töpfe und Terrinen, aber mit 2 kleinen Henkeln versehen, präsentirt sich der *scyphus* (σκύφος). Dass er Henkel hatte, zeigt Paull. Dig. VI, 1, 23, § 2. *si quis — scypho ansam vel fundum* (adiecerit), und Ath. XI, p. 500 A. ἔπεστι γὰρ ἐπὶ τῶν ὤτων αὐτοῖς ὁ λεγόμενος Ἡρακλέους δεσμός. wo mehrere Arten desselben angegeben werden. S. Böttiger, Amalth. III, S. 180. Gerhard, ant. Bildwerke I, 24. Krause, Angeiol. S. 343 ff. Die Grösse dieses Bechers (Petr. 52. *urnales scyphi*) ist schon daraus zu erkennen, dass er dem Herkules geheiligt war, Macrob. V, 21. Serv. zu Verg. Aen. VIII, 278. Sehr schön gearbeitete scyphos erwähnt Suet. Ner. 47. Plin. XXXVII, 2, 7. XXXIII, 12, 55. s. Forcell. Ussing, p. 130 ff. 168. Quaranta in Mus. Borb. XIII, 49. Thiersch, Abh. der kön. bair. Akad. in München, V, S. 110 ff. *Thericleum* (vielleicht so genannt von dem korinthischen Töpfer Therikles, — Ussing, S. 143 ff., s. dagegen Welcker, im Rhein. Mus. VI, S. 404 ff. Krause, Angeiol. S. 163. ff. — also ursprünglich irden, Luc. Lexiph. 7. später auch aus anderen Stoffen) hat ebenfalls zwei Henkel, Ath. XI, p. 470 fg. Cic. Verr. IV, 18. Plin. XVI, 14, 76. Salmas. Exerc. Plin. p. 734. Bentlei. op. philol. p. 11. 216. s. Forcell.]

III. Endlich die kelchartigen [in allen Haushaltungen sehr gewöhnlichen] *calices*, die man sich nur nicht auf einem hohen Fusse, sondern als reine Kelche denken muss. [Weiss, Kostümkunde II, S. 1296. nennt die fusslosen Kelche „Becher", und Kelche umgekehrt die schlankfüssigen.] Als solche sind unstreitig zu betrachten die im Mus. Borb. V. t. 13 u. 12—14. abgebildeten gläsernen, deren zwei hier wiedergegeben sind. Es ist zu bedauern, dass der Erklärer ihre Grösse nicht angegeben hat, was erwünschter wäre, als manche unnütze Bemerkung. [Aehnlich der silberne Becher Mus. Borb. XI, 45. Ueber *calix* Varro L. L. V, 127. *a caldo, quod in eo calda puls apponebatur et caldum eo bibebant.* Richtiger obwohl immerhin auffallend ist die Ableitung von κύλιξ Macrob. V, 21. Ath. XI. p. 480. Es gab calices von verschiedenen Stoffen, so von Thon,] Mart. XIV, 102. *Calices Sorrentini.* 108. *Calices Saguntini.*

 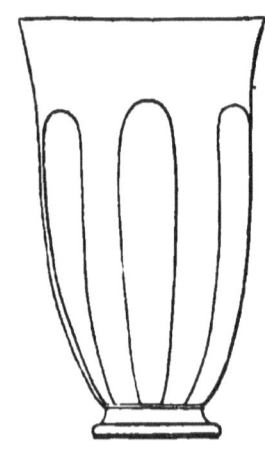

[Suet. Galb. 18. Von Glas, Martial. XIV, 115. 94., von Edelstein, 109. u. s. w. Auch gab es verschiedene Arten, z. B. die *calices Vatiniani*. Mart. XIV, 96. X, 3. *calices modiales* also sehr grosse, Plaut. Capt. IV, 4, 8. Iuv. V, 46 ff. *calicem nasorum quatuor*. die *calices pteroti*, d. h. gehenkelte, Plin. XXXVI, 26, 66. Man kann jedoch aus dieser Stelle nicht folgern, dass alle calices Henkel gehabt hätten, wie Gerhard, O. Müller und zuletzt Ussing p. 139 ff. gethan haben; denn es waren nur eine oder zwei besondere Gattungen, welche dieses charakteristische Merkmal, und zwar von ganz auffallender Form, hatten. S. noch PLIN. XXXIII, 23. Iuv. VIII, 168. MART. XII, 70. *thermarum calices.* u. a. Stellen bei FORCELL. Aus der oben mitgetheilten Stelle des VARRO und aus OVID. Fast. V, 509 f.

Stant calices. Minor inde fabas, olus alter habebant:
Et fumant testu pressus uterque suo.

folgt nicht, dass calix Speiseschüssel gewesen und eine schalenartige Form gehabt habe. Aus dem zweiten Verse sehen wir deutlich, dass die Gemüse im calix gekocht waren und nun mit dem Topf aufgetragen wurden, ganz entsprechend der Einfachheit der alten Zeit und des dort geschilderten ärmlichen Haushaltes. Sicherlich also müssen wir uns den calix weniger flach als hoch und kelchförmig denken, wofür auch die botanische Bedeutung dieses Wortes spricht. Demnach kann ich nicht glauben, dass κύλιξ — vorausgesetzt, dass κύλιξ und *calix* identisch waren — zu der Classe der Paterae gehörte. Endlich widerspricht dieser Annahme der Umstand, dass die *Lepesta*, der Mischkrug zu den κύλικες gerechnet wird und dass ISIDOR. XX, 5. den Mischkrug (cratera) calix nennt. Dazu passt eine schaalenartige Form am wenigsten, s. unten.

Ganz unbekannt sind uns folgende Becher, zum Theil in Rom schon veraltet und durch griechische Formen verdrängt: *obba* (nach RICH, Wörterb. der röm. Alterth. S. 419. unten spitz zulaufend und wie ein Deckel geformt), gewöhnlich von Holz oder Flechtwerk, NON. XV, 14. II, 597. *poculi genus*. PERS. V, 148. *sessilis* genannt; *modiolus*, SCAEV. Dig. XXXIV, 2, 36.; *cyrnea*, NON. XV, 29. oder *hirnea* (?), PLAUT. Amph. I, 1, 273. 276. vgl. CAT. R. R. 81.; *culigna*, vas potorium, PAUL. p. 51 M. CATO R. R. 132. *ciborium* Schol. zu HOR. od. II, 7, 22. *armillum*, NON. XV, 15. PAUL. DIAC h. v. p. 2. S. endlich PLAUT. Stich V, 4, 11. u. RITSCHL dazu:

Suum quemque decet: quibus divitiae domi sunt, scaphiis, cantharis,
Botiacis (Andere *batiolis* nach NON. XV, 15.) *bibunt; nos nostro Samiolo poterio.*]

Es versteht sich übrigens, dass es eine Menge Variationen gab; auch phantastische, in Form von Schuhen, Beinen [und Kähnen, davon *cymbium* genannt, PAUL. p. 51 M. *poculi genus a similitudine navis.* NON. XV, 21. ISID. XX, 5. MART. VIII, 6 (*ficta — luto*). PLIN. XXXVII, 34, 113. (aus Chrysopras) VERG. Aen. III, 66. V, 267 (aus Silber). MACROB. V, 21. POLL. VI, 16. ATH. XI, p. 481. USSING p. 128 ff. KRAUSE, Angeiol. S. 319 ff. erklärt *cymbium* als einfaches Trinkgefäss, ohne Henkel und Fuss, aber ziemlich hoch, dem *scyphus* analog. Auch RUMPF, in der sorgfältigen Untersuchung: Beiträge zur homer. Worterklärung. Giessen 1850. nahm cymb. nicht flach und niedergedrückt an, sondern aufrecht stehend, scyphusförmig, ohne Fuss und Ohren. Nach den griechischen Stellen kann man allerdings nicht anders glauben.] Thierköpfe wurden namentlich zu Trinkhörnern gewählt, aus deren unterem Ende man durch eine Oeffnung den Wein ausströmen liess, und den Strahl mit dem Munde auffing. Ein solches Horn in Form eines Hirschkopfes findet sich im MUS. BORB. VIII. t. 14. Drei andere, ein Pferdekopf, ein Hundskopf und ein Schweinskopf, sämmtlich von Terra cotta sind V. t. 20. abgebildet. Solche Trinkhörner nannte man ῥυτά. ATHEN. XI, p. 496. und öfter. Vielleicht ist *rhytium* bei MART. II, 35. dasselbe. Am häufigsten kommen sie auf Vasen [doch auch auf Wandgemälden] vor. S. BÖTTIGER's Kunstmyth. II, S. 532. Den Akt des Trinkens sieht man auf einem Gemälde bei ZAHN, Ornam. etc. t. 90. PITT. D'ERCOL. V. t. 46. [BÖTTIG. kl. Schr. III, S. 227 ff. Charikles I, S. 191. O. MÜLLERS Archäol. S. 411 fg. USSING, p. 56 ff. KRAUSE, Angeiol. S. 355 ff.] Auch obscöne Formen wählte man, oder liess Unzüchtigkeiten auf die Becher schleifen. IUVEN. II, 95. *vitreo bibit ille Priapo.* PLIN. XXXIII, Praef. *In poculis libidines caelare iuvit ac per obscoenitates bibere.* XIV, 22. *Vasa adulteriis caelata.*

Von dem ausserordentlichen Luxus, der in diesen Geschirren namentlich herrschte, von den Bechern aus Gold, Edelsteinen, Bernstein, Murra, künstlich gearbeitetem Glase, ist bereits II, S. 320 ff. die Rede gewesen. Daneben hatte

Das Tafelgeschirr.

man natürlich einfachere von gemeinem Glase, *vitrea*, im Gegensatze zu den *crystallinis;* von Holz, *fagus, buxus, terebinthus, hedera.* Tib. I, 10. OVID. Fast. V, 522.; auch irdene, s. bei *calix.* [Sehr einfach war dagegen die Ausstattung des Tisches bei HOR. Sat. I, 6, 116 ff.

*Cena ministratur pueris tribus; et lapis albus
Pocula cum cyatho duo sustinet: adstat echinus,
Vilis .cum patera guttus, Campana supellex.*

wo ausser den Bechern nur ein Schöpfgefäss, Wasserflasche (*echinus*), Weinflasche (*guttus*) und Opferschale vorkommt. Voss u. HEINDORF nehmen *echinus* als Napf zum Spülen der Becher, WEBER (Uebersetz. d. Hor. Sat. herausg. v. Teuffel, S. 169) als Durchschlag (*colum*).

Im weiteren Sinne gehören zu den Trinkgeschirren auch die grösseren Gefässe, welche auf die Tafel gesetzt wurden und entweder reinen Wein enthielten oder zum Mischen des Weins dienten (daher im Allgemeinen *mistarius* oder *mistarium* genannt, LUCIL. bei Non. XV, 30. *longa geminus mistarius ansa.*). Aus ihnen wurde dann nach alter griechischer Sitte in die Becher der Trinkenden geschöpft. Der *crater* oder *cratera* war hoch, weit, becherförmig und mit zwei Henkeln versehen, ISID. XX, 5. *cratera calix est duas habens ansas.* OVID. Fast. V, 523.

Terra rubens crater, pocula fagus erant.

IUV. XII, 44. *urnae cratera capacem.* u. a. bei FORCELL. Abbildungen derselben s. MUS. BORB. II, 32. VI, 63. XIII, 49. welche QUARANTA für *scyphos* hält. ROUX und BARRÉ, Herc. VI, 64. 66. 72. 74 fg. 84. O. MÜLLER, Arch. S. 409 fg. Charikles II, S. 281 f. KRAUSE, Angeiol. S. 288 ff. Bauchiger und unsern Terrinen oder Bowlen ähnlich waren *sinus, lepesta, galeola.* VARRO L. L. V, 123. und MÜLLER. *Vas vinarium grandius sinum ab sinu, quod sinum maiorem cavationem quam pocula habebant. Item dictae lepestae* etc. VARRO bei Prisc. VI. p. 714. *ubi erat vinum in mensa positum, aut lepestam aut galeolam aut sinum dicebant; tria enim pro quibus nunc dicimus acratophoron.* u. bei NON. XV, 35. SERV. zu Verg. Ecl. VI, 33.

Non. XV, 34. 35. Bei den Griechen diente die λεπαστή auch als Trinkbecher, Ath. XI, p. 484 fg. (eine grössere κύλιξ). Poll. X, 75. Krause, Angeiol. S. 342 f. Solche Gefässe finden sich Mus. Borb. X, 14. IX, 44. XII, 45. VII, 29. (letztere von Terra cotta, mit der Inschrift: *bibe amice de meo.*) In Norfolk und Essex gefundene Urnen und Bowlen beschreiben Gunn und Neville in the archaeol. journ. Lond. 1846, p. 246 ff. 1853, p. 224 ff. Vgl. I, S. 23 ff. — Auch gab es Becher und Krüge mit Inschriften, theils mit kleinen Sinnsprüchen (wie *reple, sitio, bibe, valeamus, lude, misce, da bibere, vale*, d. h. *prosit, vivas, bibe vivas multis annis, da mi, bibamus pie, felix, copo imple,* (ex ho)c *bibunt amici,* u. a.), theils mit dem Namen des Herrn, s. II, S. 310. 315. *urna literata.* Lucian. Lexiph. 7. ποτήρια γραμματικά. Ath. XI. p. 466 fg. Die in den nördlichen Provinzen viel häufiger als in Italien gefundenen *urnae literatae* sind von braunrothem Thon, stark geschweiftem Bauch und langem Halse, 2 bis 6 Zoll hoch, s. Mommsen, Rhein. Mus. V, S. 461. Janssen, in Jahrbüchern des Vereins von Alterthumsfreunden. Bonn 1845. VII, S. 62 ff. 1851. XVI, S. 71 ff. Jahn, ebend. 1848. XIII, S. 105 ff. Fiedler, ebend. 1854, XXI, S. 57 ff. Orelli, 4306. 4348 f. Gerhard, Ann. dell' inst. III. 1831. p. 74 fg. 177 fg. und Trinkschalen S. 13 fg. Roulez, mélanges de philol. II. Brux. 1840. N. 2. Am seltensten mochten ganze Verse darauf geschrieben sein, Ath. l. l. Becker bezieht auf diese Sitte die *scyphi Homerici* des Nero, I, S. 24. Ueber die Inschriften auf Thongefässen überhaupt s. II, S. 310. Neville, in archaeol. journ. Lond. 1853, X, p. 231 ff. und Ritschl, de fictil. lit. Latin. ant. Bonn. 1853.

Endlich sind zu nennen die Gestelle und Untersetzer, welche bei dem Mahle die Amphoren und andere Gefässe trugen. Paul. p. 107 M. *Incitega machinula, in qua constituebatur in convivio vini amphora, de qua subinde deferrentur vina.* Ath. V. p. 209 fg. ἐγγυθήκη. Iavol. Dig. XXXII, 1, 100, § 3. βάσεις — *vasorum collocandorum.* Im Mus. Borb. V, 15. Roux und Barré, Herc. VI, 78. ist ein Flaschenkorb für zwei Gefässe mit einem Henkel in der Mitte. Schulz, in Annal. dell' inst. 1839. XI, p. 89 fg. Ein korbähnliches oben breites Gestelle für 4 Amphoren s. auf den Wandgemälden in Abh. d. Bair. Akad. VIII, München 1856, Taf. V, 14. — Ueber Geschirre für warme Getränke s. den folgenden Excurs. — Was bei den Lampen und vasis überhaupt II, S. 315. 319 f. 322 f. 233. angedeutet war, ist hier zu wiederholen, nämlich dass aus allen uns erhaltenen Gefässen ein edler Geschmack und grosser Schönheitssinn hervorstrahlt. Sie bezeugen für alle Zeiten, dass Kunst und Grazie das ganze antike Leben auf das Innigste durchdrangen.]

VIERTER EXCURS ZUR NEUNTEN SCENE.

DIE GETRÄNKE.

Obgleich von römischen Schriftstellern mancherlei Getränke genannt werden, welche theils aus cerealischen Früchten bereitet wurden, wie *zythum*, aus Weizen oder Gerste, *camum* und *cerevisia* (*ceria*, *celia*); theils aus Baumfrüchten, wie aus der Quitte das *cydoneum*, oder aus Honig und Wasser [PALLAD. r. r. XIII, 7. PLIN. h. n. XIV, 17, 20. XXXI, 6, 36.], *hydromeli* (*hydromelum* bei ISID. Orig. XX, 3, 11. *ex aqua et malis matianis* ist vielleicht ein Missverständniss) also eine Art Meth, so kannte doch der Römer selbst neben dem ἄριστον ὕδωρ nur den Wein als Getränk, und jene Bier-, Cider- und Meth-artigen Getränke gehörten nur verschiedenen Provinzen an, welche die römische Gesetzgebung und Rechtspflege allerdings auch umfassen musste, so dass sie unter dem Titel *de vino legato* mit berücksichtigt werden. ULP. Dig. XXXIII, 6, 9. *Certe zythum, quod in quibusdam provinciis ex tritico vel ex hordeo vel ex pane conficitur, non continebitur* (legato), *nec hydromeli.* — *Cydoneum et si qua alia sunt, quae non ex vinea fiunt, vini appellatione non continebuntur.* PLIN. XXII, 25 extr. *Ex iisdem* (frugibus) *fiunt et potus, zythum in Aegypto, celia et ceria in Hispania, cerevisia et plura genera in Gallia aliisque provinciis.* [*Thalassomeli* bestand aus Honig, Regen- und Meerwasser, PLIN. h. n. XXXI, 6, 35. *Aqua mulsa* Wassermeth aus Honig und Wasser war medizinisch wichtig, COLUM. XII, 11. PLIN. XXII, 24, 51 f. desgleichen *Melitites* aus mustum und Honig. PLIN. das. 54.]

Die Getränke.

[Oft] benutzte man den Wein, um durch Behandlung und Vermischung mit andern Substanzen verschiedene Getränke zu erhalten, und überhaupt war seine Bereitung, Pflege und die Weise ihn zu geniessen von dem bei uns herrschenden Gebrauche gänzlich verschieden. [Ueber letzteres s. GROTEFEND, des Horaz Weintrank, Philol. Gött. 1849, IV, S. 672 ff. u. PIERSON, Bacchus bei Horaz, Rhein. Mus. Bonn 1860, XV, S. 39 ff.]

Was zunächst die Bereitung anlangt, so sind darüber zahlreiche Nachrichten vorhanden. Vorzüglich gehören hierher: PLIN. XIV, 8 ff. CASSIANUS BASSUS oder CONST. PORPHYR. in den griechischen Geoponikern B. VI., worin viele Excerpte aus den von PLIN. c. 19. genannten griechischen Schriftstellern enthalten sein mögen. COLUM. XII, mit SCHNEID. Anm. t. II. VERG. Georg. II. mit VOSS' Anm. ATHEN. B. I. POLL. VI, 4. GALEN. de antidotis I, 9. Dig. XXX. tit. 6. — Von neueren Schriftstellern: BACCI, de vinis cerevis. ac conviv. Rom. 1591. fol. BECKMANN, Beitr. zur Gesch. d. Erf. I, S. 183 ff. II, S. 482 ff. BÖTTIGER, üb. die Pflege des Weins bei den alten Römern. Abendzeit. 1819. n. 259 fg. [kl. Schr. III, S. 186 ff.], ein für seinen Zweck genügender, sonst sehr flacher Aufsatz. Wichtiger ist, was derselbe über die Gefässe sagt, Amalthea III, S. 178 fg. Die von ihm als ungenügend genannten Schriften: BARRY, Observ. on the wines of the Ancients und HENDERSON, Hist. of the ancient and mod. wines. London. 1824. sind mir nicht bekannt worden. Vgl. WÜSTEMANN zu Pal. d. Sc. S. 145 ff. SCRIV. zu Mart. VIII, 45. BAEHR in Creuzer's Abr. S. 431 ff. [GATTERER, Literatur des Weinbaues aller Nationen. Heidelberg 1832. DÜNTZER, der Weinbau im röm. Gall. u. Germ. in Jahrbüch. d. Vereins v. Alterthumsfr. Bonn 1843, II, S. 9 bis 32. HESSEL, die Weinbereitungsmethode d. Alterth. Marburg 1858. MAGERSTEDT, Weinbau der Römer. Sondershausen 1859.]

Was PLINIUS a. a. O. c. 22. von der Bereitung des Weins sagt: *Ac si quis diligenter cogitet, in nulla parte operosior vita est, ceu non saluberimum potum aquae liquorem natura dederit.* das kann auch wohl auf unsere Zeit angewendet werden; aber das Verfahren, welches die Alten beobachteten, war noch viel umständlicher. — Die reif an den Stöcken hängenden Trauben, bis dahin *vinum pendens*, PPAUT. Trin. II, 4, 125. CAT. R. R. 147. wurden in Körbe, *corbulae, fiscellae*, auch wohl Schläuche gesammelt; *legere* und *cogere* sind die eigentlichen Ausdrücke. Letzteres CAT. R. R. 65. 66. COL. I, 2, 70. Bei PLAUTUS wo die Codd. Pall. haben:

Vinum, priusquam coactum est, pendet putidum.

scheint des Tempus wegen doch räthlicher zu lesen: *coctum;* wie CAT. 25. sagt: *Quum vinum coctum erit, et quum legetur.* Vgl. VERG. Georg. II, 522. — Sehr ergötzlich ist das Basrelief eines marmornen Brunnenbeckens im MUS. BORB. II. t. 11. eine Weinlese der Satyrn vorstellend, wo einige die Trauben in zusammengenäheten Thierhäuten herbeitragen, andere sie mit einem Felsstücke pressen. In allen Figuren spricht sich Lust und Leben aus, wie es bei der Weinlese sein soll. [Auf dem Relif in ZOËGA, Bassiril. d. villa Alv. t. 26. bringen zwei die Trauben in Körben, drei andere treten und zwei füllen den Most in Gefässe. PASSER. luc. fict. II, 48 fg. Vgl. VARRO L. L. VI, 16. *vinalia.*]

Die gesammelten Trauben wurden dann mit blossen Füssen getreten, *calcare*. GEOPON. VI, 11. Ἐμβληθείσας δὲ τὰς σταφυλὰς εἰς τὰς ληνοὺς εὐθὺς τοῖς ποσὶν ἀποθλιβέτωσαν οἱ πρὸς τοῦτο τεταγμένοι. — Εἰσιέναι δὲ εἰς τὴν ληνὸν τοὺς πατοῦντας χρὴ εὖ μάλα τὰ περὶ τοὺς πόδας κεκαθαρμένους — καὶ εἴ τις ἀνάγκη γένοιτο τοῦ ἀπελθεῖν μὴ γυμνοῖς τοῖς ποσὶν ἀπιέτω. Daher sagt auch VERG. Georg. II, 7.

Huc, pater o Lenaee, veni nudataque musto
Tingue novo mecum dereptis crura cothurnis.

Nach zweimaligem Treten wurden die Trestern unter die Presse (*torcular*) gebracht. [Anmuthige Kelterscenen s. noch PANOFKA, Bilder antiken Lebens XIV, 9. u. ZAHN, die schönsten Ornam. III, 7. 13.] Man unterscheidet daher *vinum* oder

Die Getränke. 295

mustum calcatum und *pressum*, eigentlich aber dreierlei. Wenigstens sagt PLIN. c. 9. *Sed inter haec genera potuum* (dulcia) *ponere debeo et protropum; ita appellatur a quibusdam mustum sponte defluens, antequam calcentur uvae. Hoc protinus diffusum lagenis suis defervere passi, postea in sole quadraginta diebus torrent aestatis secutae ipso Canis ortu.* Die zweite Sorte war dann der erste Ablauf beim Treten: *antequam nimium calcetur uva*. Er wurde vor allen zum *mulsum* genommen. COL. XII, 41. Und endlich der spätere, der von den Trestern mehr Herbes erhielt. [Der durch abermaliges Pressen der Trestern mit Zuschüttung von Wasser gewonnene Nachwein hiess *lora*, welcher durch verschiedene Zusätze versüsst und veredelt werden konnte. Er hielt sich aber höchstens ein Jahr und wurde von den Sklaven und Armen, auch von den Frauen getrunken, s. II, S. 142. VARRO R. R. I, 54. bei Non. XVII, 13. COL. XII, 41. CAT. 57. PLIN. XIV, 10, 12.]

Um die wässerigen Theile verdünsten zu lassen, breitete man auch die Trauben auf Geflechten aus und liess sie sieben Tage liegen. Das nannte man *vinum diachytum*, PLIN. c. 9. *ita fieri optimi odoris saporisque.* Es war also etwas Aehnliches, wie unser Strohwein. — Wollte man ihn noch süsser und kräftiger haben, so liess man auch die Trauben ganz abwelken: *uva passa, vinum passum* (pandere). Endlich sott man ihn auch ein. [Auf einem Wandgemälde sieht man Eroten, welche Trauben pressen und den Most einsieden, zu welchem Behufe neben der Presse ein kleiner Ofen steht. PITT. DI ERC. I, 24.] PLIN. ebend. *Nam siraeum, quod alii hepsema, nostri sapam appellant, ingenii, non naturae opus est, musto usque ad tertiam partem mensurae decocto; quod ubi factum ad dimidiam est, defrutum vocamus.* Damit wurde auch geringerer Wein angemacht. [PLIN. c. 19. *decoquitur ut dulcescat portione virium — decoquunt ad sapas musta infusisque his ferociam frangunt.* Solcher Wein hielt nur ein Jahr. Noch jetzt verfährt man in Italien ganz ähnlich.] — Ausserdem verstand man auch damals schon den Kunstgriff, geringeren Wein durch Zusatz von Hefe einer edlen Sorte besser zu machen. HORATIUS Sat. II, 4, 55. COLUM. XII, 28. 30.

Der Most wurde dann sogleich von dem *lacus torcularius* auf grosse thönerne [kürbissförmige] Gefässe, *dolia* [NON. XV, 16. *vasa grandia quibus vinum reconditur.*] gefüllt, um darauf die Gährung zu erleiden: *condere.* VARRO I, 65. *Quod mustum conditur in dolium, ut habeamus vinum, non promendum, dum fervet, neque etiam dum processit ita, ut sit vinum factum.* Hölzerne Weinfässer gebrauchte man noch zu Plinius Zeit weder in Griechenland noch in Rom. Er sagt ausdrücklich: c. 21. *Circa Alpes ligneis vasis condunt, circulisque cingunt.* [PIGNOR. de Serv. p. 551. hat ein Relief mit solchen Fässern. S. auch die Trajansäule.] — *Mitiores plagae doliis condunt.* Wenn indessen PALLAD. X, 11. sagt: *dolium ducentorum congiorum XII libris picetur,* so ist es kaum glaublich, dass man thönerne Gefässe verfertigt habe, welche 25 Amphoras oder 20 Eimer hätten fassen können. Indessen lässt sich auf einen ansehnlichen Umfang der *dolia* schon aus dem Vergleiche bei PLAUT. Pseud. II, 2, 64. *anus doliaris* schliessen. [Sicherer spricht für die ansehnliche Grösse mancher *dolia* der Umstand, dass sich ein Mann bequem darin bewegen konnte, ohne dass er über den Rand hinaus zu sehen im Stande war, wie die boccaccioähnliche Erzählung bei APPUL. Met. IX, p. 219 f. beweist (nicht zu gedenken der Tonne des Diogenes. IUV. XIV, 308.). Darum brauchen wir an dem *dolium quinquagenarium* (d. h. 50 Amphorä enthaltend) des CATO r. r. 112. keinen Anstoss zu nehmen, um so weniger, da Cato sagt, dass bei der ersten Füllung 5 Amphorä fehlen sollen. Noch grösser ist das dolium bei CATO r. r. 104, welches über 60 Amphorä fasst. Auch sieht man in einigen Museen Scherben, welche auf einen riesigen Umfang schliessen lassen, z. B. in Darmstadt. S. KRAUSE, Angeiol. S. 227 ff. NEVILLE, in the archaeol. journal, Lond. 1853, X, p. 230. (gewöhnlich 1 Elle hoch).] Auffällig ist übrigens eine Stelle PETRON's c. 60. *Ecce autem deductus lacunaribus subito circulus ingens, de*

Die Getränke. 297

cupa videlicet grandi excussus, demittitur. [Jedenfalls] meint er eine hölzerne *cupa*. [Ueber die Reifen der πίθοι s. PANOFKA, rech. sur les verit. noms p. 5.] — Wenn BÖTTIGER, Amalth. S. 180. sagt: „Uebrigens zog man es überall vor, keine allzugrosse Dolia zum Aufbewahren des besseren Weines zu gebrauchen," so ist PLINIUS falsch verstanden. Er sagt c. 21. *Quin et figuras referre* (aiunt). *Ventruosa ac patula minus utilia.* Es werden also nicht grosse, sondern bauchige Gefässe verworfen, und dagegen vermuthlich längere von geringerem Durchmesser empfohlen. [Die Abbildungen der *dolia* zeigen vielmehr eine weite und runde Form, z. B. PASS. luc. fict. II, 40. AVELLINO, bull. Napol. N. 26. (1844.) Dagegen die Gefässe, in welche der Wein des baldigen Gebrauchs wegen gefüllt wurde, hatten eine lange schlanke Form, s. die Abbild. S. 28. Darum haben diese nothwendig Henkel, jene nicht regelmässig. Vgl. unten.] Zu gleichem Gebrauche, wie die *dolia*, dienten die *seriae*, die bei COL. XII, 18. von jenen unterschieden werden, [und die *cupae*, NON. XV, 7. s. unten, vor Alters die *calparia*, NON. XV, 31.]

Die *dolia* wurden vor dem Gebrauche ausgepicht. Ganz neue wurden sogleich, wenn sie aus dem Ofen kamen, gepicht. GEOP. VI, 4. Τοὺς καινοὺς πίθους ἀπὸ τῆς καμίνου ληφθέντας εὐθέως πισσωτέον, τοὺς δὲ παλαιοὺς τῇ τοῦ κυνὸς ἐπιτολῇ. Wenn BÖTTIGER a. a. O. S. 179. sagt: „Bekanntlich wurde der junge Wein sogleich auf diese thönernen vorher mit Wachs ausgestrichenen (das hiess *imbuere*) Gefässe übergegossen," so scheint COLUMELLA sehr flüchtig angesehen zu sein; denn was er von der *ceratura* XII, 52, 16. sagt, gilt nur von den *doliis oleariis*, womit CAT. 69. übereinstimmt: *Dolia olearia nova sic imbuito*. nur dass er das zweite von Columella auch angeführte Verfahren mit der *amurca* empfiehlt. Die weitere Vorrichtung nach der Verpichung, wozu das beste mit etwas Wachs (nach Pallad. $^1/_{12}$), auch wohl mit Aromen versetzte Pech genommen wurde, lehrt PLIN. c. 21. *Picari oportere protinus a Canis ortu, postea perfundi marina aqua aut salsa, dein cinere sarmenti aspergi vel argilla, abstersa myrra suffiri ipsasque saepius cellas.* Vgl. GEOPON. VI, 9. [Davon *vinum picatum*, MART. XIII, 107. PLUT. Sympos. V, 3.]

Dann wurden sie, jedoch nicht bis an den Rand, gefüllt. PLIN. *Nunquam implenda, et quod supersit passo aut defruto perungendum, admixto croco, pice veteri cum sapa; sic opercula doliorum medicanda, addita mastiche et pice.* Vgl. GEOP. VI, 12. Natürlich blieb er, so lange der Gährungsprocess [vgl. SEN. ep. 83.] dauerte, unverschlossen, und auch dann möchte ein Verschliessen durch Kork, Pech oder Gyps nicht zu denken sein. [Gute Sorten liess man offen unter freiem Himmel stehen, um sie zu veredeln, HOR. serm. II, 4, 51 ff. s. unten. PLIN. h. n. XIV, 21, 27. *Campaniae nobilissima exposita sub divo in cadis verberari sole, luna, imbre, ventis aptissimum videtur.* u. vorher. *inbecilla vina demissis in terram doliis servanda, valida expositis.* CATO r. r. 105. 113. Dieses thun die Italiener noch jetzt.] — Die *cella vinaria*, wo die *dolia* aufbewahrt wurden [*accubare* HOR. od. IV, 12, 18. APP. Met. IX, p. 233. Elm. *concurrit unus e cella vinaria, nuntians omne vinum quod olim diffusum fuerat in omnibus doliis — rebullire.*], war eine kühle [nach Norden gelegene] Kammer, ganz oder [nach Andern] wenigstens so weit über der Erde, dass sie Fenster haben konnte. S. Th. II, S. 233 f. und PLIN. Dort standen die *dolia* entweder über dem Boden, oder zum Theile auch ganz in die Erde eingelassen. PLIN. *Mitiores plagae doliis condunt infodiuntque terrae tota aut ad portionem situs.* Das sind *dolia demersa*, COLUM. XII, 17, 5. oder *depressa.* [APPUL. Met. IX. p. 219. Elm. *semiobrutum.*] ULP. Dig. XXXIII, 6, 3. *In doliis non puto verum, ut vino legato et dolia debeantur, maxime si depressa in cella vinaria fuerint, aut ea sint, quae per magnitudinem difficile moveantur;* auch *defossa.* Ebend. 7, 8. *dolia, etiamsi defossa non sint et cupae quibusdam regionibus accedunt instrumento.*

Vieler Wein wurde gleich von dem *dolium* oder der *cupa* weg getrunken [nämlich von den Landleuten, HOR. epod. II, 47. *horna dulci vina promens dolio.*]: *vinum doliare* oder *de cupa.* Wenn BÖTTIGER die Worte CIC. in Pis. 27. *vinum de propola et cupa* (sic!) erklärt: „den Wein von der Schenkwirthin nehmen," so kann es nichts Falscheres geben. Wenn auch die Form *cupa* für *copa* zu billigen ist (s. BENTL. zu Hor. Sat. II, 2, 123. und ILGEN de Copa Virg.), so zeigen doch bei CICERO schon die verschiedenen Präpositionen: *a propola atque de cupa* (wie es wirklich heisst), dass *cupa* ein grösseres Weingefäss zu gleichem Gebrauche, wie das *dolium* bedeutet. [Die *cupae* sind jedoch leichter zu transportiren, wenigstens sind sie nicht so regelmässig *immobiles*, wie die *dolia*, ULP. l. l.]

Das war indessen nur der geringere Wein, der kein hohes Alter vertrug (*aetatem ferre*); der bessere wurde, wenn er völlig ruhig war, auf *amphoras* und *lagonas* vertheilt, *diffundebatur*. [*vina amphoraria* „Flaschenweine" Dig. XXXIII, 6, 16, § 2. COLUM. XII, 28.] Ob diess in früherer Zeit geschehen, wusste PLINIUS selbst nicht anzugeben. Er sagt: c. 14. *Apothecas fuisse et diffundi solita vina anno DCXXXIII Urbis, apparet indubitato Opimiani vini argumento.* [Eine Amphora mit Inschrift erwähnt ORELLI HENZEN 7296. (nach MOMMSEN) *praesta mi sinceru*(m nämlich vinum) *sic te amet que custodit ortu*(m) *Venus. Lagona* (oder *lagoena*, s. JAHN, in Berichten der k. sächs. Ges. Leipzig 1857, S. 203 ff. FLECKEISEN, fünfzig Artikel. Frankf. 1861, S. 20.) im Triclinium gebraucht (PETRON. 22. QUINCT. VI, 3, u. HORAT. Sat. II, 8, 41.) scheint unsern Steinkrügen oder Flaschen ähnlich gewesen zu sein, so dass sie auf ihrer Unterfläche auf oder neben dem Tisch stehen konnte, s. Zeitschr. d. Vereins von Alterthumsfr. im Rheinland 1846, IX, Taf. VI. und die Fabel von Storch und Fuchs bei PHAEDR. I, 26. Die Lagona war kürzer als die Amphora (wesshalb sie von COLUM. X, 387 aus einem Kürbiss gemacht wird), hatte aber oft eine grössere Oeffnung als dieselbe (APPUL. Met. p. 121 Elm. *et lag. iuxta orificio cessim dehiscente patescens, facilis hauritu.* COLUM. XII, 45. *patentissimi oris.*) Sie dient bei APPUL. a. a. O. nur 2 Personen. Die an der caupona angekettete Lagona s. MART. VII, 61. Anderer Meinung ist KRAUSE, Angeiol. S. 243 f. Zahlreiche Flaschen findet man in den Museen, auch viereckige, ganz unsern Apothekerflaschen gleich. Wiesbaden, Mainz u. s. w. zeigen grosse Mannigfaltigkeit. Flaschen aus der Sammlung von Disney, von denen eine auf dem Boden eine Inschrift hat (*Blasii L. Aemili*) beschreibt THE ARCH. JOURN. Lond. 1849, VI, S. 84 f. Auch *orcae* und *cadi* waren solche Weinbehälter und waren ebenso wie die Amphora und Lagona von langer und schmaler Form, dabei mit engem Halse und unten nicht selten spitz zulaufend. Der Unterschied von den doliis ist ganz klar. PROC. Dig. XXXIII, 6, 15. *vinum in amphoras et cados hac mente diffundimus, ut in his sit, donec usus causa probetur et scilicet id vendimus cum his amphoris et cadis. in dolia autem alia mente coniicimus, scilicet ut ex his postea vel in amphoras et cados diffundamus, vel sine ipsis doliis veneat.* Von der orca sagt PERS. III, 50. *angustae collo non fallier orcae.* VARRO bei NON. XV, 24. ISID. XX, 6. PAUL. p. 180. M. *teretes atque uniformi specie.* VARRO r. r. I, 13. COLUM. XII, 15. VOP. Aurel. 50. Die cados erklärt NON. XV, 9. *vasa quibus vina conduntur.* POMP. Dig. XXXIII, 6, 14. Oft werden sie bei HORAT., PLIN. u. A. genannt, s. FORCELL. USSING, p. 35 ff. KRAUSE, Angeiol. S. 236 f. Alterthümliche Weingefässe von unbekannter Form waren die *tinae* oder *tinia*, PAUL. p. 365 M. NON. XV, 7. Ebenso unbekannt ist die von HOR. Od. I, 9, 8. genannte *diota* (etwa amphora?) und der *oenophorus* oder *oenophorum*, Flasche oder Fass? (nicht Flaschenfutter) nach IUV. VI, 425 ff. LUCIL. Fragm. Bipont. p. 249.

Vinum defusum e pleno dabit oenophoro, cui cett. —
Vertitur oenophoris fundus —.

HOR. Sat. I, 6, 109. CIC. de Fin. II, 8. PERS. V. 140. LUCIL. bei Non II, 800. ISIDOR. XX, 6. USSING, p. 38. SEEBODE, Scholien zu Horaz. Gotha 1839. I. Dass aber auch unter den Amphorenformen rücksichtlich der Henkel, des Bauchs (oft weit, oft schlank), der Höhe u. s. w. grosse Mannigfaltigkeit herrschte, zeigt z. B. die Grablampe bei PASSER. luc. III, 51. ähnlich BELLOR. II, 16. und vorzüglich der Besuch der

Museen. Die rheinischen Sammlungen haben Massen davon und darunter viele Varietäten. S. überhaupt KRAUSE, Angeiol. S. 249 ff. Allen Amphoren, die nur zur Aufbewahrung, nicht zum Schmuck dienten, gemeinsam ist das oval spitzige Ende, so dass sie im Keller in den Sand eingegraben oder aufgeschichtet wurden, in den Speisesälen aber auf Untersetzern (*incitega*) standen. Als Kunststück erscheint PETRON. 52. *dentibus amphoram sustinere*. Die Schläuche, *utres*, PETRON. 34 können hier nicht berücksichtigt werden. MUS. BORB. IX, 51. Uebrigens pflegte man in den amphoris, cadis und lagonis auch viele andere Gegenstände als Wein aufzubewahren, z. B. Honig, muria u. a. salsamenta, Oel, Olive, Feigen, d. h. getrocknete u. s. w. HOR. Sat. II, 4, 66. CATO r. r. 13. CIC. Verr. II, 74. PLIN. XV, 21. PAUL. p. 180 M. MARTIAL. XIV, 116. I, 44. Ueber die Versiegelung der Gefässe s. II, S. 281.] — Von der Grösse der *amphorae* und *cadi* ist oben gesprochen worden. Diese der Amphora ähnlichen Gefässe waren bekanntlich in der Regel von Thon [daher oft *rubens*, *ruber* u. s. w. genannt, MART. I, 56. IV, 66. *fragilis*, OVID. Met. XII, 243., selten von Stein, PLIN. XXXVI, 12. u. 43.], inwendig verpicht und durch einen Korkpfropf (*cortex*, *suber*) verschlossen und übergypset oder verpicht, um jede Einwirkung der Luft zu verhindern, [COL. XII, 11. 12. 23. 41. PLIN. XIV, 27. XXIII, 24.] Späterhin hatte man deren auch von Glas, wie denn PETR. 34. sagt: *Statim adlatae sunt amphorae vitreae diligenter gypsatae, quarum in cervicibus pittacia erant adfixa cum hoc titulo*. [MART. II, 40, 6.

Condantur parco fusca Falerna vitro.

Vielleicht hingen desshalb nur die Täfelchen [*tesserae*, *notae*, *pittacia*, *tituli*] daran, denn bei irdenen schrieb man wohl den Namen [des Weins und des Consuls, um den Jahrgang zu bezeichnen, in weisser oder anderer Farbe] gleich an das Gefäss [*superinscriptio*]. Vgl. BECKMANN, Beitr. II, S. 482. — Die letzteren erhielten natürlich durch das Alter ein unscheinbares Ansehen, das ihnen aber eben zur Empfehlung diente. MART. XIII, 201.

Vierter Excurs zur neunten Scene.

De Spoletinis quae sunt cariosa lagonis
Malueris, quam si musta Falerna bibas.

[Iuv. V, 30 ff.

Ipse capillato diffusum consule potat,
Calcatumque tenet bellis socialibus uvam —.
Cras bibet Albanis aliquid de montibus, aut de
Setinis, cuius patriam titulumque senectus
Delevit multa veteris fuligine testae etc.

S. Thl. I, S. 175 fg. Die Inschriften der amphorae werden nicht bloss bei den alten Schriftstellern erwähnt, HOR. Sat. I, 5, 4. I, 10, 24. *nota Falerni.* od. III, 21, 1. II, 3, 8. *interiore nota Falerni* d. h. die *nota* (eigentlich amphora) ist *interior*, befindet sich im inneren Raum, denn die neuen und ordinären Weine standen vorn an, um bald geholt zu werden, während die Cabinetsweine lange darin blieben. od. III, 28, 2. *reconditum — caecubum.* epist. II, 1, 34. *si meliora dies ut vina poëmata reddit.* COLUM. XII, 19. *vini nota.* PLAUT. Poen. IV, 2, 14. *literatas fictiles epistolas.* sondern man hat dergleichen viele gefunden, z. B. mit der Inschrift RVBR. VET. V̄. P. CII. d. h. *rubrum vetus vinum picatum* mit der Nummer 102. oder NOV. d. h. *novum vinum* u. a. AVELLINO, bull. Napol. N. 6. (1843.) 46. (1845.)]

Interessant ist es durch Pompejanische Gemälde, MUS. BORB. IV. A. und V. t. 48. [GELL, Pomp. 81.] die Weise kennen zu lernen, wie man Wein, vielleicht gekauften transportirte. Die beiden Gemälde sind sich fast ganz gleich. Sie stellen beide einen vierrädrigen Wagen vor, welcher aus einem leichten Leitergestell besteht, dessen ganzen inneren Raum ein einziger grosser Schlauch füllt. Dieser Schlauch hat vorn eine weite hier zugebundene Oeffnung, offenbar um den Wein einzufüllen, und hinten verlängert er sich in einen engen Schlauch, aus dem man den Wein wieder auslaufen liess. Eben sind zwei Männer damit beschäftigt, den Inhalt auf lange zweihenkelige Gefässe, *amphoras,* zu füllen. Es ist also nicht Most, sondern fertiger Wein.

Die *amphorae* kamen darauf in die [gut verschlossene Hor. od. II, 14, 26.] *apotheca*, welche von der *cella vinaria* ganz verschieden und im obern Stockwerke war, s. ob. Plin. am besten über dem Bade, um den Rauch hineinzuleiten, weil dieser das Altern des Weins befördern sollte. Colum. I, 6, 20. *Apothecae recte superponentur his locis, unde plerumque fumus exoritur, quoniam vina celerius vetustescunt, quae fumi quodam tenore praecoquem maturitatem trahunt.* Vgl. Heind. zu Hor. Sat. II, 5, 7. [Brodaeus, Misc. I, 13.] und die Strophe, an welche man die Erläuterung des ganzen Verfahrens knüpfen kann: Od. III, 8, 9 ff.

> *Hic dies anno redeunte festus*
> *Corticem adstrictum pice demovebit*
> *Amphorae, fumum bibere institutae*
> *Consule Tullo.*

Daher erklären sich dann auch Ausdrücke wie III, 21, 7. *Descende testa.* und 28, 7. *Parcis deripere horreo amphoram.* [I, 9, 7. *deprome quadrimum Sabinum.* 37, 5. S. noch Mart. III, 82, 23. *cocta fumis musta Massilitanis.* X, 36. XIII, 123. XIV, 118 (immer nur von Massilia). Tibull. II, 11, 27. *fumosos Falernos.* Barry, observ. of the vines p. 64. Weber, de agro et vino Falerno. Marburg 1855, p. 46 f.]

Bei dieser Behandlung, die übrigens hier nur ihren wesentlichsten Punkten nach angegeben ist, behielten die Weine viel Hefe. Wollte man sie gebrauchen, so mussten sie geklärt werden. Diess geschah auf verschiedene Weise. Der Feinschmecker, welcher bei Hor. Sat. II, 4. seine wichtigen Erfahrungen über Küche und Keller mittheilt, giebt als bestes Mittel Vs. 51 ff. an:

> *Massica si coelo suppones vina sereno,*
> *Nocturna, si quid crassi est, tenuabitur aura,*
> *Et decedet odor nervis inimicus. at illa*
> *Integrum perdunt lino vitiata saporem.*

[Vgl. Col. XII, 30.] Auch kannte man schon das Mittel, den Wein mit Ei zu schönen. Ebend. Vs. 55. ff.

> *Surrentina vafer qui miscet faece Falerna.*

Vina, columbino limum bene colligit ovo,
Quatenus ima petit volvens aliena vitellus.

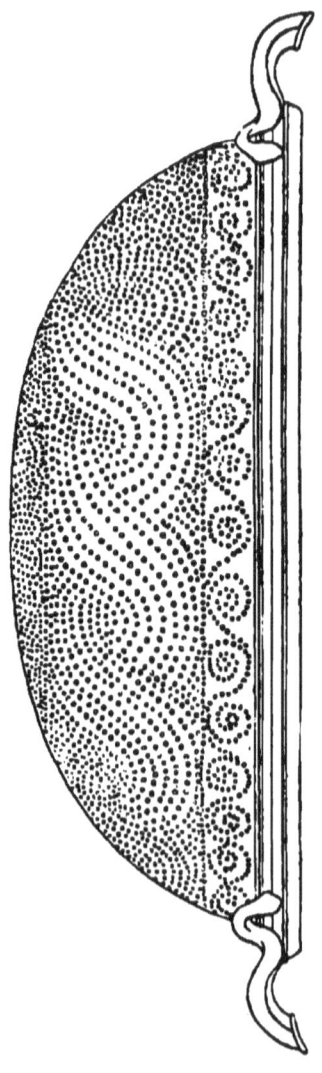

Allein gewöhnlich seihete man den Wein durch den *saccus vinarius* und das *colum*, eine Art Sieb oder Durchschlag von Metall mit feinen Löchern. Solche *cola* sind in Pompeji zahlreich gefunden worden. Das Mus. Borb. theilt III. t. 31. fünf kleinere mit, welche sämmtlich einen Griff oder Stiel haben und also während des Seihens gehalten wurden. Dagegen findet sich II. t. 60. ein grösseres hier beistehend wiedergegebenes mit zwei Henkeln, an denen es vermuthlich über ein Gefäss gehängt wurde, in das man den Wein laufen liess. Auch kann zu gleichem Gebrauche ein silberner Napf mit schöner Cälatur und ebenfalls silbernem colum gedient haben. Ebend. VIII. t. 14. [Venuti, sopra i coli vinari degli antichi, in Diss. dell' acad. di Cortona I, p. 83 ff. Vgl. Plin. XXIII, 24.] — Dagegen war der *saccus*, ein leinener Filtrirsack, das schlechteste Mittel, da das Seihen durch Leinwand den besten Wein zur elenden *vappa* macht. Darum heisst es eben bei Horaz:
Integrum perdunt lino vitiata saporem.

Die Getränke.

Um zu sehen wie *colum* und *saccus* sich gegen einander verhalten, darf man nur zwei Epigramme MARTIALS vergleichen: XIV, 103. *Colum nivarium* [ebenso genannt POMP. Dig. XXXIV, 2, 21. pr.]

Setinos, moneo, nostra nive frange trientes:
Pauperiore mero tingere lina potes.

und das folgende: *Saccus nivarius*.

Attenuare nives norunt et lintea nostra:
Frigidior colo non salit unda tuo.

Indessen wurde der *saccus* auch bei guten Weinen gebraucht, wie MART. VIII, 45. selbst sagt:

Defluat et lento splendescat turbida lino
Amphora centeno consule facta minor.

Man pflegte nämlich *colum* und *saccus* mit Schnee zu füllen und darauf den Wein zu giessen, um ihn zu erfrischen. Dazu wurde der Schnee sorgfältig für den Sommer bewahrt, wie es noch jetzt namentlich in Neapel geschieht: *aestivae nives*. MART. V, 64. IX, 23, 8. 91, 5. PLIN. XIX, 4, 19. *Hi nives, illi glaciem potant, poenasque montium in voluptatem gulae vertunt. Servatur algor aestibus excogitaturque, ut alienis mensibus nix algeat.* [SEN. ep. 78. *o infelicem aegrum! quare? quia non vino nivem diluit, quia non rigorem potionis suae — renovat fracta insuper glacie.* nat. qu. IV, 13. *invenimus quomodo stiparemus nivem, ut ea aestatem evinceret* cett. — *reponendae nivis officinas.* Auch des Eises wird hier zu demselben Behufe gedacht.] Auch damit war man noch nicht zufrieden. Noch subtileres Raffinement fand einen Unterschied zwischen Schnee und abgesottenem, aber durch Schnee wieder zum Gefrieren gebrachtem Wasser. PLIN. a. a. O. *Decoquunt alii aquas; mox et illas hiemant.* XXXI, 3, 23. *Neronis principis inventum est, decoquere aquam vitroque demissam in nives refrigerare. Ita voluptas frigoris contingit sine vitiis nivis.* MART. XIV, 117. *Nives.*

Non potare nivem, sed aquam potare rigentem
De nive commenta est ingeniosa sitis.

ebend. 116. *Lagona nivaria*.

Spoletina bibis vel Marsis condita cellis:
Quo tibi decoctae nobile frigus aquae?
Da konnte denn zuweilen das Wasser höher zu stehen kommen als der Wein, wie derselbe Dichter im 108. Ep. sagt. Uebrigens hatte man bei dem Durchseihen noch einen andern Zweck: man wollte die berauschende Kraft des alten schweren Weins mässigen. PLIN. XIV, 22. *Quin immo ut plus capiamus, sacco frangimus vires.* Vgl. XXIII, 2, 24. Das nannte man auch *castrare vinum.* PLIN. XIX, 4, 19. Im Allgemeinen aber galten die Ausdrücke: *defaecare, liquare, colare, saccare.*

Was die Farbe der Weine anlangt, so mag sie bei den meisten dunkel gewesen sein, wie noch jetzt bei den sämmtlichen südlichen Weinen. Indessen hatte man auch Sorten von hellerer Farbe und unterschied, wie wir weiss und roth, so *album et atrum.* PLAUT. Menaechm. V, 5, 17. *Album an atrum vinum potas?* PLINIUS nennt vier Farben. XIV, 9. *Colores vinis quatuor: albus, fulvus, sanguineus, niger.* Wie *nigrum* und *atrum* den dunkelsten rothen, so bezeichnet dann *album* den hellgelben, den auch wir weiss nennen. Dass der berühmte Falerner diese Farbe hatte, sehen wir daraus, dass der schönste Bernstein nach ihm genannt wurde. PLIN. XXXVII, 3, 12. *Summa laus Falernis a vini colore dictis, molli fulgore perspicuis.*

Aus dem, was über die Behandlung gesagt worden ist, geht schon hervor, dass man im Allgemeinen vorzüglich gern alte Wein trank, und selbst ein älterer geringer Wein war angenehmer als junger Falerner. MART. XIII, 120. s. oben. [PLAUT. Cas. prol. 5. *qui utuntur vino vetere, sapientes puto.* CIC. Brut. 83. Cael. 19. IUV. V, 30 ff. s. oben. ATH. I, p. 26. Es kam aber theils auf die Sorte des Weins, theils auf die Art der Anwendung an. Der Sabiner war mit 4 Jahren trinkbar, HOR. od. I, 9, 7., Petrinum u. a. mit 6—7 Jahren, HOR. epist. I, 5, 4 f. Einen 9jährigen Albanum nennt HOR. od. IV, 11, 1 f. Für den alltäglichen Gebrauch nahm man mit jungem Wein vorlieb, aber bei festlichen Mahlen musste es alter sein, HOR. I, 37, 5 f. III, 14, 18 ff. 28, 2, 21, 6. epod.

XIII, 6.] Es mochte aber damals nicht weniger Täuschung stattfinden als bei uns, und das Alter, oft ein unmögliches, erlogen werden. So sagt MART. III, 62. *sub rege Numa condita vina bibis.* und XIII, 111.
De Sinuessanis venerunt Massica prelis:
Condita quo quaeris Consule? Nullus erat.
Die *amphorae* an der Tafel Trimalchio's (s. o. PETR.) trugen die Etikette: *Falernum Opimianum annorum centum.* worin die doppelte Lächerlichkeit liegt, dem Weine, der jährlich älter wird, ein bestimmtes Alter anzuschreiben, und das Opimianum hundertjährig zu nennen, da dieser Jahrgang, der ausgezeichnetste, welchen Italien kannte, dem Jahre der Stadt 633 angehörte und damals wenigstens 160—170 Jahr alt sein musste. Es lässt sich aber aus der vielfältigen Erwähnung in noch späterer Zeit leicht ermessen, dass man noch immer Opimianum trank, als es schon lange keinen mehr gab. [PLIN. XIV, 4. *durantque adhuc.* Dagegen VELL. PAT. II, 7. *quod* (vinum Opim.) *iam nullum esse spatio annorum colligi potest.* S. noch MART. I, 27. *Testa sed antiqui felix siccatur Opimi.* II, 40. XIII, 113.]

Die verschiedenen Gewächse geht PLINIUS XIV, 6. durch. Vgl. SCHNEIDER, Ind. zu d. Scriptt. R. R. p. 411. MART. XIII, 106—122. [VITRUV. VIII, 3, 12. ATH. I. p. 26 fg. 33.] — Nach PLINIUS behauptete von alter Zeit her unter den abendländischen Weinen den ersten Rang *vin. Caecubum* [HOR. Od. I, 20. I, 37, 5. II, 14, 25. III, 28, 3. epod. 9, 1. 36. Serm. II, 8, 15. MART. XIII, 115. STRAB. V, p. 161.]. Dieser edle Wein wuchs, wie überhaupt die vorzüglichsten, in Campanien am Sinus Caietanus bei Amyclae. Zu Plinius Zeit waren die Pflanzungen vorzüglich durch den Kanal des Nero ruinirt; aber schon früher hatte August dem *Setiner* (MART. XIII, 112) den Vorzug gegeben, der sich auch, nachdem der Caecuber verloren war, als erster erhielt. Den zweiten Rang nahm der *Falerner* ein [HOR. l. l. ATH. l. l. Zahllose Erwähnungen und Lobsprüche (HOR. Od. I, 27, 10. II, 6, 19. 11, 19. III, 1, 43. 21, 8. Serm. II, 3, 115. 4, 19.

24 ff. 55. 8, 16. Mart. II, 40, 6. VIII, 56, 14. 77, 5. IX, 22, 8. 73, 5. X, 36, 5. XI, 8, 7. 50, 7. XIV, 113. Iuv. XIII, 216. IV, 138. Varro. r. r. I, 2. *quod vinum Falerno* (conferam). Strab. V, 4, 3. Sidon. Apoll. ep. II, 13.) finden sich bei Weber, de agro et vino Fal. S. 35—67., der auch die Eigenschaften des Falerners (Farbe, Bouquet, Substanz, Geschmack, Süsse, Feuer, Dauer, Preiss) auf das Erschöpfendste behandelt], und davon war wiederum das vorzüglichste Gewächs das *Faustianum*, das zwischen Sinuessa und Cedia wuchs, und seinen Namen angeblich vom Sulla (Faustus) hatte. [Plin. XIV, 6. bei Sinuessa, wo überhaupt gute Weine wuchsen, Hor. ep. I, 5, 4 f.

Vina bibes iterum Tauro diffusa palustres
Inter Minternas Sinuessamque Petrinum.

Flor. I, 16. *amicti vitibus montes, Gaurus, Falernus, Massicus — Vesuvius.*] Um den dritten stritten *Albanum* [Hor. od. IV, 11, 1. Sat. II, 8, 16. Mart. XIII, 109.], *Surrentinum* [Mart. XIII, 110.] und *Massicum* [bei Sinuessa, Hor. od. I, 1, 19. III, 21, 5. II, 7, 21. Mart. I, 27, 8. XIII, 111.], auch wohl *Catenum* [Hor. od. I, 31, 9. IV, 12, 14. I, 20, 9.] und *Fundanum* [Mart. XIII, 113]. Die vierte Stelle erhielt seit Iulius Caesar das *Mamertinum* aus der Gegend von Messana [Mart. XIII, 117.] wofür häufig *Tauromenitanum* verkauft wurde. Mittelsorten waren *Trifolinum* vom Berge Trifolium in Campanien, bei Mart. XIII, 114. *septima vitis; Signinum* [Mart. XIII, 116.], *Sabinum* [Hor. Od. I, 20. *vile* Mart. X, 49. *plumbea vina*.], *Nomentanum* [Mart. XIII, 119. *Tarentinum* (Mart. XIII, 125), vom Berg *Aulon* (Hor. od. II, 6, 18 ff.) *Formianum* (Hor. od. III, 16, 34)] und andere. Als geringste werden genannt: *Vaticanum*, eine sehr verrufene Sorte, von Martial häufig erwähnt; z. B. VI, 92. *Vaticana bibis! bibis venenum*. X, 45. *Vaticana bibas, si delectaris aceto*. Um ihn trinkbarer zu machen und damit zu täuschen, mischte man ihn zuweilen mit gutem alten Weine, wie es in einem vortrefflichen Epigramme desselben Dichters heisst. I, 19.

Die Getränke.

*Quid te, Tucca, iuvat retulo miscere Falerno
In Vaticanis condita musta cadis?*
s. I, S. 72. Ferner der in der Gegend von Veii wachsende, *Veientanum*, dessen ins Röthliche spielende Farbe den Beinamen *rubellum* ihm zuzog. MART. I, 104. *Veientani bibitur faex crassa rubelli.* [HOR. Sat. II, 3, 143.] Ausserdem *Pelignum* I, 27. XIII, 121., *Caeretanum* XIII, 124. [Auch liebte man Wein aus den Provinzen, so *Raeticum* (SUET. Oct. 77. SERV. zu Verg. Georg. II, 95. *Tarraconense* u. a.], *Laletanum* (aus Spanien) I, 27. VII, 53., *Massilitanum* X, 36. XIII, 123. [Die Römer nahmen Manches von dem Gallischen Weinbau an, PLIN. h. n. XVII, 15, 25. 23, 35. DÜNTZER, a. a. O. — Im Verlaufe der Zeit bildete sich eine andere Scala der Weinsorten. So finden wir in DIOCL. ed. II, 1 ff. nur 3 Hauptsorten: 1) ganz gute, die Amphora zu 30 Denaren, nämlich *Picenum, Tiburtinum, Sabinum, Ammineum, Saitinum, Surrentinum, Falerinum*; 2) überjährigen Wein (*vetus*) zu 24 und 16 Denaren, 3) *rusticum* gewöhnlichen Landwein zu 8 Den. S. das. II, 8 ff. u. die gehaltreiche Anmerk. von MOMMSEN zu der Stelle S. 62. 76 f. — Dass *vetus* nicht immer alten Wein bezeichnet, sondern jeden überjährigen, sagt ULP. Diss. XXXIII, 6, 11. *vetus accipietur, quod non est novum i. e. et anni prioris vinum appellatione veteris continebitur.* VARRO r. r. I, 22.] — Uebrigens fand mancherlei Verfälschung statt, nicht nur durch Mischung verschiedener Weine [HOR. Sat. I, 10, 24. Od. I, 20, 10. TIBULL. II, 1, 27.] und Zusatz von *sapa* oder *defrutum*, auch ausländischem Weine besonders vom *Tmolus*, sondern auch durch schädliche Substanzen. S. BECKMANN, Beitr. I, S. 181 ff.

Zu diesen abendländischen Weinen kamen nun noch die *transmarina* oder griechischen, welche PLIN. c. 7. würdigt. Die vorzüglichsten waren *Thasium, Chium* [HOR. epod. 9, 35. Sat. II, 8, 15. 50. 3, 115.], *Lesbium* [*innocens* HOR. od. I, 17, 21. epod. 9, 35.), *Sicyonium, Cyprium* und zu Plinius Zeit vorzüglich *Clazomenium: postquam parcius mari condiunt.* [*Coum*, HOR. Sat. II, 4, 29. 65. u. 8, 15. *Chium maris expers*.

HEIND. und DÜNTZER zu d. St. JAHN und TEUFFEL zu Pers. VI, 39. HOR. Sat. I, 10, 24. zeigt, dass man auch Falerner und Cyperwein mischte.] Man spülte nämlich nicht nur die Gefässe mit Seewasser aus, sondern manche Weine erhielten davon selbst einen Zusatz. [Charikl. II, S. 276. was die Römer nicht gerade sehr liebten, PLAUT. Rud. II, 7, 30.

Quasi vinis graecis Neptunus nobis suffudit mare.
VARRO r. r. 112. PLIN. XIV, 19, 23. 24. XXIII, 24. ATH. I, p. 32. — Nicht eine besondere Sorte des Weins war *vappa*, sondern jeder verdorbene Wein wurde so genannt, PLIN. XIV 20, 25. ACRON. zu Hor. Sat. I, 1, 104. II, 3, 144.]

Noch war man durch diese Mannigfaltigkeit nicht befriedigt, sondern es wurde der Wein und schon zu alter Zeit (PLIN. c. 13, 15.) mit allerhand aromatischen und bitteren Dingen, wie *myrra* (Harz von Amyris Kataf), Aloe und dergleichen angemacht. S. PALLAD. XI, 14. [FEST. p. 158 M. v. *murrata potione usos antiquos indicio est* etc. PAUL. DIAC. p. 144 M. *Murrina genus potionis* — νέκταρ. *Hanc mulieres vocabant murriolam; quidam murratum vinum; quidam id dici putant ex uvae genere murrinae nomine.* Unter den *potu dulcia*, die die Frauen liebten, zählt GELL. X, 23. die murrina auf. VARRO bei Non. XVII, 10. 13. PLAUT. Pseud. II, 4, 51.

Murrinam passum defrutum melinam mel quoiquoimodi.
Dasselbe meint DIOCL. ed. II, 16. *murtites*. Daselbst kommt auch *apsinthium, rosatum* und *conditum* vor. PAULY, Realenc. V, S. 302.] Ja man mischte sogar kostbare ätherische Oele darunter, oder trank aus Gefässen, in welchen solche gewesen waren. PLIN. XIII, 1, 5. *At hercules iam quidam etiam in potus addunt, tantique amaritudo est, ut odore prodigo fruantur ex utraque parte corporis.* [PLAUT. mil. glor. III, 2, 11.

Deprompsit nardini amphoram cellarius.]
Das nennt MARTIAL XIV, 110. *si foliata sitis*, weil das Nardenöl, *nardinum*, auch schlechthin *foliatum* hiess. Vgl. IUVEN. VI, 303. [MART. XIV, 113. bezieht sich *murrina* nicht auf Myrrhenwein, wie WEBER de agro Fal. S. 62. glaubt, sondern es sind *vasa murrina* gemeint, s. Bd. II, S. 328 f.]

Die Getränke. 311

Nächst dem Weine war ein sehr beliebtes Getränk das *mulsum*. [MART. XIII, 108. *Mulsum*.
Attica nectareum turbatis mella Falernum.
MOMMSEN, inscr. Neap. 4021.] Seine Bereitung wird verschieden angegeben. Nach COLUM. XII, 41. sollte der beste Most (*quod destillaverit antequam nimium calcetur uva*) sogleich vom *lacus* weggenommen, und mit einer Urna desselben 10 Pfund Honig vermischt, dann sogleich auf *lagonas* gefüllt und vergypset werden. Nach zwei und dreissig Tagen sollte man die Gefässe wieder öffnen, und das Getränk auf andere füllen. — Allein diese Bereitung aus frischem Most war nicht allgemein, wie die Vorschrift des Gourmands bei HOR. Sat. II, [2, 15.] 4, 24 ff.

Aufidius forti miscebat mella Falerno
Mendose, quoniam vacuis committere venis
Nil nisi lene decet.

das von MACROB. Sat. VII, 12. angeführte Sprüchwort: *Mulsum quod probe temperes, miscendum esse novo Hymettio et vetulo Falerno*. [PLIN. XXII, 24, 53. *mulsum ex vetere vino utilissimum*. MART. IV, 13, 4.] nebst andern Stellen beweisen, und so wird auch GEOPON. VIII, 25. 26. die doppelte Bereitung aus $^4/_5$ Wein und $^1/_5$ Honig oder aus $^{10}/_{11}$ Most und $^1/_{11}$ Honig gelehrt. Vgl. PALLAD. XI, 17. Der griechische Name dafür ist οἰνόμελι, allein das Wort hat bei den Römern noch eine andere Bedeutung. Diess sieht man aus ULP. Dig. XXXIII, 6, 9. *Si quis vinum legaverit, omne continetur, quod ex vinea natum vinum permansit. Sed si mulsum sit factum, vini appellatione non continebitur. — Oenomeli plane, id est dulcissimum vinum, continebitur.* — Ueber die verschiedenen Sorten Honig s. S. 253. Das *mulsum* wurde vorzüglich beim Prandium und dem Gustus genossen, wie bei uns süsse Sekte, die indessen auch bei den Alten die Stelle des *mulsum* vertraten. MART. XIII, 106. *Passum*.

Gnosia Minoae genuit vindemia Cretae
Hoc tibi, quod mulsum pauperis esse solet.

Der Wein wurde bekanntlich mit Wasser vermischt getrunken, und zwar in den heissen Sommertagen mit kaltem Wasser [*liquare, temperare,* HOR. od. I, 11, 6. III, 29, 6. II, 11, 18. MART. I, 206, 1. *diluti bibis unciam Falerni*]; über die üblichen Verhältnisse beider s. I, S. 202 fg. Hier ist nur noch der *calda* zu gedenken, des einzigen bei den Alten gebräuchlichen warmen Getränks, welches vorzüglich im Winter oder überhaupt bei kühler Temperatur der Luft genossen wurde. Nur muss man seinen Gebrauch nicht bloss auf die kalte Jahreszeit beschränken. MARTIAL sagt: VIII, 67.

Caldam poscis aquam; sed nondum frigida venit.
es ist aber das Fest der Floralien, an welchem Cäcilian ihn so früh besuchte. Die Regel, welche aus ATHENAEUS II. p. 45 D. angeführt wird: προπίνειν ὕδωρ ὡς χρηστότατον ἐν μὲν χειμῶνι καὶ ἔαρι θερμὸν ὡς μάλιστα, ἐν δὲ τῷ θέρει ψυχρόν. gehört nur in gewisser Hinsicht hierher; denn es ist von einem gleich nach dem Bade zu nehmenden Trunke blossen Wassers die Rede, wiewohl er hinzusetzt: ἐὰν δέ τις ἡμῶν τοῦτο δυσκόλως ποιῇ, γλυκὺ ὕδωρ ἢ θερμὸν προλαμβανέτω, μάλιστα δὲ τὸν καλούμενον πρότροπον τὸν γλυκὺν Λέσβιον. — Dass diese Calda in warmem Wasser mit Wein, vielleicht auch mit einem Zusatze von Gewürz bestand, das ist aus dem von LIPSIUS Elect. I, 4., BUTI, FREINSHEIM, GEBAUER, BÖTTIGER u. A. darüber Gesagten bekannt (s. d. Lit. bei RUP. zu Iuven. V, 63.), und über den häufigen Genuss sowie die öfteren Verbote ist schon S. 295 gesprochen worden. Statt einer Wiederholung also beschränke ich mich darauf zu Bewahrheitung dessen, was BÖTTIGER Sab. II, S. 35. sagt: man dürfe glauben, „dass auch das Alterthum unseren Thee- und Kaffeeservicen etwas recht Zierliches entgegenzustellen habe" auf ein antikes Gefäss aufmerksam zu machen, das offenbar dazu diente, die Calda darin zu bereiten oder warm zu erhalten, und in Zierlichkeit der Form und Zweckmässigkeit der Einrichtung unseren Theemaschinen nichts nachgiebt. Das Gefäss findet sich im MUSEO BORB. III. t. 63. abgebildet und erklärt. Es ist von Bronze und hat äusserlich die Form einer Terrine, s. unsere Abbildung auf folgender Seite. In der Mitte des Gefässes

befindet sich ein bis auf seinen Boden hinabreichender Cylinder, bestimmt, die Kohlen aufzunehmen, durch welche die rundum den übrigen Raum füllende Flüssigkeit erwärmt werden sollte. Daher hat auch der Boden unter diesem Cylinder vier Oeffnungen, durch welche die Asche fallen konnte. Der kegelartige Deckel, welcher den die Kohlen enthaltenden Cylinder deckt, ist nicht abzunehmen, sondern zurückzuklappen. Unter ihm befindet sich ein zweiter flacher Deckel, welcher abnehmbar ist und nur den die Flüssigkeit enthaltenden Raum deckt, den Kohlencylinder aber offen lässt. Am oberen Rande (rechts) befindet sich eine Art Napf, der mittelst einer Röhre mit der Höhlung des Gefässes in Verbindung steht, um ohne den Deckel wegzunehmen es füllen zu können.

Auf der entgegengesetzten Seite, ungefähr in der Mitte, ist ein Zapfen angebracht, den man durch einen Dreher verschliessen oder öffnen kann, um das Getränk ausfliessen zu lassen. Rand und Henkel sind zierlich ciselirt. — Ueber den Gebrauch des Gefässes kann kein Zweifel sein, allein schwerlich wird ihm ein römischer Name zugewiesen werden können, und unter denen, welche POLL. X, 66. nennt, hat [θερμαντήρ mehr Wahrscheinlichkeit für sich als] ἰπνολέβης nach LUCIAN.

Lexiph. 8. Der natürlichste würde allerdings Caldarium sein, allein schwerlich wird sich eine Autorität dafür anführen lassen. Ohnehin darf man keineswegs glauben, es sei jederzeit zu der Calda ein ähnliches Gefäss gebraucht worden; denn in der Regel wurde das Wasser in Krügen oder Kannen gereicht (*urceoli ministratorii*, s. S. 284). [Ein weit einfacheres für die Calda bestimmtes Gefäss als das hier beschriebene, befindet sich im Besitz des Königs von Dänemark, welches USSING p. 81 fg. beschrieben hat. Es ist amphoraförmig, mit zwei Henkeln versehen und hat einen doppelten Boden. Der äussere war wahrscheinlich für das warme Wasser bestimmt, welches die in der Mitte befindliche Calda warm erhalten sollte. — Dass der Weinhandel bei der ungeheuren Consumtion sehr bedeutend gewesen sein muss, versteht sich von selbst. Auch werden die *vinarii*, welche besondere collegia bildeten, mehrfach auf Inschriften erwähnt, ORELLI HENZEN 3921. *corpora vinariorum urbanorum et ostiensium*. 4253. 5087. *negotiator penoris et vinorum de Velabro*. 5086. 6430 (?). 4087. *forum vinarium*. Ueber den portus vinarius in Rom s. MARINI, Atti fratr. p. 40.]

EXCURSE ZUR ZEHNTEN SCENE.

DIE KRÄNZE UND SPIELE.

ERSTER EXCURS.

DIE KRÄNZE.

Es kann durchaus nicht Absicht sein, den Gebrauch, welchen das Alterthum von den Kränzen machte, in allen Richtungen und Beziehungen hier erschöpfend zu erörtern. Er greift tief ein in das staatsbürgerliche, wie in das religiöse Leben und der einfache Blätterschmuck wird zum Symbole kriegerischen Ruhms, bürgerlicher Tugend, männlicher Kraft und Gewandtheit. — An ausführlichen Schriften, welche den Gegenstand in seinem ganzen Umfange zu behandeln Anspruch machen, fehlt es nicht. Eine leidliche Sammlung übel verarbeiteten Materials giebt PASCHALIUS in den zehn Büchern seiner Coronae. Par. 1610 und öfter. Flüchtiger und nur auf die Mahlzeiten sich beschränkend ist die Schrift von LANZONI, de coronis et unguentis in ant. conv. in SALLENGRE thes. tom. III. Noch unbedeutender und höchst geschmacklos SCHMEIZEL, de coronis. Ausserdem werden in den Werken, welche von den Gastmählern handeln, natürlich auch die Kränze berücksichtigt [z. B. STUCK III, c. 16. S. auch LENZ, Botanik der alten Griechen und Römer, Gotha 1859, S. 154—185.].

Hier, wo es sich nur um die *coronas convivales* handelt, sind alle diese Schriften, die in der Regel sich begnügen, eine

Menge von Citaten zu häufen, ohne auf die Erklärung tiefer einzugehen, weniger wichtig als die Nachrichten, welche uns alte Schriftsteller unmittelbar geben. Sie finden sich, nachdem des AELIUS ASKLEPIADES Werk von den Kränzen und die diätetischen Schriften der Aerzte MNESITHEUS und CALLIMACHUS über denselben Gegenstand verloren gegangen, hauptsächlich bei ATHENAEUS B. XV. PLINIUS XXI, 1—4. und zerstreut in zahlreichen Stellen, der Dichter vorzüglich. Für die römische Sitte ist ATHENAEUS, der überhaupt meistens nur Namen erklärt, von geringer Bedeutung; dagegen giebt PLINIUS in den vier Kapiteln, welche die Einleitung zur Blumistik bilden, sehr interessante Notizen, die zum Theile von SALMASIUS in den Exercitt. ad Solin. an verschiedeuenen Stellen mit gewohnter Gelehrsamkeit commentirt sind. Vgl. übrigens BÖTTIGER Sab. I, S. 240 ff. [und vorzüglich GARCKE, de Horatii corollis convivalibus. Altenburg 1860.]

Wenn es zunächst sich fragt, in welcher Zeit in Rom der Gebrauch der Kränze beim Mahle, oder richtiger beim Becher aufgekommen sei, so lässt sich darauf natürlich nicht mit solcher Bestimmtheit antworten, dass man das Jahr oder auch nur eine gewisse Epoche angeben könnte. Indessen ersieht man aus Plinius, dass schon zur Zeit des zweiten punischen Krieges Kränze selbst aus Rosen getragen wurden, wenn auch nur die vertrauten Wände des Tricliniums Zeugen dieses unschuldigen, aber mit dem Ernste des Mannes, wie man meinte, nicht verträglichen Schmucks waren und es nicht nur tadelnswerth, sondern in hohem Grade strafwürdig erschien, wenn man damit auch nur zufällig sich öffentlich zeigte. Zwei Beispiele strenger Ahndung solcher Vergessenheit erzählt PLIN. 56. *L. Fulvius argentarius bello Punico secundo cum corona rosacea interdiu e pergula sua in forum prospexisse dictus, ex auctoritate senatus in carcerem abductus, non ante finem belli emissus est. P. Munatius, cum demtam Marsyae coronam e floribus capiti suo imposuisset atque ob id duci eum in vincula triumviri iussissent, appellavit tribunos plebis. Nec intercessere illi.* Indessen waren es wohl eben nur die Blumen, denen das

Die Kränze. 317

verdammende Urtheil galt, weil namentlich in jener Zeit der Noth und Gefahr ein so öffentlich gegebenes Beispiel von Luxus gefährlich schien. — Dagegen scheint man auch früher schon Binden um den Kopf als Schutzmittel gegen die Wirkung des Weins getragen zu haben. Daraus wurden allmälig Laub und Blumen-Kränze, denen man indessen erst spät den Namen *coronae* zugestand, während er früher dem religiösen Gebrauche und den kriegerischen Ehrenzeichen vorbehalten war. PLIN. s. 2. *Tenuioribus utebantur antiqui, stroppos appellantes, unde nata strophiola. Quin et vocabulum ipsum tarde communicatum est, inter sacra tantum et bellicos honores coronis suum nomen vindicantibus. Cum vero e floribus fierent serta, a serendo serviae appellabantur.* Damit stimmt überein, was ATH. nach älteren Schriftstellern über die frühe griechische Sitte berichtet XV. p. 674. B. ὅτι οἱ ἀρχαῖοι διὰ τοὺς περὶ τὸν οἶνον τόνους κεφαλαλγιῶν δεσμοὺς εὕρισκον τοὺς τυχόντας, τῆς τῶν κροτάφων συνδέσεως ὠφελεῖν δοκούσης. οἱ δ' ὕστερον ἅμα τῷ κροτάφῳ προςέβαλλόν τινα καὶ κόσμον οἰκεῖον τῇ παρὰ τὸν οἶνον διαγωγῇ μηχανησάμενοι τὸν στέφανον. Indessen wollte man den an die Stelle jener Binden tretenden Kranz nicht als blossen Schmuck betrachtet wissen, sondern glaubte oder gab wenigstens vor, dass gewisse Blätter und Blumen eine wohlthätige Wirkung gegen die berauschende Kraft des Weins äusserten. So vertheidigt der Arzt Tryphon bei PLUT. Symp. III, 1. den Gebrauch der Kränze beim Weine, τῶν παῤ οἶνον στεφάνων, gegen den Vorwurf des Ammonius: εἶναι τοὺς ἀνθινοὺς κορασιώδεις καὶ παιζούσαις μᾶλλον ἐπιτηδείους παρθένοις ἢ γυναιξὶν, ἢ συνουσίαις φιλοσόφων καὶ μουσικῶν ἀνδρῶν. Er lobt die ἐπιμέλεια und πολυπειρία der früheren Zeit, welche in den Kränzen ein Mittel gegen die nachtheiligen Wirkungen des Weins gefunden habe, und sagt von den Blumen insbesondere: αἱ δὲ τῶν ἀνθῶν ἀπόῤῥοιαι πρὸς τοῦτο θαυμασίως βοηθοῦσι καὶ ἀποτειχίζουσι τὴν κεφαλὴν ἀπὸ τῆς μέθης ὡς ἀκρόπολιν. Denselben Nutzen der Kränze führt auch ATHEN. XV. p. 675. an.

Wie bei den festlichen Kampfspielen ein einfacher grünbelaubter Zweig zum Bekränzen diente, so mag auch zu den *coronis convivalibus* ursprünglich kein anderes Material genommen worden sein und die Blumen kamen erst später hinzu. Wenn indessen PLINIUS c. 3. sagt, Pausias und Glycera hätten zuerst den Einfall gehabt, Kränze aus Blumen zu flechten, so gehört diese Angabe auch zu den vielen Fällen, wo der in einem Fache vorzüglich berühmte für den Erfinder der Sache gehalten wird; denn lange vor Pausias lassen sich Blumenkränze an Statuen nachweisen und wer wollte überhaupt glauben, dass man von dem freundlichsten Schmucke, den die Natur bietet, so spät sollte Gebrauch gemacht haben. — Bei den Griechen wurden dann mannigfaltige Blumen zu Kränzen gewunden, die zum Theile von THEOPHRAST und ATHENAEUS genannt werden. Anders war es bei den Römern, welche ausser dem Grün der Blätter namentlich vom Epheu [HOR. od. IV, 11, 4. PLIN. h. n. XVI, 34, 62. GARCKE, S. 23 f.], der Myrte [HOR. od. I, 4, 9. 38, 5 ff. II, 7, 25. OVID. Fast. IV, 8, 869. GARCKE, S. 13 ff. GRANVILLE PENN, carm. Brundus. in Transact. of the royal society of lit. Lond. 1834, II, p. 151 ff.], dem Apium (s. dar. BÖTTIG. S. 244. [HOR. od. I, 36, 16. II, 7, 24. IV, 11, 3. PLIN. XIX, 123 f. GARCKE, S. 25 ff.]) nur wenige Gartenblumen und hauptsächlich Veilchen [GARCKE a. a. O. S. 19 ff., Lilien, HOR. od. I, 36, 15. OVID. Am. II, 5, 37.] und Rosen (vgl. S. 49 fg.) zu Kränzen gebrauchten. PLIN. s. 10. *Paucissima nostri genera coronamentorum inter hortensia novere; ac paene violas rosasque tantum.* [HOR. od. I, 36, 15. 38, 3. II, 11, 14. III, 3, 2. 9, 3. 15, 15. II, 3, 14. OVID. Fast. IV, 870. 138. GARCKE, S. 15 ff. CHARIKLES I, S. 181 f. NOLAN, on the grecian rose, in transact. of the royal soc. of lit. London 1834, II, p. 327 ff. PESCHECK, was machten die alten Römer für einen Gebrauch von den Blumen, in Mittheil. über Flora, Gesellsch. f. Botan. in Dresden, 1843, 3, S. 49 ff.] — Bei diesem natürlichen Materiale blieb man indessen nicht stehen, zumal man der Kränze auch im Winter bedurfte, wo die Natur keine Blumen spendete und nur mit grossem Aufwande in Treibhäusern den Rosen namentlich eine vorzeitige Blüthe abgenöthigt werden konnte. Vgl. S. 51 fg. Man ahmte sie daher künstlich aus verschiedenen Stoffen nach. Was PLIN. s. 3. von den goldenen und silbernen Blätterkränzen sagt, das bezieht sich auf die öffentlichen Spiele; von den *convivalibus* aber sind die Worte zu verstehen: *Sic coronis e floribus receptis paullo mox subiere, quae vocantur Aegyptiae ac deinde hibernae, cum terra flores negat, ramento e cornibus tincto.* Ueber die ägyptischen erhalten wir weiter keinen Aufschluss (vgl. BÖTTIG. Sab. I, S. 231.); da sie aber von den *hibernis* unterschieden werden, so scheinen sie nicht zu den künstlichen, aus todtem Stoffe gefertigten gehört zu haben. Ob aber PLINIUS dieselbe Art ägyptischer Kränze meint, welche ATHEN. XV. p. 679 fg. und THEOPHR. hist. pl. IV, 3. anführen, ist ungewiss. [Man kann auch eingeführte Blumen darunter verstehen, s. S. 52.] Die *hibernae* hingegen waren, wie PLINIUS sagt, aus dünnen buntgefärbten Hornblättchen gefertigt, und solche könnten vielleicht bei MART. VI, 80. verstanden werden, wenn nicht die Bezeichnung *nova dona* und die Gegensätze: *rus Paestanum* und *horti Memphitici* auf natürliche Blumen hinwiesen.

Der Luxus ging noch weiter, wie PLINIUS s. 8. berichtet: *Transiere deinde ad rosaria eoque luxuria processit, ut non esset gratia, nisi mero folio, sutilibus mox petitis ab India aut ultra Indos. Lautissimum quippe habetur e nardi folio eas dari, aut veste serica versicolores unguentis madidas.* [S. die S. 52. cit. Schrift v. WÜSTEMANN, S. 26.] Die Interpunktion, welche BÖTTIGER vorschlägt: *nisi mero folio sutilibus, mox petitis* etc. scheint nicht nur unnöthig, sondern selbst unzulässig, denn die indischen Kränze waren ganz anderer Art. [SILLIG und GARCKE billigen mit Recht BÖTTIGER's Interpunktion, denn *sutilia* sind gerade die *mero folio* bestehenden und bei *mox petitis* ist ohne Zweifel *coronis* zu suppliren. Die indischen Kränze, aus Nardenblättern und Seidenblumen gemacht, waren allerdings von den eben genannten verschieden.] Wie sonderbar es nun auch scheinen mag, so lässt es sich doch nicht leugnen, dass aus den einzelnen Blättern der Rose Kränze gefertigt wurden, indem man sie auf ein Band oder einen Streifen Bast heftete. Geschähe der Sache nur in der aus PLINIUS angeführten Stelle Erwähnung, so würde man vielleicht die Worte *e mero folio* von den gleich darauf erwähnten Nardenkränzen verstehen können, weil für *nardus* oder *folium nardi* auch schlechthin *folium* gesagt wurde, wie *foliatum* für *nardinum*. S. SALM. Exerc. ad Sol. p. 749. Allein was APICIUS I, 4. sagt: *Folia rosarum albo sublato lino inseres et sutiles facies.* das scheint dem Ausdrucke nach doch mit jenen Blätterkränzen zusammenzuhängen, wenn auch hier die Blätter für ganz verschiedenen Zweck an den Faden gereihet werden. Nur muss man nicht glauben, es seien *coronae sutiles* überall für dergleichen Kränze aus Rosenblättern zu nehmen; denn die Nardenkränze heissen eben auch *sutiles* und ebenso die *sericae versicolores*, die doch wahrscheinlich Blumen nachahmten. Von ihnen sagt aber LUCAN. Phars. X, 164.

*Accipiunt sertas nardo florente coronas
Et nunquam fugiente rosa.*

wo *rosa nunquam fugiens* wahrscheinlich von *sericis* zu verstehen ist. Ferner MART. XIII, 51.

*Texta rosis fortasse tibi vel divite nardo,
At mihi de turdis facta corona placet.*

Die Kränze, welche hier *sertae* und *textae* genannt werden, sind eben auch nichts Anderes als *sutiles*, sowie bei HORAZ Od. I, 38, 2. die *nexae philyra coronae*; allein an Kränze *e mero folio rosae* braucht man desshalb nicht zu denken. [Der Dichter, welcher die einfachste Ausstattung wünscht, verwirft die *nexae phil. cor.* als etwas zu Künstliches und ihm desshalb unlieb. Ob er aber unter diesen Worten *coronae sutiles* aus einzelnen Rosenblättern verstand, wie BÖTTIGER und zuletzt GARCKE S. 6 f. erklären, oder ob er ganze Rosen meinte, die durch die philyra aufgereiht waren, (beides setzt OBBARIUS neben einander), oder überhaupt Kränze mit Bastbändern (ORELLI, RITTER) ist schwer zu unterscheiden, es kommt aber auch nicht viel darauf an.] — An Denkmälern findet man häufig Kränze, wo Blatt über Blatt liegt oder Rose

Die Kränze.

an Rose sitzt und es ist wohl möglich, dass an solchen die Blätter oder Rosen auf ein Band oder einen Streifen Bast, *philyra*, geheftet waren: sie würden dann mit Recht *sutiles* heissen. Sie meint OVID. Fast. V, 335 ff.

Tempora sutilibus cinguntur tota coronis
Et latet iniecta splendida mensa rosa.
Ebrius incinctis philyra conviva capillis
Saltat et imprudens utitur arte meri.

und ein Epigramm MARTIALS IX, 93. scheint auch nur unter dieser Voraussetzung Sinn zu haben. Es gilt dem Namen Domitians und der Dichter verlangt *sex cyathos*, um den Namen *Caesar* zu trinken. Dann sagt er:

Sutilis aptetur deciens rosa crinibus, ut sit,
Qui posuit sacrae nobile gentis opus.

denn der Name *Domitianus* zählt zehn Buchstaben. Endlich fordert er von dem *puer ad cyathum bis quina basia*, weil auch der Zuname *Germanicus* aus zehn Buchstaben besteht. Es scheint mir angemessener, einen Kranz mit zehn Rosen zu verstehen, als einen zehnfachen oder ein zehnmaliges Wechseln. Bei MARTIAL werden ausserdem die *sutiles* noch erwähnt V, 65. u. IX, 91. und ῥαπτοὶ στέφανοι bei HESYCHIUS; s. SALM. zu Jul. Cap. Anton. 4. Ihm stimme ich auch gern bei, wenn er Exerc. ad Sol. p. 703. die *coronas tonsas* oder *tonsiles* mit SERVIUS die Kränze aus einzelnen Blättern erklärt. [MART. III, 90, 6. *Frontem sutilibus ruber coronis.* Der philyrae bei den Krügen, *coronarum lemniscis celebres antiquorum honore.* gedenkt PLIN. h. n. XVI, 14, 25. u. XXI, 3, 4.]

Auch über die Beschaffenheit der Kränze, welche PLINIUS *pactiles* nennt, lässt sich nichts Sicheres sagen, nicht einmal, ob sie zu unterscheiden sind von der *corona plectilis*, welche PLAUT. Bacch. I, 1, 37. nennt; und dunkel ist es auch, wenn er s. 1. sagt: *ne pictura quidem sufficiente imagini colorum reddendae mixturarumque varietati, sive alterni atque multiplices inter se nectantur, sive privatis generum funiculis in orbem, in obliquum, in ambitum; quaedam coronae per coronas currunt.* Im Allgemeinen kann man wohl drei Hauptverschiedenheiten annehmen, indem sie entweder aus längeren Reisern oder Ranken, wie z. B. von Epheu, geflochten, oder aus kleineren Zweigen, Blättern (z. B. *apium*) und Blumen gewunden, oder endlich auf ein Band geheftet wurden [*sutiles*].

Bei der *cena* selbst fand wohl in der Regel der Gebrauch der Kränze nicht statt, sondern sie, wie die *unguenta*, gehören der eigentlichen *comissatio* oder der nach dem Hauptessen folgenden *compotatio* an. S. I, S. 193. Sie werden also vertheilt, wenn die *mensa secunda*, der Nachtisch aufgetragen wird, oder vielleicht selbst nach diesem, wo man bloss beim Becher und Spiele sich noch vergnügte. Daher sagt PLUT. Symp. III, 1, 1. παντοδαπῶν μετὰ τὸ δειπνῆσαι στεφάνων περιφερομένων. ATH. XV. p. 685. C. ἡ δὲ τῶν στεφάνων καὶ μύρων πρότερον εἴσοδος εἰς τὰ συμπόσια ἡγεῖτο τῆς δευτέρας τραπέζης. und so heisst es auch p. 669. C. ὁρῶ γὰρ καὶ τοὺς παῖδας ἤδη φέροντας ἡμῖν στεφάνους καὶ μύρα. Auch MARTIAL X, 19, 18 ff. sagt zu seinem Buche:

Seras tutior ibis ad lucernas.
Haec hora est tua, cum furit Lyaeus,
Cum regnat rosa, cum madent capilli.

und darauf bezieht sich ebenfalls, dass bei PETRON 60. die *coronae aureae cum alabastris unguenti.* ausgetheilt werden. [IUV. IX, 128. HOR. od. II, 7, 7.] Dass der Wirth die Kränze gab, und zuweilen mehrmals frische reichen liess, scheint sehr gewöhnlich oder allgemein gewesen zu sein und man wird auch aus OVID. Fast. I, 403.

Vina dabat Liber; tulerat sibi quisque coronam.

keinesweges auf ältere Sitte schliessen können, nach welcher jeder Gast seinen Kranz mitgebracht habe. Auch mochte es öfter geschehen, dass der Wirth mehrerlei Kränze zur Auswahl bot. In einem Fragmente des Eubulus bei ATHENAEUS XV. 679. E. wird so gefragt:

Die Kränze.

στεφάνους ἴσως βούλεσθε· πότερ' ἐρπυλλίνους,
ἢ μυρτίνους, ἢ τῶν διεξηνθισμένων;
τῶν μυρτίων βουλόμεθα τούτων . . .,
σὺ τἄλλα πώλει πάντα πλὴν τῶν μυρτίνων.

[Einen eigenen Blumenmarkt, wo man auch fertige Kränze kaufte, erwähnt Ovid. Fast. VI, 791.
Hic ubi fit docta multa corona manu.]

Man begnügte sich übrigens nicht, nur den Kopf zu bekränzen, sondern hing auch Blumengewinde um Hals und Brust, die von den Griechen ὑποθυμίδες [von unten duftend, Charikles I, S. 189.] genannt wurden. Plut. Symp. III, 1, 3. διὸ μάλιστα τοὺς ἀνθινοὺς ἐκ τραχήλων καθάπτοντες ὑποθυμίδας ἐκάλουν καὶ τοῖς ἀπὸ τούτων μύροις ἔχριον τὰ στήθη. Athen. XV. p. 678. C. ὑποθυμὶς δὲ καὶ ὑποθυμιάδες στέφανοι παρ' Αἰολεῦσι καὶ Ἴωσιν, οὓς περὶ τοὺς τραχήλους περιετίθεντο. p. 688. C. ἀλλὰ μὴν καὶ τοὺς στεφάνους τοὺς περικειμένους τῷ στήθει ὑποθυμιάδας οἱ ποιηταὶ κεκλήκασιν ἀπὸ τῆς τῶν ἀνθῶν ἀναθυμιάσεως. Bei den Römern scheint diess weniger üblich gewesen zu sein; indessen finden sich einige Stellen, wo der Sitte [jedoch zuerst nicht ohne eine gewisse Rüge] Erwähnung geschieht. So in der schon einmal angeführten Stelle Cic. Verr. V, 11. *Ipse autem coronam habebat unam in capite, alteram in collo.* [Hor. Sat. II, 3, 256.] Catull. VII, 51. vom Genius:

*Illius e nitido stillent unguenta capillo,
Et capite et collo mollia serta gerat.*

Ovid. Fast. II, 739. von der Gemahlin des jungen Tarquinius:

*Ecce nurum regis fusis per colla coronis
Inveniunt posito pervigilare mero.*

worin freilich ein ebenso starker Anachronismus liegen möchte, als in der Lacerna, welche Lucretia ihrem Gatten webt. Bei Petron kommen noch einige andere Beispiele mehrfachen Bekränzens vor. Nicht nur heisst es vom Habinnas, der bereits von einer andern Cena kommt c. 65. *oneratus aliquot coronis et unguento per frontem in oculos fluente.* sondern bald darauf werden die Gäste auf besondere Weise bekränzt. c. 70. *inaudito enim more pueri capillati attulerunt unguentum in ar-*

gentea pelve pedesque recumbentium unxerunt, quam ante crura pedesque talosque corollis vinxissent. Doch solche Absurditäten sind dem Hause Trimalchio's eigenthümlich. — Vgl. die reichhaltige Anmerkung in BÖTTIGER Sab. I, S. 240 fg.

Uebrigens scheint man in Rom von jeder diätetischen Bedeutung der Kränze abgesehen und sie bloss als heiteren Schmuck, als Symbol der Festlichkeit, der Freude und des Genusses betrachtet zu haben, zumal da sie zu mancherlei Spiel und Scherz Veranlassung gaben, wohin auch das *bibere coronas* gehört, dessen PLINIUS s. 9. gedenkt. S. BÖTTIG. Sab. I, S. 243.

ZWEITER EXCURS ZUR ZEHNTEN SCENE.

DIE GESELLIGEN SPIELE.

In einem Buche, das sich zur Aufgabe macht, die Eigenthümlichkeit des römischen Lebens in Sitte und Gewohnheit zu schildern, dürfen in keinem Falle die Spiele übergangen werden, bei denen man nicht nur in müssigen Stunden eine angenehme Unterhaltung suchte, sondern auch der betrüglichen Hoffnung auf Gewinn mit derselben Leidenschaftlichkeit sich überliess, als es nur irgend an unseren Farobanken geschehen kann. Das Hazardspiel, wenn auch als etwas des ernsten, verständigen Mannes Unwürdiges angesehen, war nichtsdestoweniger in Rom zur verderblichsten Sucht geworden und alle Strenge wiederholter gesetzlicher Bestimmungen konnte, wie natürlich, nicht verhindern, dass im Geheimen das verführerische Würfelspiel Vieler Glück und Vermögen zu Grunde richtete. Ausser diesem verwerflichsten und zugleich beliebtesten gab es aber noch viele andere unschuldigere Spiele, bei denen der Erfolg ganz oder theilweise von der Geschicklichkeit der Spielenden abhing, wie bei dem modernen Schach und anderen Bretspielen. Sie alle werden hier zu berücksichtigen sein; allein das Feld ist so weit, die Sache zum Theile so verwickelt und die Untersuchung hängt so genau mit der über die griechischen Spiele zusammen, dass ich mich hier auf das Allgemeinste beschränken muss.

Die älteren Schriften über den Gegenstand, von BULENGER, MEURSIUS, SOUTER, SENFTLEBEN, CALCAGNINO, finden sich in

GRONOVII thes. antt. Graec. t. VII. Unter ihnen dürften BU-LENGER und CALCAGNINO den Vorzug haben. Dazu kommen SALMAS. zu Vopisc. Procul. 13. p. 736 ff. und Exercitt. ad Sol. p. 795. [STUCK III, c. 22.] RADER zu Mart. a. m. St. [namentlich VII, 61.] WERNSDORF zu Salcius Bass. in den Poët. L. m. t. IV. Exc. XI. [p. 404—419.] auch WÜSTEMANN zu Pal. d. Sc. [S. 193 ff. — Charikles II, S. 300 ff. PAULY, Realencykl. I, S. 319 ff.]

Was zuerst das Würfelspiel, *alea*, anlangt, so sind bekanntlich zwei Arten von Würfeln zu unterscheiden: *tali* oder ἀστράγαλοι und *tesserae* oder κύβοι. [FICORONI, sopra i tali ed altri strumenti lusori di ant. Rom. Rom 1734.] Der Ursprung des Spiels bleibe hier unerörtert. HERODOT. I, 94. schreibt die Erfindung den Lydern zu; ATH. I. p. 19. hingegen macht auf ältere Beispiele aufmerksam. S. darüb. BAEHR zu Her. a. a. O. NITZSCH, Anm. zu Hom. Odyssee. I, S. 27. Die Angabe Herodots möchte doch wohl nicht hinreichenden Grund enthalten, die Aechtheit des Verses ILIAD. XXIII, 88. in Zweifel zu ziehen. — Die *tali*, über welche die Hauptstellen bei EUSTATH. zu Odyss. I. p. 1397. POLL. IX, 99. sind, waren ursprünglich aus Thierknöcheln gefertigt; späterhin aus sehr verschiedenem Material. Sie hatten nur vier ebene Flächen; zwei einander gegenüber stehende waren uneben oder gerundet, so dass auf ihnen der Würfel nicht leicht zu stehen kommen konnte. Die vier ebenen Flächen waren mit Punkten oder Strichen bezeichnet, so dass auf zwei sich entgegenstehenden Seiten 1 und 6, auf den beiden andern 3 und 4 sich befanden. [Diese beiden letzten Seiten wurden *suppus* und *planus* genannt, ISIDOR. XVIII, 65.] Die Zahlen 2 und 5 fehlten ganz. EUSTATH. p. 1397, 35. ἔχουσι δὲ ἀντικείμενα μονάδα καὶ ἑξάδα, εἶτα τριάδα καὶ τετράδα. ἡ γὰρ δυάς φασι καὶ πεντὰς ἐπὶ κύβων μόνον παραλαμβάνονται, ὡς ἐχόντων ἐπιφανείας ἕξ. POLL. a. a. O. δυὰς δὲ καὶ πεντὰς ἐν ἀστραγάλοις, ὥσπερ ἐν κύβοις, οὐκ ἔνεστιν. [In der Regel gab man diesen Würfeln eine längliche Form, die man Stabwürfel nennen kann und die etwa 3 Zoll lang sind, wie sie das Museum in Mainz besitzt. Auf den Langseiten fanden auch kleine Inschriften Platz. ORELLI 4316. *Si tibi tessella favet ego te studio vincam.* 4317.] — Die Weise des Spiels war nun folgende. Man nahm vier solche Würfel, wie man schon aus CIC. de divin. I, 13. sieht: *Quatuor tali iacti casu Venereum efficiunt. Num etiam centum Venereos, si quadringentos talos ieceris, casu futuros putas?* So erzählt auch LUCIAN von dem Jünglinge, der sich in die Praxitelische Venus verliebt hatte, in der gleich anzuführenden Stelle.

Diese vier Würfel wurden nicht aus der Hand, sondern aus einem Becher von Horn, Buchsbaum, Elfenbein u. dergl. geworfen, der innerlich stufenartige Absätze hatte, damit die Würfel besser durch einander geworfen und jeder mögliche Betrug verhütet würde. Dieser Becher war aber, anders als bei uns, oben enger als unten und hiess eben von dieser Form *pyrgus* oder *turricula*, auch *phimus* und am gewöhnlichsten *fritillus.* SIDON. AP. ep. VIII, 12. *Hic tabula strata calculis bicoloribus; hic tessera frequens eboratis pyrgorum resultatura gradibus exspectat.* MART. XIV, 16. *Turricula.*
   Quae scit compositos manus improba mittere talos,
   Si per me misit, nil nisi vota feret.
Phimus gebraucht HORAT. II, 7, 16. Andere lesen indessen *pyrgus.* ETYM. MAGN. φιμοί· κυβευτικὰ ὄργανα. So auch POLL. VII, 203. X, 150. Der gewöhnlichste bei MARTIAL häufig vorkommende Name aber ist *fritillus.* Auch erklärt man so die *orca* bei PERS. III, 50. [jedoch mit Unrecht s. JAHN zu d. Stelle] und in einem Fragment des POMPON. b. Prisc. III, 615. [SALMAS. l. l. BÖTTIGER, kl. Schr. III, S. 312. DÜNTZER und ORELLI zu Hor. l. l. nehmen eine Verschiedenheit der Form des *fritillus* (als Becher) und *phimus* (als Thurm) an. Dagegen TEUFFEL zu Hor. Sat. II. 7, 17. S. 184 f. identifizirt mit grosser Wahrscheinlichkeit *phimus* (φιμός eng) mit *fritillus* als Becher, gegenüber dem Thurm, *pyrgus* oder *turricula.* So trennt CEDREN. I, p. 125. τὸ ψηφοβόλον (fritillus) und τὸν πύργον (turricula) und SCHOL. ad Iuv. XIV, 5. *fritillus pyxis cornea qui fimus dicitur graece.* Die ff. Worte stimmen freilich nicht damit zusammen und die SCHOL. zu HOR. a. a. O. sind eben-

falls sehr widersprechend. — Wenn aber TEUFFEL wiederum fritillus und phimus in der Weise unterscheidet, dass *fritillus* im Allgemeinen Würfelbecher bezeichne und in den Spielen, wobei die Würfel unmittelbar auf den Tisch geworfen werden, gedient habe, während *phimus* vorzüglich dazu bestimmt gewesen sei, um die Würfel in den thurmähnlichen Cylinder beim Roulettespiel hineinzuwerfen — so ist dieser Unterschied wenigstens nicht zu beweisen. Der Gebrauch des inwendig mit stufenartigen Absätzen versehenen Bechers (*fritillus*), aus welchem man die Würfel unmittelbar auf den Tisch schüttete, (IUV. XIV, 5. MART. IV, 14. XIV, 1. SEN. Lud. 14 f.) war jedenfalls ein allgemeinerer als die umständliche Hinzuziehung des thurmförmigen oben und unten offenen Cylinders (*turris*). Dass kein Boden darin war, bestätigt MART. XIV, 16. s. ob. u. ACRO zu HOR. a. a. O. *pyrgum tubulum, alii fritillum dicunt vel pyxiden sine fundo* (freilich sehr confus). — S. auch VALES. zu Harpocr. v. φιμοί.]

Der Wurf geschah auf einer besonders dazu eingerichteten Tafel, *alveus, alveolus, abacus*, die vermuthlich einen etwas hohen Rand hatte, damit die Würfel nicht herab fallen könnten. — Das Spiel selbst — ich habe hauptsächlich die römische Weise im Sinne — kennen wir freilich nicht genau. Wir wissen im Grunde nur, welches der beste und welches der schlechteste Wurf war: der erstere hiess *Venus* oder *Venereus* (βόλος, *iactus*), der letztere *canis*. [PROP. IV, 8, 45 fg.

Me quoque per talos Venerem quaerente secundos,
 Semper damnosi subsiluere canes.]

Diese Namen und eine Stelle bei POLLUX haben Manche verleitet zu glauben, es seien nicht Zahlen oder vielmehr Augen auf den Würfeln gewesen, sondern Figuren, unter welchen die Zahlen gedacht worden seien. POLLUX sagt: IX, 100. τὸ δὲ σχῆμα τοῦ κατὰ τὸν ἀστράγαλον πτώματος ἀριθμοῦ δόξαν εἶχε. καὶ τὸ μὲν μονάδα δηλοῦν καλεῖται κύων, τὸ δὲ ἀντικείμενον γιὰς καὶ Χίος· οὗτος ὁ βόλος. — οἱ δὲ πλείους τὸν μὲν ἑξίτην Κῷον, τὸν δὲ κύνα Χίον καλεῖσθαι λέγουσι. Allein noch ist es zweifelhaft, ob nicht POLLUX unter σχῆμα τοῦ πτώματος keineswegs ein Zeichen, das auf einer Seite des Würfels sich befand, sondern die zufällige Zusammenstellung der Zahlen verstand, welche der Wurf hervorgebracht hatte, wie wenn 3, 4, 4, 6, oder 1, 3, 6, 6. gefallen waren. EUSTATHIUS nennt ausdrücklich als Bezeichnungen der vier Seiten μονάδα καὶ ἑξάδα, τριάδα καὶ τετράδα und besondere Namen hatte man überhaupt für jeden einzelnen Fall. Es scheint aber, als hätten gewisse Würfe mehr gezählt, als eigentlich Augen lagen. So sagt EUST. zu Iliad. XXIII, 87. *ἑτέρα δὲ ἐκαλεῖτο Εὐριπίδης· ἡ δηλαδὴ σημαίνουσα τὰ τεσσαράκοντα, ἐπειδὴ δοκεῖ ὁ Εὐριπίδης γενέσθαι εἰς τῶν ἐν Ἀθήναις τεσσαράκοντα προστατῶν μετὰ τὴν κατάλυσιν τῶν τριάκοντα*, und ebenso POLLUX: *εἰ τεσσαράκοντα τὸν ἀριθμὸν συνήθροιξεν ἀστραγάλων βολή, τὸν ἀριθμὸν τοῦτον Εὐριπίδην ὠνόμαζον*. Nun ist nicht bekannt, dass mit mehr als vier Würfeln gespielt worden wäre, ja es konnte nicht einmal geschehen, weil es nur vier verschiedene Zahlen auf jedem gab, und also schon bei fünf nie der Venereus hätte geworfen werden können. Diese vier konnten aber, wenn auch die *seniones* fielen, nur 24 zählen. Es ist daher wohl möglich, dass eine gewisse Zusammenstellung eine höhere Zahl galt, als die gefallenen Augen ausmachten, und dass diess die Worte des POLLUX bedeuten sollen. Oder sollte diese Erklärung wegen des Singulars κατὰ τὸν ἀστράγαλον weniger passend erscheinen, so konnte auch σχῆμα von den die Einheiten bezeichnenden Punkten oder Strichen verstanden werden, die ja auch eine bestimmte Figur bilden.

Der glücklichste Wurf war, wenn alle vier Würfel verschiedene Zahlen zeigten. Das erhellt am deutlichsten aus LUCIAN. Amor. 16. *τῇ δὲ τραπέζῃ τέτταρας ἀστραγάλους Λιβυκῆς δορκὸς ἀπαριθμήσας διεπέττευε τὴν ἐλπίδα. καὶ βάλων μὲν ἐπὶ σκοποῦ, μάλιστα δ' εἴ ποτε τὴν θεὸν αὐτὴν (Ἀφροδίτην) εὐβολήσειε, μηδενὸς ἀστραγάλου πεσόντος ἴσῳ σχήματι, προςεκύνει, τῆς ἐπιθυμίας τεύξεσθαι νομίζων.* Ebenso unzweideutig ist das Epigramm MART. XIV, 14. *Tali eborei.*

Cum steterit nullus vultu tibi talus eodem,
Munera me dices magna dedisse tibi.

Dieser Wurf hiess nun eben *Venus* oder *Venereus*, wie sich häufig findet, und konnte nur mit vier Würfeln geworfen werden. Ob bei den Griechen Κῷος dasselbe oder die *seniones* bezeichnete, kann hier ohne Nachtheil in Zweifel gelassen werden.

Dagegen war der schlechteste Wurf nach der gewöhnlichen Meinung, wenn alle vier Würfel eine Zahl zeigten. Diess ist indessen nicht ganz richtig. Es war gewiss nicht gleichgültig, ob vier μονάδες oder vier τετράδες u. s. w. fielen, und der *canis*, so hiess der unglücklichste Wurf, war nur dann gefallen, wenn alle Würfel die Eins zeigten. [Isid. XVIII, 66. *unum enim significat* sc. canis.] Das sieht man deutlich aus Suet. Aug. 71. wo August an den Tiberius schreibt: *Inter cenam lusimus* γεροντικῶς *heri et hodie. Talis enim iactatis ut quisque canem aut senionem miserat, in singulos talos singulos denarios in medium conferebat, quos tollebat universos, qui Venerem iecerat.* Hier gilt offenbar der Name *canis* nur der Eins, wie *senio* der Sechs und so sagt auch Pollux: καὶ τὸ μὲν μονάδα δηλοῦν κύων καλεῖται. (Nicht völlig klar sind die Worte: *Talis — conferebat*. Der Fall, wo die Würfel viermal die Eins oder die Sechs zeigten, scheint nicht wohl verstanden werden zu können; denn sonst würde er kaum gesagt haben: *in singulos talos singulos denarios*. Dass aber für jede einzeln fallende Eins oder Sechs ein Denar gesetzt worden sei, ist noch weniger wahrscheinlich, obgleich *canis* auch die einzelne bedeuten kann. Allein da überhaupt nur vier Zahlen sich auf den Knöcheln befanden, so musste es etwas ganz Gewöhnliches sein, ja fast bei jedem Wurfe vorkommen, dass eine Eins oder Sechs fiel. [Das öftere Vorkommen dieses Falls spricht nicht gegen die Erklärung; denn das oft wiederholte Zusetzen war nothwendig, um die dem Gewinnenden anheim fallende Summe zu verstärken, und machte gerade den meisten Scherz. Wer aber eine Eins und Sechs zusammen warf, bezahlte das Doppelte, also 2 Denare, und dann heisst es: *in singulos talos*. Voemel, de casu tal., giebt zwar zu, dass diese Erklärung möglich sei, zieht aber vor, bei Suet.

canem et senionem zu emendiren, mit dem Sinn, dass der, welcher eine Eins und Sechs zusammen geworfen hatte, 4 Denaren bezahlen müsse (für jeden Würfel einen Denar). Es kann so gewesen sein, aber die Nothwendigkeit einer Textänderung ist nicht bewiesen. Mit Recht hat VOEMEL bemerkt, dass das bei SUET. angegebene Spiel nicht neu gewesen sei, sondern bloss das Strafquantum.] Vielleicht ist gemeint, dass Strafe gezahlt werden musste, so oft zwei-, drei- oder viermal die eine der beiden Zahlen auflag, und dann wurden *in singulos talos* — so vielmal nämlich die Zahl gefallen war — *singuli denarii* hinzugesetzt. — Wenn es daher bei PLAUT. Curc. II, 3, 75 ff. heisst:

CUR. *Postquam cenati atque adpoti, talos poscit in manum,*
Provocat me in aleam, ut ego ludam, pono pallium:
Ille suum anulum opposivit, invocat Planesium.
PH. *Meosne amores?* CUR. *Tace parumper. Iacit vulturios*
  quattuor.
Talos arripio; invoco almam meam nutricem Herculem:
Iacto basilicum.

so ist es sehr unwahrscheinlich, dass *volturii quatuor* so viel sein sollten als *canis*, und ebensowenig ist Grund vorhanden anzunehmen, der *basilicus* bedeute soviel als *Venereus*. Der Parasit hat offenbar einen besseren Wurf gethan, als Therapontigonus, welche Würfe aber unter den Namen zu verstehen sind, lässt sich nicht abnehmen. Das Spiel wurde aber nicht immer so gespielt, dass Gewinn und Verlust vom *Venereus* und *canis* abhingen, sondern man liess auch die Zahl der geworfenen Augen oder Monaden entscheiden. Das nannten die Griechen πλειστοβολίνδα παίζειν. POLL. § 95. Am häufigsten mochte diess mit den eigentlichen sechsseitigen Würfeln, *tesseris* oder κύβοις geschehen, doch brauchte man auf dieselbe Weise auch die *talos*. POLL. § 117. ἡ δὲ πλειστοβολίνδα οὐ μόνον ἡ διὰ τῶν κύβων, ἀλλὰ καὶ ἡ διὰ τῶν ἀστραγάλων ἐπὶ τὸ πλεῖστον ἀριθμὸν βαλεῖν. Vgl. ATHEN. X. p. 444. [VOEMEL, de Euripide casu talorum. Frankf. Progr. 1847. u. Philologus,

Göttingen 1858, XIII, S. 302—312. Vgl. auch SAUPPE, Philolog. XI, S. 36 ff.]

Die *tesserae* oder κύβοι nun waren ganz wie die bei uns gebräuchlichen Würfel. Ihre sechs Seiten oder ebenen Flächen waren mit 1—6 bezeichnet, so dass jederzeit die einander entgegenstehenden Seiten zusammen sieben Augen zählten, wie bei uns. [Zwei Exemplare sieht man im Mainzer Museum, ein grösseres und ein kleineres, unsern heutigen ziemlich gleich. Jedes Auge wird von 2 concentrischen Kreisen umschlossen. ISIDOR. XVIII, 63. 64. 65.] — Gehörten zum Spiele der Astragalen vier Würfel, so brauchte man der *tesserae* nur drei und später gar nur zwei. HESYCH. ἢ τρὶς ἓξ ἢ τρεῖς κύβοι παροιμία ἐπὶ τῶν ἐπιτυγχανόντων· πάλαι γὰρ τρισὶν ἐχρῶντο πρὸς τὰς παιδιὰς κύβοις καὶ οὐχ ὡς οἱ νῦν δυοῖν. [Uebrigens hat HESYCH. das Sprichwort missverstanden, denn κύβοι bedeutet hier die Augen. Also ist der Sinn desselben: entweder drei Sechsen oder drei Eins, d. h. so viel als Alles oder Nichts.] Das meint auch MARTIAL XIV, 15. *Tesserae*.

Non sim talorum numero par tessera, dum sit
  Maior, quam talis, alea saepe mihi.

Ob es dabei immer nur darauf ankam, wer die meisten Augen geworfen hatte; ob der Pasch etwas galt, das ergiebt sich, so viel mir bekannt ist, aus keiner Stelle. Das einfache πλειστοβολίνδα παίζειν mochte aber jedenfalls das Gewöhnlichste sein. Daher wurde mit *tesseris* auch jederzeit um Geld oder etwas die Stelle des Geldes Vertretendes gespielt, während die *tali* auch noch anders gebraucht wurden. Wie man dabei verfuhr, das ersieht man zum Theil schon aus der oben angeführten Stelle aus Augusts Briefe. Mit ihm stimmt in der Hauptsache überein POLL. §. 95. ἀργυρίου τινὰ ἀριθμὸν ἐπιτιμήσαντες καθ' ἑκάστην μονάδα διῃρημένην δραχμήν, ἢ στατῆρα, ἢ μνᾶν, ἢ ὅπως οὖν ἔπαιζον τὴν πλειστοβολίνδα καλουμένην παιδιάν. ὁ δ' ὑπερβαλλόμενος τῷ πλήθει τῶν μονάδων ἔμελλεν ἀναιρήσεσθαι τὸ ἐπιδιακείμενον ἀργύριον. Nicht weniger interessant, als der erste, ist ein zweiter von SUETON. ebend. mitgetheilter Brief Augusts. *Nos, mi Tiberi*, schreibt er, *Quinquatriis satis iu-*

cunde egimus. Lusimus enim per omnes dies forumque aleatorium calfecimus. Frater tuus magnis clamoribus rem gessit; ad summam tamen perdidit non multum; sed ex magnis detrimentis praeter spem paullatim retractus est. Ego perdidi viginti millia nummum meo nomine, sed cum effuse in lusu liberalis fuissem, ut soleo plerumque. Nam si, quas manus remisi cuique, exegissem aut retinuissem, quod cuique donavi, vicissem vel quinquaginta millia. Das war also eine Differenz von 14,000 Fr., und doch war diess noch ein sehr gemässigtes Spiel. Wie ungeheure Summen aber verspielt werden mochten, das sieht man aus Iuv. I, 89 ff.

— *Neque enim loculis comitantibus itur*
Ad casum tabulae; posita sed luditur arca.
Proelia quanta illic dispensatore videbis
Armigero! Simplexne furor, sestertia centum
Perdere et horrenti tunicam non reddere servo?

Daher war denn schon von alter Zeit her das Würfelspiel und überhaupt alles Spiel um Geld, mit der einzigen Ausnahme: *ubi pro virtute certamen fit,* streng verboten. Dieses Gesetzes gedenkt schon Plaut. Mil. II, 2, 9.

Atque adeo ut ne legi fraudem faciant aleariae,
Adcuratote, ut sine talis domi agitent convivium.

So ist aus dem Cod. Ambros. nach Ritschels Mittheilung zu lesen. Vermuthlich ist dasselbe *Senatus consultum* gemeint, von dem Paul. Dig. XI, 5, 2. sagt: *Senatus consultum vetuit in pecuniam ludere, praeterquam si quis certet hasta vel pilo iaciendo, vel currendo, saliendo, luctando, pugnando, quod virtutis causa fiat.* Um dieses Gesetz wirksamer zu machen, wurde keine Klage dessen, der in seiner Wohnung das Spiel geduldet hatte, wegen vorgefallener Ungebührnisse angenommen; selbst nicht wegen Beraubung und thätlicher Misshandlung. Ulp. Dig. XI, 5, 1. *Praetor ait: Si quis eum, apud quem alea lusum esse dicetur, verberaverit damnumve ei dederit, sive quid eo tempore domo eius subtractum erit, iudicium non dabo. In eum, qui aleae ludendae causa vim intulerit, uti quaeque res erit, animadvertam.* S. ein Beispiel *condemnati de alea* bei Cic. Phil.

II, 23. Allein dieses Gesetz wurde nicht nur im Geheimen, wie sich leicht denken lässt, mehr als irgend ein anderes übertreten, sondern es musste natürlich unter Kaisern, welche selbst leidenschaftliche Spieler waren, z. B. Claudius, der ein Buch darüber schrieb, ganz ausser Anwendung kommen, während unter anderen wieder strenger darüber gewacht wurde. Diess scheint unter Domitian der Fall gewesen zu sein, und darauf beziehen sich mehrere Epigramme MARTIALS. — Nur zum Scherze bei Tafel war das Spiel erlaubt, wie man aus PAUL. Dig. XI, 5, 4. sieht: *Quod in convivio vescendi causa ponitur, in eam rem familia ludere permittitur.* [SIDON. AP. ep. I, 2.] und an den einzigen Saturnalien herrschte völlige Freiheit. MART. XI, 6.

> *Unctis falciferi senis diebus,*
> *Regnator quibus imperat fritillus.*

Derselbe V, 84.

> *Iam tristis nucibus puer relictis*
> *Clamoso revocatur a magistro,*
> *Et blando male proditus fritillo,*
> *Arcana modo raptus e popina*
> *Aedilem rogat udus aleator.*

In dem Verstecke der *popina* mochte natürlich am häufigsten gespielt werden; darum heisst es auch IV, 14, 7.

> *Dum blanda vagus alea December*
> *Incertis sonat hinc et hinc fritillis*
> *Et ludit tropa nequiore talo.*

wo unter dem *nequior talus* vielleicht falsche Würfel zu verstehen sind. Wenigstens nennt auch ARISTOT. Probl. XVI, 12. μεμολυβδωμένους ἀστραγάλους. — Wie sehr aber späterhin solches Hazardspiel wieder überhand genommen habe, das beweist das durch schwere Klagen motivirte Verbot Iustinians, der sogar das verlorene Geld wieder zurückzufordern gestattete. COD. III, 43. [PANTOIA, de aleator. in Otto thes. IV. Des jeux de hazard, en usage chez l. Rom. in Mém. de l'acad. d. i. I, p. 120 ff. DE PAUW, de alea veterum. Trai. 1726.

v. MEURS, de alea, in opusc. acad. ed. Gratamar. Groning. 1821. p. 97—148. COCK, resp. ad quaest. quid alea, quid aleator sit, in Annal. acad. Traiect. 1817—18. REIN, Röm. Crim. Recht, S. 833 fg.] Dieselben gesetzlichen Bestimmungen fanden hinsichtlich der Wetten statt, die in Rom auch beliebt waren, nur dass man sich nicht eine Manie denken muss, wie sie Bulwer in den „letzten Tagen von Pompeji" schildert, wo aus einem antiken Gemälde, wie in der ganzen Erzählung, ein modernes Zerrbild geworden ist. — Ueber rein zufällige Dinge sollten keine Wetten stattfinden. MARCIAN. Dig. XI, 5, 3. *In quibus rebus ex lege Titia et Publicia et Cornelia sponsionem facere licet. Sed ex aliis, ubi pro virtute certamen non fit, non licet.*

Uebrigens brauchte man die Würfel beider Art nicht bloss zum Hazardspiele, sondern sie dienten theils auch anderen Gesellschaftsspielen, wovon weiterhin die Rede sein wird, theils gebrauchte man sie bei der Comissatio zur Wahl des *magister convivii*, s. I, S. 194. Ueber den *mos invocandi* s. I, S. 194 fg.

Andere Spiele, bei denen nicht bloss das Glück entschied, sondern das Gewinnen wenigstens hauptsächlich von Ueberlegung und Geschicklichkeit abhing, waren an sich nicht unerlaubt. Dahin gehören vor allen die Bretspiele. Deren sind, als in Rom gebräuchlich, hauptsächlich zwei bekannt: *ludus latrunculorum* und *duodecim scriptorum*. Von ihnen scheint, wie SALMAS. zu Vop. Proc. 13. p. 742. bemerkt, zu verstehen MART. XIV, 17. *Tabula lusoria*.

Hic mihi bis seno numeratur tessera puncto;
Calculus hac gemino discolor hoste perit.

Der erste Vers bezieht sich auf die *duodecim scripta*, der zweite auf die *latrunculos*, und die *tabula lusoria* war also für beide vermuthlich auf beiden Seiten eingerichtet. [Es haben sich mehrere tabulae lusoriae erhalten mit Inschriften, nämlich in 3 Zeilen jede zu 12 Buchstaben, die in 2 Columnen neben einander stehen, z. B. im Kircherschen Museum

Circus	*populi*
Clamor	*populi*
gaudia	*civium*

oder bei MURAT. 661, 4.

Victus	*lebate* (d. i. leva te)
Ludere	*nescis*
Da luso	*ri locu*(m)

s. PHILOL. XVII, 4, S. 734. ORELLI 4315. Dass es auch auf die Geschicklichkeit ankam, zeigt ausser der genannten Inschrift ORELLI 4316. s. S. 327. Die Abbildung eines marmornen in Rom ausgegrabenen Spielbretes aus der christlichen Zeit mit 12 Linien (XII scripta) giebt RICH, Wörterbuch der röm. Alterth. S. 1.]

Von dem ersteren Spiele, dem *ludus latrunculorum* oder *calculorum* (wiewohl *caculi* auch zu dem zweiten gebraucht wurden) hat WERNSDORF a. a. O. sehr einsichtsvoll und klar gehandelt. [BULLET. ARCH. Napol. 1853, S. 193.] Die Hauptstelle, welche eine ziemlich detaillirte Beschreibung giebt, ist eben bei SALEIUS BASSUS, Paneg. in Pis. 180 ff.

Callidiore modo tabula variatur aperta
Calculus et vitreo peraguntur milite bella,
Ut niveus nigros, nunc et niger alliget albos.
Sed tibi quis non terga dedit? quis de duce cessit
Calculus? aut quis non periturus perdidit hostem?
Mille modis acies tua dimicat: ille petentem
Dum fugit, ipse rapit; longo venit ille recessu,
Qui stetit in speculis: hic se committere rixae
Audet et in praedam venientem decipit hostem.
Ancipites subit ille moras similisque ligato
Obligat ipse duos: hic ad maiora movetur,
Ut citus et fracta prorumpat in agmina mandra.
Clausaque deiecto populetur moenia vallo.
Interea sectis quamvis acerrima surgant
Proelia militibus, plena tamen ipse phalange,
Aut etiam pauco spoliata milite vincis,
Et tibi captiva resonat manus utraque turba.

Dazu kommen noch einige andere Andeutungen des Spiels. OVID. Art. am. III, 35 fg.

> *Cautaque non stulte latronum proelia ludat,*
> *Unus cum gemino calculus hoste perit;*
> *Bellatorque suo prensus sine compare bellat,*
> *Aemulus et coeptum saepe recurrit iter.*

und Trist. II, 477 ff.

> *Discolor ut recto grassetur limite miles,*
> *Cum medius gemino calculus hoste perit.*
> *Ut mage velle sequi sciat, et revocare priorem,*
> *Ne tuto fugiens incomitatus eat.*

Vgl. Art. am. II, 207. POLL. IX, 7, 98. Ἡ δὲ διὰ πολλῶν ψήφων παιδιὰ πλινθίον ἐστὶ χώρας ἐν γραμμαῖς ἔχον διακειμένας· καὶ τὸ μὲν πλινθίον καλεῖται πόλις, τῶν δὲ ψήφων ἑκάστη κύων· διῃρημένων δ' εἰς δύο τῶν ψήφων κατὰ τὰς χρόας ἡ τέχνη τῆς παιδιᾶς ἐστι περιλήψει τῶν δύο ψήφων ὁμοχρόων τὴν ἑτερόχρουν ἀναιρεῖν. EUSTATH. p. 1397, 43. ὅτι εἰδώς τι κυβείας καὶ πόλις, ἐν ᾗ ψήφων πολλῶν ἐν διαγεγραμμέναις τισὶ χώραις κειμένων ἐγίνετο ἀνταναίρεσις· καὶ ἐκαλοῦντο αἱ μὲν γραμμικαὶ χῶραι πόλεις ἀστεώτεροι, αἱ δὲ ἀντεπιβουλεύουσαι ἀλλήλαις ψῆφοι κύνες διὰ τὸ δῆθεν ἀναιδές.

Wenn auch manche Frage über die specielleren Eigenthümlichkeiten des Spiels unbeantwortet bleiben mag, so geht aus allen Stellen doch so viel hervor, dass es ein unserem Schach ähnliches Spiel war, oder mehr eine Art Belagerungsspiel [indem die latrunculi figürlich eine Festung angriffen oder vertheidigten]; denn die von SALEIUS BASSUS erwähnten *mandrae*, deren auch MART. VII, 72. gedenkt:

> *Sic vincas Noviumque Publiumque*
> *Mandris et vitreo latrone clausos.*

können nur für Steine gelten, die eine Art Verschanzung bildeten. Verschiedene Geltung mögen überhaupt die *calculi* gehabt haben; das scheint schon aus den Worten: *longo venit ille recessu, qui stetit in speculis,* zu folgen, und vielleicht ist so ein Stein dem Laufer im Schach zu vergleichen. Das meint ISIDOR. XVIII, 67. *Calculi partim ordine moventur, partim* vage. *Ideo alios ordinarios, alios vagos appellant. At vero, qui moveri omnino non possunt, incitos dicunt.* Sie mögen desshalb auch verschieden bezeichnet gewesen sein; allein dass sie, wie in unserem Schachspiele, als verschiedene Figuren erschienen wären, dafür scheint sich nirgend ein Beweis zu finden. Nur die *mandrae* unterschieden sich vielleicht von den *latronibus*, wie die *calculi, latrunculi, milites, bellatores* auch genannt werden. Die Stelle SUET. Ner. 22. *cum inter initia imperii eburneis quadrigis quotidie in abaco luderet.* kann nichts beweisen, wenn sie auch von den *latrunculis* zu verstehen ist; denn dann könnte man eher glauben, dass die *latrones* sämmtlich diese Gestalt gehabt hätten. Ueberhaupt aber wird auf eine Verschiedenheit derselben nirgends hingedeutet. — Sie waren gewöhnlich von Glas: *vitreo peraguntur milite bella,* und *vitreo latrone clausus.* Das meint auch MART. XIV, 20. *Calculi.*

Insidiosorum si ludis bella latronum,
Gemmeus iste tibi miles et hostis erit.

Doch wurden sie gewiss auch von kostbarem Material gefertigt. S. weiter unten.

Die Kunst des Spielers bestand darin, entweder die Steine des Gegners zu schlagen, oder sie festzusetzen. Das erstere geschah, wenn man einen feindlichen Stein zwischen zwei der seinigen zu stehen gebracht hatte: *medius gemino calculus hoste perit,* περιλήψει τῶν δύο ἀναιρεῖν. Man opferte auch wohl einen der seinigen, wie im Schach, um einen grösseren Vortheil davon zu haben; das ist die ἀνταναίρεσις bei EUSTATHIUS, das gegenseitige Schlagen, und das will SALEIUS: *periturus perdidit hostem.* Daher gebot die Vorsicht, dass sich kein Stein ohne Begleiter, *compar,* unter die Feinde wage, *ne incomitatus eat.* — Das Festsetzen hiess *ligare, alligare, obligare,* und solche Steine hiessen *inciti;* denn *ciere* ist der eigentliche Ausdruck für ziehen. PLAUT. Poen. IV, 2, 86. *Ad incitas redactus* aber [oder matt] hiess der, welcher keinen Stein mehr ziehen konnte. PLAUT. ebend. und öfter figürlich. — Je weniger der Sieger Steine verloren hatte, desto rühmlicher

Die geselligen Spiele. 339

war der Sieg, und welche Wichtigkeit man diesem oder der Ueberlegenheit überhaupt beilegte, sieht man aus der Erzählung von dem zu Tode verurtheilten Canius. SENEC. de tranq. 14. *Ludebat latrunculis, cum centurio agmen periturorum trahens et illum quoque citari iubet. Vocatus numeravit calculos et sodali suo. Vide, inquit, ne post mortem meam mentiaris te vicisse. Tum annuens centurioni: Testis, inquit, eris, uno antecedere.*

Anderer Art und halb ein Glücksspiel war der *ludus duodecim scriptorum*, von dem SALMASIUS a. a. O. und BOULENGER cap. 61. den Umständen nach genügend gehandelt haben. Es scheint etwas unserem Puffspiele [oder Trictrac] Aehnliches gewesen zu sein. Wenigstens bestimmten die Würfel das Rücken der Steine [d. h. von der Zahl der geworfenen Augen hing der Platz ab, den der Stein des Spielers einzunehmen hatte]. PETR. 30. *Sequebatur puer cum tabula terebinthina et crystallinis tesseris, notavique rem omnium delicatissimam. Pro calculis enim albis ac nigris aureos argenteosque habebat denarios.* In einem alten von SALMASIUS mitgetheilten Epigramme heisst es:

In parte alveoli pyrgus velut urna resedit,
Qui vomit internis tesserulas gradibus,
Sub quarum iactu discordans calculus exit,
Certantesque fovet sors variata duos.

Die Tafel war mit zwölf Linien [von denen das Spiel seinen Namen erhalten hat] bezeichnet, auf welchen die Steine gerückt wurden. OVID. Art. am. III, 363.

Est genus in totidem tenui ratione redactum
Scriptula, quot menses lubricus annus habet.

Das Rücken oder Setzen der Steine nannte man *dare*, wie auch wir sagen: einen Wurf geben. CIC. b. Non. II. p. 170 P. *Itaque tibi concedo, quod in duodecim scriptis olim, ut calculum reducas, si te alicuius dati poenitet.* OVID. Art. am. II, 203.

Seu ludet numerosque manu iactabit eburnos,
Tu male iactato, tu male iacta dato.

Vgl. Trist. II, 475. QUINCT. Iust. XI, 2, 38. *Scaevola in lusu* duodecim scriptorum, cum prior calculum promovisset essetque victus, dum rus tendit, repetito totius certaminis ordine, quo dato errasset recordatus rediit ad eum, quicum luserat, isque ita factum esse confessus est. [Cic. de or. II, 50. Ter. Ad. IV, 7, 21 ff.] Mit der πεττεία ἐπὶ πέντε γραμμῶν der Griechen scheint das Spiel nicht verwandt zu sein; vielleicht war ihr eher das ähnlich, was Ovid. Trist. II, 481. erwähnt:

  Parva sed et ternis instructa tabella lapillis,
   In qua vicisse est, continuasse suos.

Auch der ἀρτιασμὸς, ἀρτιάζειν, ἄρτια ἢ περιττὰ παίζειν oder εἰπεῖν, *ludere par impar,* bei den Griechen ein sehr beliebtes Spiel, scheint in Rom nicht ungewöhnlich gewesen zu sein. Es war das auch bei uns häufig vorkommende Hazardspiel, wo man den Gegner rathen lässt, ob man eine gerade oder ungerade Zahl Geldstücke oder andere Dinge in der Hand halte. Poll. IX, 7, 101. Καὶ μὴν καὶ ἀρτιάζειν ἀστραγάλους ἐκ φορμίσκων καθαιρομένους ἐν τῷ ἀποδυτηρίῳ τοὺς παῖδας ὁ Πλάτων ἔφη. (Lysid. p. 207. E.) τὸ δὲ ἀρτιάζειν ἐν ἀστραγάλων πλήθει κεκρυμμένων ὑπὸ ταῖν χεροῖν, μαντείαν εἶχε τῶν ἀρτίων ἢ καὶ περιττῶν. ταὐτὸ δὲ τοῦτο καὶ κυάμοις ἢ καρύοις τε καὶ ἀμυγδάλαις, οἱ δὲ καὶ ἀργυρίῳ πράττειν ἠξίουν, εἰ πιστὸς Ἀριστοφάνης ἐν τῷ Πλούτῳ λέγων·

  Στατῆρσι δ' οἱ θεράποντες ἀρτιάζομεν.

Aristoteles erwähnt das Spiel öfter; z. B. Rhet. III, 5, 4. de divin. p. somn. 2. Vgl. besonders Meurs. p. 948. und Schneid. zu Xenoph. de off. mag. eq. 5, 10. Von römischen Schriftstellern gedenken des *par impar* Horat. Sat. II, 3, 248. Nux Eleg. 79.

  Est etiam, par sit numerus, qui dicat, an impar,
   Ut divinatas auferat augur opes.

Suet. Aug. 71. *Misi tibi denarios ducentos quinquaginta, quos singulis convivis dederam, si vellent inter se inter cenam vel talis vel par impar ludere.* An dieses Spiel, wo durch glückliches Rathen der eine Spieler dem andern die Astragalen abgewann, hat man auch bei bildlichen Darstellungen, wo ein Knabe den Gewinn mit der Hand an die Brust drückt, zu denken.

Die geselligen Spiele.

S. LEVEZOV, Amor und Ganymedes die Knöchelspieler, in Böttig. Amalth. I, S. 175 ff. Dagegen können die Astragalizontes Polyklets wirkliche Würfelspieler gewesen sein, wie das Mädchen in der Dresdner Sammlung, August. Taf. 106.

[Ein verwandtes altes römisches Kinderspiel, an das mich BERGK erinnert, und welches auch noch bei uns üblich ist, (Kopf oder Wappen) hiess *Capita aut navia*. Man warf eine Münze in die Höhe und liess rathen, welche Seite sichtbar werden würde, wobei man die Bezeichnung der alten Prägung festhielt, wo auf der einen Seite der Doppelkopf des Janus (capita), auf der andern ein Schiff (die prora) stand. MACROB. Sat. I, 7. *Aes ita fuisse signatum hodieque intelligitur in aleae lusu, cum pueri denarios in sublime iactantes capita aut navia, lusu teste vetustatis, exclamant.* PAULIN. bei Muratori Anecd. ex bibl. Ambros. codd. I, 124.

Nummus huic primum tali est excusus honore,
Ut pars una caput, pars sculperet altera navem.
Cuius nunc memores quaecunque numismata signant
Ex veteri facto capita haec et navia dicunt.

Mit der Bemerk. des MURATORI. Die Form *navia* s. auch FEST. h. v. p. 169 M. Vgl. PLIN. h. n. XXXIII, 3, 13 u. OVID. Fast. I, 239. Ein anderes Spiel, *micare*, nämlich *digitis*, d. h. Zucken mit den Fingern, als Spiel aber rasches Ausstrecken einiger Finger. Wenn Zwei spielen, so muss abwechselnd der Eine die Finger ausstrecken und der Andere die Zahl derselben errathen oder es gewinnt derjenige, welcher von Beiden am schnellsten die Gesammtzahl der von Beiden gleichzeitig ausgestreckten Finger errathen und ausrufen kann (von den Italienern la mora und far al tocco genannt). Cic. de div. II, 41. *quid sors est? idem propemodum quod micare, quod talos iacere, quod tesseras, quibus in rebus temeritas et casus, non ratio nec consilium valet.* de off. III, 23. VARRO bei Non. IV, 303. *micandum erit cum Graeco, utrum ego illius numerum an ille meum sequatur.* Eine frivole Anwendung dieses Rathens auf die ernstesten Momente s. SUET. Oct. 13. Im gemeinen Leben scheint das micare oft gebraucht worden zu sein, um streitige Dinge zu entscheiden, z. B. bei Differenzen des Viehhandels, was der Praefectus urbi Apronianus etwa 364 n. Chr. verbot. ORELLI 3166. *ratio docuit utilitate suadente consuetudine micandi summota sub exagio potius* (nach dem Gewicht) *pecora vendere quam digitis conludentibus tradere.* S. FEUERBACH, Kunstblatt 1846, N. 20. PAULY, Realencykl. V, S. 1. GUHL u. KONER, das Leben d. Gr. u. Röm. S. 298, Fig. 303. RICH, Wörterb. d. röm. Alterth. S. 393 f.]

Ueber das von OVID Art. am III, 361. erwähnte Spiel *pilae reticulo fusae*, ist bereits S. 127 gesprochen worden. Jedenfalls mochte es mehr Spiele der Art geben. — Auch den von den Griechen leidenschaftlich geliebten Kottabos, dessen mannigfaltige Nüancen ATHENAEUS zu Anfang des 15. B. durchgeht, finde ich als von den Römern angenommen genannt. Von ihm haben GRODDECK, Antiquar. Vers. 1 St. und JACOBS, Att. Mus. III, S. 473 ff. auch in den Verm. Schriften VI, S. 107—144. ausführlich gehandelt. Trotz der vielen Modificationen des Spiels, welche beide aufführen, kann man doch nur eine doppelte Art annehmen, wenn man nämlich von dem ursprünglich kunstlosen Gebrauche, den Rest des Weins aus dem Becher auf den Boden zu schleudern (die Skythen bei XENOPH. Anab. VII, 3, 32. thun etwas Aehnliches) absieht. Die erstere Art war, wo ein Gefäss aufgestellt wurde, in das man den Wein, ohne daneben zu schütten, schleudern musste. Sie konnte darauf variirt werden, dass auf dem das Gefäss füllenden Wasser Näpfchen schwammen, die, indem sie sich mit Wein füllten, zu Boden sanken. Die zweite, wo eine Wage aufgehängt wurde, unter deren einer Schaale sich ein Becken mit Wasser und dem räthselhaften Manes befand. Der Wein musste dann in die Schaale fallen, so dass diese in das Becken herabsank und den Manes berührte. Ob aber diese Wage an einem aufgerichteten Pfahle, oder einem Candelaber, oder von der Decke herabhing, das ist im Grunde ganz gleichgültig. Diess gelegentlich; denn die weitere Untersuchung gehört nicht hieher, indem es an allen Beweisen fehlt, dass das Spiel bei den Römern Eingang

Die geselligen Spiele.

gefunden habe; man müsste denn die scherzhafte Anwendung bei PLAUT. Trin. IV, 3, 4.

Cave sis tibi, ne bubuli in te cottabri crebri crepent.

dafür ansehen wollen. Allein diesen Scherz verdankt PLAUTUS ohne Zweifel dem Philemon. Charikles II, S. 295 ff. [Das bei ZAHN, schönste Ornam, III, T. 72. abgebildete Spiel war nur eine Ergötzlichkeit für Kinder. Ein Kind trieb einen Pflock oder Nagel in die Erde, die Mitspielenden liefen mit Ruthen, Riemen und Schlingen darum herum und bemühten sich den Pflock herauszuziehen. An letzterem befindet sich ein Band, vielleicht für den Inhaber bestimmt, um den Pflock festhalten zu können? Dasselbe gilt von den Spielen bei PERS. III, 50.

— *angusto colo non fallier orcae*
Neu quis callidior buxum torquere flagello (Kreisel).]

EXCURS ZUR ZWÖLFTEN SCENE.

DIE TODTENBESTATTUNGEN.

[Hier mag die Bemerkung vorausgehen, dass in der antiken Welt das Verhältniss der Lebenden zu den Todten ein ganz anderes war als jetzt. Das Christenthum, welches den Ernst der Lebensanschauung vertieft hat, betrachtet den Tod als ein ernstes geheimnissvolles Scheiden, welches den Sterbenden in das ewige Leben führt, das mit dem bisherigen in keinem Zusammenhang steht. Dagegen die Alten hatten ein freundliches Bild vom Tode, ohne düstere schauererregende Gefühle. Der Abgeschiedene legt sich gleichsam hin zum sanften Schlaf oder er tritt eine Reise an, bleibt aber trotzdem in einem gewissen Verkehr mit den Zurückgebliebenen und mit den Vorgängen der Oberwelt überhaupt. Darum versetzte man die Behausungen der Todten in die Nähe der Lebenden und schmückte die Stätte innerlich mit den Emblemen der Dinge, die zum frohen Genuss des Lebens gehören, von Aussen aber mit Gärten, Bildsäulen, steinernen Sophas und Tischen, damit die Ueberlebenden hier zusammenkommen könnten, um der Abgeschiedenen zu gedenken und frohe Feste zu feiern, die an bestimmten Tagen wiederkehren.]

Zu den umständlichsten Gebräuchen gehörten im Alterthume überhaupt und namentlich auch bei den Römern die Feierlichkeiten, durch welche man den Verstorbenen den letzten Beweis von Liebe und Achtung zu geben oder auch nur einer herkömmlichen Pflicht zu genügen pflegte. An die Stelle der einfachen Bestattung, die sich begnügt, dem Schoosse der Erde den entseelten Körper zurückzugeben, war nach und nach ein Pomp und Ceremoniel getreten, das seinen Gründen nach zwar bedeutungsvoll genug war, aber in der äusseren Erscheinung für eiteles Gepränge gelten, ja selbst abgeschmackt und lächerlich genannt werden konnte.

Die Sitte ist im Allgemeinen schon sehr genügend erläutert worden; in früher Zeit von ALEX. AB ALEX. Gen. dd. III, 7. [von MEURSIUS, GUTHER, LAURENTIUS, QUENSTED in Graev. thes. XII. und Gronov. thes. XI.]; am ausführlichsten von KIRCHMANN, de funeribus Romanorum; auch von NIEUPOORT, Antt. Rom. p. 411—420. Noch brauchbarer als beide ist der von BAEHR in CREUZERS Abriss gelieferte Abschnitt: Leichengebräuche der Römer. Die dort gegebene Uebersicht wird bei aller Kürze doch in mancher Hinsicht reichhaltiger bleiben, als die hier beabsichtigte Darstellung, da ich bei einem so viel behandelten Gegenstande mich auf die Hauptsachen beschränken kann und nur da, wo etwa eine Berichtigung nöthig scheint, länger zu verweilen mich veranlasst sehe. Die übrige Literatur von MEURSIUS, QUENSTED u. s. w. sehe man bei FABRICIUS nach. [GUASCO, de' riti funebri di Roma pagana. ANDREAE, die Todtengebräuche der verschiedenen Völker. Leipzig 1846. GRIMM, das Verbrennen der Leichen, in Abhdl. der Akad. d. Wiss. zu Berlin 1849. Berl. 1851, S. 191—274. FRIEBE, quinam fuerint apud Rom. ritus fun. III. Rössel 1851—1861. ULRICHS, über die Gräber der Alten, im Neuen Schweizer Museum 1861, I, S. 149—175. WILLENBORG, über die Leichenfeierlichkeiten bei den Röm. Vechte 1858.] — Wichtige das Ritual angebende Stellen alter Schriftsteller sind VERG. Aen. VI, 212 ff. TIB. III, 2. PROP. I, 17. II, 3. IV, 7. OVID. Trist. III, 3. PETR. 71 ff. APPUL. Flor. IV, 19. p. 94 Oud. Vorzüglich auch CIC. de legg. II, 21 ff. POLYB. VI, 53. 54. und in Bezug auf die Apotheose der Kaiser HERODIAN. IV, 2.

Die Gewissenhaftigkeit, mit welcher man für die Bestattung der Todten sorgte, war eng mit dem religiösen Glauben, dem Glauben über den Zustand nach dem Tode verbunden;

allein es ist sehr wahrscheinlich, dass dieser Glaube veranlasst und genährt war von der Klugheit, welche in den Zeiten minderer Gesittung den Nachtheilen begegnen wollte, welche aus der Vernachlässigung der Beerdigung entstehen mussten. Genug, der schon früh tief in den Gemüthern wurzelnde Glaube, dass der Schatten des Unbestatteten unstät umherirre ohne Zutritt zu dem Reiche des Hades zu finden, war Ursache, dass unbestattet zu bleiben für das traurigste Loos galt und die Erweisung dieses Dienstes als heilige Pflicht angesehen wurde. [VERG. Aen. VI, 149 ff. 325 ff.] — Und diese Verpflichtung beschränkte sich nicht nur auf die Angehörigen oder näher Stehenden, sie fand allgemein statt, auch gegen Fremde; und traf man zufällig auf einen unbeerdigten Leichnam, so beobachtete man wenigstens die Form, dreimal mit Erde ihn zu bewerfen. HOR. Od. I, 28, 22 ff. wo der Schatten des ertrunkenen Archytas spricht: *At tu, nauta, vagae ne parce malignus arenae Ossibus et capiti inhumato Particulam dare — iniecto ter pulvere curras.* [VARRO L. L. V, 23. VERG. Aen. VI, 365 f.] PETR. 114. *praeteriens aliquis tralatitia humanitate (nos) lapidabit, aut, quod ultimum est, iratis etiam fluctibus imprudens arena componet.* Also reichte auch das allenfalls hin, wie in gleichem Sinne PROPERZ sagt: III, 7, 27.

Reddite corpus humo, positaque in gurgite vita
Paetum sponte tua vilis arena tegas.

Vgl. CLAUD. in Rufin. I, 371. — Der an sich schon bindende Glaube wurde noch dadurch unterstützt, dass dem Erben oder überhaupt der Familie, aus der ein Mitglied unbeerdigt geblieben war, eine jährliche Sühnung durch eine *porca praecidanea* auferlegt war. Dann erst war die *familia pura*. VARRO bei Non. II. p. 163. *Quod humatus non sit, heredi porca praecidanea suscipienda Telluri et Cereri. aliter familia pura non est.* und zur Erklärung des Namens PAUL. p. 223 M. *Praecidanea agna vocabatur, quae ante alias caedebatur. item porca, quae Cereri mactabatur ab eo, qui mortuo iusta non fecisset, id est, glebam non obiecisset, quia mos erat eis id facere, priusquam novas fruges gustarent.* Vgl. p. 218 fg. Die jährliche Wiederholung bemerkt ausdrücklich MARIUS VICTOR. p. 2470 Putsch. *Qui iusta defuncto non fecerint aut in faciendo peccaverint, his porca contrahitur, quam omnibus annis immolari oporteat, antequam novam quasi dapem mereant de segete capere.* Vgl. CIC. Leg. II, 22. — Darum ging man denn selbst so weit, in Fällen, wo der Leichnam nicht zu erlangen war, dennoch die Exsequien zu halten und ein leeres Grabmal zu erbauen, *cenotaphium*, wie von griechischer Seite schon aus PLATO's Menexenos bekannt ist. [VERG. Aen. III, 304. *tumulum — inanem.* OVID. Met. VI, 568. *inane sepulcrum.* SUET. Claud. 1. *honorarium — tumulum.*]

Eben aber mit Rücksicht auf die Verpflichtung, welche einem Jeden oblag, hiess auch das Begräbniss mit seinen Gebräuchen bei den Römern *iusta, iusta facere* oder *ferre*; oder auch *debita*, HOR. Od. II, 6, 23. wie bei den Griechen τὰ δίκαια, νόμιμα, νομιζόμενα und bei PLATO Menex. p. 236. D. τὰ προσήκοντα.

Die Gebräuche nahmen mit dem Tode selbst ihren Anfang. Es war, wie es scheint, wenn auch nicht allgemeine Sitte, doch aber nicht ungewöhnlich, dass eine dem Sterbenden theuere Person durch einen letzten Kuss gleichsam den entfliehenden Athem aufzufangen suchte. Die Stellen, aus denen man es schliesst, sind: CIC. Verr. V, 45. *matres ab extremo complexu liberum exclusae, quae nihil aliud orabant, nisi ut filiorum extremum spiritum ore excipere sibi liceret.* VERG. Aen. IV, 684. *extremus si quis super halitus errat, Ore legam.* [STAT. Silv. II, 1, 173. V, 1, 195. Teleb. XII, 417.] Dann drückte vielleicht dieselbe Person dem Verschiedenen die Augen zu, *condere oculos*, OVID. Trist. III, 3, 44. [vgl. IV, 3, 44.] oder *premere*, OVID. Amor. III, 9, 49. [VERG. Aen. IX, 487. PLIN. h. n. XI, 37, 55. *Morientibus illos* (oculos) *operire rursusque in rogo patefacere Quiritium magno ritu sacrum est, ita more condito, ut neque ab homine supremum eos spectari jus sit, et coelo non ostendi nefas.* GERHARD, Archäol. Zeitung 1846, Taf. 46. Grabrelief aus Volterra.] — Dass man zu-

gleich den Siegelring vom Finger gezogen habe, um ihn auf dem Scheiterhaufen wieder anzustecken, scheint eine durch nichts erwiesene Angabe zu sein. In der dafür angeführten Stelle aus PLIN. XXXI, 1, 6. ist von der Unredlichkeit der Sklaven die Rede. Nachdem die alte Zeit gelobt worden ist, heisst es: *Nunc rapiendae comparantur epulae, pariterque qui rapiant eas et claves quoque ipsas signasse non est satis. gravatis somno aut morientibus anuli detrahuntur.* Das heisst also, sie werden gestohlen; keineswegs aber wird damit ein solcher Gebrauch gemeint. Eine zweite Stelle wird ebenfalls missverstanden. SUET. Tib. 73. *nonnulli, pulvinum iniectum* (putant), *cum extractum sibi deficienti anulum mox resipiscens requisisset.* Der kaiserliche Siegelring war allerdings von grosser Bedeutung; er war vielleicht auch von hohem Werthe und überdiess hatte nach einer anderen Erzählung ihn Tiberius selbst abgezogen. Es heisst gleich darauf: *Seneca eum scribit intellecta defectione exemtum anulum quasi cuidam traditurum parumper tenuisse, dein rursus aptasse digito et compressa sinistra manu iacuisse diu immobilem.* Warum also darauf die Annahme eines sonst unerwiesenen Gebrauchs gründen? Denn was man noch aus SPART. Hadr. 26. anführt: *Signa mortis haec habuit: anulis in quo imago ipsius sculpta erat, sponte de digito delapsus est.* das steht in gar keiner Relation damit. War es ein böses Zeichen, wenn ein Zahn aus dem Munde fiel, warum nicht viel mehr, wenn der Ring mit dem eigenen Bildnisse vom Finger glitt? Aus PROP. IV, 7, 9.
Et solitam digito beryllon adederat ignis.
geht aber nichts weiter hervor, als dass man den Ring mit der Leiche verbrannte; nicht, dass man ihn erst dann wieder ansteckte.

Darauf wurde der Verstorbene von den Anwesenden laut beim Namen gerufen oder überhaupt lautes Geschrei und Wehklagen angestimmt, um den vielleicht nur Scheintodten wieder ins Leben zu rufen: *conclamabatur.* Hauptstellen darüber sind bei QUINCT. Decl. VIII, 10. *Unde putatis inventos tardos funerum adparatus? Unde, quod exsequias planctibus, ploratu magnoque semper inquietamus ululatu, quam quod facinus videtur am facile credere vel morti?* Vidimus igitur frequenter ad vitam post conclamata suprema redeuntes. und AMM. MARC. XXX, 10. *Post conclamata imperatoris suprema corpusque curatum ad sepulturam.* Es geschah also noch vor der *curatura* und darum heisst es auch bei OVID. Trist. III, 3, 43.

*Nec mandata dabo, nec cum clamore supremo
Labentes oculos condet amica manus.*

Dann hiess es: *conclamatum est*, eine Formel, die auch auf andere Lebensverhältnisse, in denen keine Hoffnung übrig blieb, angewendet wurde. S. z. B. TER. Eun. II, 3, 56.

Der Leichnam wurde hierauf vom Brete herabgenommen: *deponebatur.* OVID. a. a. O. Vs. 40.

Depositum nec me qui fleat ullus erit.

und mit heissem Wasser gewaschen, vielleicht ebenfalls um die Wiederbelebung zu versuchen. — Dann wurde die Bestellung des Begräbnisses bei dem *libitinarius* gemacht. Diese Leute, welche von der Venus Libitina [daher metonymisch statt Tod gebraucht, HOR. od. III, 30, 7.], in deren Heiligthume sie ihre Niederlage hatten, den Namen führten, übernahmen die Besorgung der ganzen Bestattung. PLUT. Quaest. Rom. 23. Διὰ τί τὰ πρὸς τὰς ταφὰς πιπράσκουσιν ἐν τῷ Λιβιτίνης, νομίζοντες Ἀφροδίτην εἶναι τὴν Λιβιτίνην. [DION. VI, 96. von Menen. Agrippa. vgl. PLUT. Num. 12.] Sie stellten nicht nur die dazu erforderlichen Personen, sondern hatten auch alle andere Bedürfnisse zum Verkaufe vorräthig. [*Libitinam exercere*, VAL. MAX. V, 2, 10.] Bei ihnen musste überdiess gesetzlich der Tod gemeldet und wie bei den im Tempel der Juno Lucina gemeldeten Geburten eine Abgabe entrichtet werden. DIONYS. IV, 15. ὡς δὲ Πίσων Λεύκιος ἐν τῇ πρώτῃ τῶν ἐνιαυσίων ἀναγραφῶν ἱστορεῖ, βουλόμενος (Τύλλιος) καὶ τῶν ἐν ἀστεῖ διατριβόντων τὸ πλῆθος εἰδέναι τῶν τε γεννωμένων καὶ τῶν ἀπογινομένων καὶ τῶν εἰς ἄνδρας ἐγγραφομένων ἔταξεν, ὅσον ἔδει νόμισμα καταφέρειν ὑπὲρ ἑκάστου τοὺς προςήκοντας, εἰς μὲν τὸν τῆς Εἰλειθυίας θησαυρὸν, ἣν Ῥωμαῖοι καλοῦσιν Ἥραν φωςφόρον ὑπὲρ τῶν γεννωμένων, εἰς δὲ τὸν τῆς Ἀφροδίτης ἐν ἄλσει καδιθρυμένον, ἣν προςαγορεύουσι Λιβιτίνην ὑπὲρ τῶν ἀπογινομένων κ. τ. ἱ. Daher heisst es bei SUET. Ner. 39. *pestilentia unius auctumni, qua triginta funerum millia in rationem Libitinae venerunt.* LIV. XL, 19. *Pestilentia in Urbe tanta fuit, ut Libitina vix sufficeret.* XLI, 21. *Ne liberorum quidem funeribus Libitina sufficiebat.* [HOR. sat. II, 6, 19.

Autumnusque gravis, Libitinae quaestus acerbae.]
Diese *libitinarii* hatten ihre *pollinctores, vespillones, praeficas* [*dissignatores, ustores*] und überhaupt das ganze zur gemeinsten, wie zur glänzendsten Bestattung erforderliche Personal und Geräthe, das sie gegen Bezahlung lieferten. [Ueber die zur Deckung der Kosten des Leichenbegängnisses verpflichteten Personen s. ULP. Dig. XI, 7, 12 § 2 ff. Das Edikt sagte: *quod funeris causa sumtus factum erit, eius recuperandi nomine in eum, ad quem ea res pertinet, iudicium dabo.* Gewöhnlich traf man darüber im Testament Bestimmungen, wo nicht, so hafteten die Erben *suo ordine quo succedunt. Arbitria funeris* sagt CIC. tropisch p. red. in sen. 7. p. dom. 37. in Pis. 9.]

Zunächst nun besorgte der *pollinctor* den Leichnam, eben einer der Sklaven des *libitinarius*. ULP. Dig. XIV, 3, 5. *Si libitinarius, quos Graeci νεκροθάπτας vocant, servum pollinctorem habuerit, isque mortuum spoliaverit.* Darauf beziehen sich die Stellen bei PLAUT. Asin. V, 2, 60. *Ecquis currit, pollinctorem arcessere? — Mortuust Demaenetus.* und Poen. Prol. 63. *Quia mihi pollinctor dixit, qui eum pollinxerat.* [MART. X, 97.] Das Geschäft dieser Menschen war hauptsächlich, den Todten [zu baden,] zu salben und ihm überhaupt möglichst Alles zu benehmen, was einen widrigen Eindruck machen konnte. FULGENTIUS de serm. ant. 2. *Pollinctores dicti sunt, qui funera morientium accurant. — Dicti autem pollinctores quasi pollutorum unctores i. e. cadaverum curatores.* Dagegen leitet es SERV. zu Verg. Aen. IX, 488. ab *a polline, quo mortuis os oblinebant, ne livor appareret exstincti*. [vgl. SERV. zu VI, 218 f.] Indessen war das Salben eine Hauptsache. S. OUDEND. zu Appul. Flor. IV, 19. p. 95. [und die schwierige Stelle bei CIC. de leg. II, 24. *servilis unctura tollitur*.]

Die Todtenbestattungen.

War dieses geschehen, so legte man dem Leichname das dem Stande des Verstorbenen zukommende Kleid, jederzeit aber dem Freien die Toga an, auch selbst ausser Rom in den Städten, wo man gewöhnlich im Leben sie nicht trug. Iuv. III, 171.

*Pars magna Italiae est, si verum admittimus, in qua
Nemo togam sumit, nisi mortuus.*

Natürlich richtete sich aber die Beschaffenheit derselben nach dem Stande und Vermögen des Verstorbenen. Magistratspersonen, denen die *toga praetexta* zukam, wurden auch in ihr bestattet. Liv. XXXIV, 7. *Purpura viri utemur praetextati in magistratibus, in sacerdotiis. liberi nostri praetextis purpura togis utentur. magistratibus in coloniis municipiisque, hic Romae infimo generi magistris vicorum togae praetextae habendae ius permittemus, nec id ut vivi solum habeant tantum insigne, sed etiam ut cum eo crementur mortui.* — Ob die *viri triumphales* mit der *tunica palmata* und *toga picta* bekleidet worden seien, ist sehr ungewiss. Die Stelle aus SUET. Ner. 50. *funeratus est stragulis albis auro intextis, quibus usus fuerat Kalendis Ianuariis.* bezieht sich überhaupt ebensowenig auf die Kleidung als bei VERG. Aen. VI, 221. die *purpureae vestes relamina nota*. Es ist der *torus Attalicus* bei PROP. II, 13, 22. — Indessen war allerdings das Wachsbild, das über Augustus Sarge liegend seinen Leichnam vorstellte, so bekleidet. DIO CASS. LVI, 34. καὶ ἐν αὐτῇ (τῇ κλίνῃ) τὸ μὲν σῶμα κάτω που ἐν θήκῃ συνεκέκρυπτο· εἰκὼν δὲ δή τις αὐτοῦ κηρίνη, ἐν ἐπινικίῳ στολῇ ἐξεφαίνετο.

Ein Bekränzen des Leichnams, in Griechenland sehr gewöhnlich, fand in Rom wenigstens in der Regel nicht statt. Etwas anderes war es, wenn der Verstorbene sich im Leben durch sein Verdienst einen Ehrenkranz erworben hatte. Darauf nur beziehen sich die Worte CIC. de legg. II, 24. *Illa iam significatio laudis ornamenta ad mortuos pertinere, quod coronam virtute partam et ei, qui peperisset, et eius parenti sine fraude esse lex impositam iubet* etc. Dasselbe gilt von PLIN. XXI, 3. u. CIC. p. Flacco 31. Indessen wurde wohl der *lectus* und *rogus* mit Laub und Blumen geschmückt, wie man aus Dionys. XI, 39. sieht, und Plinius a. a. O. führt an, dass dem Scipio Serapio vor der Bahre her Blumen gestreut wurden, was öfter geschehen ist.

War das Geschäft des *pollinctor* beendigt, so wurde der Leichnam auf eine Art Paradebett gelegt, *lectus funebris* [und zwar ohne Zweifel im Atrium]. Von Kirchmann I, 12. wird Vestibulum angegeben; allein er scheint mit dem Namen eine falsche Vorstellung verbunden zu haben. Von Augusts Leiche heisst es allerdings bei Suet. c. 100. *equester ordo — intulit atque in vestibulo domus collocavit.* [s. I, S. 184.] allein wenn das eines Beweises bedürfte, dass die Leiche nicht vor der Ianua stand, so läge er schon in den Formeln: *ex aedibus efferri, efferri foras.* und wozu hätte es dann der Cypresse vor dem Hause bedurft, um anzuzeigen, dass es eine *domus funesta* sei? — Ueber die Lage des Todten, die sich eigentlich auch von selbst versteht, giebt Plin. VII, 8. Auskunft: *Ritu naturae capite hominem gigni mos est, pedibus efferri.* [und Pers. III, 105 ff. an der auch sonst lehrreichen Stelle:

Hinc tubae, candelae: tandem beatulus alto
Compositus lecto, crassisque lutatus amomis
In portam rigidos calces extendit: at illum
Hesterni capite induto subiere Quirites.]

— Nach der gewöhnlichen Meinung gab man ihm eine kleine Geldmünze in den Mund, als ναῦλον an den Ufern der Styx. Ob diess indessen eigentlich römischer Gebrauch war, lässt sich bezweifeln. Die wenigen Stellen, wo ihrer Erwähnung geschieht, wie Iuv. III, 267.

Iam sedet in ripa tetrumque novicius horret
Porthmea, nec sperat cenosi gurgitis alnum
Infelix, nec habet, quem porrigat ore trientem.

und Prop. IV, 11, 7.

Vota movent superos; ubi portitor aera recepit,
Obserat herbosos lurida porta rogos.

geben keinen genügenden Beweis; denn beide Dichter konnten gar wohl sich der fremden, häufig von andern Dichtern benutzten Vorstellung accommodiren. VERGIL aber in der Schilderung des Treibens an dem stygischen See gedenkt zwar der *inops inhumataque turba* (Aen. VI, 325.); allein des Fährgeldes, so viel Gelegenheit sich auch namentlich Vs. 313 —316. darbot, mit keinem Worte. Endlich sind auch die in Urnen zu Pompeji gefundenen Münzen nicht streng beweisend. [In den Gräbern der späteren Zeit findet man sehr häufig Münzen, bei den Skeletten sogar zwischen den Zähnen, so dass BECKER's Behauptung zu modificiren ist. RAOUL-ROCHETTE, in Mém. de l'acad. royale des inscr. XIII, p. 669. und vorzüglich BRAUN, in Jahrb. des Ver. v. Alterthumsfr. Bonn 1851, XVII, S. 110 ff. S. auch SEYFERT, de numis in ore defunct. repertis 1709.]

Neben dem *lectus* wurde eine Rauchpfanne [oder kleiner transportabler Altar] *acerra* (*turibulum*), aufgestellt. PAUL. p. 18 M. *Acerra ara, quae ante mortuum poni solebat, in qua odores incendebant.* [*Acerra* heisst aber auch das Kästchen oder die Büchse zur Aufbewahrung des Weihrauchs, VERG. Aen. V, 745. MUS. BORB. V, 42. IX, 56. ROUX u. BARRÉ VI, 81. 85. Nach CIC. de leg. II, 24. verboten die XII Tafeln den Gebrauch der *acerrae*.], und vor das Haus pflanzte man eine Kiefer oder Cypresse theils als Symbol der finsteren Gewalt, die unwiderruflich ihr Opfer gefordert hatte, theils als warnendes Zeichen für die, welchen religiöse Gründe ein solches Haus zu betreten verboten. PLIN. XVI, 10, 18. *Picea montes amat atque frigora, feralis arbor et funebri indicio ad fores posita.* ebend. 33. (cupressus) *Diti sacra et ideo funebri signo ad domos posita.* PAUL. p. 63 M. *Cupressi mortuorum domibus ponebantur ideo, quia huius generis arbor excisa non renascitur, sicut ex mortuo iam nihil est sperandum; quam et ob causam in tutela Ditis patris esse putabatur.* SERV. zu Verg. Aen. III, 64. *Romani moris fuit propter cerimonias sacrorum quibus populus Romanus obstrictus erat, ut potissimum cupressus, quae excisa renasci non solet, in vestibulo mortui poneretur, ne quis imprudens funestam domum rem divinam facturus introeat et quasi attaminatus suscepta peragere non possit.* [680 fg. IV,

507. VI, 216.] Vorzüglich galt diese Warnung den Priestern, wie SERVIUS weiter sagt: *ne quisquam pontifex per ignorantiam pollueretur ingressus.* Aus LUCAN. III, 442.
   Et non plebeios lectus testata cupressus.
schliesst SCALIGER zu Paul. a. a. O., dass die Cypresse, in früherer Zeit wenigstens ein noch seltener Baum, bloss von Reicheren (oder bei grossen Leichenbegängnissen) gebraucht worden sei. In anderen Fällen vertrat dann eben wohl die *picea* ihre Stelle. [Die Pinie und die Pinienzapfen, Zirbelnuss, galten zwar auch als Symbole der Trauer, aber vor dem Hause wurde dieser Baum nicht aufgestellt. BRAUN, in Jahrb. des Vereins v. Alterthumsfr. Bonn 1851, XVI, S. 47—57.]

Nach SERVIUS blieb der Leichnam auf diese Weise sieben Tage lang ausgestellt, dann wurde er nach dem Orte der eigentlichen Bestattung gebracht, *efferebatur.* zu Aen. V, 64. *apud maiores, ubi quis fuisset exstinctus, ad domum suam referebatur, unde est: Sedibus hunc refer ante suis. Et illic erat septem diebus. Octavo incendebatur, nono sepeliebatur.* Indessen ist diese Angabe, wenigstens inwiefern sie allgemeine Gültigkeit haben soll, schon von KIRCHMANN II, 1. in Zweifel gezogen worden. [BERGK leitet den Irthum des SERV. von sieben Tagen u. s. w. davon her, dass derselbe die *feriae novemdiales* bei HOR. Epod. XVII, 48. missverstanden habe, wo SCHOL. CRUQ. richtiger nur von drei Tagen redet (*ut tridno corpus defuncti iaceret domi*). Ueber dieses, sowie über die Verbindung mit den Gladiatorspielen, worüber bei den Neueren sehr irrige Vorstellungen herrschen, wird sich BERGK öffentlich aussprechen.] Ueberhaupt versteht es sich von selbst, dass eine solche Umständlichkeit nicht in allen Klassen der Bevölkerung statthaben konnte und dass der Arme, bei dem an conservirende *unguenta* nicht zu denken war, auch schneller und mit grosser Einfachheit bestattet wurde. [Bei VARRO r. r. I, 69. finden wir ein Beispiel von rascher Beerdigung, nämlich *postridie.* Ueber die beschleunigte Bestattung des Britannicus s. TAC. XIII, 17. s. unten.] Wo aber der ganze Ritus erläutert werden soll, da kann man nur ein grosses Leichenbegängniss vor Augen haben und die vielfältigen Abstufungen, welche stattfinden mussten, können nur gelegentlich zur Berücksichtigung kommen.

Zu einem solchen solennen Leichenbegängnisse, namentlich wenn damit öffentliche Spiele verbunden waren, wurde das Volk durch den *praeco* eingeladen, *funus indictivum*. PAUL. p. 106. *Indictivum funus; ad quod per praeconem evocabantur.* CIC. de legg. II, 24. *funus ut indicatur, si quid ludorum.* Die Formel, deren sich der *praeco* bediente, mochte vollständig so lauten: *Ollus Quiris leto datus est. exsequias (L. Titio, L. filio) ire cui commodum est, iam tempus est. ollus ex aedibus effertur.* VARRO L. L. V, 160. VII, 42. Vgl. FEST. v. Quirites p. 254. Darauf beziehen sich die schon von GOTHOFREDUS zu Festus angeführten Stellen: TER. Phorm. V, 9, 37. *Exsequias Chremeti quibus est commodum ire, en tempus est.* und OVID. Amor. II, 6, 1.

Psittacus Eois imitatrix ales ab Indis
Occidit: exsequias ite frequenter aves.

Gleichbedeutend mag mit dem *indictivum* das *funus publicum* genommen werden, vorzüglich mit Rücksicht auf TACIT. Ann. III, 5. [Richtiger bezeichnet *funus publicum* eine von Staatswegen und auf Staatskosten veranstaltete Bestattung, s. TAC. Ann. III, 48. VI, 11. LIV. II, 16. *de publico est datus* (sumptus). VAL. MAX. IV, 4, 1. VELL. PAT. II, 62. vgl. VAL. MAX. IV, 4, 2. LIV. II, 33. wo Menenius Agrippa bestattet wird *sextantibus collatis in capita.* — In der Regel hatte der Censor oder der vom Senat beauftragte Magistrat diese Leichen zu besorgen und in Akkord zu geben, VAL. MAX. V, 2, 10. *M. Cornuto praetore funus Hirtii et Pansae iussu senatus locante — ut exsequiarum apparatus sestertio nummo — addiceretur.*] Unsicher ist die Distinktion, welche FESTUS unter *Simpludiarea* macht, p. 334 M. [nur so viel steht fest, dass die Simpl. weit einfacher waren als die indictiva.] *Simpludiarea funera sunt, quibus adhibentur D. T. (dumtaxat?) ludi (ludii?) corbitoresque. quidam ea dixerunt esse, quibus neutrum genus interesset ludorum. nam indictiva sunt, quibus adhiben-*

tur non ludi modo, sed etiam desultores, quae sunt amplissima. [Im Gegensatz zu den feierlichen Leichenbegängnissen stand die einfache Bestattung *funus tacitum* (SEN. de tranq. an. 1. *minus molestiarum habet funus tacitum.* OVID. Trist. I, 3, 23.), *plebeium* (Prop. II, 10. *plebeii parvae funeris exsequiae.*) *vulgare, commune, translaticium* und ähnlich genannt.]

Ueber die Tageszeit, in welcher die Bestattung vor sich ging, sind völlig bestimmte Zeugnisse nicht vorhanden. Jedenfalls muss sie für verschiedene Zeiten und nach den verschiedenen Umständen verschieden gedacht werden. Ueber die alte Zeit berichtet SERV. zu Aen. XI, 143., die Begräbnisse hätten des Nachts stattgefunden und leitet selbst den Namen *funus* von den *funalibus* oder *facibus*, sowie den der *vespillones* von *vespera* ab. [ISIDOR. XI, 2.] In späterer Zeit geschah dies aber nur bei [Kindern (s. unten) und] Armen, welche die Kosten eines feierlichen Leichenbegängnisses nicht tragen konnten. PAUL. v. *Vespae* p. 368 fg. M. *Vespae et vespillones dicuntur, qui funerandis corporibus officium gerunt — quia vespertino tempore eos efferunt, qui funebri pompa duci propter inopiam nequeunt.* Mehr noch als diese Bemerkung des Grammatikers beweiset das Epigramm auf den dickbeleibten Gallus, der Nachts auf der Strasse gefallen war, und von dem einzigen ihn begleitenden Sklaven nicht wieder auf die Füsse gebracht werden konnte. Da heisst es MART. VIII, 75, 11 ff.

Quattuor inscripti portabant vile cadaver,
   Accipit infelix qualia mille rogus.
Hos comes invalidus summissa voce precatur,
   Ut quocunque velint, corpus inane ferant.
Permutatur onus stipataque tollitur alte
   Grandis in angusta sarcina sandapila.

und das will auch wohl DIONYS. IV, 40. besonders hervorheben: ἡ γυνὴ τοῦ Τυλλίου σὺν ὀλίγοις τισὶ τῶν φίλων νυκτὸς ἐκκομίζει τὸ σῶμα τῆς πόλεως ὡς τῶν ἐπιτυχόντων τινός. — Allein wo eine feierliche *pompa* stattfand, geschah es am Tage und von den *indictivis* versteht es sich von selbst. Wenn man aber meint, es sei in aller Frühe vor Sonnenaufgang ge-

Die Todtenbestattungen. 357

schehen, so sprechen dagegen bestimmte Zeugnisse. Die römische Sitte hatte hierin mit der attischen nichts gemein; im Gegentheil geht aus der ganzen Verbindung bei Cic. de legg. II, 26, 66. hervor, dass sich beide entgegengesetzt werden; denn um die *funerum magnificentia* zu beschränken, die zu ähnlicher Höhe gesteigert worden war, wie in Rom (*quae nunc fere Romae est*), verordnete eben Demetrius, dass die Bestattungen in der Frühe statthaben sollten: *ante lucem iussit efferi*. Was aber Plutarch von der Leichenfeier des Sulla erzählt, c. 38. τῆς δὲ ἡμέρας συννέφους ἕωθεν οὔσης ὕδωρ ἐξ οὐρανοῦ προςδοκῶντες ἐνάτης ἦραν μόλις ὥρας τὸν νεκρόν. ethält gar keinen Beweis. Vielmehr geht aus Allem hervor, dass die Feierlichkeit gerade zu der Tageszeit stattfand, wo in den Strassen das grösste Leben war, wie wenn Horaz in der Schilderung des unruhigen Treibens in der Stadt auch anführt: epist. II, 2.

Tristia robustis luctantur funera plaustris.

Das ist also am Tage mitten im lebhaftesten Verkehr, d. h. Vormittags, was auch durch eine Inschrift bestätigt wird [Orell. 4716.]: *Mortuus est III. K. Iulias hora X. elatus est hora IIII. frequentia maxima.* [Kaiser Julianus wollte die alten nächtlichen Bestattungen wieder herstellen, Cod. Theod. IX, 17, 5.]

Auch die *funera indictiva* wurden natürlich nicht mit gleichem Gepränge begangen und nicht jeder konnte nach Belieben den Pomp selbst wählen. Die glänzendste Art war das *funus censorium*, nicht die Bestattung eines Censors, sondern mit den diesem gebührenden Auszeichnungen. [Richtiger bemerkt Nipperdey zu Tac. Ann. III, 5. dass *funus censorium* identisch sei mit *publicum* und dass der Name, von dem solche funera verakkordirenden Censor herrühre.] Tac. Ann. IV, 15. vom *Lucillius Longus*, der keineswegs Censor gewesen war: *Ita, quamquam novo homini, censorium funus, effigiem apud forum Augusti publica pecunia patres decrevere*. [VI, 27.] XIII, 2. *Claudio censorium funus* (decretum est). Iul. Cap. Pertin. 15. *Funus imaginarium ei et censorium decretum est.* Sehr unrichtig hat man die Worte des POLYB. VI, 53. ἐὰν μὲν ὕπατος ᾖ στρατηγὸς ᾖ γεγονώς, περιπορφύρους· ἐὰν δὲ τιμητής, πορφυρᾶς (προςαναλαμβάνουσιν ἐσθῆτας) darauf bezogen; dort ist nur von den *imaginibus* die Rede. S. unten. — Auch das Alter machte einen Unterschied. Bei Kindern, und zwar bei Knaben bis zur *toga virilis*, fanden weniger Ceremonien statt. Man nannte solche Leichen *acerba funera*, das ist so viel als *immatura*. TIB. II, 6, 29. HOR. Sat. II, 8, 59. [IUV. XI, 44.] Nero bei TAC. Ann. XIII, 17. entschuldigt die Eile, mit welcher Britannicus begraben worden war: *a maioribus institutum referens subtrahere oculis acerba funera, neque laudationibus aut pompa detinere.* Sie wurden *ad faces et cereos* bestattet; also vermuthlich des Abends. SEN. de tranq. 11. *Toties praeter limen immaturas exsequias fax cereusque praecessit.* Epist. 122. *Isti mihi defunctorum loco sunt* (nocturni commissatores). *Quantulum enim a funere absunt, et quidem acerbo, qui ad faces et cereos vivunt?* S. LIPS. Exc. zu Tacit. Ann. III, 4. — Dass von dem früheren Bestatten zur Nachtzeit auch bei Erwachsenen der Gebrauch geblieben sei, mit Fackeln den Zug zu begleiten, dafür finde ich keinen entscheidenden Beweis. Stellen wie PROP. IV, 11, 46.

> *Viximus insignes inter utramque facem.*

beziehen sich auf die Fackel, welche den Scheiterhaufen anzündete. Vorher Vs. 10. war gesagt:

> *Sic moestae cecinere tubae, cum subdita nostrum*
> *Detraheret lecto fax inimica caput.*

und so sind alle ähnlichen Stellen zu verstehen, in denen die *fax nuptialis* der *feralis* entgegengesetzt wird. [Nicht so sicher ist TAC. Ann. III, 4. *collucentes per campum Martis faces.*] — Zu bemerken ist übrigens gleich hier, dass ganz kleine Kinder nie verbrannt, sondern jederzeit beerdigt wurden. IUVEN. XV, 139 ff.

> *Naturae imperio gemimus, cum funus adultae*
> *Virginis occurrit, vel terra clauditur infans*
> *Et minor igne rogi.*

PLIN. VII, 16, 15. *Hominem prius quam genito dente cremari, mos gentium non est.* [FULGENT. de prisc. serm. 7. *subgrundaria antiqui dicebant sepulcra infantium, qui necdum XL dies implessent: quia nec busta dici poterant, quia ossa quae comburebantur, non erant, nec tanta cadaveris immanitas, qua locus tumesceret.* In England hat man Kinderskelette, die ähnlich wie unter einer *subgrunda* beerdigt waren, gefunden, THE ARCHAEOL. JOURN. Lond. 1849, VI, p. 21 f. 1853, X, p. 21.]

Bei einem grossen Leichenbegängnisse nun wurde der Zug durch einen *dissignator* [nicht *designator*, FLECKEISEN, fünfzig Artikel. Frankf. 1861, S. 16 f. nach ORELLI HENZEN 3212. 5078. 7228.] geordnet, dem zur Erhaltung der Ordnung ein *lictor* und ein *accensus* oder mehrere Lictoren beigegeben wurden. CIC. de legg. II, 24. *dominus funeris utatur accenso et lictoribus.* HOR. epist. I, 7, 6.

— *dum ficus prima calorque
Dissignatorem decorat lictoribus atris.*

[SCHOL. zu d. St. u. DONAT. zu Ter. Ad. I, 2, 7.] Voraus gingen *tibicines*, deren Zahl schon durch die XII tabb. auf zehn beschränkt war [OVID. Fast. VI, 664.], oder auch geräuschvollere Musik, *cornua* und *tubae*. HOR. Sat. I, 6, 43. mit HEINDORFS Anm.; eine sehr bekannte Sache, die weiter keines Belegs bedarf. Man beachte nur GELL. XX, 2. *Nos autem in Capitonis Coniectaneis invenimus, siticines appellatos, qui apud sitos canere soliti essent, hoc est: vita functos et sepultos, eosque habuisse proprium genus tubae, quo canerent, a caeterorum tubicinum differens.* Man würde also *cornicines* und *siticines* noch zu unterscheiden haben. Auf die Beschaffenheit jener tuba lässt sich vielleicht aus OVID. Amor. II, 6, 6.

*Horrida pro moestis lanietur pluma capillis,
Pro longa resonent carmina vestra tuba.*

in etwas schliessen, wenn es nicht allgemeines Epitheton ist. [APPUL. Flor. I, p. 342. Elm. *monumentarii ceraulae.*]

Dann folgten die *praeficae*, Klageweiber, welche ebenfalls vom *libitinarius* gestellt wurden. HOR. Art. 431.

Ut, qui conducti moerent in funere, dicunt
Et faciunt prope plura dolentibus ex animo, sic
Derisor vero plus laudatore movetur.

Ob man lieset *quae conductae* scheint gleichgültig, da das Genus allgemein genommen werden kann. S. ind. Fea. PAUL. p. 223 M. *Praeficae dicuntur mulieres ad lamentandum mortuum conductae* — Naevius:

Haec quidem hercle, opinor, praefica est, (quae) sic mortuum collaudat.

[VARRO L. L. VII, 70.] Sie sangen die *naenia*, eigentlich ein klagendes Loblied auf den Verstorbenen, wie man schon aus diesem Fragmente sieht. So auch PLAUT. Truc. II, 6, 14.

Sine virtute argutum civem mihi habeam pro praefica,
Quae alios collaudat, eapse se vero non potest.

Ebenso sagt NON. II, n. 59. *Naenia ineptum et inconditum carmen, quod adducta pretio mulier, quae praefica diceretur, his, quibus propinqui non essent, mortuis exhiberet.* und eine griechische Glosse: Praefica ἡ πρὸ τῆς κλίνης ἐν τῇ ἐκφορᾷ κοπτομένη, θρηνῳδὸς ἐπ' ἐκφορᾷ. Die Einschränkung, welche NONIUS macht: *quibus propinqui non essent,* [gilt nur von der älteren Zeit]. Uebrigens wurden diese *naeniae* auch *mortualia* genannt, und wie NONIUS sagt *ineptum et inconditum carmen,* so gelten sie auch anderwärts für *nugae.* PLAUT. Asin. IV, 1, 63.

Hae sunt non nugae, non enim mortualia.

Die weitere Bedeutung des Worts, nach der es figürlich auch das Ende bezeichnet, gehört nicht hierher. [PAULY, Realencykl. V, S. 395 fg. CORSSEN, orig. poes. rom. Berol. 1846.]

Seltsamer noch war der Gebrauch, nach welchem sich vielleicht zunächst an diese *praeficas* auch Mimen anschlossen, die nicht nur ernste Betrachtungen anstellten und Stellen tragischer Dichter auf den gegenwärtigen Fall anwandten, sondern im schreiendsten Kontraste zu dem übrigen Trauergepränge als wirkliche Possenreisser auftraten, während einer von ihnen, vermuthlich jederzeit der Archimimus die Persönlichkeit des Verstorbenen nachahmte. Die Hauptstellen über diesen Gebrauch finden sich bei DIONYS. VII, 72. εἶδον δὲ καὶ ἐν ἀνδρῶν ἐπισήμων ταφαῖς ἅμα ταῖς ἄλλαις πομπαῖς προηγουμένους τῆς κλίνης τοὺς σατυριστὰς χοροὺς κινουμένους τὴν σικίννην ὄρχησιν, μάλιστα δ᾽ ἐν τοῖς τῶν εὐδαιμόνων κήδεσιν. SUET. Vesp. 19. *Sed in funere Favo archimimus personam eius ferens imitansque, ut est mos, facta et dicta vivi interrogatis palam procuratoribus, quanti funus et pompa constaret, ut audiit HS centies, exclamavit: centum sibi sestertia darent ac se vel in Tiberim proiicerent.* [AMBROSCH, de Charonte Etr. Vratisl. 1837. p. 60 fg.] Einen ernsteren Charakter hatten die *artifices scenici* bei dem Leichenbegängnisse des Iulius Caesar, wo freilich Alles auf tragischen Effekt und Aufregung berechnet war. Eine Stelle, die man noch für die Sitte anführt SUET. Tib. 57. *Scurram qui praetereunte funere elato mortuo mandarat, ut nuntiaret Augusto, nondum reddi legata, quae plebi reliquisset, attractum ad se recipere debitum ducique ad supplicium imperavit, et patri suo verum referre.* hat damit gar nichts gemein; denn der *scurra* gehört offenbar nicht zu der *pompa*, sondern befindet sich unter der Menge, an welcher der Zug vorüber geht.

Auf diese Tänzer und Mimen folgten wahrscheinlich die *imagines maiorum*. [I, S. 33 ff.] Nach manchen abenteuerlichen Meinungen über die Weise, in welcher diese *imagines* vorangetragen worden seien, ist man jetzt nach EICHSTAEDTS diss. darüber ausser Zweifel, dass Menschen, welche in Grösse und übriger Figur den vorzustellenden Personen glichen, diese Wachsmasken vor das Gesicht nahmen und in der jedem zukommenden Tracht nebst allen gebührenden Insignien vor dem *lectus* einherzogen, weshalb es auch bei HOR. Epod. VIII, 11. heisst: *Esto beata, funus atque imagines ducant triumphales tuum*. POLYBIUS spricht davon so ausführlich, dass nur unbegreifliche Verblendung die klare Stelle missverstehen lassen konnte. Er sagt VI, 53. ἐπεὶ δὲ τῶν οἰκείων μεταλλάξῃ τις ἐπιφανὴς, ἄγουσιν εἰς τὴν ἐκφορὰν (τὰς εἰκόνας), περιτιθέντες ὡς ὁμοιοτάτοις εἶναι δοκοῦσι κατά τε τὸ μέγεθος καὶ τὴν ἄλλην περικοπήν. οὗτοι δὲ προςαναλαμβάνουσιν ἐσθῆταις, ἐὰν μὲν ὕπατος ἢ στρατηγὸς ᾖ γεγονώς, περιπορφύρους· ἐὰν δὲ τιμητής, πορφυρᾶς· ἐὰν δὲ καὶ τεθριαμβευκὼς ᾖ τι τοιοῦτον κατειργασμένος, διαχρύσους· αὐτοὶ μὲν οὖν ἐφ' ἁρμάτων οὗτοι πορεύονται, ῥάβδοι δὲ καὶ πελέκεις καὶ τἆλλα τὰ ταῖς ἀρχαῖς εἰωθότα συμπαρακεῖσθαι προηγεῖται κατὰ τὴν ἀξίαν ἑκάστῳ τῆς γεγενημένης κατὰ τὸν βίον ἐν τῇ πολιτείᾳ προαγωγῆς. So zog also die ganze Reihe der Ahnen durch lebende, in geeigneter Weise costümirte Menschen repräsentirt, der Leiche voran, und es beschränkte sich diess nicht allein auf die der Ascendenz nach unmittelbaren Vorfahren, sondern die Seitenverwandten sendeten ebenfalls ihre *imagines* zu dem Zuge, was auch in POLYBIUS Worten liegt: ἐπὰν τῶν οἰκείων μεταλλάξῃ τις ἐπιφανής, ἄγουσιν εἰς τὴν ἐκφοράν. Darum heisst es auch bei PLIN. XXXV, 2. *ut essent imagines, quae comitarentur gentilitia funera*. Noch weiter trieb man das Schauspiel bei der Bestattung Augusts. DIO CASS. LVI, 34. καὶ μετὰ ταύτας αἵ τε τῶν προπατόρων αὐτοῦ καὶ αἱ τῶν ἄλλων συγγενῶν τῶν τεθνηκότων (πλὴν τῆς τοῦ Καίσαρος, ὅτι ἐς τοὺς ἥρωας ἐξεγέγραπτο) αἵ τε τῶν ἄλλων Ῥωμαίων τῶν καὶ καθ' ὁτιοῦν πρωτευσάντων, ἀπ' αὐτοῦ τοῦ Ῥωμύλου ἀρξάμεναι, ἐφέροντο. Ob die *imagines* jederzeit, wie POLYBIUS angiebt, auf Wagen gefahren worden seien, lässt sich bezweifeln. PROPERZ sagt II, 13, 19.

Nec mea tunc longa spatietur imagine pompa.

und mir ist wenigstens kein Beispiel bekannt, wo *spatiari* von dem gesagt würde, der auf einem Wagen gefahren wird.

Hatte der Verstorbene sich kriegerischen Ruhm erworben, Siege erfochten, Länder und Städte erobert, so wurden auch wohl, wie bei dem Triumphe, *tabulae* vorausgetragen, auf denen die Thaten verzeichnet waren. So erzählt DIONYS. VIII, 59. schon von Coriolan: πρὸ τῆς κλίνης αὐτοῦ φέρεσθαι κελεύσαντες λάφυρά τε καὶ σκῦλα, καὶ στεφάνους, καὶ μνήμας ὧν εἷλε πόλεων. TACIT. Ann. I, 8. von Augustus: *ut porta triumphali duceretur funus, Gallus Asinius, ut legum latarum tituli victarum ab eo gentium vocabula anteferrentur L. Arruntius censuere.* Diese wurden wohl noch den imaginibus vorausgetragen; dass aber Letztere der Leiche nicht folgten, sondern vorangingen, liegt nicht nur in der Natur der Sache, denn sie waren ja dem Verstorbenen auch im Tode vorangegangen und er beschloss ihren Zug, sondern ausdrücklich sagt es z. B. TACIT. Ann. III, 76. *Viginti clarissimorum familiarum imagines antelatae sunt.* Auch Räucherpfannen nennt PROP. II, 13, 23.

Unmittelbar auf diesen Zug nun folgte jedenfalls das *funus* selbst, liegend, doch etwas aufgerichtet, auf einer *lectica* oder einem *lectus* (funebris), bei Vornehmen von Elfenbein, oder wenigstens mit elfenbeinernen Füssen. Darüber waren purpurne, auch mit Gold durchwirkte Decken gebreitet, *Attalicae vestes*, auf denen der Leichnam lag. Von August sagt DIO CASS. LVI, 34. κλίνη ἦν ἔκ τε ἐλέφαντος καὶ χρυσοῦ πεποιημένη καὶ στρώμασιν ἁλουργοῖς διαχρύσοις κεκοσμημένη. Die Sache ist allbekannt. — Getragen wurde der *lectus* nach SERVIUS zu Verg. Aen. VI, 222. von den nächsten Verwandten: *Deferendi feretrum propinquioribus virilis sexus dabatur munus.* oder von den durch das Testament freigelassenen Sklaven. PERS. III, 106. *at illum hesterni capite induto subiere Quirites.* bei besonders verdienten und berühmten Männern auch von Rittern, Senatoren, Magistraten. Das Letztere ist in einzelnen Fällen allerdings geschehen, s. KIRCHM. II, 8.; ob aber das Erstere allgemeine Sitte war, ist zweifelhaft. Vom *Metellus* (Macedonicus) erzählt es allerdings VELL. I, 11, 7. *Mortui eius lectum pro Rostris sustulerunt quatuor filii, unus consularis et censorius, alter consularis, tertius consul, quartus candidatus consulatus.* und dieselbe Nachricht findet sich bei CICERO, PLINIUS, VALERIUS MAXIMUS; allein sie führen es immer als etwas Besonderes an, das wohl nicht allein in dem Range der Söhne zu suchen ist. Wenn man sich aber auf PLUT. Quaest. Rom. 14. berufen wollte: διὰ τί τοὺς γονεῖς ἐκκομίζουσιν οἱ μὲν υἱοὶ συγκεκαλυμμέναις, αἱ δὲ θυγατέρες γυμναῖς ταῖς κεφαλαῖς; so ist ἐκκομίζειν, wie *efferre*, überhaupt von der Bestattung gesagt. Die niedere Klasse wenigstens bediente sich eigener Träger, die vom *libitinarius* gemiethet wurden, *vesperones* oder *vespillones*, s. o. Bei einem solchen *funus plebeium*, auch *tacitum*, fiel natürlich das bisher geschilderte Gepränge gänzlich hinweg. — Noch Aermere und Sklaven wurden von den Vespillonen in einer bedeckten Bahre oder einem Sarge, *sandapila*, nach dem Begräbnissplatze getragen. FULGENT. de serm. ant. 1. *Sandapilam antiqui dici voluerunt feretrum mortuorum, id est loculum, non in quo nobilium corpora, sed in quo plebeiorum atque damnatorum cadavera portabantur.* Sie wird öfter von MARTIAL erwähnt, der sie X, 5. auch *orciniana sponda* nennt. Sie meint auch HORAT. Sat. I, 8, 9.

*Huc prius angustis eiecta cadavera cellis
Conservus vili portanda locabat in arca.*

[Aermere Personen waren häufig Mitglieder von Leichenkassencollegien (*collegia tenuiorum* genannt), welche bei dem Tode eines jeden sodalis den Erben desselben zur Bestreitung der Begräbnisskosten ein bestimmtes *funeraticium* (ORELL. 4107.) auszahlten und gewöhnlich auch gemeinsam Begräbnissplätze besassen. Ein solches collegium war das *collegium Aesculapii et Hygiae*, ORELL. 2417., das coll. *Iovis Cerneni*, welches uns durch die II, S. 396. erwähnten Wachstafeln bekannt geworden ist, endlich das *coll. cult. Dianae et Antinoi*, dessen Statuten 1816 in Lanuvium auf einer Steintafel gefunden wurden. Trefflich handelt von diesem ganzen Institut MOMMSEN, de colleg. et sodal. Rom. Kil. 1843. p. 92 ff. und HUSCHKE, s. II, S. 396. Dass die Mitglieder Eintrittsgeld und Beiträge zahlen mussten, versteht sich von selbst, wird aber auch durch das genannte Statut bestätigt, s. MOMMSEN, p. 98 ff. und HENZEN, Archäol. Anzeige 1859, N. 121, S. 11 f. sowie Philol. Gött. 1859, XIV, S. 233 f. (von solchen Collegien, die sich vereinigen, um ein gemeinsames Columbarium zu begründen), vgl. JAHN, spec. epigraph. p. 59 ff. CAMPANA, due sep. p. 54.]

Wie dem *lectus* voran die Bilder der Ahnen getragen wurden, so folgten ihm die Erben und Verwandten, auch die Freigelassenen, namentlich die erst durch testamentarische Verfügung *manumissi* und zwar mit dem Hute auf dem Kopfe, dem Zeichen der erlangten Freiheit, *pileati*, wenn nicht viel-

Die Todtenbestattungen.

mehr die Letzteren vor dem *lectus* hergingen. S. KIRCHM. II, 7. Ausserdem schlossen sich wohl auch Freunde oder Leute aus dem Volke dem Zuge an, sogar solche, die dem Verstorbenen nicht eben näher standen. S. TERENT. Andr. I, 1, 88. — Manche begleiteten indessen den Zug nur durch die Stadt bis an das Thor, und kehrten dort wieder um, wie es der Schatten der Cynthia dem PROPERZ vorwirft. IV, 7, 29.

*Si piguit portas ultra procedere; at illud
Iussisses, lectum lentius ire meum.*

Die Familie nicht nur, sondern die ganze Begleitung, selbst die Lictoren (s. HOR. a. a. O.) gingen in Trauerkleidern. Wie der Tod selbst schwarz verhüllt gedacht wurde, μελάμπεπλος EURIP. Alcest. 860., so war auch von ältester Zeit her schwarz die Farbe der Trauer überhaupt und selbst Thetis legt sie als solche an, ILIAD. XXIV, 94.

Ὣς ἄρα φωνήσασα κάλυμμ' ἕλε δῖα θεάων
κυάνεον, τοῦ δ' οὔτι μελάντερον ἔπλετο ἔσθος.

Natürlich war sie dann auch äusseres Zeichen des Schmerzes über den Tod eines Angehörigen. So bei den Griechen, z. B. EURIP. Phoen. 295. ἄπεπλος φαρέων λευκῶν. 339. κάρα ξυρηκὲς καὶ πέπλους μελαγχίμους ἔχουσαν. [Charikles III, S. 119.] und allgemein bei den Römern. Daher die *atrata plebes.* TACIT. Ann. III, 2. *pullati proceres.* IUVEN. III, 213. [X, 245. PAULY, Realencykl. IV, S. 1201.] Am bestimmtesten wird es von den Frauen ausgesprochen. VARRO bei Non. XVI, 13. *Ut, dum supra terram essent, riciniis lugerent, funere ipso ut pullis pallis amictae.* und 14. *Propinquae adolescentulae etiam anthracinis, proximae amiculo nigello, capillo demisso sequerentur lectum.* [DIONYS. VIII, 62.] Daher die *moesti sinus* bei TIB. I, 3, 6. sowie es III, 2, 18. heisst: *ossa incinctae nigra candida veste legant.* — Erst unter den Kaisern traten bei den Frauen an die Stelle der schwarzen Gewänder weisse. PLUT. Quaest. Rom. 26. Διὰ τί λευκὰ φοροῦσιν ἐν τοῖς πένθεσιν αἱ γυναῖκες ἱμάτια καὶ λευκοὺς κεκρυφάλους. STAT. Silv. III, 3, 3.

*Huc vittata comam, niveoque insignis amictu —
Mitibus exsequiis ades* (Pietas).

Excurs zur zwölften Scene.

Es mag, wie Kirchmann bemerkt, seinen Grund darin haben, dass die weissen Gewänder im gewöhnlichen Leben mehr und mehr mit bunten vertauscht wurden, so dass nun in dieser Tracht ebensowohl eine Entäusserung des üblichen Putzes lag, als früher in dem Anlegen schwarzer oder dunkeler Gewänder. [Andere äussere Zeichen der Trauer waren das Zerreissen der Kleider, namentlich bei den Frauen, doch auch bei den Männern erwähnt, Suet. Caes. 33. Ner. 42. *veste discissa.* vgl. Stat. Theb. III, 125. IX, 354., das Ablegen des Schmuckes, Liv. XXXIV, 7. *quid aliud in luctu, quam purpuram atque aurum deponunt? quid cum eluxerunt, sumunt* (mulieres)? Dionys. V, 48. ἀποθέσει τε χρυσοῦ καὶ πορφύρας. VIII, 62. Die Männer liessen Bart und Haare wachsen. Suet. Oct. 23. *barba capilloque summisso.* Caes. 67. Liv. XXVII, 34. Krause, Plotina S. 188 f. (vorzüglich jedoch bei *luctus publicus.*) und enthielten sich des Besuchs der Gastmähler, Bäder, Theater u. s. w. Tac. Ann. III, 3. *Tiberius atque Augusta publico abstinuere.* Cic. ad Att. XII, 13. *Quum mihi carendum sit conviviis, malo id lege videri facere quam dolore.* Pauly, Realencykl. IV, S. 1201. Kirchmann II, 11 ff.]

Der Zug ging zunächst nach dem Forum vor die Rostra, wo der *lectus* niedergesetzt wurde. Dionys. IV, 40. εἰ διὰ τῆς ἀγορᾶς ὁ νεκρὸς φέροιτο, ὡς ἔστι Ῥωμαίοις ἔθος. [XI, 39. διὰ τῶν ἐπιφανεστάτων τῆς πόλεως στενωπῶν, ὅθεν ὑπὸ πλείστων ὀφθήσεσθαι ἔμελλον.] Daher auch bei Hor. Sat. I, 6, 43. *si plaustra ducenta concurrantque foro tria funera.* Dort nahmen die Träger der *imagines* auf *sellis* curulibus Platz. Polyb. VI, 53, 9. ὅταν δ' ἐπὶ τοὺς Ἐμβόλους ἔλθωσι, καθέζονται πάντες ἑξῆς ἐπὶ δίφρων ἐλεφαντίνων. Einer der Verwandten gewöhnlich bestieg die Rednerbühne und hielt dem Verstorbenen die *laudatio funebris,* λόγος ἐπιτάφιος. Der Erste, von dem dies erzählt wird, ist *Poplicola,* welcher dem Brutus diese *laudatio* hielt. Plut. 9. Die Sitte, eine ächt römische, war aber vielleicht schon älter. Dionys. V, 17. εἰ μὲν οὖν Οὐαλέριος πρῶτος κατεστήσατο τὸν νόμον τόνδε Ῥωμαίοις, ἢ κείμενον ὑπὸ τῶν βασι-

Die Todtenbestattungen.

λέων. παρέλαβεν, οὐκ ἔχω τὸ σαφὲς εἰπεῖν. ὅτι δὲ Ῥωμαίων ἐστὶν ἀρχαῖον εὕρεμα, τὸ παρὰ τὰς ταφὰς τῶν ἐπισήμων ἀνδρῶν ἐπαίνους τῆς ἀρετῆς αὐτῶν λέγεσθαι καὶ οὐχ Ἕλληνες αὐτὸ κατεστήσαντο πρῶτοι παρὰ τῆς κοινῆς ἱστορίας οἶδα μαθών. [IX, 54.] Vgl. CREUZ. Abr. S. 452 fg. War die Lobrede auf den Verstorbenen beendigt, so ging der Sprecher in gleicher Weise alle die Vorfahren, deren *imagines* gegenwärtig waren, durch und gab ihre Verdienste an. POLYB. a. a. O. ἐπὰν διέλθῃ τὸν περὶ τούτου λόγον, ἄρχεται τῶν ἄλλων ἀπὸ τοῦ προγενεστάτου τῶν παρόντων καὶ λέγει τὰς ἐπιτυχίας ἑκάστου καὶ τὰς πράξεις. Der Schriftsteller hebt die politische Wichtigkeit dieser öffentlichen Anerkennung des Verdienstes nicht eines einzelnen Mannes, sondern einer ganzen Familie hervor; indessen ist es leicht begreiflich, dass diese *laudationes* nicht immer reine Wahrheit enthalten mochten, und dass der Redner die Schattenseiten überging, während das Rühmliche mit zu lebhaften Farben geschildert wurde. Daher sagt CIC. Brut. 16. *quamquam his laudationibus historia rerum nostrarum facta est mendosior.* und LIV. VIII, 40. *Vitiatam memoriam funebribus laudibus reor.*

Dieselbe Ehre konnte auch Frauen, aber wohl nur als besondere Auszeichnung zu Theil werden. Es geschah zuerst nach dem gallischen Kriege. LIV. V, 50. *Matronis gratiae actae honosque additus, ut earum, sicut virorum, post mortem solennis laudatio esset.* PLUT. Camill. 8. οὐ γὰρ ἦν εἰθισμένον πρότερον, ἐγκωμιάζεσθαι γυναῖκα δημοσίᾳ τελευτήσασαν. Späterhin muss der Fall nicht weiter oder sehr selten vorgekommen sein; denn CICERO sagt de or. II, 11. *Scio, et me et omnes, qui affuerunt, delectatos esse vehementer, cum abs te est Popilia mater vestra laudata, cui primum mulieri hunc honorem in nostra civitate tributum puto.* Es war also selbst die Kunde von den früheren Fällen untergegangen. Mehr Beispiele werden angeführt in CREUZ. Abr. S. 454.

Nach dieser Feierlichkeit wurde der *lectus* wieder aufgehoben und der Zug setzte sich jedenfalls in derselben Ordnung wieder in Bewegung, um an den Ort der Bestattung zu gelangen. Dann kam es nun zunächst darauf an, ob der Leichnam beerdigt oder verbrannt wurde. — Die Sitte des Begrabens soll die ältere gewesen sein, CIC. de leg. II, 22. und es gab Familien, welche sie bis in späte Zeiten beibehielten, wie z. B. die patrizische *gens Cornelia*. CIC. a. a. O. Sulla soll der Erste aus ihr gewesen sein, welcher sich verbrennen liess. PLIN. VII, 54. *Ipsum cremare apud Romanos non fuit veteris instituti; terra condebantur. At postquam longinquis bellis obrutos erui cognovere, tunc institutum. Et tamen multae familiae priscos servavere ritus, sicut in Cornelia nemo ante Sullam Dictatorem traditur crematus, idque eum voluisse veritum talionem, eruto C. Marii cadavere.* Im Grunde fand aber eine Bestattung zur Erde jederzeit, auch bei der Verbrennung statt; denn dann vertrat die Stelle des Grabhügels die Todtenkammer, in welcher der Aschenkrug beigesetzt wurde. Indessen werden beide Arten in dem Gesetze der XII tabb. bei CIC. c. 23. unterschieden: *hominem mortuum in Urbe ne sepelito neve urito*. Hier finden sich beide Arten der Bestattung neben einander und die *crematio* wird ausdrücklich der *sepultura* entgegengesetzt, wenn CICERO richtig erklärt: *Quod autem addit: neve urito, indicat, non qui uratur sepeliri, sed qui humetur.* Hingegen versteht PLINIUS a. a. O. die Worte anders und vielleicht richtiger, was um so mehr Bedeutung hat, als er vermuthlich CICERO's Stelle vor Augen haben mochte. Er sagt: *Sepultus vero intelligatur quoquo modo conditus, humatus vero humo contectus.* Der Sinn des Gesetzes würde dann sein, dass überhaupt keinerlei Begräbniss innerhalb der Stadt sein, und ebensowenig in ihr die Verbrennungen stattfinden sollten; denn das konnte geschehen, auch wenn die Beisetzung in einem *sepulcrum* ausserhalb geschah. Früher nämlich scheint es häufig geschehen zu sein, dass der Verstorbene im eigenen Hause verbrannt und begraben wurde [vgl. VERG. Aen. IV, 494. *Tu secreta pyram tecto interiore sub auras Erige* etc. 504. *pyra penetrali in sede sub auras Erecta ingenti.* SERV. zu Verg. Aen. VI, 152. und XI, 205. APP. b. c. IV, 41.], wenn auch, was ISID. Orig. XV,

11. sagt: *prius quisque in domo sua sepeliebatur, postea vetitum est legibus* etc. in solcher Allgemeinheit unzulässig sein mag; denn am häufigsten waren wohl die Begräbnisse in *agro*, auch wohl auf einem besonders dazu erworbenen Stücke Land, also immer auf eigenem Grund und Boden. Daher die Motifirung der *lex agraria* des Licinius Stolo Liv. VI, 36. (Auderentne postulare) *ut singuli prope trecentorum civium possiderent agros, plebeio homini vix ad tectum necessarium aut locum sepulturae suus pateret ager?* — Einzelne Ausnahmen blieben indessen, wie z. B. wenn ein Triumphator starb. PLUT. Quaest. Rom. 79. Διὰ τί τοῦ θριαμβεύσαντος, εἶτα ἀποθανόντος καὶ καέντος ἐξῆν ὀστέον λαβόντας εἰς τὴν πόλιν εἰσφέρειν καὶ κατατίθεσθαι, ὡς Πύρρων ὁ Λιπαραῖος ἱστόρηκεν; [DIO CASS. XLIV, 7.] und so behielten auch manche Familien als Nachkommen ausgezeichneter Männer dieses Recht. CIC. a. a. O., wo Atticus fragt: *Quid? qui post XII in Urbe sepulti sunt clari viri?* Die Antwort ist: *Credo, Tite, fuisse aut eos, quibus hoc ante hanc legem virtutis causa tributum est, ut Publicolae, ut Tuberto, quod eorum posteri iure tenuerunt: aut eos, si qui hoc, ut C. Fabricius, virtutis causa soluti legibus consecuti sunt.* und so machten auch die vestalischen Jungfrauen, später die Kaiser eine Ausnahme. Ueberhaupt aber scheint das Gesetz oft übertreten worden zu sein, daher das Verbot mehrmals erneuert wurde. S. CREUZ. Abr. S. 456. [GOTH. zu C. Theod. IX, 17, 6. DIRKSEN zu Cap. Ant. P. 12. u. Ant. Ph. 13. in scriptores hist. Aug. Leipz. 1842. S. 169—183. Auch in Cöln fand man ein Grab in einem Hause, Jahrb. d. Vereins v. Alterthumsfr. im Rheinland XIV. Bonn 1849, S. 97 ff.] — Eine *sepultura* fand also in jedem Falle statt, auch wenn der Körper verbrannt worden war und darum wird das Wort im allgemeinen Sinne auch für die *crematio* gebraucht. S. DRAKENB. zu Liv. VIII, 24. So unterscheiden und verbinden die Griechen eben auch καίειν und θάπτειν. DIONYS. V, 48. vom Poplicola: ἀλλ' ἐμέλλησαν αὐτὸν οἱ συγγενεῖς φαύλως πως καὶ ὡς ἕνα τῶν ἐπιτυχόντων ἐκκομίσαντες ἐκ τῆς πόλεως καίειν τε καὶ θάπτειν. PAUL. p. 32 M. *Bustum proprie dicitur locus, in quo mortuus est com-*

bustus et sepultus — ; ubi vero combustus quis tantummodo alibi vero est sepultus, is locus ab urendo ustrina vocatur; sed modo busta sepulcra appellamus. [SERV. zu Verg. Aen. XI, 201. III, 22.] Vgl. STALLB. zu Ter. Andr. I, 1, 101. BÖTTIG. Vasengem. I, S. 42.

Allgemeine Begräbnissplätze für alle Klassen gab es zu keiner Zeit. Wer irgend die Kosten bestreiten konnte, der wählte oder erwarb sich einen Platz ausserhalb der Stadt und zwar an den frequentesten Stellen, namentlich an grossen Landstrassen, wo ein Familienbegräbniss angelegt wurde. Vgl. Thl. I, S. 87. Nur für die niedrigste Klasse, für Sklaven und Verurtheilte war der gemeinschaftliche Begräbnissort bis auf August am Esquilinus. HORAT. Sat. I, 8, 10.

*Hoc miserae plebi stabat commune sepulcrum,
Pantolabo scurrae Nomentanoque nepoti.
Mille pedes in fronte, trecentos cippus in agrum
Hic dabat: heredes monumentum ne sequeretur.*

Vgl. die folgenden Verse und HEIND. Anm. [Am Esquilinus waren aber auch Begräbnisse angesehener Familien, CIC. Phil. IX, 7. bei BECKER, röm. Alterth. I, S. 554. In der Nähe lag der grössere Platz für die Leichen der Armen und Sklaven und nur dieser hiess] *Puticulae* (*Puticoli, Putiluculi*). Die Hauptstelle ist bei VARRO L. L. V, 25. *Extra oppida a puteis Puticoli, quod ibi in puteis obruebantur homines, nisi potius, ut Aelius scribit, Puticulae, quod putescebant ibi cadavera proiecta. qui locus publicus ultra Exquilias, itaque eum Afranius Putiluculos in togata appellat, quod inde suspiciunt perpetuo lumen.* PAUL. p. 216 M. Was FESTUS selbst geschrieben haben mag, das lässt sich bei der Verstümmelung des Fragments nur ungefähr nach VARRO errathen. Dort wurden also die Leichname entweder ohne weitere Bestattung verbrannt, oder eingescharrt, oder auch unbeerdigt hingeworfen. Natürlich aber war es nicht ein allgemeines Sklavenbegräbniss, sondern eben auch nur für *vilia mancipia*. [S. Thl. II, S. 150. und die dort citirten Stellen, nebst der Schrift von RITSCHL. — Auch in den Municipien hatte man dergleichen Plätze, *inopum funeribus destinatos*. AGG. URB. bei Goës p. 60. 72.]

Da das Verbrennen schon in sehr früher Zeit gewöhnlich wurde, so sind auch weitere Gebräuche bei der *humatio* wenig bekannt. Die Leichname wurden indessen in Särgen entweder der Erde übergeben, oder in den gemauerten Begräbnissen beigesetzt. Für diese Särge sind die allgemeineren Namen *arca* [ORELL. 3560. 4396. *solium*, SUET. Ner. 50. PLIN. XXXV, 12, 46.] und bei FULGENTIUS *loculus*, der eigentliche *capulus* [PAUL. p. 61 M.]. Denn dass darunter nicht eine Bahre, *feretrum*, zu verstehen ist, hat OUD. zu Appul. Met. VIII. p. 544. und X. p. 690. genügend gezeigt. Die beiden Stellen: IV. p. 277. *monumentum quoddam conspicamur procul a via remoto et abdito loco positum. Ibi capulos carie et vetustate semitectos, quis inhabitabant pulverei et iam cinerosi mortui, passim ad futurae praedae receptacula reseramus*. und X. p. 699. *Itur confestim magna cum festinatione ad illud sepulcrum, quo corpus pueri depositum iacebat. — Ecce pater suis manibus cooperculo capuli remoto — deprehendit filium*. geben über die Beschaffenheit dieser Särge hinreichende Auskunft. Sie waren in der Regel gewiss auch von Holz; daher *carie et vetustate semitecti* [HOR. Sat. I, 8, 9. *conservus vili portanda locabat in arca*.]; doch auch wohl von kostbarerem Materiale. Jedoch sind die sogenannten Sarkophage, von der merkwürdigen Eigenschaft des eigentlichen *lapis sarcophagus* [(die verwesenden Theile des Todten in sich aufzunehmen und die Auflösung zu befördern] PLIN. II, 96. XXXVI, 17.) so genannt, aber auch aus Marmor und anderem Steine gearbeitet [z. B. aus Peperino, wie die Särge der Scipionen], nur als die äusseren Behälter anzusehen, in denen der Sarg stand. [ORELLI 194. 4554. 4478. *corpus integrum conditum sarcophago*. GAI. Dig. XL, 7, 7. § 1. *arca lapidea*. Namentlich in Italien giebt es zahllose Exemplare alter Sarkophage, oft mit architektonischen und andern Ornamenten ausgestattet oder mit Basreliefs geschmückt. Auch in den andern Ländern hat man eine grosse Menge ausgegraben. Ueber den Aachner Sarg mit dem Raub der Proserpina s. Jahrb. des Vereins v. Alterthumsfr. Bonn V, S. 373 ff. XXIX, S. 193 ff. VII, S. 94—119 (mit dem Dreifussraub), XXVIII, S. 82. XXIX u. XXX, S. 205 ff. (die Binger Särge). Steinsärge bei Worms s. Annalen des Vereins für Nassau. Alterth. III, 3, S. 192 ff., in England s. the arch. journ. Lond. 1846, II, S. 251 ff., in Afrika s. Archäol. Anzeiger 1859, N. 123. — Zuweilen waren die Sarkophage mit einer Thonlage oder mit Ziegeln zugedeckt, (wie sie auch selbst — obwohl selten — ganz aus Thon bestanden), s. REIN, die röm. Stationsorte und Strassen zwischen Colon. Agripp. Crefeld 1857, S. 29. vgl. das. S. 51. 56 ff. 71. (über die niederrheinischen Funde). Nicht selten haben diese grossen Steinkasten im Innern nischenartige Vertiefungen, um Glasgefässe und andere Beigaben aufzunehmen oder auch stellenweise Erhöhungen des inneren Bodens zu demselben Zweck; s. REIN a. a. O.] — Das Verbrennen kam später mehr und mehr ausser Gebrauch und daher wohl die häufige Erwähnung der Särge schon bei APPULEIUS. MACROBIUS sagt Sat. VII, 7. *licet urendi corpora defunctorum usus nostro saeculo nullus sit.*

Der Scheiterhaufen, auf welchen der Leichnam gelegt wurde, war von verschiedener Höhe und natürlich nach Maassgabe der Vermögensumstände und des Standes verschieden decorirt. Die Distinktion, welche SERVIUS zu Verg. Aen. IX, 188. zwischen *pyra* und *rogus* macht: *pyra est lignorum congeries, rogus cum iam ardere coeperit.* ist entschieden falsch, wie sich schon aus der Bestimmung der XII ergiebt, bei CIC. de leg. II, 23. *rogum ascia ne polito.* Dass bei VERGIL erst steht: *Constituere pyras,* dann *circum accensos decurrere rogos.* ist zufällig; der Dichter hat nur mit den Worten gewechselt. Dagegen hiess der niedergebrannte *bustum,* der Ort des Verbrennens *ustrina* [und *ustrinum*]. S. oben. — Dass die Verbrennung nicht immer gerade an dem Orte stattfand, wo das Grabmal stand, ist gewiss; aber eben so gewiss, dass es auch dort geschah. Es ergiebt sich diess nicht nur aus den von SCALIGER zu Paulus angeführten zwei Inschriften [ORELLI

Die Todtenbestattungen. 373

4383 fg.], in welchen es ausdrücklich für gewisse Grabmäler verboten wird: *Ad hoc monumentum ustrinum applicari non licet.* sondern Andere nennen ausdrücklich ein zu dem *monumentum* gehöriges *ustrinum*, z. B. bei GUDIUS 174. *I. M. Lolius — fecit sibi monumentum latum ped. XX et XXV extr. ustrinum ped. XX.* [ORELLI HENZEN 7371. und in Pompeji sieht man mehrere Ustrinen neben dem Grabe, OVERBECK, Pomp. S. 272 ff.] Vgl. weiter unten. [DIONYS. VIII, 59. ἔθαψαν ἐν τῷ αὐτῷ χωρίῳ]

Um den Scheiterhaufen wurden Cypressen gepflanzt. VERG. Aen. VI, 216.

Ingentem struxere pyram, cui frondibus atris
Intexunt latera et ferales ante cupressos
Constituunt decorantque super fulgentibus armis.

Dazu SERVIUS: *Varro tamen dicit, pyras ideo cupresso circumdari propter gravem ustrinae odorem ne offendatur populi circumstantis corona.* — War der Leichnam darauf gelegt, so wurden *odores*, d. h. *tus, unguenta, liquores* über ihn ausgeschüttet, auch wohl Kränze und Locken abgeschnittenen Haares hinaufgeworfen. [vgl. DIONYS. XI, 39.] STAT. Silv. II, 1, 162. *Arabes Phariique Palaestinique liquores arsuram lavere comam* (defuncti) und ausführlicher V, 1, 210 ff.

— *Quis carmine digno*
Exsequias et dona malae feralia pompae
Perlegat? omne illic stipatum examine longo
Ver Arabum Cilicumque fluit floresque Sabaei,
Indorumque arsura seges, praeceptaque templis
Tura, Palaestini simul Hebraeique liquores,
Corycineque comae, Cinyreaque germina.

[Ebenso essbare Gegenstände, CATULL. LIX.

Vidistis ipso rapere de rogo cenam,
Quum devolutum ex igne prosequens panem
Ab semiraso tunderetur ustore.

APPUL. Flor. 4. p. 362 Elm. *cenam feralem a tumulo.* und manche dem Todten liebe Sachen, PLIN. ep. IV, 2. vgl. TER. Eun. III, 2, 38.] Das sind die *prodiga flammis dona* und der *moestus luxus* II, 1, 158. — Es geschah diess aber nicht nur von Seiten der bestattenden Familie, sondern es thaten es auch Andere, welche dem Zuge sich angeschlossen hatten. S. KIRCHM. III, 5. Vorher erhielt wohl auch der Todte einen letzten Kuss, wenn Dichterstellen wie PROP. II, 13, 29.

Osculaque in gelidis ponas suprema labellis,
  Cum dabitur Syrio munere plenus onyx.

und OVID. Am. III, 9, 53.

Cumque tuis sua iunxerunt Nemesisque priorque
  Oscula, nec solos destituere rogos.

für Beweise gelten können. — Dann wurde nochmals wie bei der ersten *conclamatio*, laute Klage nach dem Vorgange der *praefica* (s. SERV. a. a. O.) angestimmt. TERENT. Andr. I, 1, 102. *In ignem imposita est. fletur.* wo man schwerlich bloss an griechische Sitte zu denken hat. Während dieser Klagen zündeten die nächsten Verwandten, oder einer derselben mit abgewendetem Gesicht mittelst einer Fackel den Scheiterhaufen an. Vermuthlich bestand dieser nicht bloss aus grossen Scheiten, sondern enthielt leicht brennbares Material, wie Pech und vielleicht trockene Binsen. Das scheint MARTIAL X, 97. zu meinen:

Dum levis arsura struitur Libitina papyro,
  Dum myrram et casiam flebilis uxor emit;
Iam scrobe, iam lecto, iam pollinctore parato
  Heredem scripsit me Numa: convaluit.

wenn nicht vielleicht hier ein *tomentum* zu verstehen ist. Pech wird aber ausdrücklich in einer auch von KIRCHMANN angeführten Inschrift genannt: *Nec ex eorum bonis plus inventum est, quam quod sufficeret ad emendam pyram et picem, quibus corpora cremarentur; et praefica conducta est et urna empta.* Ueber die Gladiatorenkämpfe, welche bisweilen während des Verbrennens stattfanden, s. CREUZ. Abr. S. 463 ff., wo überhaupt auch die folgenden Gebräuche hinreichend erklärt sind. so dass ich darauf verweisen und mich auf Anführung der Hauptsachen beschränken kann.

Nachdem der Scheiterhaufen niedergebrannt war, wurde

die glühende Asche gelöscht. Dass diess auch mit Wein geschah, dafür werden angeführt VERG. Aen. VI, 226.
>   *Postquam collapsi cineres et flamma quievit,*
>   *Reliquias vino et bibulam lavere favillam.*

und STAT. Silv. II, 6, 90. *quod tibi Setia canos restinxit cineres.*
Beide Stellen könnten indessen auch auf das Besprengen nach dem *ossilegium* bezogen werden, wie TIB. III, 2, 19.
>   *Et primum annoso spargant collecta Lyaeo.*

Mehr Beweiskraft enthalten die Worte aus PLIN. XIV, 12. *Numae regis Postumia lex est: Vino rogum ne respergito. Quod sanxisse illum propter inopiam rei, nemo dubitet.* Es war also geschehen und geschah gewiss zu Plinius Zeit. Dazu kömmt noch PROP. IV, 7, 34. *fracto busta piare cado.* Vielleicht meint TIBULL auch nichts anderes und es geschah nur bei grösserer Verschwendung, dass nicht bloss die gesammelten Gebeine, sondern der ganze *rogus* besprengt wurde.

Die sämmtlichen darauf folgenden Gebräuche finden sich nirgends so speciell und genau verzeichnet, als in der eben angeführten Stelle TIBULLS, und ihre Erklärung wird allemal ein Commentar zu derselben sein müssen. Der Dichter giebt an, wie er, nachdem er in Asche verwandelt worden, von Neaera und ihrer Mutter bestattet sein wolle. Vs. 15 ff.

>   *Praefatae ante meos manes animamque precatae,*
>   *Perfusaeque pias ante liquore manus,*
>   *Pars quae sola mei restabit corporis, ossa*
>   *Incinctae nigra candida veste legant;*
>   *Et primum annoso spargant collecta Lyaeo,*
>   *Mox etiam niveo fundere lacte parent.*
>   *Post haec carbaseis humorem tollere velis*
>   *Atque in marmorea ponere sicca domo.*
>   *Illuc, quas mittit dives Panchaia merces*
>   *Eoique Arabes, pinguis et Assyria,*
>   *Et nostri memores lacrimae fundantur eodem;*
>   *Sic ego componi versus in ossa velim.*

Dann wird noch die Inschrift des Grabmals vorgeschrieben. — Die genau angegebene Reihenfolge war also, dass zuerst die

Manen des Verstorbenen angerufen wurden. Dann wusch man die Hände und sammelte die Gebeine in den Schurz des Trauergewandes. Sie wurden darauf mit Wein und wiederum mit Milch besprengt und auf linnenen Tüchern getrocknet. Dann mischte man unter die Asche allerhand wohlriechende Dinge. OVID. Trist. III, 3, 69.

Atque ea cum foliis et amomi pulvere misce.

wo unter *foliis* vielleicht Nardum zu verstehen ist. [*Folium* od. *foleum* ist eine Salbe oder Spezerei, ORELLI HENZEN 5037 u. Nachtrag p. 492. MOMMSEN, inscr. Neap. 2517. GERVASIO, sul monum. sepolcr. di Gavia Marc. Napoli p. 15 ff. HENZEN, in Archäol. Anzeiger 1858, N. 113 f. S. 202 f. *unguento et foleo rosisque plenum.* (So werden die Gebeine bewahrt.)] Dass auch wohlriechende Flüssigkeiten, *unguenta, liquores*, darauf gegossen worden seien, ist von HUSCHKE zu Tibull. I, 3, 7. geleugnet worden. Die Worte des Dichters:

Non soror Assyrios cineri quae dedat odores.

könnten allerdings auch auf das *amomum* u. dgl. bezogen werden; allein ganz unzweideutig ist OVID. Fast. III, 561.

Mista bibunt molles lacrimis unguenta favillae.

[und PERS. VI, 34. *urnae Ossa inodora dabit.*] Demnach könnte auch bei TIBULL das *illuc* von der Urne verstanden werden, welche die Asche enthält. Indessen wurde auch das Grabmal mit *odoribus* besprengt, auch Fläschchen mit wohlriechenden Dingen [Salben und Rauchwerk] hineingesetzt. Das sind die früher sogenannten [sehr verschieden geformten, gehenkelten und henkellosen, aber immer sehr zierlichen] Thränenfläschchen und Lacrimatorien. [ORELL. 4832. *teretes onyches fuci gracilesque alabastri.* vgl. II, S. 331 f.] S. MONGEZ, Mém. de l'inst. franç. t. VII, p. 92. PACIAUDI, Monum. Peloponn. III, p. 18. BÖTTIG. Vasengem. I, S. 66. [ROULEZ, sur les vases vulg. app. Lacrimatoires, in Bull. de l'acad. de Brux. Tom. V. N. 4. 5. und die daselbst citirten Schriften. THE ARCHAEOL. JOURN. Lond. 1849, VI, p. 109 ff. NAMUR, de lacrimat. sive de lagenulis lacrimarum propinq. colligendis ap. Rom. aptatis. Luxenb. 1855. glaubt nach einer chemischen

Analyse Thränenüberreste gefunden zu haben, s. Jahrb. des Vereins v. Alterthumsfr. Bonn 1846, IX, S. 154. 1856, XXIII, S. 157 f. Auch gab man häufig den Todten andere Gegenstände in das Grab mit, die ihnen im Leben lieb gewesen waren, z. B. Schmucksachen (SCAEV. Dig. XL, 2, 40. § 2. zufolge testamentarischer Bestimmung *lineas duas ex margaritis et viriolas ex smaragdis*), Lampen, s. II, S. 342, Spiegel, Kästchen, Götterbilder, Waffen, Spielsachen (bei Kindern), wie unzählige Ausgrabungen darthun. Denkmäler von castra vet. Xanten 1839. Jahrb. d. Ver. v. Alterthumsfr. Bonn 1851, XVII, S. 116 f. REIN, die röm. Stationsorte und Strassen zwischen Col. Agrip. Cref. 1857, S. 28 ff. 57 ff. Man legte ja dem Abgeschiedenen, wie Schlafenden, eine Fortdauer, ein Scheinleben bei und stattete darum das Grab wie eine Wohnung aus. CAMPANA, di due sepolcri S. 23. 36 ff.]

Die Ausdrücke für diese Beisetzung waren: *condere* und *componere*. TIBULL. a. a. O. PROP. II, 24, 35. *Tu mea compones ossa*. Indessen gilt *condere* eigentlich von dem Sammeln in die *urna* und *componere* von dem Beisetzen in dem Grabmale. OVID. Trist. III, 3, 70.

Inque suburbano condita pone solo.

Daher hiessen denn die Bestatteten *conditi, compositi, siti*. CIC. de legg. II, 22. [Auch kam vor, dass eine Urne oder ein Sarg die Ueberreste von zwei Leichen einschloss, um die Innigkeit ihrer Liebe zu bezeichnen, wie bei Gatten oder bei Kindern. CONSOL. ad Liv. 162. 163.

Quod licet hoc certe tumulo ponemur in uno. —
Miscebor cinerique cinis atque ossibus ossa.

ORELL. 2863. 4370. 4583. 4600. 4624. CAMPANA, di due sepolcri. p. 68 fg. Hin und wieder setzte man zwei Urnen in eine Nische oder grub sie in derselben neben einander ein, ZEITSCHR. f. Alt. Wiss. 1845, N. 29. *ne quis anteponat*. ORELLI HENZEN 7363. RICH, Wörterbuch d. röm. Alterthümer. S. 423.] — Nach vollzogener Bestattung rief man dem Todten noch das letzte Lebewohl mit den bekannten Formeln: *have anima candida, terra tibi levis sit, molliter cubent ossa* u. dergl.

zu, und nachdem die Versammlung durch Besprengen mit geweihtem Wasser gereinigt (*lustratio*) und das *ilicet* gesprochen war, ging sie auseinander, wobei man zweifelhaft bleibt, durch wen beides geschehen sei. Vgl. SERV. zu Verg. Aen. VI, 216. — Ueber einige Nebenfragen, wie den Gebrauch des Fingerabschneidens vor der Verbrennung und die Worte der XII. *Homini mortuo ne ossa legito.* s. die Nachweisungen b. KIRCHM. III, 7. und in CREUZ. Abr. S. 465.

[Am neunten Tage nach der Beisetzung folgten die *novemdialia* od. *feriae novemdiales*, ein Opfer- und Todtenmahl. SCHOL. zu Hor. epod. 17, 48. *novemdiale sacrificium est, quod mortuo fit nona die, quam sepultus est.* SERV. zu Verg. Aen. V, 64. PAUL. u. FEST. v. repersum vinum p. 262 fg. M. Das Mahl, aus einfachen Speisen bestehend (*pultes, panem, merum* nennt AUGUSTIN. Confess. VI, 2., *ovum*, IUV. V, 84., Salz u. s. w. OVID. Fast. II. 538. obwohl hier von den Parentalien die Rede ist, s. unten.) Charikl. III, S. 115 f. wurde dem Todten auf das Grab gesetzt. IUL. OBS. 112. *in sacro novemdiali cena Deae posita a cane adesa antequam delibaretur.* PLUT. Crass. 36. προτίθενται τοῖς νέκυσιν. DIO CASS. LXVII, 9. πάνθ' ὅσα περ ἐν τοῖς ἐναγίσμασι καθαγίζεται καὶ ἐκείνοις μέλανα ἐν σκεύεσιν ὁμοίοις προσηνέχθη. Dieses hiess *cena feralis*, IUV. V, 84. *Ponitur exigua feralis cena patella.* (obwohl auch die unmittelbar nach der Bestattung auf das Grab gesetzten Speisen mit demselben Namen bezeichnet wurden, APPUL. Flor. 4. s. oben.) PLIN. X, 10, 28. *ex funerum ferculis.* Mehrere Andeutungen s. bei TERTULL. de test. an. 4. de resurr. c. 1. AUGUST. de civ. dei VIII, 27. welche Stellen LIPS. zu Tac. Ann. VI, 5. gesammelt hat. Der eigentliche römische Name des Mahls war aber nicht *silicernium*, wie nach LIPSIUS Vorgang gewöhnlich angenommen wird; denn wenn auch DONAT. zu Ter. Ad. IV, 2, 48. *cena quae infertur diis manibus* etc. dafür spricht, so ist doch die Autorität VARRO's entschieden dagegen. NON. I, 235. *Silicernium est proprium convivium funebre quod senibus exhibetur.* Varro Meleagr. *funus exsequiati laute ad sepulcrum antiquo more silicernium confecimus*

Die Todtenbestattungen. 379

i. e. περίδειπνον, *quo pransi discedentes dicimus alius alii vale.* (Andere Stellen wie FEST. p. 294 M. TERTULL. apol. 13. *quid differt ab epulo Iovis silicernium?* geben keine Aufklärung.) Nach VARRO müssen wir also *silicernium* für das alterthümliche Mahl halten, welches am Grabe selbst (darum leitet SERV. zu Verg. Aen. V, 92. das Wort von *silicenium* her, als ein Mahl über dem Stein, nämlich dem Grabsteine) angestellt wurde und zu welchem Behufe sich auch zuweilen gemauerte Triklinien nebst Tisch in der Nähe der Monumente befanden (z. B. zu Pompeji neben dem Monument der Naevoleia Tyche), verschieden von dem Mahle, welches im Hause des Verstorbenen stattfand. (PERS. V, 33. *cena funeris.*) In reichen Familien wurde eine grosse Menge von Gästen eingeladen, ja sogar das ganze Volk, s. CIC. p. Mur. 36. oder es empfing das Volk eine *visceratio*, d. h. eigentlich eine Austheilung von Fleisch, LIV. VIII, 22. XXXIX, 46. vgl. SUET. Caes. 38. SEN. ep. 73., woraus später eine Geldaustheilung wurde, die aber den Namen *visceratio* behielt. ORELLI HENZEN 134. 3858. 7145. Feierliche Spiele und Gladiatorenkämpfe waren nicht selten mit diesem Mahle verbunden, s. ob. S. 354. LIV. a. a. O. XLI, 28. HOR. Sat. II, 2, 85 fg. DIONYS. V, 17. DIO CASS. XXXVII, 8. XXXIX, 7. XLIII, 22. JENICHEN, von den Begräbnissmahlzeiten. Leipz. 1747. JAHN zu Pers. S. 219. CAMPANA, di due sepolcri Rom. p. 48 ff. und tav. 14. s. oben S. 270. PAULY, Realencykl. VI, S. 2678 f. Eine Abbildung mehrerer bei Leichenbegängnissen und Leichenmahlen anzuwendenden grösserer und kleinerer Gefässe in verschiedenen Formen giebt die II, S. 369. erwähnte Grablucerne.

Aber auch noch lange nach der Bestattung gedachte man der Verstorbenen mit grosser Pietät und bewies dieses bei verschiedenen Gelegenheiten auf vielfache Weise. Ein allgemeines Todtenfest waren die im Februar gehaltenen *Feralia* oder in specieller Beziehung auf die Verwandten der Verstorbenen sogenannten *Parentalia*. VARRO L. L. VI, 13. *Feralia ab inferis et ferendo, quod ferunt tum epulas ad sepulcrum, quibus ius ibi parentare.* PAUL. p. 85 M. *diis manibus*

sacrata festa, a ferendis epulis vel a feriendis pecudibus appellata. MACROB. Sat. I, 9. OVID. Amor. I, 13, 3.
Annua sollenni caede parentat ovis.
vgl. CIC. de leg. II, 21. *hostia maxima* (d. i. das Schaf, PAUL. p. 126 M.) *parentare.* Phil. I, 6. TERT. de resurr. c. 2. testim. an. 4. OVID. Fast. II, 533 ff. AUSON. parent. praef. Es wurden Opfer geopfert und sowohl Speisen auf das Grab gesetzt als Gastmähler angestellt, welche man entweder am Grabe oder in dem Hause hielt. Zugleich wurde das Grab mit Kränzen geschmückt und mit wohlriechenden Essenzen (*odoramenta*, ORELLI 4413. auch mit Milch, Oel, Honig, ORELLI 642. 4415. OVID. a. a. O.) besprengt (*profusiones*). Auch stellte man brennende Lampen (II, S. 342.) und andere Gefässe darauf. (PROP. IV, 5, 72. *curto vetus amphora collo.* CIC. de leg. II, 26. BERGK, in n. Jen. Lit. Zeit. 1847. N. 721.) HENZEN, Archaeol. Anzeig. 1858, N. 113 f. S. 202 f. *ut possit tibi plurimos per annos cum sertis dare iusta quae dicavit et semper vigilet lucerna nardo.* ORELLI 4416. *oleum in lucerna.* Alles dieses geschah sowohl in den grösseren Columbarien als bei den kleineren Monumenten, (*solennia dona*, OVID. Fast. II, 545. genannt, oder *munera*, von denen CATULL. C. sagt:

Tradita sunt tristes munera ad inferias.),

konnte aber auch zu jeder anderen Zeit ausser den Feralien geschehen, und desshalb hiess *parentare* im weiteren Sinne oft so viel als *inferias mittere* überhaupt. ORELLI HENZEN 642 fg. 7336. 7363. Oft werden die Erinnerungsmahle erwähnt, welche zuweilen sehr schwelgerisch ausgerüstet waren. Beispiele hat CIC. p. Flacc. 38. *sepulcrum L. Catilinae floribus ornatum, hominum audacissimorum ac domesticorum hostium conventu epulisque celebratum est. iusta Catilinae facta sunt.* in Vatin. 12 fg. *epulum funebre* zu Ehren des verstorbenen Arrius von seinem Sohne Q. Arrius, wie SCHOL. BOB. p. 322 Or. erklärt. Den dabei stattgefundenen Luxus deutet HOR. Sat. II, 3, 86. 243. an. ORELL. 3999. wird ein Kapital erwähnt: *ex cuius reditu quotannis die parentaliorum ne minus homines XII*

Die Todtenbestattungen. 381

ad rogum suum vescerentur. vgl. 4417. (ein Mahl an dem Geburtstage des Todten). Ueber das Bekränzen s. ORELL. 707. *rosas ad monumentum deferre.* 3927. 4084. 4107. 4415. 4417. 4420. Oft werden zusammen genannt *rosae et escae*, nämlich die auf das Grab gesetzten Speisen. ORELL. 4418 fg. 4070. *cibus et rosar.* 4108. Die Bohnen durften dabei nicht fehlen, PLIN. XVIII, 12, 30. *parentando utique assumitur* (faba). PAUL. p. 87 M. Sogar *parental. et rosar.* ORELL. 4084. *rosa et amarantho et epulis* 5117. CIC. p. Flacco 38. Nicht selten wurden im Testament Kapitalien ausgesetzt, von deren Zinsen die Kosten der Mahle, *escae* und *rosae*, an bestimmten Tagen (auch ausser den Parentalien, s. oben) bestritten werden sollten, s. ausser den ob. Beispielen ORELLI HENZEN 3927. 4084. 4107 fg. 4412 ff. 7336. (*oleum propin.* u. *rosa.*) Inschriften bei CAMPANA, di due sepolcri p. 36. MARINI, atti Arv. p. 639. *ut ex reditu insulae quotannis die natalis sui et rosationis et violae et parentalibus memoriam sui sacrificiis quater in annum factis et praeterea omnibus K. Nonis Idibus suis quibusque mensibus lucerna lucens sibi ponatur incenso imposito.* Mod. Dig. XL, 4, 44. s. II, S. 342. In Egnatia hat man noch sehr schön gearbeitete Sepulcralkränze von Gold gefunden, AVELLINO, bull. Nap. N. 52. (III, 15.)]

Die Aschenkisten, *urnae* [oder *ollae*, ORELLI HENZEN 4507. 4513. 4538 ff. 7341. 7371. *ollae ossuariae*, 4544. *ollaria*, 4358. 4544. *schola ollarum*, 4542. sogar *hydria*, 4546 fg. *vascellum*, 4555.], in welchen die Gebeine aufbewahrt wurden, waren von [abweichender Form und] verschiedenem Stoffe; meistens *testae*, PROP. II, 13, 32. *Accipiat manes parvula testa meos.* [aber auch von Stein und Metall, so von Porphyr, DIO CASS. LXXVI, 15. sarkophagähnlich und mit reicher Skulptur geziert, und ausnahmsweise sogar von Gold und Silber, EUTROP. VIII, 5. AMM. MARC. XIX, 2.] Auch hat man deren von Glas in andere von Blei eingesetzt zu Pompeji gefunden. [MAZOIS, ruin. de Pomp. I. t. 26. Die beiden schönsten Vasen dieser Art sind II, S. 327. erwähnt. Ebenso setzte man die Glasurnen zur grösseren Sicherheit in Steinkasten, daneben

Lampen, s. g. Lacrimatorien, Bullen, Münzen u. s. w. Einen solchen Steinbehälter fand man bei Creuznach, s. Annalen d. Vereins f. Nassau. Alterthumskunde. Wiesbaden 1842, III, 3, S. 180 ff. Jahrb. d. Ver. v. Alterthumsfr. Bonn. 1851, XVII, S. 133 f. u. 1853, XIX, S. 73—81. (wo BERGMANN über die Gräber vom Fellerhof auf der Eifel berichtet.) REIN, Stationsorte u. s. w. S. 57. 60. (mit Vertiefung im Sarkophag und im Deckel, der Grösse und der Form der Urne entsprechend)]. — Die Beschaffenheit der Grabmäler ihrer äusseren Form und inneren Einrichtung nach, ist durch zahlreiche Denkmäler bekannt. [Ganz von selbst ergiebt sich die Eintheilung in Grabkammern unter und über der Erde. Zu der ersten Classe, die mit den etrurischen Grabbauten grosse Aehnlichkeit hat, gehören die Gräber der Scipionen in unterirdischen Gängen, die der Nasonen an der via Flaminia, die der Freigelassenen der Livia, die von CAMPANA beschriebenen (s. unten), die in Weyden bei Cöln und die bei Bonn gefundenen (s. URLICHS, in Jahrb. d. Vereins v. Alterthumsfr. Bonn 1843, III, S. 134—148. 1851, XVII, S. 114—122.). Bei allen diesen Grabanlagen steht in der Regel über der Erde ein Monument, um den Platz zu bezeichnen, wo der Todte ruhte (sogar kleine Hermen, wie in Pompeji), oder ein Haus, aus dem man hinab in das Hypogeum steigt. Bei der zweiten Classe dient das kleine oder grössere Grabhaus zugleich als Monument, was bei der ersten nicht der Fall ist, z. E. bei den Thürmen und Häusern der Cecilia Metella, der Plautier, der Naevoleia Tyche, bei der Pyramide des Cestius, bei manchen kleinen Tempeln nicht unähnlichen Begräbnissen und bei den riesenhaften Mausoleen der Kaiser. Was nun die kleinen Monumente betrifft, sowohl die, in denen sich eine kleine hohle Grabkammer befindet, als die, welche die Stelle bezeichnen, wo ein Todter ruht, so haben diese im Ganzen dieselben Formen, wie die grossen Grabhäuser, namentlich ahmen sie Tempel und Altäre nach, oder stellen kleine Säulen, Würfel und Pfeiler dar (*columellae* und *cippi*), die mitunter in Hermen auslaufen. Kleine liegende Platten heissen *mensae*.

Uebrigens bestattete man auch ohne Grabkammern, d. h. man legte den Sarg oder die Urne ohne weiteres in die Erde, indem man den Sarg mit einem schweren Steindeckel, oder Ziegeln und Thon bedeckte. Die Urnen setzte man in die Erde oder in Sand fest und umgab sie auch wohl zum Schutz mit Ziegeln, ebenso wie man zuweilen die ganze Leiche der Erde ohne Sarg übergab und sie blos mit Ziegelplatten umstellte. Beispiele solcher Bestattungen enthalten die Denkmäler von castra vet. Xanten 1839 und Ausgrabungen bei Trier, welche SCHNEEMANN beschrieben hat. S. auch REIN, Stationsorte u. s. w. S. 29 f. 51 f.] Man sehe MILLIN, Descr. des tombeaux de Pompei. oder auch nur bei GORO v. AGYAGF., Wand d. Pomp., den Plan und die Ansicht der Gräberstrasse, t. 2—4., den Grundriss und Durchschnitt des Grabes der Naevoleia Tyche, t. 5. und die Hauptansicht eines anderen Grabmals t. 7. [v. FLORENCOURT, in Jahrb. d. Vereins v. Alterthumsfr. Bonn 1844, V u. VI, S. 286 ff. GAILHABAUD, Denkm. d. Baukunst, Hamb. 1852, I, 8. Abth. röm. Gräber. GUHL u. KONER, d. Leben d. Griechen u. Röm. II, S. 98 ff. OVERBECK, Pompeji S. 270—295. PAULY, Realencykl. VI, S. 1056 ff.] — Eine der lehrreichsten Stellen, wenn man von den beigemischten Abgeschmacktheiten absieht, ist namentlich hinsichtlich der Umgebungen und schützenden Verfügungen bei PETR. 71 ff. *ut sint in fronte pedes centum, in agrum pedes ducenti. Omne genus etiam pomorum volo sint circa cineres meos et vinearum largiter. Valde enim falsum est, vivo quidem domos cultas esse, non curari eas, ubi diutius nobis habitandum est, et ideo ante omnia adiici volo: Hoc monumentum heredem non sequatur. Ceterum erit mihi curae, ut testamento caveam, ne mortuus iniuriam accipiam; praeponam enim unum ex libertis sepulcro meo custodiae causa.* [FIRM. Matth. III, 2. CAMPANA, di due sep. p. 35.], *ne in monumentum meum populus cacatum currat.* (Vgl. GRUT. Inscr. p. 792. 1. [ORELL. 4781.] MABILLON, Voyage en Italie. I, p. 148. *Qui hic mixerit aut cacarit, habeat deos superos et inferos iratos.*) Unter den Verzierungen, die Trimalchio dem *lapidarius* aufträgt, sind auch *naves plenis velis euntes*, und solche allegorische Reliefs finden sich in der That an Cippen. S. Goro t. 6. — Uebrigens erhielten in der Regel die Grabmäler zum Schutze eine Ringmauer [*maceria*, so dass ein Hof, *area*, abgeschlossen wurde], wie sie z. B. auch das der Naevoleia Tyche hat. [Nicolini, Pomp. fascic. 24. Vgl. Orell. 4373. 4377. 4498 *maceriam clusit circum monumentum*. 4509. 4517 fg. 4522.] — Im Innern, dem eigentlichen *cinerarium* oder *ossarium*, standen die Urnen in Nischen [*loculi, loculamenta, lecti, solia, aediculae, ollaria*, Orell. 4428. 4512 f. 4533 f. 4538. Ztschr. f. Alt. Wiss. 1845. N. 29. — Doch sind unter diesen Ausdrücken auch grössere Nischen zu verstehen, welche ganze Leichen aufnehmen konnten.]; daher auch das ganze Behältniss [von den taubenhausähnlichen Nischen] den Namen *columbarium* erhielt [Orell. 4544. 4358. 4513.], neben ihnen gewöhnlich Lampen, *lucernae sepulcrales* (s. II, S. 342) und die oben erwähnten Lacrimatorien. [Der innere Raum des Columbarium, meist viereckig, nicht selten mit einer runden Absis versehen, war oft gewölbt und enthielt sowohl an den Wänden als an den Pfeilern die erwähnten Urnennischen und zwar gewöhnlich so geordnet, dass in der obersten Reihe die kleineren, in der zweiten die grösseren Urnen standen (*gradus* der *ollae* Orelli Henzen 7367). Ebenso fanden dieselben auf bankartigen Vorsprüngen Platz, oder wurden dergestalt in den Boden der Nischen versenkt und eingelassen, dass nur der Deckel der urna sichtbar war. Auf dem Boden lagen unsymmetrisch oft Sarkophage (*arca superna* bei Cassiod. Var. III, 19.) und noch unter der Erde ruhten Leichen, deren Stätte durch Hermen und cippi bezeichnet war, z. E. in Welschbillig, Jahrb. d. Ver. v. Alterthumsfreunden VIII, S. 106 ff. Braun, das. Bonn 1853, XIX, S. 64—72. 1854. XXI, S. 169 f. Auch Campana, di due sep. Tav. VI, S. 24 ff. zeigt das Vorkommen ganzer Leichen neben den ollae in demselben Columbarium. Meistens gaben kleine Fenster ein spärliches Licht und liessen die geschmackvollen Wandmalereien, welche Freude und Leben athmeten und selten an den Tod erinnerten, nur undeutlich

Die Todtenbestattungen. 385

erkennen, s. unten CAMPANA und JAHN, die Wandgem. der Columbar. in der villa Pamfili, in Abh. der Münchner Akad. VIII, S. 229—284.

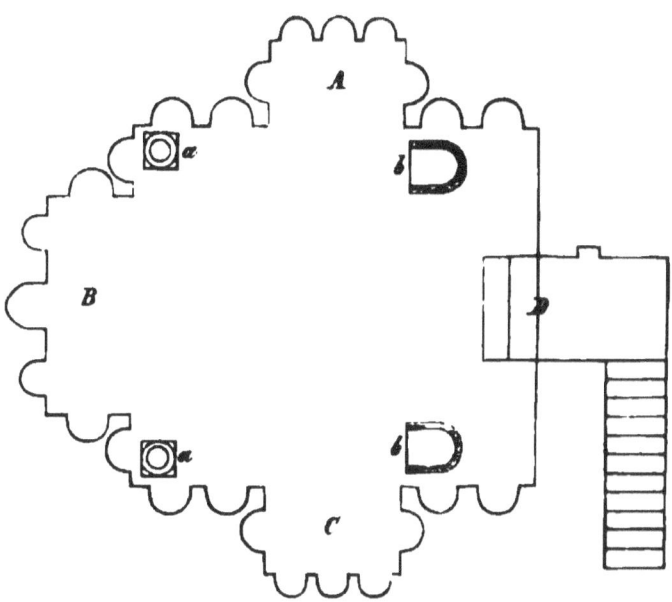

Das Columbarium, dessen Grundriss wir hier geben, wurde in Weyden bei Cöln entdeckt, beschrieben von SCHNEIDER, in einer unten erwähnten Monographie und von URLICHS, Jahrb. d. Ver. v. Alterthumsfr. Bonn 1843, III, S. 134—148. Es führen 11 Stufen bei D hinab in den Raum, welcher über 14 Fuss lang und über 11 Fuss breit ist. Jede der drei Hauptnischen A B C schliesst 3 kleinere in der Hauptwand und 2 in den Seitenwänden in sich ein. Auch ist in jeder der 3 Hauptnischen unten eine längere (5 Fuss lang, während die kleineren 3 Fuss messen), für grössere Särge. a a sind Säulenstümpfe, welche Aschenurnen tragen sollten und b b sind 2 hohe steinerne Lehnsessel, welche sehr künstlich Korbflechtwerk nachahmen. Ein grosser Sarkophag stand dabei trefflich verziert.

Auf dem [grossen Monument wie auf dem kleinen] Cippus befand sich jederzeit die Inschrift, *titulus*, OVID. Trist. III, 3, 77. [ORELL. 4409. 4424. — Unendlich gross ist die Zahl der uns überlieferten römischen Sepulcralmonumente, welche durch ihre Inschriften für die Alterthumsforschung höchst wichtig sind. Viele davon haben interessante Basreliefs, welche Andeutungen des Namens, der Würde, des Standes, des Geschlechts u. a. der Verstorbenen oder auch mythologische Motive enthalten. So z. B. die Basreliefs auf dem Grabmal des Bäckers M. Verg. Eurys. s. S. 235., oder des Cornel. Successus, welcher Soldat und Metzger war, BULLET. dell' inst. 1839. p. 133.; Embleme des Kriegs oft auf Denkmälern von Soldaten, s. KELLERMANN, vigilum Rom. latercula. Rom, 1835. Sehr reich an Steinen von Kriegern sind die Museen von Mainz und Bonn (N. 21. 41. 43. vgl. 29. 34.) s. URLICHS in Jahrb. des Vereins v. Alterthumsfr. Bonn 1846, IX, S. 129—150. — Beschreibungen vieler Monumente mit ihren Inschriften, Bildwerken u. s. w. finden sich ausser den bereits erwähnten Schriften in folgenden Werken: GORI, monum. s. columb. Florent. 1727. BARTOLI, vet. sepulcr. sive mausol. Rom. Lugd. B. 1728. DE ROSSI, camere sepolc. Rom. 1731. PIRANESI, le antich. Rom. Rom. 1784 ff. II u. III. ANTIQ. BORDELAISES, sarcoph. Bord. 1806. MILLIN, descr. des tomb. Nap. 1813. WAGNER, de insign. vet. Rom. mon. sep. III. Marb. 1825 ff. VISCONTI, intorno gli antichi monum. sepolc. scoperti nel ducato di Ceri, in diss. della pontif. acad. rom. di arch. 1836. VII, p. 263—301. MONTANO, raccolta di tempi e sepolcr. Rom. 1838. HOUBEN, Denkm. v. castra vet. und col. Trai. Xanten 1839. NIBBY, sopra un sarcofago scop. 1830 sulla via Appia, in diss. della pontif. acad. 1841. p. 409—436. CAMPANA, di due sepolcri Romani del secolo d'Aug. Roma 1841 (mit 229 Inschriften. Daselbst ist ein noch reicheres Columbarium mit 400 Inschriften erwähnt, Jen. Lit. Zeit. 1847. N. 103.). GRIFI, intorno ad un sepolcro disotterato nella vigna del c. L. Argoli in diss. della pontif. acad. 1842. X, p. 221—330. SCHNEIDER, röm. Grabmal in Weyden b. Cöln.

Cöln 1843. CAVEDONI, osserv. sopra un sepolcro scop. nella collina Modenese. Mod. 1844. SECCHI, monum. inediti di un antico sep. di famiglia scop. in Roma. 1843. AINSLEY, monum. sepolc. di Sovana in Ann. dell' inst. 1843. XV, p. 223—232. BRUNN, i monum. degli Aterii, in Annal. dell' inst. VI 1849, p. 363—410. u. das. 1858, p. 36 ff. 81 ff. MOMMSEN, Berichte d. Gesellsch. d. Wiss. zu Leipzig, 1850, S. 187 ff. (über ein Grab zu Casarin bei Tunis). HENZEN, sui colombarii di vigna Codini, in Monum. ed ann. dell' inst. 1856, p. 8—24. PETERSEN, über ein Grabmal an der Via lat. in ANNALI dell' inst. 1860, PHILOL. 1861, S. 573. — Die interessantesten älteren Grabinschriften sind von ORELLI HENZEN gesammelt, cap. XX, n. 4351—4871. 7320—7414. ZELL, röm. Epigraph. I, S. 62—134. S. auch O. JAHN, specimen epigraph. in mem. Kellermanni. Kil. 1841. in der 2. Abth. inscriptt. Campanianae. PAULY, Realencykl. VI, S. 2016 ff.]

Der eigentliche Name für das Grabgebäude ist *monumentum*, nur dass es auch bloss der Form wegen als Cenotaphium errichtet sein kann. CIC. p. Sest. 67. *L. Opimius — cuius monumentum celeberrimum in foro, sepulcrum desertissimum in litore Dyrrhachino relictum est.* [Unter monumentum ist hier nicht ein Cenotaphium, sondern die basilica Opimia oder der Tempel der Concordia zu verstehen, BECKER, Röm. Alterth. I, S. 308 ff. URLICHS, röm. Topogr. in Leipzig. S. 26 fg. HALM zu CIC. a. a. O. S. 310 fg. s. Ausg.] So ist z. B. das schöne *monumentum* des Calventius zu Pompeji ein Cenotaphium ohne *ossuarium*. [LAMPR. Sev. Alex. 63. *Cenotaphium in Gallia, Romae sepulcrum amplissimum meruit.* Cenotaphium hiess aber auch das Grabgebäude, welches man sich bei Lebzeiten errichtete, ORELL. 4519. 4526. *domum aeternam sibi vivus curavit.* 4556. Ein solches meint ULP. Dig. XI, 7, 6, § 1. *posse hoc venire — nec enim esse hoc religiosum.* denn die religiöse Weihe erfolgte erst durch die wirkliche Anwendung als Begräbniss.] Sonst werden die Namen *sepulcrum, bustum,* selbst *tumulus* häufig als Synonymen gebraucht. S. CREUZ. Abr. S. 469.

Diese Bemerkungen mögen hier über den sehr reichhaltigen Gegenstand genügen. Mehr darüber aus dem rechtlichen, religiösen und architektonischen Gesichtspunkte zu sagen, liegt über die Gränzen hinaus, die ich für meinen Zweck mir ziehen musste. Viel Schätzbares enthält auch hierin der Abschnitt in CREUZ. Abr. von S. 468 an. [In architektonischer Beziehung geben die oben genannten Schriften, welche zum Theil mit prächtigen Kupfern ausgestattet sind, vollständige Belehrung; dagegen fehlt es an einem Werke, welches diesen Gegenstand in religiöser und rechtlicher Beziehung erschöpft. Beiträge geben ausser KIRCHMANN mehrmals GOTHOFRED. zu C. Th. IX, 17. DIRKSEN, hist. script. Aug. S. 169—183. JAHN, spec. epigraph. a. a. O., wo sich namentlich viel Material für die privatrechtlichen Verhältnisse, z. B. über Kauf und Verkauf der ollae und lecti u. a. findet. PAULY, Realencykl. VI, S. 1059 ff. ELVERS, Rom. de rebus religiosis doctr. Gött. 1851. LÜBBERT, commentationes pontifical. Berol. 1859, S. 54—70 u. a.]

ERKLÄRUNG DER TAFELN UND HOLZSCHNITTE.

Theil I.

Tafel 1. Fussböden in Mosaik nach Zahns schönste Ornam. III. Reihe, T. 6 und 16.

Tafel 2. Um auch denen, welche grössere Prachtwerke schwerer erlangen können, eine Probe von dem Geschmacke zu geben, in welchem man zu Pompeji die Wände der Zimmer decorirte, ist hier nach Zahns schönste Ornam. III, T. 44. die schöne Wand treu mitgetheilt, welche sich im [Atrium des Hauses des Modestus zu Pompeji fand. Die Hauptfelder, in welchen die drei Jahreszeiten Frühling, Sommer und Winter schweben, sind roth, der Sockel schwarz mit kleinen Drachen und Schlangen, die phantastische Architektur in gelb und grau ausgeführt. Der oberste Theil der Wand enthält auf weissem Grunde drei Gruppen: Ulisses und Circe, Achill auf Skyrus und drei weibliche Figuren (undeutlich). Wir geben nur das Centrum und die linke Seite, da die rechte — abgesehen von den Figuren — der linken vollkommen entspricht. Die ganze Länge der Wand beträgt 21', von denen bei uns 6' fehlen.] Durch die Ausführung in vollen Farben wird der angenehme Eindruck des Ganzen sehr erhöht.

Theil II.

S. 172. Plan A. Riss eines grossen römischen Hauses nach der im ersten Excurse zur zweiten Scene gegebenen Erklärung. Es ist dabei nur darauf Rücksicht genommen, die Lage der Theile anzugeben, welche vermuthlich in den meisten Häusern dieselbe Anordnung erhielten. Die übrigen Oeci, Cubicula, Cellae u. s. w. müssen in den leer gelassenen Raum beliebig vertheilt werden, den man natürlich auch bedeutend grösser sich denken kann. Ueberhaupt kam es nur darauf an, die Lage jener allen Häusern gemeinschaftlichen Haupttheile anschaulich zu machen, während alles Zufällige als unbestimmbar übergangen werden musste. Daher ist auch auf Angabe der Fenster und Thüren, die unentbehrlichsten ausgenommen, keine Rücksicht genommen. Die einzelnen Theile sind:

- V. *Vestibulum*, das auch einen grösseren Raum einnehmen konnte.
- O. *Ostium* oder *Ianua*, vielleicht auch die Flur begreifend.
- o o. *Cellae ostiariae*.
- A. *Atrium*. Die Verhältnisse entsprechen ungefähr den Angaben VITRUVS.
- a a. *Alae*, die zu dem Atrium gehörenden Seitenhallen.
- C. *Cavum aedium*.
- I. *Impluvium*, in dessen Mitte
- c. eine Cisterne oder ein Springbrunnen.
- T. *Tablinum*, ungewiss.
- ff. *Fauces* oder Durchgänge nach dem Peristyl.
- P. *Peristylium*, in dessen Mitte
- c. eine Cisterne oder ein Springbrunnen.
- K. *Oecus Κυζικηνός*. ein solcher Saal fand sich natürlich nicht in jedem Hause; er wurde hier angegeben, weil aus PLINIUS sich seine Lage bestimmen liess. Er kann indessen auch an einer andern Seite des Hauses gedacht werden; nur musste er jedenfalls in ähnlicher Weise über die jedesmalige Fronte hinausgebaut sein, wenn er auf drei Seiten Fenster haben sollte.

[S. 173. Plan B. Haus des tragischen Dichters nach ZAHNS Ornam. II, T. 98. Die Buchstaben V. O. A. I. T. P. f. bezeichnen dieselben Räume, wie auf Plan A.

- a a zwei Tabernen.
- b Garderobe.
- c *cubiculum*.
- d Cisternenöffnung.
- e Zimmer für Atriensis und Ostiarius.
- g h i k l Wohn- und Schlafzimmer.
- m Studierzimmer.
- n Küche.
- o *latrina* unter der Treppe.

Erklärung der Tafeln und Holzschnitte.

p *triclinium.*
x *posticum.*]
S. 268. n. 3. Tragbarer Ofen von Bronze mit eisernem Futter. Im Innern hing ein kleiner Kessel. MUS. BORB. IV. t. 59.
n. 4. Bronzenes Kohlenbecken. MUS. BORB. V. t. 14.
S. 344. n. 5. Schöne Lampe von Bronze, *dimyxos*. MUS. BORB. IV. t. 14.
S. 345. n. 6. Instrument zum Putzen der Lampe, häufig vorkommend.
S. 347. n. 7. Schöner Candelaber von Bronze. Die darauf stehende Lampe ist von einem andern Candelaber entlehnt. MUS BORB. IV. t. 57.
[S. 358. n. 8. Sonnenuhr nach AVELLINO.]
S. 363. n. 9. Bücherrollen, *pugillares*, Schreibapparat und *scrinium* aus mehreren Gemälden zusammengestellt. Nach GELL Pomp. II. Append.

Theil III.

[S. 28. n. 1. Tabernenschild in Pompeji, an Ort und Stelle abgezeichnet von dem Prof. Heinr. Müller zu Eisenach.]
S. 77. n. 2. Grundriss der Bäder in Pompeji nach GELL, aber ergänzt nach dem Risse im MUSEO BORBONICO.
n. 3. Grundriss der Bäder von Stabiae nach GELL.
A *Praefurnium.*
B *Laconicum* oder besser *Sudatio.*
CC *Tepidarium.*
D *Natatorium* oder besser *Frigidarium.*
E *Frigidarium* oder besser *Apodyterium.*
S. 93. n. 4. Das bekannte Gemälde aus den Bädern des Titus, den Durchschnitt eines römischen Bades vorstellend.
S. 108. n. 5. Ein Badeapparat von Bronze, bestehend aus 1 *ampulla olearia*, 4 *strigiles* und einer Schaale (*scaphium?*). Gefunden in Pompeji. MUS. BORB. VII. t. 16.
S. 145. n. 6. Einfacher Umwurf der Toga ohne Sinus an einer Statue in Dresden. August t. 117.
S. 146. n. 7. Künstlicher Wurf einer sehr weiten Toga mit tief herabhängendem Sinus. Nach einer Statue im MUS. BORB. VI. t. 51.
S. 155. n. 8. Männliche Figur nach BARTHOLINI, muthmaasslich mit der *paenula* bekleidet.
S. 166. n. 9. Fussbekleidungen. a. b. *Soleae* in oft vorkommender Weise befestigt. — c. Halbschuhe, von einem

zu Portici gefundenen Gemälde entlehnt. Mus. Borb. VII. t. 19. — d. Oft vorkommende Schuhform. — e. Männerschuhe, vielleicht *calceus senatorius*, von einer Statue im Mus. Borb. VII. t. 49. 2.

S. 184. n. 10. Weibliche Figur, bekleidet mit doppelter Tunica und der Palla. Nach einer Statue der Livia im Mus. Borb. III. t. 37.

S. 267. n. 11. Stellung der drei das Triclinium bildenden *lecti*.

S. 283. n. 12. 13. Schöpfgefässe, *cyathi*. Mus. Borb. IV. t. 12.

S. 286. n. 14. 15. Gläserne *calices*. Mus. Borb. V. t. 13.

S. 304. n. 16. *Colum vinarium* von Bronze. Mus. Borb. II. t. 60.

S. 313. n. 17. *Caldarium*.

[S. 385. n. 18. Grundriss der römischen Grabkammer zu Weyden bei Cöln, nach den Jahrbüch. d. Vereins v. Freunden des Alterthums im Rheinland. Bonn 1843. III.

    A B C grosse Nischen.
    D Eingang von der Treppe herab.
    a a zwei abgestumpfte Säulen für urnae bestimmt.
    b b zwei steinerne Lehnsessel, Korbflechterei nachahmend.]

REGISTER.

[Viele Gegenstände werden auf mehreren Seiten behandelt, allein im Register ist immer nur die erste Seite angegeben.]

Aal III, 237.
Abacus I, 23. 112. 124. 187. 189. II, 79. 304. III, 328.
Aberglauben I, 14. 87. 151. 179.
abolla III, 160.
acer, Buchenholz II, 306.
acerra III, 353.
acetabulum III, 279. 283.
acipenser III, 238.
ἀκροάματα III, 261.
acta diurna I, 215. II, 67.
actor in der familia II, 117.
acus III, 196.
admissiones III, 130. 161.
Adresse der Briefe II, 394.
adversitor II, 134.
Aedilen III, 69.
affines II, 155.
ahenum II, 312.
alabastrum II, 331.
alae im Hause II, 213.
albarius II, 251.
alea III, 326.
alec III, 241.
aluta III, 170.
alveus III, 98. 99. 328.
Amaranth III, 252.
ambulatio III, 134.
amphora, ihr Maass III, 280. Weingefäss III, 299. von Glas, ebend. 301.
ampulla II, 330. III, 108.
Amsel III, 243.
amurca III, 297.
anagnostae II, 124.
antae II, 187.
anteambulatio II, 162.
anteambulones II, 133.
antepagmenta II, 186.
antiquarii II, 367.
Antiquitätenliebhaber I, 23. 38.
anulus pronubus II, 43. s. Ring.
a pedibus pueri II, 131.
Aepfel III, 54.
apodyterium III, 83. 92.
apotheca für den Wein III, 303.
apotheca triclinii II, 234.
aqua et ignis II, 28.
aqua mulsa III, 292.
aquarii III, 48.
aquiminarium II, 334.
arca I, 168. II, 205. 308. Sarg III, 371.
arcarius II, 310.
archetypa I, 38
arculus II, 315.
arcus als Lehne II, 301.
area III, 384.
argentum purum und caelatum II, 320.
Aricia I, 88. 308.
armarium II, 308. I, 108. 168.
armillum III, 284. 287.
Armbänder III, 199.
arra II, 43.
Arzneikunde in Rom II, 121.

asarotici lapilli II, 249.
Asche der Verbrannten mit odoribus gemischt III, 376.
asellus, Schellfisch III, 237.
Asinius Pollio I, 43. 50.
asseres, Tragstangen III, 4.
Athen, Bildungsort der jungen Römer II, 96.
atriensis II, 118.
atriolum II, 213.
atrium, ob gleichbedeutend mit cavum aedium II, 192.
Augenärzte, Stempel II, 123.
Augenbrauenschminke III, 119.
aulaea II, 308.
aurata III, 236.
aureus I, 125.
auriga III, 17.
Auspicien bei der Hochzeit II, 20.
Ausrufen verlorner Dinge I, 83.
Auswendiglernen II, 82.
authepsa II, 312.
aviarium III, 34.

Backsteinbau, II, 178.
Backwerk III, 254.
Bäcker, s. pistor.
Badegeräth III, 108.
Bäder I, 145. III. 68. Alte Sitte 69. 106. Die Bäder in Pompeji 74. Bezahlung 76. Erleuchtung 79. 113. Prächtige Einrichtung 102. Ob darin Bibliotheken waren 103. Oeffentliche in Rom 104. Gebrauch der Bäder 106. Zeit des Badens 111. Wohnungen über den Bädern I, 147.
Baiae. Lage I, 132. 142. Quellen 143. Leben daselbst 145.
βάλανος, βαλανοδόχη, βαλανάγρα II, 276.
Balken am Dach II, 244.
Ballspiel III, 121. Verschiedene Arten 123.
balneatores II, 137.
balneum unterschieden von thermae III, 101.
Bänke II, 301.
baptisterium III, 82. 92.
Bart III, 172.
basterna III, 14.
Becher III, 284.
Begraben, alte Sitte III, 368. 372. in der Stadt III, 368.

Bekanntmachungen, öffentliche I, 67. 82.
Beleuchtung in den Häusern II, 337.
bene tibi I, 205.
Bernsteingefässe II, 325.
Besen I, 190.
Bespannung der Fuhrwerke III, 14.
Bestatten an den Landstrassen I, 87.
Betten, s. lectus.
Bettler I, 88.
bibere nomen I, 204.
bibliopolae II, 386.
Bibliotheken I, 43. II, 363. in Herculanum 365. Büsten und Gemälde darin 366.
Bienenzucht III, 36.
Birnen III, 54.
Bisaccium I, 81.
blatta III, 212.
Blumistik III, 49. 318.
Böckchen III, 248.
Bohnen III, 252.
boletar III, 279.
bombycina III, 204.
botuli III, 246.
Bovillae I, 87.
braccae III, 162.
Brandmarkung II, 148.
Briefe II, 392.
Bronzegefässe II, 323.
Brot II, 254.
Brunnen II, 221.
Bücher, wie beschaffen II, 369. Preise der Bücher 388.
Buchhändler II, 385. Ihre Tabernen 387. ausser Rom 391. Ob sie ein Honorar zahlten 389.
bulla aurea II, 65. an den Pfosten II, 188.
Bunte Kleider III, 208.
bustum III, 372.
byssus III, 207.

Cacabus II, 312.
cadus III, 281. 300.
caelatura II, 320.
caelibes II, 51.
Caius Caia II, 27.
calamus, Schreibrohr II, 374.
calantica III, 198.
calceus, zur Toga gehörig III, 167. senatorius 168.
calculator II, 80.

Register. 395

calda, beliebtes Getränk III, 312.
caldarium in den Bädern III, 86. 95. Gefäss z. Bereitung der Calda 313.
calendarium II, 354.
caliga III, 171.
calix III, 285.
calparia III, 297.
camella II, 317.
camillus II, 22.
Campanische Brücke I, 92.
candelae II, 338. cereae, sebaceae ebendas.
Candelaber I, 146. II, 345. aus welchen Stücken sie bestehen 347. äginetische und tarentinische 348. in Form von Bäumen u. dgl. 349.
canis II, 192. im Spiel III, 328.
cantharus III, 284.
capis III, 285.
capita aut navia III, 341.
capitium III, 151.
capsae s. v. a. scrinia II, 308. 383.
capsarii. Verschiedene Bedeutung II, 134. in den Bädern I, 147. III, 57.
capulus III, 371.
capsus, Kutschkasten III, 14.
carbasus III, 206.
cardines II, 189.
carinae I, 112. 124.
carpentum III, 11.
carruca III, 13.
cartibulum II, 222.
catasta II, 103.
cathedra II, 297. 299.
catinus III, 278.
caupo, caupona III, 24.
causia III, 162.
cave canem II, 192.
cavum aedium II, 193. 219.
cedrus II, 376.
cella vinaria, über der Erde, cella olearii II, 234. III, 31. 298.
cellae penariae II, 233.
cellae servorum I, 108. II, 231. III, 33.
cellarius II, 119.
cena III, 229. ihre Stunde 230. Theile 231. recta 273. II, 166. III, 233.
cena feralis III, 373. 378.
— nuptialis II, 23.
— pontificalis III, 265.

cena popularis III, 222.
cenaculum II, 235. 238. I, 15. 147.
cenare in lucem I, 14.
cenotaphium III, 347. 387.
cerasum III, 55.
cerevisia III, 292.
ceroma III, 117.
Charistia II, 155.
charta epistolaris II, 393.
chenoboscium III, 35.
chirurgi II, 123.
chrysendeta II, 322.
cicer, gemeine Speise III, 251.
Cichorien III, 250.
cinctura III, 154.
ciniflones, männliche Sklaven II, 138. III, 197.
cippus III, 381.
circulator III, 261.
circuli in der Gymnastik III, 135.
cisium III, 13.
Cisterne II, 221.
citrus, vom Atlas II, 302.
claustra II, 281.
claves II, 279.
clavus latus und angustus I, 167. III, 153.
clepsydrae II, 359.
Clienten II, 157.
clipeus im Bad III, 98.
coccum III, 211.
cochlene III, 238.
cochlear III, 275.
cochlearia III, 36.
codex II, 393.
coëmptio II, 36.
cognati II, 155.
colliciae II, 244.
columbarium III, 384.
colum vinarium u. nivarium II, 314. III, 305.
columella III, 382.
comissatio I, 199.
compagus III, 169.
compedes II, 146.
compluvium II, 219.
concha II, 332.
conclamatio III, 348. 374.
concubinatus II, 41.
condus promus II, 119.
confarreatio II, 12.
congius, Farnesischer gemessen III, 280.
conopium II, 308.

396

constringere u. constructio II, 379.
contubernium der Sklaven II, 144.
convenire in manum II, 9.
copta, coptoplacenta III, 255.
cornua der Bücher II, 377.
cortina II, 312.
cosmetae, männliche Sklaven II, 138.
cosmianum III, 116.
covinus, Planenwagen III, 12.
crambe III, 249.
crater III, 289.
craticula II, 314.
crepidae III, 170.
crepundia II, 65.
cribrum II, 314.
crusta II, 321.
crustae der Mosaik II, 248. d. Wände II, 251.
crux II, 150.
crytsallina (Glas) II, 326.
Cuba II, 64.
cubicula I, 33. II, 225.
cubicularii II, 130.
cubital III, 164.
cucuma II, 313.
cucullus I, 128. III, 161.
culcita II, 285.
culigna III, 287.
culina II, 281.
cumerus II, 22.
Cunina II, 63.
cupa III, 297.
cursores II, 133.
cyathus II, 332. I, 200. III, 281.
cybium III, 236.
cydoneum III, 292.
cymbium III, 288.
Cypressen vor der domus funesta III, 353. um den Scheiterhaufen 373.
cyprinum III, 116.

Dächer II, 241.
Daktyliothek III, 176.
datatim ludere III, 126.
Datteln III, 55.
Decken der Zimmer II, 259. Decken der lecti II, 287.
Decurien der Sklaven u. Decurionen II, 113.
deductio der Braut II, 23.
defrutum III, 295.
deliciae der Damen I, 30. 41.
Delphicae, Marmortische II, 305.

demensum der Sklaven II, 141.
destrictorium III, 73. 95.
diadema III, 197.
diaeta I, 109. II, 228.
diapasmata III, 118.
diaria de Sklaven II, 141.
diatreta, diatreti calices II, 328.
dies lustricus II. 64.
diffarreatio II, 53.
diffundere vinum III, 299.
Dinte, s. Tinte, wie überall zu schreiben ist
diota III, 300.
diptycha II, 395.
discumbere III, 271.
dispensator II. 118.
dissignator funeris III, 359.
diversorium oder deversorium III, 23.
divortium II, 51.
dolium, Weingefäss III, 296.
domus im Gegens. zu insula II, 177.
domo interdicere I, 166.
dormitoria II, 225.
Dreifüsse II, 307. 313.
dulciarius s. pistor.

Eber I, 182. 190. Hauptgericht III, 244. Woher am besten 245.
echinus III, 239. als Gefäss 289.
Edusa II, 64.
Ehe, römische II, 8. Formen 9. Ehescheidung 45. die angeblich erste in Rom 46.
Ehelosigkeit II, 54.
Einsalzen III, 238. 254.
Elfenbeingefässe II, 325.
emancipatio II. 61.
emblema II, 321.
Enkaustik II, 258.
endromis III, 161.
Ente III, 243.
epichysis II, 332. III, 284.
epulum funebre III, 380.
Equus tuticus I, 91.
Erbschleicher I, 125.
ergastulum II, 145. unter der Erde III, 32.
Erziehung II, 62.
essedum III, 10.
eruca III, 250.
Esquilinus III, 370.
exedra II, 227.
expulsim ludere III, 126.

Register. 397

Faces nuptiales II, 24. 29.
Fahren in der Stadt III, 8.
Falernergebiet I, 92. 102.
familia, Bedeutung II, 1. rustica und urbana 111.
Familiengericht II, 10. 58.
Farben II, 253.
Farnesische Flora I, 153. 165.
farreum (libum) bei der confarreatio II, 17.
fartor, σκευτής III, 258.
fartura bei dem Bau II, 179.
Fasanen I, 105. III, 242.
fasciae II, 285. III, 163. 182.
fatui, moriones II, 127.
fauces, im Hause II, 217.
Federbetten II, 286.
Federteppiche, s. plumarii.
Fenster II. 262.
Fenstergärten III, 57.
Feralia III, 379.
fercula der cena III, 232.
feretrum III, 371.
feriae novemdiales III, 378.
Ferien der Schulen II, 86.
Fescenninen II, 24.
Feuer und Wasser bei der Hochzeit II, 28.
Feuersbrünste in Rom häufig I, 13.
Feuerspritzen I, 13.
Feuerwache I, 12.
fibula III, 200.
ficus III, 55.
Fische I, 109. III, 235.
flabella III, 192.
flagellum III, 17.
Flamingo III, 244.
flammeum der Braut II, 32. III, 191.
focalia III, 164.
folium Avorra III, 310. 320. 376.
follis III, 124.
fores II, 188. 274.
fornax II, 320.
Forum Appii I, 89.
Fourniren der Tische II, 304.
Frauen, ihre Stellung II, 4.
Frauenbäder III, 110.
Freilassung II, 154.
frigidarium in den Bädern III, 80. 92.
Frisur III, 193. der Braut II, 31.
fritillus, pyrgus, Würfelbecher III, 327.
frontes der Bücher II, 378.
Fullonen III, 217.

funales III, 16.
funalia II, 340.
funus indictivum III, 355. publicum ebendas. tacitum 356. censorium 357. acerbum 358.
furca, Strafe der Sklaven II, 149.
fusorium III, 89.
Fussbekleidung III, 164.
Fussböden II, 245.
futis II, 317.

gabatae III, 279.
Gabeln, ungebräuchlich III, 215.
galeola III, 289.
Gallus, biographische Notizen I, 16.
ganeum III, 25.
Gans III, 243.
garum III, 241.
Gärten III, 42. I, 99.
gausape II, 304. III, 156. 205. 273.
Geberdensprache I, 123.
Geburtstag I, 127.
Geldstück, ob den Todten in den Mund gegeben III, 352.
Gemälde in Büchern I, 51. II, 383.
Gemmengefässe II, 323.
Gemüsegärten I, 95. III, 57.
Gemüse III, 222. 248.
Gesellschaftsörter III, 27.
gestatio III, 46.
Getränke III, 292. aus Cerealien ebendas.
Gewächshäuser III, 51.
Gewichte II, 311.
Gewürze III, 253.
Glas II, 326. III, 81. Glasfenster II, 264. III, 81. das Glasschleifen II, 326.
glirarium III, 35.
gnonom II, 356.
gobius III, 236.
grabatus II, 296.
Grabmäler I, 87.
Graeco more bibere I, 203.
grammatista und grammaticus II, 77. 81.
granarium III, 32.
grassatores I, 91.
Graupen III, 252.
Griechen als Lehrer II, 74. 96.
Gürtel, II, 32.
Gurten des lectus II, 285.
Gussstein II, 232.
gustatorium III, 277.

gustus, gustatio III, 231.
gutturnium II, 280.
guttus II, 332. III, 284.
Gymnastik III, 121. weibliche für unschicklich gehalten ebendas. — für jedes Alter 122.

Haarbänder III, 196.
Haarnadeln III, 196.
Haarnetz, reticulum III, 197.
Haarschmuck III, 193.
Halsbänder III, 199.
halteres III, 131.
Handelsleute, arme I, 81.
harpastum III, 130.
Haselhühner III, 243.
Haselmäuse III, 36. 248.
Hasen III, 247.
hasta zum Haarscheiteln II, 33.
Haupthaar III, 172.
Haus, römisches II, 171.
Hauskapelle, musikalische II, 126.
Hebdomades Varronis I, 51.
Heilquellen Italiens I, 145.
Heizung der Zimmer II, 266.
Hetären, s. meretrices.
hexaclinon I, 169. III, 269.
hexaphoron III, 6.
Hippodrom III, 46.
Hirse III, 252.
Hochzeit, Opfer II, 16. 21.
Hochzeit, Wahl des Tages II, 36.
holoserica III, 203.
Honig III, 253.
Honorar der Lehrer II, 88.
hortulanus III, 43.
Hosen, braccae, ungebräuchlich III, 162.
hospites II, 156.
Hühnerhof I, 104. III, 242.
hydria II, 315.
hydromeli III, 292.
hymenaeus II, 25. 34.
hypocaustum II, 266.
hypodidascalus II, 80.

Ianitor II, 129. Keine Ianitrices, ebendas.
ianua II, 186.
iatraliptae II, 123.
ientaculum III, 224. worin es bestand 225.
Illuminationen I, 129.
imagines maiorum I, 22. 33. III, 361. clypeatae I, 35. Varronis I, 15.
imbrices II, 243.
impluvium I, 108. II, 219.
incitega III, 290.
index II, 378.
indusium oder intusium III, 151. 181. kein Unterkleid, ebend.
infundibula II, 314.
instita III, 285.
institor I, 148. II, 120.
instrumentum II, 283.
insulae I, 15. II, 177.
intercolumnia II, 223.
interiungere I, 89.
ἱππολίβης III, 313.
iudicium de moribus II, 49.
iugum II, 19. III, 15.
ius trium liberorum II, 56. ius osculi II, 155.
iusta facere III, 347.

Käse III, 254.
Kastanie III, 55.
Keller II, 217.
Ketten III, 199.
Kinderspiel III, 343.
Klassen der Schulen II, 85.
Kleider, farbige und bunte III, 208. Fertigung der Kleider 225.
Kleiderhändler III, 216.
Kleiderpressen III, 219.
Kleidung, weibliche III, 179. männliche 137. der Sklaven II, 143.
Klingeln in den Bädern III, 107. in Wohnhäusern II, 190.
Koch III, 223.
Kochgeschirre II, 311.
Kohl, brassica III, 248.
Kohlenbecken II, 268.
Kohlenschaufeln II, 314.
Koische Gewänder III, 204.
Kopfbedeckung III, 161.
Körbchen II, 310.
Korinthisches Erz I, 24. 39. II, 323.
Kosmetik III, 118.
Kottabos II, 342.
Krammetsvögel III, 243.
Kranich III, 244.
Kränze III, 315. ihr Zweck 316. welche Blumen man dazu nahm 318. hibernae aus Horn 319. aus seidenem Zeuge 319. sutiles ebendas. pactiles 321. beim Nachtische gereicht 322. um Hals und

Brust 323. bibere coronas 324.
den Todten aufgesetzt 351. auf
Grabmonumenten III, 381.
Küche II, 231.
Küchengeräthe II, 311.
Küchenkräuter III, 253.
Kuchen I, 148. III, 255.
Kürbiss III, 251.
Küsse I, 68. 85. II, 155. 347.

Labrum II, 334. III, 87. 99.
lacerna III, 157. ihre Farbe 158.
lacertus III, 235.
Laconicum III, 96.
Lacrimatorien III, 376.
lactarii, s. pistor.
lactuca III, 231. 248.
lacunaria II, 259.
laena III, 160.
laganum III, 256.
lagona III, 299.
Lampadarien II, 349.
Lampen, lucernae II, 340. tricliniares u. cubiculares 341. sepulcrales, ebendas. und III, 344. zu vielen Dochten, polymyxi II, 343.
lanx III, 278.
lapis specularis II, 264. III, 4. wann gebräuchlich, ebendas.
lararium II, 229.
lasanum II, 313.
laterna II, 350.
laternarii, lampadarii, II, 135.
latrina II, 232.
latrones I, 91.
laudatio funebris III, 366.
lavatrina III, 69.
lebes II, 312. 334.
lectica III, 2. operta und aperta 3. mit Fensterscheiben 4. wann in Gebrauch 7.
lecticarii II, 132. III, 6. castra lecticariorum 7.
lector II, 124.
lectus genialis oder adversus II, 34. 201. cubicularis 294. lucubratorius 295. lecti tricliniares III, 263. summus, medius, imus 265. Rang der Plätze auf ihnen 265. wie beschaffen 270. funebris 351. 363. von wem getragen 363.
Leibbinden III, 164.
Leichen, wo ausgestellt II. 352.
Leichenkassen III, 364.

Leichenzug I, 222.
Leinwand III, 205.
lentiscus, Zahnstocher davon I, 191.
lepesta III, 287. 289.
leporaria III, 35.
Levana II, 63.
lex Horatia II, 5.
lex Oppia III. 8.
Libation I, 194.
Liberalia II, 92.
libitinarius III, 349.
librarii II, 125. für die Bibliothek 366. als Buchbinder 382. Buchhändler 385. a studiis I, 60. ad manum oder ab epistolis II, 392.
Licinus I, 123.
ligula III, 276.
limen II, 186.
Linnene Tücher in den Bädern III, 109.
liquamen III, 242.
literati II, 81. 124. und literatores I, 77. 81. soviel als inscripti 148.
Locken III, 173.
loculi III, 384.
lomentum III, 118.
lora III, 295.
Löschapparat I, 13.
lucernae, s. Lampen.
Lucrinersee I, 150. Lustfahrten darauf 151. Austern daher III, 239.
lucus Camoenarum I, 70.
ludus latrunculorum III, 335. XII scriptorum 339.
lunula III, 168.
lupanaria I, 130. III, 61. 63.
lupinus III, 252.
lupus III, 237.
lustratio II, 64.
lutum II, 378.
lychnuchi III, 346. pensiles 349.
Lycoris, Alter I, 131.

maceria III, 384.
mactra, Backtrog II, 315.
maena III, 236.
Maeniana II, 239.
magida III, 279.
magister convivii I, 200.
Mahlzeiten II, 173. III, 220. älteste Zeit 221. spätere 224.
mala III, 54.
malluvium II, 334.

manalis II, 333.
Mandeln III, 55.
mangones II, 102.
manni, eine Art kl. Pferde III, 16.
mantelia als Tischtücher III, 272.
manus, in manu esse II, 9.
mappae, Servietten III, 273.
Marmorarten I, 22. 36.
marmorarius II, 246. 252.
matella II, 316.
materfamilias II, 38.
matrimonium iustum u. non iustum II, 8.
matrona II, 38.
Maulbeeren III, 55.
mazonomum III, 279.
mediastini II, 136.
medici II, 121. wie von den Römern beurtheilt ebendas. ab oculis u. s. w. 122.
membrana II, 372.
mensae secundae III, 223. 227.
mensa, Monument III, 382.
merenda soviel als prandium III, 227.
meretrices, wie beurtheilt III, 58. ihre Namen 61. ihre Tracht 64.
micare, Spiel III, 341.
Miethwagen III, 16.
Miethwohnungen I, 15. Miethzins ebendas. u. 40. Termin des Auszugs 16.
miliarium II, 311.
Mimen bei Leichenbegängnissen III, 360.
minerval II, 89.
minium I, 33.
Mischung des Weins I, 201.
Mispeln III, 55.
mistarium III, 289.
mitra III, 164. 198.
Möhren III, 251.
molae II, 234. 314.
monopodia II, 302.
Monumente III, 382.
Moos im Impluvium I, 108.
moriones II, 127. III, 261.
Mörser II, 311.
Mosaik II, 247.
mugilis II, 236.
mulctra II, 317.
mulleus III, 169.
mullus, Preis III, 236.
mulsum III, 232. 295. 311.

Mundschenk III, 260.
mundus muliebrum III, 198.
muraena III, 37. 237.
murex III, 239.
muria III, 242.
murrina II, 328. als Getränk III, 310.
murrinum, Parfüm III, 117.
Musik III, 261. bei Leichen III, 359.
musivum II, 247.

Nacht, ihre Eintheilung II, 352.
naenia III, 360.
nani II, 128.
nanus II, 316.
nardinum III, 116.
narthecium III, 120.
nassiterna II, 333.
natatio, natatorium III, 82.
Naturaliensammlungen I, 39.
negotiator (Sklave) II, 119.
Nessel III, 250.
Nischen der Grabmonumente III, 384.
nodus III, 195.
nomenclator I, 86. II, 131.
nomina bibere I, 204.
nota bei Wein III, 302.
notarius, Stenograph I, 60.
novacula III, 174.
novemdialia III, 378.
Numidae II, 133.
Numidische Hühner I, 104.
nuncii II, 136.
Nundina, Göttin II, 64.
Nundinae, Tag der lustratio und ὀνοματθεσία II, 64.
Nüsseauswerfen II, 26. Nüsse III, 55.
nutrix II, 70.

Obba III, 287.
obex II, 275.
Obst III, 53.
octophoron III, 6.
ocularii II, 123.
odores bei Leichen III, 373. 376.
oeci II, 226.
oenophorus III, 300.
Officia der Clienten II, 159.
Ohrringe III, 200.
Oliven und Oel III, 55. 114. 253.
olla II, 313. Graburne III, 381.

ollaria III, 384.
olus III, 249.
onyx II, 324.
opera togata II, 159.
opisthographa II, 375.
opus incertum II, 179. reticulatum 179. isodomum 179.
orbis, Tisch II, 302.
orca III, 300.
ordinarii II, 114.
ornamenta muliebria III, 198.
ornatrices II, 138. III, 197.
ornithon III, 34.
ossa componere und condere III, 377.
ossilegium III, 375.
ostiarius II, 129.
ostium II, 186.
ostrea III, 38. 239.
oxybaphum III, 283.

Pädagogen II, 71. 125.
Päderastie III, 66.
paenula III, 155. Reisekleid 156. wie alt 156. wann über der Toga 156.
paganica, Ballspiel III, 124.
Palästra III, 122.
palimpsestus II, 376.
palmata tunica III, 149.
palla III, 186.
palus in der Gymnastik III, 133.
Papierfabrikation II, 370.
Papiersorten II, 370.
papyrus II, 368.
par impar ludere III, 340.
paragaudae III, 211.
Parentalia III, 379.
paropsis III, 279.
passer III, 237.
pastilli III, 255.
pastio pecuaria und villatica III, 34.
patagium III, 185.
patera III, 284.
paterfamilias II, 2.
patibulum II, 149.
patina II, 313. III, 240. 278.
patria potestas II, 56.
patrimi und matrimi II, 24.
pavimentum II, 245. sectile 247.
pecten, Kammmuschel III, 239.
peculium der Sklaven II, 143.
pedisequi II, 131.
peloris III, 239.

pellex II, 41.
pelvis II, 334.
penetralia II, 205.
peniculi II, 335.
penus II, 233.
Pergament II, 372.
pergula II, 239.
Peristyl II, 223.
Perlen III, 199.
pero III, 167.
perticae II, 336.
Perücken III, 173. 194.
pessulus II, 276. 280.
petasus III, 162.
petauristae, Equilibristen II, 127. III, 261.
petorritum, Gallischer Wagen III, 14.
Pfauenwedel I, 226.
Pfauenzucht I, 101.
Pfirsich III, 55.
Pflaumen III, 54.
phiala III, 284.
phoenicopterus III, 244.
pila, Ball III, 123. Mörser II, 311.
pilentum III, 11.
pileus der verkäuflichen Sklaven II, 105. der Freien III, 162. 175.
Pinakothek II, 230.
pincerna III, 268.
Pinie III, 354.
pirus III, 54.
piscina in den Bädern III, 82:
piscinae in den Villen III, 36.
pistores I, 183. III, 223. 257. dulciarii und lactarii 257.
pistrinum II, 234.
placentae I, 148. III, 256.
plagae, Vorhänge III, 3.
plebiscitum Silianum III, 280.
plumae zum Stopfen der Kissen II, 286.
plumarii u. plumatae vestes II, 288.
pluteus II, 295.
pocillator III, 260.
pocula III, 284.
pocula grammatica III, 290.
podium II, 239.
pollinctor III, 350.
polubrum II, 334.
Pomaden III, 117. 194.
popa und popina III, 24.
porca praecidanea III, 346.
porcus Troianus I, 190.

402 Register.

porrum sectile u. capitatum III, 251.
porta Capena, madida I, 79. 86.
porta Esquilina II, 150.
porta Metia II, 150.
porticus II, 224.
Portlandvase II, 327.
Portraitköpfe idealen Statuen aufgesetzt I, 165.
posca, Getränk der niedern Klasse I, 127.
postes, ihre Verzierung II, 87. 26. 190.
posticum II, 191.
Postverbindung durch August organisirt I, 166.
Potina II, 64.
praeco I, 82. II, 104.
praefectus vigilum I, 13.
praefericulum II, 334.
prafica III, 359.
praegustator III, 260.
praetexta III, 149.
praetorium I, 107. III, 38.
prandium, Zeit III, 226. worin es bestand 228.
Priapus, Gebäck III, 255.
procurator II, 116.
professio der Kinder II, 67.
profusiones bei Gräbern III, 380.
programmata, Bekanntmachungen durch Mauerschriften I, 67. 82.
promulsis III, 232.
promulsidare, ein Repositorium III, 277.
promus II, 119.
pronuba II, 24.
propinare I, 204.
prostibulum III, 61.
protecta II, 243.
pruna II, 314.
Prunkgefässe II, 334.
psilothrum III, 174.
pugillares II, 393. 395.
puls III, 221.
pulvinus I, 187. 287. Rabatte III, 46.
pumiliones II, 128.
Purpurkleider III, 211.
puticulae III, 370.
Puzzolanerde II, 180.

quadrantes III, 282.
Quales-quales, Sklavenklasse II, 282.
Quitten III, 55.

Rabatten III, 30.
Rauchfänge II, 269.
Rebhühner III, 243.
Rechnen II, 78.
Rechte Seite die ehrenvollere I, 87.
reda, raeda, Reisewagen III, 13.
Reise, schnelle I, 90. III, 16.
Reliquien I, 38.
remancipatio II, 53.
renuntiare amicitiam I, 167. 216.
repagula II, 275. 279.
repositoria zum Auftragen der Speisen I, 188. III, 277.
repotia II, 35.
repudium II, 51.
retes II, 285.
reticulum III, 127. 197.
rex II, 158.
Rhetorenschulen II, 81.
Rhodische Hühner I, 105.
rhombus III, 237.
ricinium III, 191.
ὑτόν, Trinkhorn III, 288.
Ringe I, 168. III, 175. ob den Todten abgezogen 348.
Ringsteine III, 177.
rogus ob verschieden von pyra III, 372.
Rosenarten III, 49.
Rosen zu Kränzen III, 49. im Treibhause gezogen 51. auf Gräbern III, 381.
Rosenoel III, 117.
Rüben III, 249.

Saccus III, 304.
sacra via I, 14.
sacrarium II, 229.
salarium II, 166.
Salat III, 231. 248.
Salben III, 114. s. Oliven.
salinum III, 279.
saltator III, 261.
salve auf Thürschwellen II, 187.
salutatio II, 159.
sandapila III, 364.
sardonyx II, 324. III, 177.
Särge, capuli III, 371.
sapa III, 295.
Sarkophag III, 371. mit Hochzeitfeierlichkeiten II, 40.
sarracum III, 12.
sartago II, 313.
Savofluss I, 92. 101.

Register. 403

acabella II, 301.
scalae II, 238.
scamnum II, 301.
scaphium III, 109.
scarus III, 237.
Schaalthiere III, 238.
Scheiterhaufen I, 223. III, 372.
Schimpfwörter I, 126.
Schlüssel II, 28. 279.
Schminke III, 118.
Schnee, bei Wein III, 305.
Schneider III, 217.
Schnepfen III, 244.
Schnuppe II, 345.
Schnürleiber den Alten fremd; doch fasciae III, 182.
scholae, Nischen III, 82. 99.
Schreiben II, 78.
Schreibfedern II, 374.
Schreibmaterial I, 112. 124. II, 372.
Schreibtische hatte man nicht II, 296.
Schuhe der Braut II, 32.
Schuhmacher III, 166.
Schulen II, 72.
Schüsseln III, 278.
Schwämme III, 250.
Schweine, beliebt III, 245.
scimpodium II, 296.
scissor III, 201.
scobis zum Bestreuen des Fussbodens I, 190.
scopae I, 190. II, 335.
scortum III, 61.
scrinia II, 383.
scurra III, 261.
scutella III, 277.
scutra II, 313.
scutulae III, 210. 278.
scyphus III, 285.
sedile II, 297.
Seidene Stoffe III, 203.
Seidenhändler III, 205.
Seifen III, 117.
seliquastrum II, 297.
sella II, 297. balnearis III, 100. gestatoria II, 5.
sepulcrum III, 382.
sepultura, was III, 368.
sera II, 274. 279.
seria III, 297.
serica III, 203.
Sesterzen, ihr Werth II, 302. Reduktionstafel I, 228.

sextarius, gemessen III, 280. seine Eintheilung 282.
Siesta III, 228.
sigilla II, 321.
sigma an der Stelle des Triclinium III, 269.
silentiarii in der Familie II, 120.
silicernium III, 378.
simpludiarea III, 355.
simpulum II, 332. III, 283.
simpuvium II, 283.
sindon III, 207.
Singvögel III, 244.
sinus III, 144. als Bowle III, 289.
siticines III, 359.
situlus II, 316.
Sklavenfamilie II, 99. Sklavenhändler, venalicii 102. Preise 106. Menge der Sklaven 111. Namen 111. 143. Klassen 111. 114. Lage und Behandlung 138. Strafen 145. Todesstrafe 150. Die Sklaven assen in alter Zeit an des Herrn Tische II, 140. auf subselliis 141. Vaterland II, 107. Kleidung 143. Ehe 144.
smegmata, Parfüms III, 118.
socci der Braut II, 32.
Sohlen, soleae III, 164.
solaria, Söller II, 239. s. Sonnenuhr.
solium II, 298. in den Bädern III, 100. Sarg III, 371.
Sonnenuhr II, 354.
sordidati I, 167. III, 153.
sparsiones im Theater I, 83.
specularia, s. lapis specularis.
specularius II, 259.
Spargel III, 250.
sphaeristerium III, 134.
sphondilus III, 239.
Spiegel II, 258. 306.
Spiele, gesellige III, 325.
Spielsachen, crepundia II, 65.
spina II, 24.
spoliatorium III, 80.
Spolien an der Thüre I, 20.
sponda u. pluteus am lectus II, 295.
sponda, Sarg III, 371.
spongie II, 335.
sponsalia II, 42.
sportula II, 164.
Springbrunnen II, 221.
Springen, Gymnastik III, 134.
squilla III, 239.

26*

Staar III, 244.
Ställe III, 33.
statera II, 311.
stemmata I, 34. 35.
stibadium III, 269.
stilus II, 395.
stimulus III, 17.
stola der Matronen III, 183.
Storch III, 244.
stragula vestis II, 287.
Strassenbeleuchtung I, 128.
Strassenlärm I, 42.
strigiles III, 108.
srophium, Busenband III, 182.
structor III, 258. soviel als scissor oder carptor ebend.
Stundenrechnung II, 351.
sub corona II, 101.
subsellia II, 301.
subucula III, 151.
Subura, meretricum III, 63.
sudatio III. 96.
suggrunda II, 243.
suggrundaria III, 359.
sulphuratae institor mercis I, 81.
supellex II, 283.
superinscriptio III, 301.
supparus III, 151.
suppus und planus III, 326.
suspensurae II, 267. III, 84. 95.
symphoniaci II, 126. III, 261.
synthesis, vestis cenatoria III, 158.

Tabellae der Briefe II, 393.
tabellarii II, 395.
Tabernen I, 84. 168. 162. II, 106. 235. der librarii II, 385. der tonsores III, 173. diversoriae od. meritoriae III, 243.
tablinum II, 215.
tabula II, 79. tab., Bild II, 230. für d. Falten III, 149.
tab. lusoria III, 335.
tabulae nuptiales II, 30.
taedae II, 338.
Tafelgeschirr III, 272.
Talassio II, 25.
tali, s. Würfel.
Tarratia II, 5.
Tauben, Liebhaberei und Preise I, 106. Ringel- und Turteltauben 107. III, 242.
tecta II, 241.
tectorium, Stuck II, 251.

templum Feroniae I, 92.
tegulae II, 243.
tepidarium III, 83. 94.
Terracina I, 92.
tessera hospitalis II, 157.
testa, Graburne III, 381.
testum II, 313.
textrinum III, 215.
thalassomeli III, 292.
Theaterbesprengung I, 82.
thericleum III, 285.
thermae III, 101.
thermopolium III, 25.
Thiernamen selten als Schimpfwörter I, 126.
Thongefässe II, 318.
Thüren II, 188. 260. Thürangeln 189.
Thürme, turres I, 109.
tina III, 300.
Tinte, atramentum II, 372. sympathetische 373.
tintinnabula II, 190.
tirocinium fori II, 90. 95.
Tische, Luxus II, 302. gewöhnlich niedrig III, 270.
titulus der imagines I, 32. der Bücher II, 378. der lupanaria III, 63. der amphorae 301. des Grabmals 386. der verkäuflichen Sklaven II, 105.
Todtenbestattungen III, 344. zu welcher Tageszeit 356.
toga III, 138. Von den Etruskern angenommen, 139. das eigentliche röm. Kleid 140. Den Verbannten nicht gestattet, ebendas. — Gebr. unter den Kaisern 141. ihre Form 141. ihr Wurf, mit und ohne sinus 143. der umbo 147. ihre Farbe 149. ihr Stoff, densa, hirta, rasa etc. 202.
toga praetexta II, 66. pura II, 31.
toga virilis, wann angelegt II, 90. warum libera 93. toga meretricum III, 64.
togam mortui sumunt III, 351.
togati (clientes) II, 159.
Toilettenscenen III, 201. Toilettengeräthe ebendas.
tomacula III, 247.
tomentum II, 285.
tonsor III, 172.
tonstrinae und medicinae I, 115. III, 173.

Töpfer II, 318.
topiarii III, 43.
toralia II, 293.
torcular III, 31.
Toreutik I, 40. II, 320.
torus II, 285.
Tragsessel III, 6.
transenna II, 266.
trapezophora II, 305.
Traubensorten III, 56.
Trauerkleider, schwarz III, 365.
  weiss 365.
Treibhäuser III, 51.
trichorum II, 242.
tricliniarcha III, 258.
tricliniares servi III, 258.
triclinium, Zimmer I, 171. II, 226.
  III, 263. Die lecti 264. Rang der
  Plätze 265. Ob der Wirth sie an-
  wies I, 188.
trientes III, 282.
trigon, pila trigonalis III, 127.
Trinkgeschirre III, 284.
triumviri capitales od. nocturni I, 12.
trua und trulla II, 314. III, 285.
trulleum II, 334.
tubera III, 250.
tunica, der Frauen III, 181. recta
  oder regilla II, 31. der Männer
  III, 150. colobin u. χειριδωτοί,
  ebendas. doppelte 150. 152.
turbo II, 104.
turdi III, 243.
turibulum III, 353.
turres I, 109.
turricula III, 327.
tutulus III, 195.

Uhren II, 351.
umbellae III, 193.
umbilicus der Bücher II, 376.
umbo III, 147.
umbrae I, 187.
unctorium III, 83. 85. 95.
unguenta III, 115.
unguentarii III, 119.
Unterricht II, 72.
urcei und urceoli II, 316. III, 284.
urnae II, 315. Aschenkrüge 381.
usurpatio trinoctii II, 39.
ustrinum III, 372.
usus II, 38.
utres III, 301.
uxor II, 38.

Väterliche Gewalt in Rom II, 57.
Vagitanus II, 63.
valvae II, 188. 274.
Varronis inventum I, 50.
vasa II, 317.
vasa literata II, 310.
vela im Theater I, 183. in den Häusern II, 212. 260.
velarii II, 130.
ventralia III, 164.
Venus im Spiel III, 328.
Verbannung I, 146. 166.
Verbrennen der Leichen III, 368.
  wo es geschah 368.
Verkauf in die Sklaverei II, 108.
Verkäufer in den Strassen I, 148. in
  den Bädern I, 149.
vernae II, 109.
Verpichen III, 301.
Verschluss der Thüren II, 272.
Versiegeln der Zellen u. s. I, 169.
  II, 281. der Briefe I, 63. II,
  394.
versipelles I, 189.
vespillones III, 356.
Vestalinnen II, 5.
vestem mutare III, 153.
vestes stragulae II, 287.
vestiarii III, 215.
vestibulum II, 181.
via Appia I, 74. ihre Fortsetzung
  von Benevent 77. ob von Anfang
  mit Steinen belegt 79.
viator bei Horat. I, 91.
vicarius II, 115.
vigiles I, 11.
villa I, 93. 107. rustica und pseudourbana III, 29. Einrichtung
  der rustica, ebendas. der urbana
  38.
villicus I, 104. III, 31.
vinea III, 56.
vinum calcatumu pressum III, 294.
vinum diachytum u. passum III, 295.
vinum picatum III, 297.
vinum vetus III, 309.
viridarii III, 48.
visceratio III, 379.
Vitelliani II, 393.
vivaria III, 35.
vocatores II, 136.
volsellae III, 174.
Vorreiter, cursores II, 133.
vulgares, Sklavenklasse II, 129.

Wachsfirniss I, 33.
Wachtel III, 244.
Wagen III, 1. in der Stadt 8.
Wandmalerei II, 252.
Waschgefässe II, 333.
Wände, ihre Dekoration II, 251.
Wäsche der Kleider, s. Fullonen.
Wasser als Waare I, 90. Abklärung 149.
Wasserleitung III, 48.
Wasseruhr, clepsydra II, 359. des Ktesibios 361.
Weben der Kleider III, 215.
Weihrauch I, 221. 226.
Wein III, 293. Bereitung 294. doliare, de cupa 298. Klären des Weins 303. Farbe 306. Man trank am liebsten alten 306. Sorten ebend. geringe 309. Griechische 309. mit Aromen angemacht 310. Mischung mit Wasser I, 195. 201.
Weinbau III, 56.
Weinhandel III, 314.
Weinverfälschung III, 309.
Wetten I, 196. 203. III, 335.

Wirthshäuser III, 18. an den Landstrassen 22. an den Villen 22. in Rom 25. wann geöffnet 25.
Wolle III, 202. Farbe 208.
Würfelbecher III, 327.
Würfelspiel I, 193. 200. III, 326. Knöchel, tali, ebend. eigentliche Würfel, tessarae 332. Verbot 333. Würfe 328.
Würste III, 246.

Xystus III, 46.

Zahnstocher und Zahnpulver I, 191.
Zahnpflege III, 119.
Zeiteintheilung II, 351.
Zeitungen I, 215.
Ziegeln II, 243.
Zona III, 182.
Zotheca II, 225.
Zügel III, 17.
Zwerge, II, 128.
zythum III, 292.
Zwiebeln III, 251.

www.ingramcontent.com/pod-product-compliance
Lightning Source LLC
Chambersburg PA
CBHW050850300426
44111CB00010B/1205